Manfred Krill
Das Gutachterverfahren für tiefenpsychologisch fundierte
und analytische Psychotherapie

»edition psychosozial«

Manfred Krill

Das Gutachterverfahren für tiefenpsychologisch fundierte und analytische Psychotherapie

Ein Handbuch

Psychosozial-Verlag

Meinen Kindern Martin, Jutta und Edgar

Bibliografische Information Der Deutschen Nationalbibliothek
Die Deutsche Nationalbibliothek verzeichnet diese Publikation in der Deutschen
Nationalbibliografie; detaillierte bibliografische Daten sind im Internet über
<http://dnb.ddb.de> abrufbar.

Originalausgabe
© 2008 Psychosozial-Verlag
Goethestr. 29, D-35390 Gießen.
Tel.: 0641/77819; Fax: 0641/77742
E-Mail: info@psychosozial-verlag.de
www.psychosozial-verlag.de
Alle Rechte vorbehalten. Kein Teil des Werkes darf in irgendeiner Form (durch
Fotografie, Mikrofilm oder andere Verfahren) ohne schriftliche Genehmigung des
Verlages reproduziert oder unter Verwendung elektronischer Systeme verarbeitet,
vervielfältigt oder verbreitet werden.
Umschlagabbildung: Manfred Krill: »Spuren der Erinnerung«, 1996
Lektorat: Vera Kalusche, Literaturbüro Schreibschlüssel, Bonn,
www.schreibschluessel.de
Satz und Umschlaggestaltung: Hanspeter Ludwig, Gießen
Druck: Majuskel Medienproduktion GmbH, Wetzlar
www.majuskel.de
Printed in Germany
ISBN 978-3-89806-773-7

Inhalt

Vorwort 15

1. »Spontanangaben des Patienten« –
   Das Beschwerdebild 16
   1.1 Lügen 17
   1.2 Zwangskranke 19
   1.3 Häufige Fehler 20
   1.4 »Leere« 21
   1.5 Wie leitet der Patient seine Beschwerdeschilderung ein? 22

2. »Kurze Darstellung der lebensgeschichtlichen
   Entwicklung« – Die Biografie unter neurosenpsychologischen Gesichtspunkten 23
   2.1 Einfluss des Therapeuten 23
   2.2 »parent blaming« und »Freud bashing« 25
   2.3 »false memory« 25
   2.4 Sexueller Missbrauch 26
   2.5 Körperöffnungen vs. Beziehungen zu anderen 31

3. »Krankheitsanamnese« 33

4. »Psychischer Befund
   zum Zeitpunkt der Antragstellung« 34
   4.1 Emotionaler Kontakt 34
   4.2 Intelligenz 35

4.3	Differenziertheit	35
4.4	Fähigkeit zur Einsicht in den neurotischen Konflikt	35
4.5	»Antistory«	40
4.6	Intersubjektivismus und Konstruktivismus	40
4.7	Introspektion	41
4.8	Empathie	41
4.9	Nonverbale Kommunikation	41
4.10	Compliance	42
4.11	Antizipationsfähigkeit und -willigkeit bezüglich zukünftiger Konflikte	44
4.12	Krankheitseinsicht	44
4.13	Bewusste und unbewusste Motivation	45
4.14	Übertragungen	45
4.14.1	Soll der Therapeut dem Patienten den Antrag zu lesen geben, bevor er ihn beim Leistungsträger einreicht?	49
4.14.2	Erotische Übertragung, sexuelle Affären	51
4.14.3	Übertragung und Gegenübertragung in den neuen Medien	58
4.14.4	Geschwisterübertragung, auch auf Mitpatienten	60
4.15	Arbeitsbündnis	62
4.16	Flexibilität	63
4.17	Negative therapeutische Reaktion (NTR)	63
4.17.1	»Widerstand«	65
4.18	»Bevorzugte« Abwehrmechanismen	68
4.18.1	Verdrängung	68
4.18.2	Vermeidung	69
4.18.3	Regression und Fixierung in der neueren Diskussion	69
4.18.3.1	Beliebte Vorstellungen von der Genese der schizophrenen Psychose	75
4.18.3.2	»Regression« bei Masochismus	76
4.18.3.3	Sadomasochistische Beziehungen bei Paaren	77
4.18.3.4	Die Rolle der Sexualität in sadomasochistischen Beziehungen	78
4.18.4	Wendung gegen die eigene Person	79
4.18.5	Wendung vom Passivum ins Aktivum	79
4.18.6	Identifikation mit dem Angreifer	80
4.18.7	Konversion	81
4.18.8	Projektion	81
4.18.9	Projektive Identifikation	82
4.18.9.1	Zur Unterscheidung von Container-Funktion und Holding-Funktion	85

4.18.10	Spaltung	86
4.18.11	Projektive Identifikation und Spaltung	88
4.18.12	Wiedergutmachung	91
4.18.13	Verleugnung	91
4.18.14	Verneinung	92
4.18.15	Reaktionsbildung	92
4.18.16	Isolierung	92
4.18.17	Ungeschehenmachen	92
4.18.18	Introjektion, Identifizierung	92
4.18.19	Idealisierung	93
4.18.20	Verkehrung ins Gegenteil	93
4.18.21	Verschiebung	93
4.18.22	Rationalisierung	94
4.18.23	Intellektualisierung	94
4.18.24	Sublimierung	94
4.18.25	Altruistische Abtretung	94
4.18.26	Agieren	95
4.19	Psychopathologischer Befund	95
4.19.1	Nichtneurotische Strukturen und deren Differenzialdiagnose	95
4.19.1.1	Hirnorganisches Psychosyndrom (HOPS)	95
4.19.1.2	Hypochondrische Entwicklung	96
4.19.1.3	Perversion, perverse Struktur, perverse Persönlichkeit	96
4.19.1.4	Homosexualität	97
4.19.1.5	Depressive und schizophrene Psychosen	98
4.19.2	Psychosen und Borderlines	105
4.19.3	Reaktive Depression	106
4.19.4	Posttraumatische Belastungsstörung (PTBS)	106
4.19.4.1	Kennzeichen	107
4.19.4.2	Erklärungsmodelle	109
4.19.4.3	Kompromisstheoretisches Erklärungsmodell	110
4.19.4.4	»Widerstand« gegen Psychotherapie	114
4.19.4.5	Stolz des Schwersttraumatisierten	114
4.19.4.6	Schuldgefühle des Schwersttraumatisierten	114
4.19.4.7	Zwei therapeutische Grundkonzepte	116
4.19.4.8	»kindling«	117
4.19.5	Narzisstische Persönlichkeiten	117
4.19.5.1	Beschreibungen	117
4.19.5.2	Narzissmus nach Kernberg	122
4.19.5.3	Narzissmus nach Kohut	123

4.19.6	Stalking	123
4.19.7	Kriminalität	126
4.19.7.1	Die Rolle der Zuschauer	128
4.19.8	Suizidtendenzen	129
5.	»Somatischer Befund bzw. Konsiliarbericht«	130
6.	»Psychodynamik der neurotischen Erkrankung«	131
6.1	Konkurrenz der Konzepte	131
6.1.1	Kompromisstheorie: Symptombildung als Kompromiss	133
6.1.2	Kompromisstheorie nach Gray	134
6.1.3	Patchwork-Konzepte und »babelization«	141
6.1.4	Pluralismus, unreflektierte Auswirkungen von Patchwork-Konzepten auf Patient und Therapeut	141
6.2	Floskelhafte Formulierungen	145
6.3	Adultomorphismus und Pathomorphismus bei Melanie Klein	146
6.3.1	Weitere Stichwörter zum Kleinianismus	149
6.3.2	Stichwörter zu Kohut	157
6.4	Intersubjektiver Gesichtspunkt	159
6.5	Primäre Weiblichkeit, weibliche Identität	160
6.6	Schwangerschaft, Mutterschaft	161
6.7	Besonderheiten der Adoleszenz	163
6.8	Auslöser der akuten Neurose	165
6.8.1	Auslöser von Angstneurosen und Phobien	165
6.9	Symptomatik und Einteilung der Angstneurose	166
6.9.1	Anspruchsvoll-bequeme Angstpatienten	167
6.9.2	Hilfe zurückweisende Angstpatienten	170
6.9.3	Dauerhaft abhängige Angstpatienten	170
6.9.4	Die »guten« Angstpatienten	171
6.10	Biografisches Defizit der Phobiker und dessen Überkompensation	171
6.11	Zwangsneurose	172
6.11.1	Kennzeichen	172
6.11.2	Dissimulation	173
6.11.3	Schwache Behandlungsmotivation	174
6.11.4	Genese	175
6.11.5	Übertragungen	177
6.11.6	Therapie	177

6.12	Komponenten des inneren unbewussten Konflikts	178
6.12.1	Die Wünsche	179
6.12.1.1	Wünsche nach Kooperation	180
6.12.1.2	Die Entwicklung präödipaler und ödipaler Wünsche	181
6.12.1.3	Präödipale Wünsche	183
6.12.1.4	Ödipale Wünsche und ödipales Doppel	188
6.12.1.5	»Antiautoritäre« Erziehung	192
6.12.1.6	Westermarck-Hypothese	193
6.12.1.7	Ödipuskomplex im Hindu-Indischen Kulturkreis	194
6.12.1.8	Stellung in der Geschwisterreihe	195
6.12.1.9	Polygamie	195
6.12.1.10	Erotische Übertragungen	196
6.12.1.11	Die Beliebtheit gut verheirateter Männer	197
6.12.1.12	Realer Inzest	197
6.12.2	Die schmerzlichen Affekte	202
6.12.2.1	»false beliefs« und »pathogenetic beliefs«	202
6.12.2.2	Gefühl der Leere	203
6.12.2.3	Vernichtungsangst, Angst vor Selbstauflösung und Gefühl der Unwirklichkeit	204
6.12.2.4	Soziale Angst, altruistische Angst und Schädigungsangst	204
6.12.2.5	Präödipale Ängste, Schuld- und Schamgefühle	205
6.12.2.6	Ödipale Ängste, Schuld- und Schamgefühle	207
6.12.3	Die Abwehren	209
6. 12.3.1	Vermeidung, Verschiebung, Verleugnung, Wendung gegen sich selbst, Entwertung, Leistungsabfall	209
6. 12.3.2	Reaktionsbildung und »filial piety complex«	211
6.12.3.3	Kontakteinschränkungen mit dem Gegengeschlecht	211
6. 12.3.4	Gegengeschlechtliche Entwicklungen	211
6.12.3.5	Unrofessionelle Übertragungen	212
6.12.3.6	Sexuelle Störungen und Verweigerung von Sexualität	212
6.12.4	Symptomatik als Kompromiss	212
6.12.4.1	Was häufig übersehen wird: Ödipale Depression, Trauer, Einsamkeit, »homosexuelle Unterwerfung«	213
7.	»Neurosenpsychologische Diagnose zum Zeitpunkt der Antragstellung«	215
7.1	ICD-10	216
7.2	Hysterie	219

7.3	Grunddiagnosen: auf vorwiegend präödipalem/ödipalem Niveau	220
7.4	Erstinterview	221
7.4.1	Das Erstinterview in der Frankfurter Schule	221
7.4.2	Übertragungen des Patienten vom Therapeuten mitbestimmt	222
7.4.3	Gegenübertragungen und Gegenempathie des Patienten und Therapeuten	223
7.4.4	Multiple Übertragungen und Gegenübertragungen	223
7.4.5	Berufsspezifische Übertragung: narzisstisch getönter Leistungsehrgeiz	226
7.4.6	Gruppendiskussion, »schlammige« Situation, Vignette und »Antivignette«	227
7.4.7	Fallberichte immer noch allein aus Sicht des Therapeuten	229
7.4.8	Story, Kohärenz, Glättung	230
7.4.9	Peinliche Fragen: Was wird verschwiegen?	233
7.5	Der Traum als diagnostisches Mittel	234
7.6	Symptomdiagnose	238
7.7	Defizite, strukturelle Ich-Defekte und Behinderungen	239
7.7.1	Neuropsychologische Defizite	239
7.7.2	Neurosenpsychologische Defizite	242
7.7.3	Körperliche Behinderungen	245
7.8	Sucht und Substanzmissbrauch	247
7.9	Essstörungen	247
7.9.1	Anorexia nervosa und Bulimie	249
7.10	Borderline	250
7.10.1	Spezifische Persönlichkeitszüge	250
7.10.2	Borderline nach Kernberg	251
7.10.3	Borderline als »wastebasket diagnosis«	253
7.10.4	Borderline als unerkannte Gegenübertragung	255
7.11	Bisexualität	259
7.12	Pädophilie	260
8.	»Behandlungsplan und Zielsetzung der Therapie«	262
9.	»Prognose der Psychotherapie« – Kriterien für die Prognose	263
9.1	Meisterung der Konflikte	263
9.2	Einübung in neue Muster	263

9.3	Auseinanderlaufende Ziele	264
9.4	Ziellosigkeit	265
9.5	Therapeutischer Übereifer	265
9.6	Perfektionismus des Therapeuten	266
9.7	Übertragungsdeutungen schon zu Anfang	266
9.8	Allgemein formulierte, multiple Ziele	267
9.9	Individuell angepasste Ziele	267
9.10	Besserung der Symptomatik	267
9.11	Das Ziel »etwas mehr«	267
9.12	Gutes Arbeitsbündnis	268
9.13	»pro-plan intervention«	270
10.	Zur Unterscheidung von Psychoanalyse, psychoanalytischer Psychotherapie und tiefenpsychologisch fundierter Psychotherapie	272
11.	Gruppentherapie und Paargruppentherapie	281
12.	Partnerschaftskonflikte und deren Behandlung	282
12.1	Die saubere Welt der Ehestrategen	283
12.2	Polygame Veranlagung	284
12.3	Zusatzfaktoren	284
12.4	Das »Ausknipsphänomen«	285
12.5	Plausibilitätsversionen	285
12.6	Das Suchen der Schuld bei sich	286
12.7	»communication gap«	286
12.8	Falscher Optimismus	287
12.9	Typische Übertragungen des Therapeuten	287
12.9.1	Symmetriebedürfnis des Therapeuten	287
12.10	Befindlichkeits- und Benennungskultur	288
12.11	Vorwürfe	289
12.12	Gegenseitige Übertragungen und Rollenverteilungen	289
12.13	Kritische Anmerkungen zu Masochismus und Kollusion	290
12.14	Partner aus verschiedenen Kulturen	290
12.15	Das Erschrecken des Mannes bei der Trennung	292
12.16	Die Kälte der verlassenden Frau gegen Restbindungen	293
12.17	Der Stolz der Frau auf die erreichte Selbstständigkeit	294
12.18	Angst vor Ungehorsam gegenüber den Eltern	295
12.19	Selbstständigkeitsdrang, »matrimoniale Klaustrophobie«	295

12.20	Angst gegenüber anderen Frauen	298
12.21	Auffassungen von Ehe vs. Liebesaffäre	298
12.22	Trennungen und Scheidungen nach Niederkunft	299
12.23	Nachahmung	300
12.24	Erneute Bindungen	301
12.25	Folgebeziehungen nach Trennung	302
12.26	Reaktionen der Kinder auf erneute Beziehungen	302
12.26.1	Umkehrung der Eltern-Kind-Verhältnisse	303
12.26.2	Verleugnung des eigenen Verlustes, Idealisierung, Selbstbeschuldigung des Kindes	304
12.26.3	Patchwork-Familien: Stiefeltern, Stiefgeschwister	304
12.26.4	Falsche Katastrophenszenarien	305
12.26.5	Kompensationsmechanismen	306
12.26.6	Bemühungen des Kindes	307
12.26.7	Die einheitliche Geschichte, Story des Kindes	308
12.26.8	Aufgesetztes Verständnis	308
12.26.9	Parteiergreifen für einen Elternteil, Eigenentwicklung des Kindes	308
12.26.10	Angst, nicht geliebt worden zu sein	309
12.26.11	»Freundliche Distanz« als Verleugnung	310
12.27	Gegenübertragungsstörungen des Therapeuten oder Gutachters bei Entscheidungen über Sorgerecht und Aufenthaltsbestimmung	310
12.27.1	Kindeswohl	312
12.28	»kindling«	313
13.	Sitzungsfrequenz	315
14.	Umwandlung von Kurztherapie in Langzeittherapie	317
15.	Berichte zum Fortführungsantrag	318
15.1	Ergänzungen zum Erstantrag	318
15.2	Dauerhafte Veränderung, Therapieplan, Prognose	319
15.3	Konkrete Verbesserungen außerhalb der Therapie	320
15.4	Wertigkeit von Empathie und Übertragung/Gegenübertragung	320
15.5	Besserer Zugang zu sich selbst und Fähigkeit zur Selbstanalyse	320

15.6	Wendepunkte in der Behandlung	321
15.7	Antizipationsfähigkeit und -willigkeit bezüglich zukünftiger Konflikte	323

16. Ergänzungsberichte 324

17. Erfahrungen mit dem Gutachterverfahren 326

17.1	Die vollständige Vorinformation des Gutachters durch die Krankenkasse	326
17.2	Obergutachten	327
17.3	Ertragen von Ungewissheit	328
17.4	»Theoriegeleiteter« Antrag	328
17.5	Abschreiben von sich selbst	329
17.6	Verknüpfung von Theorie und persönlichen Daten	329
17.7	Befangenheit des Gutachters	330
17.8	Gespür des Gutachters	330
17.9	Dialog Gutachter – Therapeut	330
17.10	Vorab-Wirtschaftlichkeitsprüfung, Qualitätssicherung	331

18. Ausblick 333

Anhang 335

I	Allgemeine Gesichtspunkte, die Sprache im Antrag	335
II	Genehmigte Anträge	338

Literatur 354

Vorwort

In diesem Handbuch zitiere ich vorwiegend aus der Literatur seit ca. 1990, weil die entscheidenden Gedankengänge hier in der Regel klarer formuliert und mit konkurrierenden der Gegenwart und Vergangenheit verglichen werden konnten. Viele Formulierungen stammen aber auch aus früheren Jahren und einige noch von Freud. Den früheren Autoren soll kein Abbruch getan werden, wenn sie nicht mehr so häufig zitiert werden. Wer glauben möchte, dass bei Freud bereits alles zu lesen steht, nehme sich ein Beispiel an den heutigen Biologen. Sie verbringen zweifellos den Großteil ihrer Zeit damit, Darwins gesammelte Werke zu lesen, daraus zu zitieren und Wortauslegung zu betreiben. Auch wir dürfen auf keinen Fall Ideen bringen, die »nicht im Freud'schen Weinkeller gereift sind« (Cooper 2005). Letztendlich stellt sich die Frage: Besteht Freuds Leistung darin, in Einzelheiten Recht zu behalten, oder in seinem vorbildlichen Mut und anschließendem Durchhaltevermögen, tabuisierte Themen aufzugreifen und konsequent weiterzuführen?

Die Darstellung in diesem Band hält sich in der Reihenfolge der Kapitel 1 bis 9 an das Formblatt für den Erstantrag auf Psychotherapie. Die Überschriften des Formblatts finden sich in den Überschriften der Buchkapitel 1 bis 9 als Zitate.

Inhaltliche Wiederholungen, auch innerhalb eines Kapitels, sind beabsichtigt, weil ich glaube, dass sie nützlich sind.

Der sogenannte ichpsychologische Gesichtspunkt (Kompromisstheorie) wird stark bevorzugt dargestellt.

1. »Spontanangaben des Patienten« – Das Beschwerdebild

Die Formulierung der Beschwerden kann kurz gefasst werden. Eigentlich müssten sie in indirekter Rede geschildert werden, doch wäre dies – ununterbrochen – zu schwerfällig. Es reichen einige Zitate. Notwendig sind diese, wenn offenbar spezielle Fantasien zum Ausdruck kommen, wie zum Beispiel »ein Summen im Kopf wie von tausend Bienen«, »ein Gefühl, ich würde ganz kalt und leer«, »ich könnte platzen«, »Kopfschmerzen, als wenn einer darin herumbohrt« oder Ähnliches. Hier ist die Fantasie, dass jemand in seinem Kopf herumbohrt, wahrscheinlich wichtiger als das farblose und alltägliche Symptom Kopfschmerzen: Glaubt er, in seinem Innersten einem Gewalttätigen hilflos ausgeliefert zu sein, oder glaubt er im Gegenteil, dass er selbst gewalttätig ist und dies mithilfe des Abwehrmechanismus »Wendung gegen sich selbst« umdrehen muss, damit er selbst in die Opferrolle gerät und sich somit Schuldgefühle erspart? – Die innere Bedeutung ist entscheidend.

Wörtliche Wiedergabe ist ferner manchmal angezeigt, wenn der Therapeut[1] zeigen will und muss, dass er nicht etwa die Angaben des Patienten zur Biografie unkritisch übernimmt. Die Anführungsstriche dienen hier der notwendigen Distanzierung. Typisches Beispiel ist die häufig ungünstige Schilderung der Eltern (»parent-blaming«), oft auch des Ehepartners. Diese machen in der Erzählung des Patienten selten eine gute Figur. Mindestens der Konjunktiv ist dann unerlässlich.

---

1 Mit »der Therapeut«, »der Patient« etc. ist nicht das Geschlecht gemeint, sondern die Funktion.

Oft erweist sich die Beschwerdeschilderung des Patienten als unvollständig. Wir dürfen nicht vergessen, dass alles, was der Patient sagt – so auch seine Schilderung der Beschwerden, wie natürlich auch die seiner Biografie und seiner Auffassung von der Genese seiner Symptomatik (Goldberg, St. H. 1994) –, einem Ausleseprozess durch seine Abwehr unterliegt (Nachträglichkeit, komplexe Nachbearbeitung, M'Uzan 1976). Er kann bzw. will nur das berichten, was diesen Abwehrfilter unbewusst oder bewusst passieren darf. *Die Beschwerdeschilderung ist wie ein Symptom aufgebaut und auch so zu bewerten, d. h. als Ergebnis eines inneren unbewussten Konflikts.* So ist es nicht verwunderlich, dass von ihren Eltern vernachlässigte oder in anderer Weise geschädigte Kinder multiple, gegensätzliche Erinnerungen an das haben, was ihnen angetan wurde (Bowlby 1988), und dass die Spuren davon unter Umständen unintegriert bleiben, oft etwa in einer geglätteten, banalen oder idealisierten Beschreibung der Beziehung zu den Eltern untergehen oder etwa nur noch in gelegentlichen Versprechern, Fadenverlieren, plötzlichen Einsprengseln von unpassenden Fantasien oder überraschenden Widersprüchen in den biografischen Berichten aufscheinen (u. a. Main 1991).

Solange der Patient den Therapeuten noch nicht ausreichend geprüft hat, ob dieser seine Ängste, Scham- und Schuldgefühle mindern wird (Sampson/Weiss 1977; Sampson et al. 1977; Sampson 1982; Weiss et al. 1986), kann er nicht anders, als gewisse geheime Befürchtungen, Erinnerungen etc. für sich zu behalten. Umgekehrt kann auch der Therapeut nur das hören und im Gedächtnis behalten, was seine Abwehr von Wünschen, Ängsten, Schuldgefühlen, Schamgefühlen und Wahrnehmung von Abwehrvorgängen durchlässt (Brenneis 1994; Grossman, L. 1999; Meissner 2000). Darüber hinaus ist der Therapeut in seiner Wahrnehmung – und dann noch einmal in seiner Erinnerung – durch die Theorie, der er anhängt, eingeschränkt, zur Auslese gezwungen und mehr noch: Er prägt durch seinen Einfluss den Patienten und sein Material (Poland 1984; Renik 1991).

1.1 Lügen

Zur unbewussten Abwehr tritt beim Patienten aber auch regelhaft bewusstes Lügen bzw. bewusstes Verschweigen hinzu. Es ist merkwürdig, aber typisch für die Übertragungen vieler Therapeuten auf Patienten, dass dies durchwegs tabuisiert wird. Offenbar soll die Idealisierung der Theorien und der Patienten erhalten bleiben. Dabei ist Lügen selbstverständlich. Warum sollte ein Patient vor der Entwicklung eines stabilen Arbeitsbündnisses einer fremden Person etwas erzählen, das diese vermutlich übel nimmt? Er bietet seine vermeintlich oder tatsächlich abstoßenden Eigenschaften und Fantasien allenfalls in kleinen Dosen an, um zu prüfen, wie der Therapeut darauf reagiert.

Zunächst muss der Therapeut diesen Test des Patienten bestehen, bevor der Patient mehr preisgeben kann (Sampson 1982; Sampson/Weiss 1977; Sampson et al. 1977; Weiss et al. 1986). Darüber hinaus muss er sich evt. mithilfe von Lügen überzeugen, dass er dem Therapeuten überlegen ist (Moser 1970), um sich so das nötige Sicherheitsgefühl zu verschaffen. Weiss (1998) berichtet von einem Patienten, der erst nach sechs Monaten von seinen – passiven – Fesselungsfantasien berichtete; ein anderer Patient gab erst nach einem Jahr Analyse seine passiven Schlagefantasien preis. Außerdem möchte jeder Patient auch ein Geheimnis für sich behalten. Hier dient Lügen der Autonomie. Das erste Lügen eines Kindes ist ein wichtiger Schritt, sich abzulösen. Lügen bleibt sogar ein labiler Spätererwerb. Im Traum verlieren wir die Fähigkeit zu lügen wieder.

Frühere Autoren hatten sich mit dem Lügen traditionsgemäß unter vorzugsweise pathologischen Gesichtspunkten befasst. Greenacre (1958) fand, dass gewohnheitsmäßige Lügner versuchten, sich infantile Omnipotenzwünsche wieder zu erfüllen, vor allem, indem sie andere dazu bringen, ihre Lügen zu akzeptieren. Nach Kohut (1971) ist pathologisches Lügen ein Symptom der narzisstischen Persönlichkeitsstörung, ausgehend von dem Wunsch nach Erhöhung des grandiosen Selbst oder des idealisierten Objekts. Es möge auch ein Versuch sein, eine Störung im Selbstbild mitzuteilen, für die der Patient sonst keinen Ausdruck finde. Weinshel (1979) sah im Lügen von Patienten den Ausdruck ödipaler Wünsche und gleichzeitig der Abwehr von Unterlegenheitsgefühlen nach der Erfahrung, von einem ödipalen Objekt belogen worden zu sein. Blum (1983) unterschied am Lügen zwischen einem analysierbaren Symptom (mit Bedeutungen auf verschiedenen Entwicklungsebenen) und einer soziopathischen Charakterstörung. In zwei Fällen von Missbrauch in der Kindheit sahen Wilkinson und Hugh (1996) im exzessivem Lügen a) den Ausdruck fragmentierter Selbst- und Objekt-Repräsentanzen als Opfer, Missbraucher, Retter und untätiger Zuschauer, b) einen Bewältigungsversuch der erlittenen Traumen sowie c) einen Separationsversuch in der Adoleszenz.

Lügen ist wie bei allen zwischenmenschlichen Kontakten auch notwendig, um den anderen zu schonen, Rücksicht und Wertschätzung auszudrücken.

Nackte Wahrheiten wirken kontaktstörend und unästhetisch. Die Sprache dient nicht zuletzt der Verhüllung der Wahrheit (Asserate 2003).

1.2 Zwangskranke

Zwangskranke verheimlichen oft ihre Symptomatik. Selbst in der nervenärztlichen Praxis werden sie daher häufig übersehen (Thiele et al. 1999). Es ist ihnen peinlich, von ihren Zwangsgedanken und Zwangshandlungen zu berichten, weil diese ihnen »verrückt« erscheinen und nur notdürftig eine sie erschreckende Aggressivität verdecken. Auch wenn man spontan keinen Verdacht auf Zwangssymptome hat, muss man danach fragen. So suchte beispielsweise ein 22-jähriger Patient eine Möglichkeit, sich vom Wehrdienst befreien zu lassen. Eine ganze Stunde lang konnte er keine Beschwerden von Belang vorbringen. Auch seine Außenbeziehungen zu seiner Mutter, zu Freunden und zu seiner Partnerin schienen intakt zu sein. Es war auch gelungen, eine vertrauensvolle Atmosphäre herzustellen. Erst auf direktes Befragen, ob er manchmal etwas wiederholen müsse, zeigte sich schließlich, dass er an einer schweren Zwangsneurose mit Zwangshandlungen, darunter auch Waschzwang, mehrfaches Kontrollieren und Zwangsgrübeleien, litt. In seinem Beruf als Feinmechaniker war er ständig für seine Zuverlässigkeit gelobt worden. Dass er auch nach Dienstschluss an seinem Arbeitsplatz verblieb und sogar am Wochenende seine Arbeit kontrollierte, wurde ihm hoch angerechnet. Dieses Nichtauffallen im sozialen Umfeld erschwerte die Selbsterkenntnis, dass er psychisch krank ist. Dabei war er, wie sich herausstellte, bereits mit zwölf Jahren wegen einer Zwangsneurose in psychotherapeutischer Behandlung gewesen.

Auch die depressive Stimmung wird nicht immer berichtet, weil viele Patienten sie für selbstverständlich halten und als bekannt voraussetzen. Außerdem haben Patienten hier vielfach ein Schamproblem und äußern die Depression nicht, obwohl sie augenfällig und selbstverständlich ist. Denn der Konflikt drückt regelmäßig die Stimmung, und zwar sowohl nach einem allgemeineren Gesichtspunkt (dass der Patient nicht mit sich im Reinen ist, vielmehr einen kräftezehrenden Konflikt in sich trägt, der sein Selbstgefühl tangiert) als auch nach einem spezielleren (ichpsychologischen): Schuldgefühle, Angstgefühle und Schamgefühle können nicht mehr genügend abgewehrt werden. Ähnliches gilt für die Angst.

Nach Winnicott (1959) werden Traumen zur Zeit der »absoluten Abhängigkeit« auch unbewusst nicht wahrgenommen und können deshalb auch dem Therapeuten nicht mitgeteilt werden. Das Beschwerdebild ist das Einzige, was wir von Anfang an, noch vor den Anstrengungen psychodynamischer Überlegungen, von dem inneren unbewussten Konflikt wissen. Es ist das Ergebnis des Konflikts im Sinne der Kompromissbildung (»outcome of conflict«).

1.3 Häufige Fehler

Ein häufiger Fehler ist es, die Beschwerden sozusagen wörtlich zu nehmen und das Symbolhafte, Metaphernhafte, Symptom- und Kompromisshafte, oft auch das Täuschungshafte und Verlogene an ihnen zu verkennen. Fast regelhaft werden Beschwerden oder auch Symptome mit einer Theorie von Beschwerden und Symptomen verwechselt. Derartige Kurzschlüsse kritisiert auch Brenner (2003), der ebenfalls den Symptom-, d. h. Kompromisscharakter solcher Äußerungen betont. Ist zum Beispiel Sich-hilflos-Geben das Gleiche wie Hilflos-Sein? Weist die Klage, nicht zu wissen, was real und was unreal ist, tatsächlich darauf hin, dass die Realitätswahrnehmung gestört ist? Wenn ein Patient sagt, in ihm wüte eine böse Macht, so mag ein Anhänger von M. Klein oder Fairbairn hier sogleich ein sogenanntes böses Introjekt ausmachen. Vom ichpsychologisch-strukturellen Gesichtspunkt der Wunsch-Abwehr-Konfiguration her betrachtet könnte hingegen ein aggressiver Gedanke oder eine »böse« Tat ein Schuld- und Schamsignal ausgelöst haben, das seinerseits die Abwehr aktivierte, nämlich Verdrängung, Wendung gegen sich selbst und eine Verschiebung (nicht der Patient, sondern eine böse Macht in ihm soll aggressiv und damit schuld sein). Die Vorstellung vom bösen Introjekt ist leicht eingängig und angenehm, und dies mag zur Beliebtheit – um nicht zu sagen Bequemlichkeit – dieses Begriffes beitragen. Das Introjekt wird – im Gegensatz zur Identifikation – nie ganz ein Teil des Selbst, es behält den Charakter eines Fremdkörpers.

Ähnlich kompromisshaft mag es sich mit anderen Formulierungen des Patienten wie zum Beispiel: »Es ist mir, als ob ich in tausend Stücke zersprungen wäre«, verhalten. Ist der Patient oder etwas im Patienten deshalb wirklich in tausend Stücke zersprungen, etwa im Sinne eines fragmentierten Selbst (nach Kohut oder Fairbairn), oder handelt es sich auch hier um ein Symptom wie andere auch, also eine Kompromissbildung, z. B. folgend aus dem aggressiven Wunsch, andere in Stücke zu schlagen, daraus resultierendem Schuld-, Angst- und Schamsignal sowie der Abwehr dagegen in Form von Verdrängung und Wendung gegen sich selbst, evt. noch zusammen mit Konversion? Oder hat er sich – aus Schuldgefühl? – identifiziert mit einem, den er als in tausend Stücke zersprungen wahrnahm? Müssen Klagen (die übrigens nach meiner Erfahrung viel seltener sind, als behauptet wird) wie die, sich »leer und ohne Ziel oder gefühllos« zu fühlen, ein Zeichen schwerer »Depression« (so Winnicott 1965) oder ein Hinweis für das Fehlen eines intakten Selbstgefühls sein (so Fairbairn 1952 und Guntrip 1969)?

1.4 »Leere«

Unter dem Gesichtspunkt der Wunsch-Abwehr-Konfiguration kann es sich bei Gefühlen der Leere letztendlich auch um Wünsche nach Nähe und Geborgenheit handeln. Diese Wünsche können nämlich die Angst auslösen, die Eigenständigkeit einzubüßen und wieder der Mutter anheimzufallen, sodass nur Leere an der Stelle zurückbliebe, wo zuvor schon Eigenständigkeit repräsentiert war. Wenn für den Patienten Verdrängung nicht ausreicht, tritt Verneinung (Negation) hinzu, mit dem Ergebnis, dass er angeblich nichts fühle. Als Kompromiss (Symptom) nach Abwehr durch Verdrängung und Verneinung fühlt er weder Wünsche noch Ängste. – Ist das tatsächlich so?

Da die Abwehr – wie so oft – nicht ganz ausreicht, verbleibt ein Rest von Unbehagen (Klage über Gefühllosigkeit) und wird bewusst (Symptom, Beschwerde). ›Gefühl der Ziellosigkeit‹ heißt nichts anderes, als dass der Patient sich – momentan – keiner Wünsche mehr bewusst ist. Die Wünsche hat er sehr wohl, aber er hat sie abwehren (aus dem Bewusstsein verdrängen) müssen, weil sie ihm Angst gemacht haben. Und warum haben sie ihm Angst gemacht? – Für jeden Patienten muss einzeln herausgefunden werden, welches seine Wünsche waren und welche Ängste diese auslösten, sodass es erträglicher war, diese bis zur »Wunschlosigkeit und Ziellosigkeit« zu verdrängen.

Nach Kohut (1971; 1977) hingegen ist das Gefühl von Leere das Gefühl, dass das idealisierte Selbstobjekt fehlt. Die Selbst-Kohärenz und das Selbstwertgefühl seien nicht aufrechterhalten worden. Daraus folge die Desintegrationsangst der narzisstischen Persönlichkeitsstörung.

Die Beschwerden müssen auch immer unter dem Gesichtspunkt gesehen werden, dass der Therapeut den Patienten schon bei seiner Beschwerdeschilderung unbemerkt beeinflusst. Diese stellt also ein gemeinsames Produkt dar.

1.5 Wie leitet der Patient seine Beschwerdeschilderung ein?

Nicht wenige Patienten sprechen gar nicht von sich, sondern von dem Arzt, der sie überwiesen hat, und von dem, was dieser geäußert hat, oder auch von früheren Krankenhausaufenthalten, von der Höhe der Anerkennung als Schwerbehinderter oder von dem, was die Ehefrau gesagt hat. Dies reicht bis zum wortlosen Hinlegen von Arztberichten oder Röntgenbildern auf den Tisch. Vor allem anderen stellt ein solches Verhalten eine intensive Übertragung dar: Der Patient versucht aus Angst, Schuld- oder Schamgefühl eine bestimmte, von ihm gefürchtete Beziehung zum Therapeuten zu vermeiden, indem er die Zitate, die Akten, das Papier zwischen sich und den Therapeuten schiebt. Es liegt nahe, hier präödipale Konflikte um Abhängigkeit und Autonomie zu vermuten. Aber ödipale Konflikte, z. B. mit der Angst vor Unterlegenheit, geprägt von präödipaler Angst um die Autonomie, sind nicht weniger wahrscheinlich.

Zum Schluss wird gefragt, warum der Patient gerade jetzt kommt, und durch wen veranlasst. Diese Frage beantwortet der Antragsteller besser unter Punkt 6, »Psychodynamik der neurotischen Erkrankung«, im Zusammenhang mit der genauen Darstellung des pathogenen Konflikts und seiner Aktivierung. Man kann also schreiben: »Zur Auslösung der Symptomatik s. Punkt 6: Psychodynamik.«

2. »Kurze Darstellung der lebensgeschichtlichen Entwicklung« – Die Biografie unter neurosenpsychologischen Gesichtspunkten

2.1 Einfluss des Therapeuten

Zweifellos beeinflusst der Therapeut das intersubjektive Feld, bereits während der Patient seine Lebensgeschichte erzählt, verbal wie auch nonverbal, etwa durch Nachfragen, Mimik, Nicken oder Stutzen. Die Beeinflussung erfolgt aufgrund seines theoretischen Hintergrundes, der wiederum ausgewählt und geformt wird durch seine jeweilige Ausbildung, diese gefiltert durch seinen Charakter (Grossman, L. 1999) einschließlich persönlicher Vorlieben und vor allem einschließlich seiner unbewussten Wünsche, Ängste, Schuld- und Schamgefühle, Abwehren und Symptombildungen, also auch durch seine Übertragung auf den Patienten (Bird 1972; Grossman 1999; McLaughlin 1981; Renik 1993: »irreducible subjectivity«).

Die »Vergangenheit« ist eine Ko-Konstruktion von Patient und Therapeut (Levine, H. B. 1999; Levine, H. B./Friedman 2000), womit nicht etwa tatsächliche Traumen in ihrer Bedeutung verkannt werden dürfen, sondern nur gesagt werden soll, dass Erinnerungen geprägt werden von den Konflikten des Patienten und des Therapeuten und vom therapeutischen Kontext, in dem und für den sie auftauchen. Erinnerungen werden nicht etwa einfach einem festen Vorrat entnommen (hierzu auch neurobiologische Ergebnisse bei Palley 1997 und Prager 1998), sondern aus Beziehungen zwischen bruchstückhaften und voneinander getrennten Gedächtnisspuren (Singer 2000) rekonstruiert. In diesen Rekonstruktionsprozess schleichen sich Fehler ein. Äußere Zeitmarken stehen nicht zur Verfügung. Beim Erinnern ist nicht mehr sicher unterscheidbar, welche Inhalte – und vor allem, welche Bezüge zwischen diesen Inhalten – bereits bei der Wahrnehmung abgespeichert und welche erst beim Ablesen und Rekonstruieren hinzugefügt wurden. Nach wiederholtem Erinnern sind somit die Engramme nicht mehr identisch mit denen, die vom ersten Wahrnehmungsprozess hinterlassen wurden, vielmehr werden diese jedes Mal umgeschrieben, eigentlich überschrieben. Dabei wird der Kontext, in dem das Erinnern stattfand, mitgeschrieben und der ursprünglichen Wahrnehmung beigefügt. Es findet also bei jedem Erinnerungsakt ein Überschreiben des Alten durch Neues statt und das Engramm ist schließlich nicht mehr in seinem ursprünglichen Kontext abrufbar (Singer 2000). Stern (1997) hat aufgezeigt, dass Erinnerungen auch als sensorisch-motorische Schemata unsymbolisiert gespeichert werden.

In vielen Publikationen meiner Autoren hingegen, aus den verbalen Äußerungen von erwachsenen (!) Patienten haarklein ableiten zu können, was sich in frühester Kindheit zugetragen und im Kind abgespielt hat – so auch Mahler (1975, S. 622): »das Fortschreiten von der normalen autistischen zur normalen symbiotischen Phase [...] es kommt zu Ablagerungen von primordialen Reizen ›gut‹ [...] und ›schlecht‹ [...] daß diese mit primordialer, undifferenzierter Triebenergie besetzt sind [...] das Bersten der autistischen Schale [...] Zerfall der negativen [...] Reizschranke [...] anhand des analytischen Materials eines [...] erwachsenen Patienten wurde ganz klar, daß sein Leiden auf einem partiellen Scheitern des Loslösungs- und Individuations-Prozesses beruhte.«

Wie so oft, wird auch hier offenbar der Unterschied zwischen klinischer Beschreibung und Interpretation übersehen. Viele »case reports« bestehen nur aus Interpretationen. Gemäß der traditionellen Ichpsychologie bekommen wir bestenfalls das zu hören, was der Patient erinnert (*griech.* Anamnesis: Erinnerung) – das heißt, was seine Abwehr durchlässt –, und nur das hören, was unsere eigenen unbewussten Motive erlauben, die wir niemals suspendieren können (Grossman, L. 1999). Pauschale Verteilungen von Gut und Böse sind immer wesentlicher Auslassungen, Entstellungen, Idealisierungen, Projektionen ungeliebter eigener Anteile und Filterungen verdächtig. Zudem stimmt der Patient unbewusst den Therapeuten auf seine Version ein, weil er zunächst einmal eine harmonische Atmosphäre benötigt, um Sicherheit zu erlangen. Kollusion zwischen Patient und Therapeut ist hiermit von Anfang an die Regel.

Freud (1899) zufolge haben wir keine Erinnerungen *von* der Vergangenheit, sondern wir entwickeln aus der Gegenwart Erinnerungen *über* die Vergangenheit. Dies steht in wohltuendem Gegensatz zu seiner späteren (1937), meines

Erachtens falschen Auffassung vom Therapeuten als Archäologen, der nach Fragmenten sucht, die er dann zu einer Vergangenheit zusammensetzen möchte.

2.2 »parent blaming« und »Freud bashing«

Die üblichen Anschuldigungen gegen die Eltern (»parent blaming«) werden vom Patienten offenbar durchweg zugelassen, weil sie von Schuldgefühlen gegen die Eltern befreien, weil sie keinen Schaden anrichten können (die Eltern hören sie nicht), weil sie übermäßige Idealisierung zu beseitigen versprechen und weil sie Schlimmeres verdecken. Außerdem kann der Patient auf diese Weise gegenwärtige Konflikte, besonders auch in seiner Übertragung, durch Verschiebung abwehren. Auch das heute weltweite »Freud bashing« kann unter dem Gesichtspunkt des »parent blaming« gesehen werden.

Was als »Erinnerung« vom Patienten angeboten wird, ist – evt. neben einem realen Kern (»kein Rauch ohne Feuer« – ich meine aber, manchmal gibt es auch das) – aufgebaut wie ein Übertragungssymptom, nämlich als ein stark von Übertragung gefärbter Kompromiss zwischen verbotenen, aber auf diese Weise wenigstens teilweise befriedigten Wünschen, Ängsten, Schuld- und Schamgefühlen einerseits und deren Abwehr andererseits. Dabei mag sich einmal mehr der Wunsch, ein andermal mehr die Abwehr durchsetzen.

Wie klinisch häufig zu beobachten, stellen sich die Menschen gern als hilfloses Opfer dar, so auch Ödipus (»von den Eltern ausgesetzt«), und erfinden hierzu ein Verbrechen der Eltern – eine masochistische Verkleidung des eigenen Sadismus, um sich Schuldgefühle zu ersparen und sich eine sadomasochistische Dauerbeziehung zu erhalten (Brenman 1980). Derartige falsche lebensgeschichtliche »facts« gleichen Deckerinnerungen, Mythen um die eigene Person (»personal myths«, Kris 1950; 1951; 1956; ähnlich Arlow, zit. n. Hartocollis/Graham 1991) und können in die Irre führen, wenn sie wörtlich genommen werden.

2.3 »false memory«

Die Diskussion um »false memory« ist in letzter Zeit besonders im Zusammenhang mit spektakulären Schadensersatzprozessen in den USA wegen angeblichen Inzests oder anderen sexuellen Vergehen an den eigenen Kindern wieder aufgeflammt. Väter hatten sich gerichtlich erfolgreich gegen Behauptungen von Therapeuten und deren männlichen und weiblichen Patienten zur Wehr gesetzt, sie hätten an ihren Kindern sexuelle Handlungen vorgenommen. Die Anklagen stützten sich auf Konstruktionen aufgrund angeblicher Erinnerungen der Patienten. »Erinnerung« ist in solchen Fällen eher Konstruktion als Reproduktion oder Rekonstruktion (Freud 1899; Palley 1997; Prager 1998; Singer 2000) und muss, auch wenn ein traumatisches Ereignis stattgefunden hat, analysiert werden. Zum Vorschein kommen dann oft aggressive und andere Wünsche, so nach Beachtung, Zuwendung, Gemeinschaft mit anderen, vermeintlichen oder tatsächlichen Opfern, Selbsterhöhung, Aggressivität gegen die Eltern, aber auch Ablösung von den Eltern. Darüber hinaus sind Ängste, Schuld- und Schamgefühle und deren Abwehren an der »Erinnerung« beteiligt, besonders auch die Projektion ungeliebter eigener Anteile – wie erwähnt, nicht selten in Kollusion mit dem Therapeuten.

»False memory« wirkt auch mit entgegengesetztem Vorzeichen: Eltern werden oft idealisiert, um Groll gegen sie abwehren zu können. Nicht selten verrät der Patient nur über Zitate von anderen, was er wirklich denkt.

2.4   Sexueller Missbrauch

Mit den während der Psychotherapie auftauchenden echten oder vermeintlichen Erinnerungen an sexuellen Missbrauch hat sich besonders Brenneis (1997) befasst, und zwar in der Haltung eines informierten Skeptizismus in Anlehnung an ichpsychologische Erwägungen, wie sie in Kapitel 2.3 aufgeführt wurden. Er warnt vor Eins-zu-eins-Rückübersetzungen von Traumelementen, Flashbacks und Wiederholungshandlungen in tatsächliche traumatische Erlebnisse, d.h. vor der Unterschätzung der komplexen Abwehrarbeit, der alle Ereignisse unterliegen. Unter den Entstellungen durch Abwehr hebt er bereits diejenige hervor, die der Augenblickssituation des »Erinnerns« entspringt (vgl. Singer 2000), also der therapeutischen Situation. Hier ist besonders das invasive Drängen von übereifrigen Therapeuten zu nennen, endlich solche Traumen zu erinnern. Dabei »hilft« der Therapeut dem Patienten, seine »Widerstände« gegen das Erinnern zu überwinden, und der Patient liefert gehorsam eine »Erinnerung an ein Trauma« (intersubjektiver Gesichtspunkt). Der Patient identifiziert sich aus Angst mit dem Aggressor (Therapeut) und wehrt so auch seine Wut auf den Therapeuten ab. Es kommt zu einer Verschiebung vom Hier und Jetzt (Trauma durch den bedrängenden Therapeuten, aggressive Regungen gegen ihn) in die Vergangenheit (»transferring the present to the past«, Brenneis 1997) – ein klassischer Übertragungs-»Widerstand« des Patienten.

Die häufige ausdrückliche oder stillschweigende Beschuldigung der Eltern in der Therapie, auch durch den Therapeuten, beruht auf einer unbemerkten Kollusion zwischen Therapeut und Patient. Denn auch der Therapeut wehrt hiermit seine aggressiven Regungen gegen den Patienten ab. Darüber hinaus gibt es auch noch eine Kollusion des Therapeuten und des Patienten mit Zeitströmungen oder Moden. So tauchten auffallend viele Patienten mit der Diagnose »sexueller Missbrauch« in den Jahren 1995–1997 und erneut seit 2006 auf, parallel zu einer der vielen wechselnden Pressekampagnen mit Empörungscharakter über einen diesbezüglichen Missstand.

Ähnlich beschrieb Shengold (1999), wie ihn eine Reihe von Patienten nach der Lektüre früherer Aufsätze von ihm aufsuchte, um sich von ihm mittels analytischer Therapie einen angeblichen Missbrauch durch die Eltern bestätigen zu lassen. Im Verlauf der Therapien hatte er sich mit den Gründen für die Entwicklung solcher Fantasien zu beschäftigen. Der Autor wendet sich entschieden gegen die Thesen von zwei Kollegen, das Vorhandensein von »Dissoziation« spreche für einen realen sexuellen Missbrauch. Er warnt vor Unterschätzung der Komplexität der Übertragung und der Widerstände und mahnt »wohlwollenden Skeptizismus und Bescheidenheit« in der Beurteilung an. Die Unterscheidung zwischen den Auswirkungen eines tatsächlichen sexuellen Missbrauchs in der Kindheit und denjenigen von bloßen Fantasien hierüber sei »oft schwierig, wenn nicht unmöglich«. Dem ist hinzuzufügen, dass wie erwähnt auch die Übertragungen des Therapeuten und seine Gegenübertragungen nicht unterschätzt werden dürfen (intersubjektiver Gesichtspunkt). Grundsätzlich haben wir keine Ursache, ein einzelnes Moment einseitig hervorzuheben.

Shengold (1999) gewann den Eindruck, dass bei einer beträchtlichen Anzahl seiner Patienten »der Geruch von Samen« in der Erinnerung eine Rolle spielte. Bei einigen von diesen Patienten habe es sich um tatsächlichen sexuellen Missbrauch in der Kindheit gehandelt. Viele Erwachsene können offenbar gewisse Gerüche aus der Kindheit sehr genau erinnern oder wenigstens wiedererkennen. Möglicherweise haften emotional gefärbte Geruchserinnerungen besser als optische, akustische, sensomotorische oder rein emotionale, vermutlich weil sie entwicklungsgeschichtlich älter sind.

Nach Russell (1986) haben 30% der Mädchen in der Kindheit sexuellen Missbrauch mit körperlichem Kontakt erlebt, über 50% erlebten Missbrauch ohne körperlichen Kontakt. Gartner (1999) befasste sich speziell mit dem Missbrauch an männlichen Kindern. Er weist darauf hin, dass sexuelle Beziehungen zwischen Jungen und erwachsenen Frauen häufig seien: Nach Lisak, Hopper, Song (1996) hatten 17% im Alter unter 17 Jahren »unangemessenen« (»inappropriate«) sexuellen Kontakt und 10% »unangemessene sexuelle Aktivität ohne körperlichen Kontakt« mit erwachsenen Frauen. Solche Beziehungen seien in der Fachliteratur unterrepräsentiert und firmierten wenigstens teilweise nicht als Missbrauch, sondern nur als Belästigung oder als »unwillkommen«. In der Regel würden sie sogar als »Einführung in die Sexualität« positiv gewertet.

Gartner hält für möglich, dass derartige vorzeitige sexuelle Erfahrungen bei Jungen nicht unbedingt traumatisch wirken, sondern genossen werden können – meines Erachtens ein falscher Gegensatz: Warum soll Genuss das Traumatische ausschließen? Im Gegenteil: Genuss dürfte beispielsweise die Schuldgefühle, die nach manchen Autoren (z.B. Oliner 2000) ohnehin durch ein Trauma erweckt werden, verstärken. Denkbar ist allerdings, dass das Gefühl der eigenen Aktivität das Kind vor Gefühlen des Hilflos- und Ausgeliefertseins schützt. Hält der Autor aus diesem Grunde Genuss für einen Schutzfaktor? Davon teilt er nichts mit. Er gibt aber zu bedenken, dass auch andere Reaktionen – neben den bewussten und mitgeteilten – möglich sind, so z.B. spätere emotionale Distanz in engeren Beziehungen.

In der Behandlung missbrauchter männlicher Patienten sind Gartner zufolge Übertragung und Gegenübertragung oft kollusiv, nämlich die Tatsache des Missbrauchs verleugnend und die Angst vor dem Trauma verdrängend. Zudem neige der Therapeut zum emotionalen Rückzug. Dass aber manchmal der Sachverhalt anders liegt, als es zunächst scheint, zeigt folgender Fall: Ein schwer lernbehinderter Erwachsener, sehr depressiv, beklagte sich über analen Missbrauch in Form von Penetration durch den Penis seines Vaters. Eine Rücksprache mit den Eltern ergab, dass der Vater Klistiere verabreicht hatte. Diese Aufdeckung führte beim Patienten zu einer wesentlichen Erleichterung und entwirrte auch seine desolate Familiensituation (Sinason 1997).

Die Möglichkeit von nicht traumatisierend wirkenden sexuellen Kontakten bei Mädchen wird nicht diskutiert – eine Asymmetrie der Betrachtungsweisen oder der Beurteilung im Verhältnis zu Jungen.

Wie viele der Kinder, die mit Erwachsenen sexuellen Kontakt hatten, sich deswegen später ungünstig entwickeln, etwa erkranken, ist nicht bekannt. Es besteht die Gefahr sekundärer Schädigung durch unterschiedslose Pathologisierung und damit Stigmatisierung infolge mangelnder Sorgfalt, Falschinformation, Unterdrückung gegenteiliger Informationen, stereotyper Sprache (»Gewalt« auch da, wo gar keine stattgefunden hat, sondern Verführung) im Verein mit Verantwortungslosigkeit, vor allem infolge Ideologisierung.

Besonders häufig ist eine auffallend diffuse Sprache bei diesem Thema, zum Beispiel: »hatte einen körperlich mißbrauchenden Vater« (so noch bei Notman 2006). Hier fehlt jedes Detail und solche Mitteilungen sind wissenschaftlich wertlos. In diesen Zusammenhang gehört auch eine Wormser Affäre (seit 1993) mit angeblich massenhafter Kindesmisshandlung durch Eltern und Großeltern, die zu zahlreichen Inhaftierungen und zur Wegnahme der Kinder führte, während die Rehabilitierung im Anschluss an die Freisprechung vielfach dauerhaft nicht gelang und die Auflösung der betroffenen Familien und Zerstörung ganzer Lebensläufe nach sich zog (dazu noch am 10. Februar 2008 eine Themensendung beim TV-Sender arte).

Die Schwierigkeit, nach Jahren festzustellen, was sich tatsächlich zugetragen hat, öffnet Tür und Tor für ideologisch bestimmte Darstellungen, gutachterliche Vorgefasstheiten und Grausamkeiten. Nicht unschuldig an dieser Entwicklung sind auch manche Artikel in der sogenannten Fachliteratur. Ein Beispiel unter zahllosen: Ein ganzer Aufsatz wird auf einen »sexuellen Missbrauch« gestützt, aber nach einer Angabe über die Art des Missbrauchs, über das Alter, in dem dieser stattgefunden hat, die Pathologie, die er erzeugt hat, oder die Art und Weise, wie er sich in der Behandlung gezeigt hat, sucht man vergebens (*Psychoanalyse in Europa* 2002, S. 70–83).

Sexueller Missbrauch wurde auch oft nur behauptet, um das alleinige Sorgerecht zu erhalten. Für den Therapeuten ist es daher bei entsprechenden Anträgen wichtig, sich selbstkritisch auf Vorgefasstheiten und weitere Beeinflussbarkeit zu befragen. Kollusionen zwischen Therapeuten und gesellschaftlichen Strömungen sind nicht selten. Unbewusst spielen hier uneingestandenes Machtstreben, Verschiebung von Aggressivität auf andere und Sehnsucht nach Übereinstimmung zusammen. Zudem ist nach Smith (2003) mit der Einführung eines neuen Begriffs oder Konzepts immer die Versuchung gegeben, es zu reifizieren – so auch hier. Einmal benannt, gewinnt der Begriff ein gewisses Eigenleben und wird unweigerlich zu einem Fokus, auf den sich Therapeut und Patient kollusiv einigen. Hierzu verführen insbesondere solche Themen, die sich aktuell der gesellschaftlichen Aufmerksamkeit erfreuen, wie Missbrauch in der Kindheit, »mangelnde Spiegelung in der Kindheit«, »Trauma«, projektive Identifikation, Borderline, Narzissmus, Empathieverlust sowie viele Diagnosen aus der ICD-10 (Smith 2003).

Übersehen wird oft, dass es noch andere Formen von Missbrauch gibt als den sexuellen: aggressive Traumatisierung, Vernachlässigung (massive emotionale Entbehrung), Missachtung, emotionaler Missbrauch bei partnerschaftlichen Auseinandersetzungen und Trennungen durch Anklagen gegen den Partner in Gegenwart des Kindes, um sich der Loyalität des Kindes zu versichern, Launenhaftigkeit, die im Kind zur Verwirrung (nicht i. S. einer Psychose) und zur Störung des Selbstgefühls führen kann. Phobiker und Angstneurotiker missbrauchen ihre Kinder regelmäßig als phobische Begleitperson und als Tröster in Not, und zwar über die ganze Kindheit und Jugend hinweg, und übertragen so auf diese ihre Ängste, ohne dass sich die Kinder in irgendeiner Weise hiergegen wehren können.

In der Literatur findet sich häufig die Angabe, der sexuelle Täter sei in vielen Fällen selbst in seiner Kindheit sexuelles Opfer gewesen. Dabei stützt man sich aber lediglich auf die Behauptung des unter Verdacht oder Anklage stehenden Täters. Es ist merkwürdig, dass das Wissen um alltägliche Schutzbehauptungen (Verschiebung der Schuld auf andere zur Entlastung von eigener Schuld und aus Ängsten vor Bestrafung) zeitweise nicht mehr zur Verfügung steht, wenn bidirektionale aggressive Affekte abgewehrt werden müssen oder journalistische Nützlichkeitserwägungen die Oberhand gewinnen. In den tatsächlich sich so verhaltenden Einzelfällen handelt es sich um Identifizierung mit dem Aggressor (s. a. unter 4.19.4 Posttraumatische Belastungsstörung).

Unterschätzt werden oft die Beziehungen zu Mitschülern, Lehrern und Studienkollegen, namentlich die Möglichkeiten, sich in den Augen anderer in einer beständigen Weise zu sehen, die Eigenart des anderen in dessen Gefühlen, Wünschen und Auffassungen zu erkennen, zu achten und bessere Beziehungen zu ihnen als zu den Primärpersonen zu entwickeln, speziell eine pathologische frühe Umgebung zu kompensieren (Twemlow 2003) oder evt. sogar Gewinn aus solchen Belastungen zu ziehen. Zu präödipalen und ödipalen Konflikten s. unter 6. »Psychodynamik der neurotischen Erkrankung«.

2.5 Körperöffnungen vs. Beziehungen zu anderen

Wer glaubt, die Entwicklung stark an den im Kleinkindalter – für die Mutter oder das Kind oder für beide – wichtigen Körperöffnungen festmachen zu können oder zu müssen und nicht den Eindruck hat, es handle sich dabei um »Prokrustes«-Öffnungen, in die er zwischenmenschliche Beziehungen und Beziehungskonflikte zwängen müsse, mag daran festhalten. Andere sehen im Festhalten an Freuds und Abrahams Annahme einer »psychosexuellen Entwicklung« mit einer oralen, einer analen und einer phallischen Stufe mitsamt deren Untergliederungen ein Übermaß an »Organgläubigkeit«.

Auch wer glaubt, dass zwischen der sogenannten infantilen Sexualität und der Erwachsenensexualität im Erleben mehr als nur eine oberflächliche Analogie besteht (z. B. Lutschen des Kleinkinds mit der Mundschleimhaut vs. genitalem Schleimhautkontakt des Erwachsenen mit Orgasmus) – während andere meinen, dass sich Erwachsene gerade in der Sexualität von Kindern unterscheiden –, ist mit seiner Auffassung in guter Gesellschaft. G. S. Klein (1976) prägte hierzu den Begriff der »kindlichen Sinnlichkeit« und zog in Erwägung, dass die Erwachsenensexualität in ganz anderer Weise vom Objekt stimuliert wird als dies beim Freud'schen Triebabfuhrmodell gemeint war. Die allgemeine Entwicklung in der modernen Psychoanalyse (»mainstream«) geht aber dahin, anderes in den Vordergrund zu stellen, so etwa die Beziehung zu anderen (Harlow 1958; Bowlby 1988; Balint 1937: primäre Objektliebe; die englischen Theoretiker der Objektbeziehungen wie Fairbairn 1952; Guntrip 1969; Winnicott 1959; 1965) oder die Entwicklung des Selbst (z.B. die narzisstische Entwicklung nach Kohut in seinen späteren Schriften). Nicht wenige bedeutende Analytiker bedauern dies, so Rangell (1998): »Die Objekte erhielten einen Stellenwert zugesprochen, der die Triebe eliminierte.« Die Objektbeziehungen sind zwar bei Freud bereits eingeführt (»Triebobjekt«), aber nur in nuce, nur als unabdingbar zur Triebabfuhr. Sie hatten dort nur einen sekundären, abgeleiteten Status (Eagle, M. N. 1988) und noch nicht die eigenständige Bedeutung, die ihnen seit Harlows (1958) »Kontaktbehagen« (»contact comfort«) und »taktiler Stimulierung« zugesprochen wird – einschließlich geruchlich-geschmacklicher, akustischer, kinästhetischer, taktiler und optischer Stimulierung, die sie vermitteln. Die Neigung, von Anfang an intensive kognitive und emotionale Bindungen zu Objekten herzustellen, ist angeboren.

Um die sogenannten psychosexuellen Stufen ist es merklich stiller geworden – ein stilles Begräbnis? Wo sie in Berichten, Gutachten, Obergutachten, aber auch psychoanalytischen Aufsätzen noch erwähnt werden, geschieht dies gewöhnlich in pauschaler Form, d. h. ohne konkreten Bezug zur Biografie oder Fantasiewelt des Patienten und ohne Bezug zur Übertragung und Gegenübertragung – offensichtlich nur noch in bloßen Lippenbekenntnissen. Die innere Überzeugung scheint zu schwinden.

3. »Krankheitsanamnese«

Die sogenannte Krankheitsanamnese enthält somatische Erkrankungen nur dann, wenn der Therapeut sie für konfliktrelevant hält. Aufzuführen sind hier jedenfalls frühere zerebrale Erkrankungen, so Hirncontusionen, Hirnblutungen, Alkoholismus, andere Süchte mit nachfolgendem hirnorganischen Psychosyndrom (HOPS).

Hier wird auch gefragt, ob bereits früher psychotherapeutische Behandlungen durchgeführt worden sind. – Aber in einem solchen Fall verweist man besser auf die Psychodynamik (Kapitel 6), in der diese im Zusammenhang aufgeführt werden können.

4. »Psychischer Befund zum Zeitpunkt der Antragstellung«

4.1 Emotionaler Kontakt

Der emotionale Kontakt sollte möglichst mit einem kurzen, aber konkreten Hinweis dargelegt werden, wie z. B. »anfangs etwas verschlossen/misstrauisch/zurückhaltend, dann zunehmend aufgelockert, sich zunehmend verschließend«, »der Kontakt bleibt über lange Strecken oberflächlich-förmlich, wird dann wärmer, gegen Ende der Sitzung versteift sich der Patient wieder«, »der Kontakt vertieft sich erst gegen Ende der ersten Stunde … anfangs unterschwelliges Misstrauen, das mich deutlich beeinträchtigte« (hiermit bereits eine kleine Gegenübertragungsdarstellung), »zu Anfang ist die Patientin ersichtlich so ängstlich und aufgeregt, dass sie kaum zuhören kann … durch die Intervention (z. B. »Es ist sicher eine ungewohnte Situation für Sie hier«) beruhigt sie sich aber rasch«, »der Patient hörte und verstand wohl meine Fragen, wie sich später herausstellte, ließ sich aber von seinen Gedankengängen nicht abbringen, was in mir anfangs ein Gefühl von Hilflosigkeit, Wut und Überdruss und den Gedanken, diesen Patienten nicht in Behandlung zu nehmen, erzeugte – bis ich ihm die Deutung gab (»…«), durch die eine Atmosphäre von Zusammenarbeit und Verstehen entstand«.

Wem dies zu viel ist – und es ist eigentlich schon zu viel für einen Antrag und sollte nur ein Beispiel sein für die Fülle der Möglichkeiten –, der mag einfach schreiben: normal, gut, keine erkennbaren Hindernisse.

4.2 Intelligenz

Gewiss ist eine gute Intelligenz erforderlich, aber sie braucht nicht überragend zu sein.

4.3 Differenziertheit

Die Feststellung von Differenziertheit findet sich in fast allen Berichten bzw. Anträgen, aber niemand weiß so recht, was damit gesagt werden soll, außer dass es sich um eine äußerst empfehlenswerte Eigenschaft handeln muss. Besser wäre wohl: »Der Patient hat ein feines Empfinden/Unterscheidungsvermögen für psychische Vorgänge in sich und anderen und ist nachdenklich«, »erlebt in sich manches Gegensätzliche«, »der Patient zeigt reiche innere Verarbeitungsfähigkeit«, »hat von sich den Eindruck innerer Gegensätzlichkeit, Zwiespältigkeit«. Auch innere Beweglichkeit (Flexibilität) und Nuancenreichtum mag mit Differenziertheit gemeint sein.

›Differenziert‹ kann auch im Gegensatz zur sogenannten »undifferenzierten Phase« (s. Kapitel 6.3 zu M. Klein) stehen. Dann läge die Bedeutung von ›entwickelt, in der Entwicklung fortgeschritten‹ nahe. Die Fähigkeit, zwischen dem eigenen Selbst und dem Objekt zu unterscheiden, ist hier nicht gemeint.

4.4 Fähigkeit zur Einsicht in den neurotischen Konflikt

Einsichtsfähigkeit, ein zentraler Begriff der psychoanalytischen Therapie, meint das Verstehen, Erleben und Verbringen eines zuvor verdrängten innerpsychischen Konflikts in klares Denken und Aussprechen. Nach Bernfeld (1941), Alexander (1956, da: korrigierende Erfahrung, »corrective experience«), Gassner et al. (1982; 1986), Silberschatz und Curtis (1986), der Mount Zion Psychotherapy Research Group (Sampson/Weiss 1977; Sampson et al. 1977; Sampson 1982) und ähnlich auch Sandler und Joffe (1969) ist das Sicherheitsgefühl des Patienten bei einem Therapeuten die Voraussetzung, dass er Einsicht entwickeln kann, und zwar auch ohne dass eine Deutung erforderlich wäre. Allerdings sei eine zusätzliche Deutung nützlich, Einsicht zu erzielen und vor allem, sie in klare Worte zu fassen. Auf keinen Fall aber sei eine sogenannte Übertragungsdeutung (»im Hier und Jetzt«) das einzig wirksame Mittel, Einsicht zu erzielen. Als Beispiel wird angeführt (Weiss et al. 1986), der Analytiker habe den Test des Patienten bestanden, indem er ein kleines Geschenk nicht angenommen und somit gewissen Wünschen des Patienten widerstanden habe, und dies habe dem Patienten Sicherheit vermittelt. Bei einem anderen Patienten hingegen mag, so meine Meinung, der Therapeut die Prüfung durch die Ablehnung des Geschenks gerade *nicht* bestehen. Der Patient – Abstinenz hin, Abstinenz her – erlebt ein solches Verhalten aufgrund seiner Konflikte etwa als Unfreundlichkeit, Zurückweisung, mangelnde Einfühlung in ihn – dies umso eher, wenn der Therapeut dabei aus einem unbewältigten inneren oder äußeren Konflikt handelt, z. B. eigentlich der Überzeugung ist, er könne das kleine Geschenk annehmen, er dürfe es aber wegen vereinsüblicher Vorschriften nicht (so selbstkritisch bei Busch 2005).

Hier bestehen Verbindungen zur »holding function« (Winnicott) und »interpretative holding function« (Loch 1977), zu der Fähigkeit, den Therapeuten und die Therapie in Gebrauch nehmen zu können (Winnicotts »Benutzung des Objekts«), zu dem Konzept des Arbeitsbündnisses und überhaupt der zwischenmenschlichen Beziehung zwischen Therapeut und Patient. Freud (1940, S. 199) hatte wohl als Erster erkannt, dass Patienten verdrängte Inhalte äußern können, wenn sie dabei nichts zu fürchten haben. Rangell (1968; 1969a; 1969b; 1981a; 1981b) und Dewald (1980) entdeckten zusätzlich – und die Mount-Zion-Gruppe (Weiss et al. 1986) konnte dies noch experimentell, einschließlich Voraussagen, nachweisen –, dass der Patient den Therapeuten vor einer Einsicht Prüfungen (Versuchungen) unterwirft, ob dieser ihm für den Fall der Einsicht, also des Auftauchens von Verdrängtem, Sicherheit bieten, d. h. seine fantasierten Gefahren (Ängste, Schamgefühle, Schuldgefühle) mindern wird. Besteht der Therapeut die Prüfungen nicht, kommen auch keine Einsichten. Der Patient filtert dabei die Deutungen des Therapeuten durch das Prisma seiner Wahrnehmungen und Konflikte und versteht mitunter die Deutungen ganz anders, als sie gemeint sind (Jacobs 1999). Bei guten Bedingungen (Sicherheit) sucht sich der Patient das an Verbalem (und Averbalem) heraus, was er zur Meisterung seiner Konflikte benötigt (»Ingebrauchnahme des Therapeuten«).

Nach ichpsychologisch-struktureller Auffassung sollte eine Deutung über eine Labilisierung der eingefahrenen Wunsch-Abwehr-Konfiguration eine

Einsicht erleichtern. Der Patient kann dann etwas von seiner Abwehr aufgeben bzw. auf eine angepasstere Abwehr umstellen (Arlow 1995).

Einsicht wird häufig mit einer bloßen Erklärung des Konflikts (»explanation of conflict«) verwechselt (kritisiert von Wilson, M. 1998). Bei der Erklärung wird eine wirkliche Veränderung im emotionalen Erleben und Leben des Patienten nicht zugelassen. Er erkennt in solchen Fällen die Richtigkeit der Deutung nur intellektuell an. Irgendwelche Folgen für sein Denken, Fühlen, Verhalten lässt er nicht zu. Noch skeptischer sieht Charles (2001) verbales Verstehen. Sie hält es sogar für geeignet, nonverbales Verstehen zu verhindern und im Patienten zu einem »autistischen Objekt« zu werden, das vom Lernen durch Erfahrung abhalte. Eine originelle Definition beschreibt Einsicht als die Fähigkeit, eigene psychische Zustände wie auch die der anderen zu bedenken (Fonagy 1991). Ähnlich hatte schon 1961 Laing gefordert, Einsicht sollte auch ein Verständnis des Patienten einschließen, wie er auf andere wirkt und wie diese ihn daher erleben müssen. Geschehe dies nicht, bleibe der Patient in Haltungen wie Anspruchlichkeit, einem Selbstbild als Opfer und an Selbstzentriertheit hängen.

Interpretationen und Einsicht müssen unvollkommen bleiben, nur so können sie der Treibstoff für eine gut verlaufende Therapie sein. Es geht um einen fruchtbaren Raum zwischen Verwirrung und Verständnis (Goldberg, A. 2004).

An die Einsichtsfähigkeit wurde oft die Frage der »Analysierbarkeit« geknüpft. Hiermit gerinnt jedoch ein kompliziertes dynamisches Geschehen zu einer festen Eigenschaft eines Patienten, die er habe oder nicht habe. Dieser Begriff kann höchstens in der Zweierbeziehung Therapeut – Patient gelten (Berman 2004), und auch da nur für einen bestimmten Moment.

Dass wichtige Einsichten auch noch nach Abschluss einer Therapie bzw. Analyse eintreten können, habe ich selbst erlebt. In meinen zwei persönlichen Psychoanalysen sind mir zwei wichtige Lebensumstände nicht bewusst geworden. Einer davon wurde mir 15 Jahre später spontan bewusst, der andere 36 Jahre nach Abschluss der letzten Analyse (beim Lesen von Fachliteratur). Hilfreich waren die Analysen seinerzeit trotzdem. Sie haben mir auch nachträglich geholfen, aus den späten Einsichten sofort großen Gewinn zu ziehen. Ich führe dies darauf zurück, dass beide Analysen die vielen Jahre hindurch in mir dialoghaft und mit Veränderungen der Übertragung und der vermuteten Gegenübertragung zu meinem Gewinn weiterliefen, wie ich längst, zeitweise darüber belustigt und jedenfalls erstaunt, bemerkt hatte. Als Nebeneffekt ist mir dabei emotional aufgegangen, wie gewaltig Verdrängung sein kann. Wenn der Patient bereits mit einer Hypothese in die Behandlung kommt, ist immer an deren Abwehrfunktion zu denken (Goldberg, St. H. 1994). Auch Hypothesen, die Patient und Therapeut gemeinsam über die Lebensgeschichte (»life-story«) und die Konfliktgenese entwickeln, können eine überwiegende Abwehrfunktion haben. Diese während der Therapie entstehenden Hypothesen sind wie ein von beiden Teilnehmern gemeinsam entwickeltes Symptom aufgebaut und müssen somit laufend kritisch reflektiert, d.h. in ihre Konfliktkomponenten aufgelöst werden. St. H. Goldberg (1994) weist auch darauf hin, dass gerade die beliebten ausführlichen und detaillierten Rekonstruktionen über die entfernte Vergangenheit höchst elegant und eingängig wirken und so einen verführerischen Reiz entwickeln, der von der Wahrheit wegführt, weil die Rekonstruktionen als Abwehr fungieren. Einsichten, die sich auf »frühe« Lebensabschnitte zu beziehen scheinen, werden gern als »tief« bezeichnet (zum Problem der »Tiefe« s. auch Kapitel 4.19.1 Nichtneurotische Strukturen und deren Differenzialdiagnose). Auf Kongressen und in Veröffentlichungen überbieten sich viele Autoren seit Jahrzehnten gegenseitig in einem Wettlauf (»race back«) ohnegleichen mit der »amerikanischen Frage«: Darf es etwas früher sein? (»Can the child do it earlier?«; Piaget, zit.n. Shapiro 1981). Hierdurch schien, besonders unter Zuhilfenahme von Karl Abrahams Zeittafel (Abraham 1921), hübsch-geordnet (bemängelt von Shapiro 1981), jede Psychopathologie auf Früheres zurückzuführen zu sein – wenn auch Freud Ranks Geburtsangst nicht mehr unterschreiben wollte. Shapiro (1981) schreibt:

> »Denjenigen, die flink und gerissen genug sind, einen immer früheren Ursprung für eine gegenwärtige Symptomatik zu benennen, fällt die Siegeskrone zu [...] Melanie Klein und ihre Schüler waren die Sieger der Rückwärtsschau, [...] indem sie den Ursprung des gesamten Seelenlebens in das erste Lebensjahr [...], insbesondere in die Beziehung zur Brust, die alles weitere bestimmte, [...] zusammenschoben (›telescoping‹)«, »Zirkelschluß, gleiche seelische Zustände in der Vergangenheit auffinden zu wollen, um aus ihnen – auf einem gleichsam linear-kontinuierlichen Pfad – die von Erwachsenen zu erklären [...] überhaupt die Vergangenheit zu bemühen, um einen gegenwärtigen Zustand zu verstehen«, »auch nichtanalytische Beobachter der Entwicklung können hier keine Klarheit schaffen« (vgl. hierzu auch Werner 1940: »constancy fallacy«).

Eine Korrektur oder eine Bestätigung solcher genetischer Interpretationen durch den Patienten ist kaum möglich (s. Kapitel 4.10 Compliance). Wir wissen nicht, ob der Patient mit echten Erinnerungen antwortet oder nur dem Narzissmus des Therapeuten schmeicheln will (Shapiro 1981). Aufseiten des Therapeuten werden Ehrgeiz, Ausrede für therapeutischen Misserfolg oder Rechtfertigung unangemessener Therapiedauer nicht reflektiert.

Nach M. Wilson (1998) ist Einsicht zu rational und logisch getönt, wendet sich in einseitiger Weise nur solchem Material zu, das die Merkmale von Ähnlichkeit, Kontinuität, Kohärenz, Harmonie, Identität aufweist und somit dem Bedürfnis des Therapeuten und des Patienten nach »Sinn« (»sense-making«) entgegenkommt. Schon Freud hatte sich über die »merkwürdig geglätteten Krankengeschichten« mokiert.

Schafer (1976) versucht, die Einsicht in die eigene Urheberschaft und Verantwortlichkeit für Wünsche und für deren Abwehr sowie die Einsicht in den Zusammenhang der eigenen Geschichte durch eine konsequent aktive Sprache des Patienten zu fördern. Er kommt im Übrigen zu dem Schluss, dass Einsicht in »sameness«, in das Wiederholungshafte der Lebensgeschichte und der Übertragungen in der Therapie, auf zirkulären Prozessen (Therapeut – Patient) beruhe. Übertragung ist nach diesem Autor mehr eine Konstruktion, vor allem durch die Therapeuten. Im Ergebnis wird eine möglichst plausible, einheitliche, reizvolle, ansprechende, letztlich aber illusorische Geschichte von Vergangenheit und entsprechender Übertragung erzielt (»narrative point of view« nach Todorov 1977; Brooks 1982; Schafer 1976; 1982: »narrative strategy«; 1991; Spence 1982). Ähnlich äußerte sich Chodorov (1999, S. 276, Übers. v. Verf.): »Nicht daß jede story akzeptabel wäre, aber über jeden Patienten lassen sich verschiedene plausible stories rekonstruieren, welche die Biographie kohärent machen«.

Schafer (1982) sieht den Wert der Konstruktionen von Vergangenheit und Übertragung nicht in deren objektivem Wahrheitsgehalt (oder wenigstens in ihrer Wiederholbarkeit durch einen anderen Therapeuten), sondern in einer Ordnungsfunktion für den Patienten bezüglich seiner frühen Erinnerungen sowie seiner Wahrnehmungen in der Übertragungssituation. Aus dem Blickfeld geraten hierbei das Unverständliche, fremd Erscheinende, Inkohärente, Diskontinuierliche, sehr Konflikthafte, Verwirrende, Unheimliche von hoher emotionaler Intensität, das deshalb auch völlig abgelehnt wird, aber unzerstörbar immer wiederkehrt. Es handelt sich um Material und Übertragungserscheinungen, die sich nicht für eine geglättete Erzählung eignen (»narrative smoothing«, Spence 1982), sondern die Merkmale von Zufälligem oder Unassimilierbarem tragen und die Erzählung nur stören würden (Wilson, M. 1998). Die Wahrnehmungsfähigkeit des Patienten für bereits bekannte und eingängige Inhalte wird somit einseitig gefördert, die für neue, unverständliche, unzusammenhängende, unbewusste Inhalte aber abgestumpft (ebd.). Dies gilt ebenso für den Therapeuten (Grinberg et al. 1971).

4.5 »Antistory«

Das Ignorierte aber kehrt wie ein verdrängter Wunsch doch immer wieder zurück. Die plausible Geschichte gleicht daher einem Abwehrvorgang (Wilson, M. 1998) und zu jeder Story und zu jeder Vignette ist auch eine »Antistory« oder, so Lee Grossman (1999), eine »Antivignette« zu postulieren, die all das umfasst, was der Therapeut von den Äußerungen des Patienten und von seinen eigenen Äußerungen und von den Interaktionen nicht wahrnimmt – oder wahrnimmt, aber nicht versteht, bewusst unterschlägt, vergisst, verdrängt. Das gilt auch für das Erstinterview (s. Kapitel 7.4).

4.6 Intersubjektivismus und Konstruktivismus

Der heutige Intersubjektivismus, so auch der soziale Konstruktivismus, angewendet auf die analytische Situation (z.B. bei Hoffman, I. Z. 1991; Renik 1998), betont beim Zustandekommen von Einsicht die Anteile des Therapeuten und der Interaktion. Die therapeutische Aufgabe beruhe auf dem gemeinsamen Bemühen, das interpersonale Geschehen zu verstehen, ohne dass eine Seite einen bevorzugten Zugang zur Wahrheit habe (Grossman, L. 1999).

Gegen den Intersubjektivismus wird eingewandt, er könne auf Kosten eigener Erfahrung des Patienten gehen, da die Interaktion bzw. der Einfluss des Therapeuten für den Patienten zu sehr im Vordergrund stehe. Die so gewonnenen »Einsichten« haben für den Patienten oft einen unechten, »gemachten«, fabrizierten Charakter (Wilson, M. 1998). Auch ein so angesehener Psychoanalytiker wie Arlow (1995) warnt in diesem Zusammenhang vor der Vernachlässigung der Einsicht des Patienten in die Komponenten seines

Konfliktes und in die Notwendigkeit, besser angepasste Kompromisse zu finden.

4.7 Introspektion

Introspektion meint die Fähigkeit, bewusste Abkömmlinge von unbewussten Vorgängen in sich selbst wahrzunehmen. Außenwahrnehmungen sind dabei hinderlich. Oft werden hierzu die Augen geschlossen oder mit der Hand bedeckt. Man will die psychische Realität in sich selbst beobachten, also was in einem selbst vorgeht, nicht was draußen geschieht. Auch gezieltes Denken findet hier nicht statt (Welker 2005).

4.8 Empathie

Nicht nur sollte der Therapeut Empathie für den Patienten haben, sondern auch der Patient für den Therapeuten. Empathie erfordert eine Kombination von gezielter Extrospektion und Introspektion. Bei der Extrospektion richtet sich die Aufmerksamkeit auf unwillkürliche Mitteilungen vom Unbewussten der beobachteten Person, bei der Introspektion auf Abkömmlingen des eigenen Unbewussten. Diese beiden Beobachtungsrichtungen müssen abgeglichen und resonant werden.

4.9 Nonverbale Kommunikation

Die Tiefe einer Beziehung hat wenig mit Worten und bewusster Einsicht zu tun. Das Nonverbale ist aber noch nicht konzeptualisiert und deshalb für Anträge nur mit großem Aufwand verwendbar. Überall ist die Rede vom Unbewussten, aber die Falldarstellungen berücksichtigen nur die bewusste Reflexion und die gesprochene Sprache (vgl. dazu Psychoanalytic Inquiry 2001). So ist die Bedeutung der Spiegelneuronen im zerebralen Geschehen erst neuerdings erkannt worden. Dies relativiert den Wert von Einsicht. Wertlos muss sie deshalb aber nicht sein. Das Dilemma findet seinen Niederschlag in einer lebhaften »insight-versus-relationship debate« (Eagle, M. N. 2003).

Zum Nonverbalen gehört auch die schlichte Anwesenheit des Therapeuten, mit dem Einfluss seiner Persönlichkeit, und die Identifikation des Patienten mit ihm, unabhängig von seinen verbalen Äußerungen (Zimerman 2005). Es umfasst natürlich auch Somatisierungen, unwillkürliche Handlungen und Bewegungen einschließlich Mimik, averbaler Gegenübertragungen, z. B. plötzliche Bilder, die im Therapeuten auftauchen, nichtformulierbare Gefühle (Zimerman 2005) oder auch Erinnerungen optischer, akustischer, haptischer, olfaktorischer und gustatorischer Art.

4.10 Compliance

Auch bei »emotionaler Einsicht« ist immer fraglich, inwieweit tatsächlich Selbsterkenntnis erreicht wurde, d. h. zuvor Unbewusstes nach Aufhebung der Abwehr nun bewusst erlebt wurde, und inwieweit es sich lediglich um eine subtile Willfährigkeit (Zustimmung, Compliance, im Gegensatz zum »Widerstand«, s. Kapitel 4.17.1) des Patienten handelt.

Compliance muss als Teil der Übertragung untersucht werden, so als Wunsch, z. B. wie in der Kindheit den Eltern, von denen er abhängig war, jetzt dem Therapeuten zu gefallen und sich anzupassen, eine harmonische Beziehung herzustellen, oder als Wunsch, durch Zustimmung präödipale oder ödipale Macht über den Therapeuten zu gewinnen, ihn also zu manipulieren. Dies geschieht mit Vorliebe so, dass der Therapeut dies bei sich übersieht, also in vom Therapeuten unerkannter Kollusion. Compliance kann sich auch als Angst des Patienten vor aggressiven Auseinandersetzungen herausstellen, vor seinen (eigenen) Wünschen, vor der Macht des Therapeuten, zu sehr in den Patienten einzudringen (präödipal, ödipal) einschließlich der Angst vor Verlust der Autonomie oder der Selbstachtung. Schuldgefühle (den Therapeuten bisher nicht zufriedengestellt zu haben, ihm schon bisher zu sehr widersprochen zu haben oder mit ihm rivalisiert zu haben) spielen möglicherweise eine Rolle oder Schamgefühl (ein schlechter Patient zu sein, der zu wenig Fortschritte zeige) und Abwehr durch Vermeidung (von Widerspruch und damit Auseinandersetzungen mit dem Therapeuten), Verdrängung der intrapsychischen Wirklichkeit (Feldmann 1999), Verleugnung der intersubjektiven Wirklichkeit, Manipulation des Therapeuten oder auch Reaktionsbildung gegen Neid auf den Therapeuten. Nach Lichtenberg (1999) kann sich Compliance positiv auswirken, nämlich dann, wenn sie über gegenseitige Anpassung und Interaktion die therapeutische Beziehung und damit die Entwicklung, speziell die Selbstregulation, das authentische Selbstgefühl des Patienten, fördert.

Es handelt sich um ein komplexes, intersubjektives Phänomen, das durch die therapeutisch angestrebte Nähe zwischen Patient und Therapeut noch verwirrender und komplizierter und von dieser schwer unterscheidbar wird. Zwangsläufig fordert jede Deutung schon deshalb Compliance ein, weil sie sich definitionsgemäß auf etwas bezieht, was der Patient nicht weiß, vor dem er sich sogar noch aktiv geschützt hat, und weil unausgesprochen erwartet wird, dass er eine bewusste Zustimmung gibt (Levine, H. B./Reed 1999). Der Therapeut wünscht auch die Compliance des Patienten auf eine Deutung nicht nur, um Recht zu behalten oder zu bekommen, sondern auch, um die Verantwortung für die Therapie nicht allein tragen zu müssen. Dies gehört wohl nicht mehr nur zur Übertragung des Therapeuten, sondern trägt auch dem Zeittrend Rechnung, dem Patienten Autorität und Verantwortung einzuräumen (ebd.).

In der Gegenübertragung wird dem Therapeuten bei allzu starker Compliance hoffentlich das Gefühl bewusst, manipuliert zu werden. Im Therapeuten entsteht ein Gefühl von Glätte im Kontakt mit dem Patienten. Dieses Gegenübertragungsgefühl spiegelt die Abwehr von »Rauhigkeiten« zwischen Patient und Therapeut und in diesen selbst wider. Compliance ist ein naher Verwandter der Suggestion (Levine, H. B. 1999), ist aber noch schwerer zu erkennen, denn Zweck und Absicht sind ja gerade, den Therapeuten zu bestätigen und ihm zu gefallen (Bader 1994). Erinnert werden muss auch an die grundsätzliche Schwierigkeit, dass auch Compliance wie andere unbewusste Vorgänge nicht direkt beobachtet, sondern nur aus den bewussten Abkömmlingen beim Patienten und im Therapeuten schlussgefolgert werden kann (Lichtenberg 1999). Lichtenberg (1999) beschreibt auch Verbindungen zum Masochismus.

Es erscheint fraglich, ob der Begriff für eine wirklich neue Idee stehen kann oder ob es sich nur wieder um ein neues Wort handelt. Früher sprach man schlicht von Unterwerfung, Willfährigkeit, Anpassung, Vermeidung von Konfrontation, Zustimmung, Übereinstimmung, Gefälligkeit, Einverständnis – Bezeichnungen, die m. E. im Einzelfall treffsicherer waren als der Sammelbegriff Compliance.

Compliance des Therapeuten mit seinen Vorbildern – obwohl nicht so benannt, weil üblicherweise nicht erkannt – ist nicht weniger häufig als die des Patienten mit dem Therapeuten, so, wenn Therapeuten sich unaufhörlich auf ihre Lehrer, Supervisoren und Autoren berufen: »Freud hat gesagt ...«, »Winnicott hat gesagt ...« (Dorpat 1996).

4.11 Antizipationsfähigkeit und -willigkeit bezüglich zukünftiger Konflikte

Glaube und Hoffnung (»beliefs«, »hopes«), Fähigkeit und Interesse, sich zukunftsbezogene Wünsche und deren Abwehren bewusst zu machen, Antizipationsfähigkeit und -willigkeit sind in der analytischen Literatur merkwürdigerweise völlig vernachlässigt worden, was auch Jimenez (2005) beklagt. Die traditionelle Rückwärtsschau ist einseitig. Auf die Zukunft ausgerichtete Emotionen und mögliche, auch eventuell voraussehbare innere Konflikte werden ausgeblendet, obwohl sie die größte Rolle spielen werden. Es besteht eine unreflektierte Kollusion zwischen Patient und Therapeut, Gedanken an die immer ungewisse, somit beängstigende und vor allem Entscheidungen und Aktivitäten erfordernde Zukunft zu vermeiden (Abwehr durch Vermeidung und durch Verschiebung von der Zukunft auf die Vergangenheit, Verschiebung auf ein Kleinstes). Dabei gehören zukunftsgerichtete Gedanken, Sorgen (Vorsorge) und Emotionen zur normalen menschlichen Ausstattung (»Selbsterhaltungstriebe«). Wenn ein Patient sie nicht äußert, liegt ein Symptom vor. Dieses muss genauso auf seine Konfliktkomponenten hin untersucht werden wie andere Symptome, und auch die Behandlung muss die gleiche sein.

4.12 Krankheitseinsicht

Krankheitseinsicht sollte immer gegeben oder erweckbar sein, wenn ein Antrag gestellt wird. Der Patient muss überzeugt sein oder sich überzeugen lassen, dass seine Beschwerden im Wesentlichen oder teilweise psychisch verursacht sind. Sonst kann kein Arbeitsbündnis zustande kommen.

Echte Krankheitseinsicht fehlt durchgängig bei schizophrenen Psychosen. Ihr Fehlen ist eines der wichtigsten Unterscheidungsmerkmale zu anderen psychischen Erkrankungen, von der Manie abgesehen (Carpenter et al. 1976).

Auch Leidensdruck fehlt bei Schizophrenen, außer in akuten Stadien wie Angstzuständen oder Wahnstimmung (Blankenburg 1981).

4.13 Bewusste und unbewusste Motivation

Die bewusste Motivation des Patienten ist die, Beschwerdefreiheit zu erlangen. Die unbewusste Motivation ist durch den Wunsch gegeben, seinen inneren unbewussten Konflikt, den er erahnt, zu meistern (Sampson/Weiss 1977; Sampson 1982) und dabei irgendwie (nämlich in der Übertragung) den Therapeuten mit einzubeziehen.

4.14 Übertragungen

Übertragungen auf den Therapeuten treten bereits ein, bevor der Patient ihn kennengelernt hat. Der Patient hat von vornherein Erwartungen, Hoffnungen, Befürchtungen, Abwehren gegenüber anderen, die auf seine früheren Beziehungen zurückgehen. Der Therapeut soll insbesondere frühere Beziehungen ersetzen und so zum Beispiel Wunscherfüllungen bieten, die dem Patienten früher versagt blieben. Noch mehr aber soll er helfen, ihm die Ängste, Schuld- und Schamgefühle zu nehmen, und zwar besser, als es die Primärpersonen vermochten (die bessere Mutter, der bessere Vater, das bessere Geschwister), sodass er sich selbstständig weiterentwickeln kann.

Solche mild-positiven, nicht sonderlich erotisch anmutenden Übertragungen sind bei klassisch-neurotischen, intelligenten, gut mitarbeitenden Patienten häufig und müssen ebenso wie andere Übertragungen als Endstrecke vielfältiger unbewusster Vorgänge gesehen werden. Sie dienen zum Beispiel in Form der so häufigen kollusiven Intellektualisierung oder Compliance der Abwehr aggressiver Regungen, der Vergeltungsangst, aber auch der Erfüllung aggressiver Wünsche, den Therapeuten einzulullen und ihn somit lahmzulegen.

Traditionell werden auch Übertragungen erwartet, die den Therapeuten in die Rolle des vernachlässigenden, erschreckenden, anklammernden, Schuldgefühle machenden Elternteils bringen. Der Patient sollte nach Deutung seiner Konflikte derartige Übertragungen als solche erkennen (Einsicht in die Übertragung) und auflösen. Aus kleinianischer Sicht soll der Therapeut es zulassen, dass der Patient (und zwar jeder Patient, unabhängig von der persönlichen Entwicklung und der Umgebung) vor allem seine bösen – bei Fairbairn ausschließlich seine bösen –, insbesondere neid- und hasserfüllten endopsychischen Objekte in ihn als Behälter (Container) gibt. Der Therapeut soll diese dann in sich »entgiften« (»detoxify«, Scharff, J. S. 2001) und sie anschließend an den Patienten zurückgeben, damit dieser sie wieder integrieren kann. Hier handelt sich um ein regressiv-purgatorisches, zudem mechanistisches, betont unindividuelles Schema. Verwandt erscheinen Vorstellungen von der Ausrottung von Bakterien, auch religiöse, expulsatorische Vorstellungen (Teufelsaustreibung, Reinigungsriten), allerdings wird im Unterschied zu diesen die Reintegration des Bösen, wenn auch entgiftet, angestrebt, vergleichbar etwa einer Mülldeponie, die nach einiger Zeit gute Erde zurückgibt. Diesen Vorstellungen kommt zweifellos der Trend der Zeit entgegen (Recycling). Zur Auffassung der Gegenübertragung als Container-Funktion und die Einwände hiergegen siehe unter 4.18.9 Projektive Identifikation, 4.18.11 rojektive Identifikation und Spaltung, 6.3.1 Weitere Stichwörter zum Kleinianismus, 7.10.4 Borderline als unerkannte Gegenübertragung.

Übertragung ist in allen zwischenmenschlichen Beziehungen wirksam. Übertragungen bilden eine Brücke zwischen der Vergangenheit und der Gegenwart. Vergangenheit heißt hier aber nicht nur die früheste Entwicklungszeit, sondern ebenso die jüngere und jüngste, da sich das Meinungsschema laufend mit den interpersonalen Erfahrungen neu organisiert (Davies 1999). Der intersubjektive Gesichtspunkt mit einem originär wechselseitigen Geschehen bleibt bei diesem Konzept der bloßen Widerholung aber außer Acht. Da die Übertragung auch intensiv vom Therapeuten mitbestimmt wird, ist sie ein gemeinsames Produkt von Patient und Therapeut. Beim Erkennen der Übertragung (wie auch der Gegenübertragung) wird stillschweigend angenommen, dass der Therapeut hier einen Erkenntnisvorsprung hätte. Dabei wird übersehen, dass auch dieser nur eine subjektive Sicht hat und nicht ein Monopol auf die Erkenntnis, auch nicht durch lange Ausbildung. Was zwischen den beiden vorgeht, ist verhandelbar, muss für beide plausibel gemacht werden. Das Verständnis des Therapeuten ist immer auch nur eine von vielen Möglichkeiten. Dies bedeutet freilich nicht beliebige Interpretierbarkeit. Manche Konstruktionen, manche Verständnismöglichkeiten sind eben stichhaltiger, argumentativ stärker unterlegt und damit plausibler als andere (Gill 2001).

Leicht zu erkennen, aber anfänglich schwer gegenüber dem Patienten zu thematisieren, ist die Übertragung, die darin besteht, jegliche emotionale Verwicklung mit dem Therapeuten zu vermeiden bzw. zu verleugnen, zum Beispiel einen emotionalen Anspruch, eine Hoffnung, Zufriedenheit, das Gefühl der frohen Bestätigung, eine Irritation, eine Enttäuschung, eine Herabsetzung. Stattdessen orientiert sich der Patient an der traditionellen Rollenverteilung und verweist auch den Therapeuten strikt auf diese Rolle: Doktor und Patient begegnen sich in gegenseitigem Respekt, es handelt sich um einen »rein beruflichen« Kontakt, ein Klient holt den Rat des Fachmanns ein, bar jeder gefühlsmäßigen Verwicklung. Der Patient möchte seine Motivationen zu dieser scheinbar sachlichen Haltung nicht thematisieren (Abend 2005).

Ebenso leicht erkennbar ist eine mild skeptische, leicht verächtliche, ironische Haltung gegenüber der Therapie, auch wenn der Therapeut davon ausgenommen erscheint. In solchen Fällen befürchtet der Patient offenbar die Wiederholung einer Gefahr aus der Zeit der frühen Bindung an seine Mutter (so eine zu enge Bindung mit der Schwierigkeit der Ablösung) oder er wiederholt eine negative ödipale Einstellung gegenüber seinem Vater oder seinen Geschwistern bzw. nimmt deren Angriff vorweg. Natürlich spielen solche Einstellungen auch im Alltagsleben, so auch in Ehen, eine große Rolle.

Übertragungen werden oft zu simpel und pauschal aufgefasst. Insbesondere wird zu oft darauf insistiert, unbedingt eine Verbindung zu Primärpersonen finden zu müssen (Abend 2005). Dies ist nicht immer möglich, es sei denn, man schreckt vor künstlichen Konstruktionen, die immer formulierbar sind, nicht zurück. In der Vergangenheit ist der Patient auch mit anderen Personen wichtige Beziehungen eingegangen.

Auch wird traditionell vernachlässigt, dass der Patient nicht nur unter einem Wiederholungszwang steht, sondern auch zukunftsbezogene Erwartungen hat und nach einer neuartigen Beziehung sucht. Der Wiederholungszwang wird heute als Versuch gesehen, mit dem Therapeuten eine bessere Lösung zu suchen (Eagle, M. N. 1988; Zimerman 2005). Mit der sogenannten »negativen« Übertragung ist es nicht anders. Sie kann anzeigen, dass der Patient sich, dem Therapeuten und dem Arbeitsbündnis zwischen beiden eine solche Belastung zutraut und auf eine bessere Lösung hofft, zum Beispiel Wünsche oder Ängste äußert, die ihm früher von außen und von innen untersagt waren (Zimerman 2005). Wenn schon die Betrachtungsweise rückwärtsgewandt sein will, sollte sie auch die nichtpathologischen kindlichen Hoffnungen und Neugierden einschließen. So gesehen handelt es sich hier ebenfalls um

Übertragung (»hoffnungsvolle, erwartungsfrohe Übertragung«, wie ich sie einmal nennen möchte).

Sind Übertragungen, die auf das gegenteilige Geschlecht des Therapeuten zielen, etwa die mütterliche Übertragung einer Patientin auf den Therapeuten, schwer erkennbar oder sucht man hiernach nur aus dem Vorurteil, die Patientin wolle unbedingt im Therapeuten ihre Mutter wiedererleben? Dies ist eine typisch analytische Denkfigur, die in ihrer Kurzschlüssigkeit blind macht. Vielmehr wird der Patientin bald bewusst, was sie am Therapeuten vermisst (ersehnt). Sie möchte keineswegs, dass sich der Therapeut in eine Frau verwandelt.

Meines Wissens ist in der Literatur noch mehr als die Geschwisterbeziehungen die Übertragung der Beziehungen des Patienten zu seinen Kindern und die Gegenübertragung des Therapeuten darauf übersehen worden. Dabei ist offensichtlich, dass gerade diese Beziehungen aktuell oder seit einer Reihe von Jahren von höchster Bedeutung für den Patienten sind. Beispielsweise sind viele Patienten enttäuscht über ausbleibendes Echo von ihren Kindern, selbst wenn diese noch zu Hause leben, über ungünstige Entwicklungen oder Krankheiten oder über einen schlechten Umgang der Kinder. Andere erhalten von ihren Kindern Wärme und Zuwendung, die sie vielleicht zuvor nie erhalten haben, oder können sich durch deren Leistungen bestätigt fühlen, sie richtig aufgezogen zu haben. Jedenfalls regt das Verhalten der Kinder des Patienten seine Konflikte vielfältig an und bringt ihn oft zur Dekompensation – keineswegs ist das etwa nur das Verhalten des Ehepartners, der Freunde, Bekannten und Arbeitskollegen (Levin, F. M. 2006).

Auch die Projektion dieser Beziehungen in die Zukunft bleibt ausgeblendet, beispielsweise Sorgen des Patienten, ob sich später einmal seine Kinder um ihn kümmern werden oder was sie zu seiner neuen Beziehung sagen werden. Die traditionelle Aufmerksamkeit richtet sich einseitig auf die Eltern und die frühe Kindheit. Auch die Adoleszenz erfährt nicht den gebührenden Platz.

Außer der Übertragung des Patienten und der hierdurch hervorgerufenen Gegenübertragung des Therapeuten gibt es auch die Übertragung des Therapeuten auf den Patienten, von der aber bis heute, obwohl seit Langem bekannt, in der Literatur und bei Fallvorstellungen nur wenig die Rede ist (Grossman, L. 1999) – eine wohl berufsspezifische, institutionalisierte, aber höchst unprofessionelle Abwehr (Verdrängung, Projektion, Verschiebung auf den Patienten und dessen Übertragung) eigener verbotener Wünsche und daraus folgenden Angst-, Schuld- und Schamgefühlen.

Die Konzentration auf Übertragung und Gegenübertragung – genauso wie auf andere Einzelgesichtspunkte – kann aber auch zur Einseitigkeit werden und zu einem »neuen Reduktionismus« führen, mit der Folge, dass andere Gesichtspunkte ausgeblendet werden.

Abend (2005) betont, dass auch der Betrachtung der Übertragung kein Vorrang zusteht, ebenso wenig irgendeinem anderen speziellen Gesichtspunkt, etwa Gegenübertragung oder Abwehr, sondern dass alle Gesichtspunkte verknüpft werden müssen mit klinischer Erfahrung und Intuition, Evidenz, eigener Grundverfassung und Tagesschwankungen in den momentanen Vorlieben des Therapeuten. Innere Reaktionen (Gegenübertragung) müssen sich auf Zuverlässigkeit und Patientenbezogenheit überprüfen lassen, wenn sie nicht zu den Äußerungen des Patienten passen wollen. Der gegenseitige Einfluss sei groß, lasse sich aber nicht so simpel formulieren wie im Konzept der projektiven Identifikation, demzufolge ein Patient einfach seine abgewehrten Inhalte in den Therapeuten hineinlegt, oder der »role responsiveness« (Abend 2005).

4.14.1 Soll der Therapeut dem Patienten den Antrag zu lesen geben, bevor er ihn beim Leistungsträger einreicht?

Dem Patienten den Antrag zu lesen zu geben ist nicht üblich und auch nicht verpflichtend. Psychiatrische (und damit auch oder erst recht psychotherapeutische) Unterlagen müssen nicht an den Patienten herausgegeben werden (im Gegensatz zu anderen Befunden), weil mit diesen subjektive Wertungen durch den Therapeuten unvermeidlich offengelegt würden. Trotzdem wird dies aber von einigen Therapeuten so gehandhabt, so auch von mir selbst.

Dennoch ist hier zu unterscheiden zwischen den bewussten und den unbewussten Motiven des Therapeuten. Bewusst möchte er – korrekt im Geiste des Datenschutzes sowie im Zeitgeist der Demokratie, Mitbestimmung und gleichberechtigter Partnerschaft – den Patienten informieren und ihn fragen, ob er den Antrag zutreffend und nicht zu sehr entblößend findet, bevor er Kenntnisse und Meinungen über ihn weitergibt. Bewusst ist ihm wohl auch der Gedanke, es sei recht und billig, wenn sich der Patient an der gemeinsamen Arbeit von vorneherein angemessen beteiligt.

Nun ist bekannt, dass Entscheidungen, wenn überhaupt, nur selten rein rationalen Erwägungen folgen. Die unbewussten Motive bleiben im Dunkeln. Vielleicht entgeht dem Therapeuten auch, wie viel sich in ihm selbst verändert, wenn er sich schriftlich über die Therapie und damit auch über sich und den Patienten äußert. In einem mir bekannten Fall ließen sich in der Supervision eine Reihe von unbewussten Motiven des Therapeuten herausarbeiten: Er wünschte eine Idealisierung durch den Patienten von vornherein zu verhindern. Ferner sollte der Patient sich mit ihm und seiner Einstellung zum Patienten befassen und sein fachliches Niveau erkennen, seine nicht-patriarchalische Einstellung wahrnehmen, ihm dankbar sein, eine Zusammenarbeit (Compliance) bieten, aber auch eigene Ideen vorbringen. Insofern zwang er den Patienten in eine Co-Therapeutenrolle. Er machte den Patienten sogar zu seinem Supervisor und Richter oder zumindest zu einer Kontrollinstanz, auf jeden Fall auch zum Mitwisser und Arbeitskameraden.

Einige Patienten erleben einen unangenehmen Verlust an benötigter Distanz, wenn ihnen etwas Schriftliches über die Therapie gezeigt wird (Kantrowitz 2005). In einem Fall von mir selbst las die 42-jährige Patientin mit einer Klaustrophobie meine Ausführungen zu ihrem Antrag nicht durch, sondern sandte den Antrag mit diesen Ausführungen sogleich an den Leistungsträger. Ihr mitgeteiltes (bewusstes) Motiv war die Befürchtung, ich könne sie durch das Gewicht meiner schriftlichen Ausführungen von ihren eigenen therapeutischen Anstrengungen ablenken. Schriftliches von mir stehe überhaupt ihren Selbstständigkeitsstrebungen im Wege. Unbewusstes Motiv der Patientin könnte ihre Befürchtung gewesen sein, sie könne mir einen Fehler nachweisen und ihre Äußerungen hierüber könnten mich kränken (Vermeidung aggressiver Regungen aus Schuldgefühl). In einem anderen Fall habe ich erlebt, dass schon meine Ankündigung, dem Patienten den Antrag zu zeigen, für Irritation sorgte. Er fühlte sich zu sehr in die Pflicht genommen. Daraus ergab sich die Aufgabe, den dahinterstehenden Konflikt aufzulösen. In diesem Fall handelte es sich vor allem um präödipale Angst vor Eingeengtwerden.

Die Weitergabe des Antrags an den Lebenspartner ist häufig. In einem Fall von mir führte schon der Antrag zu einer Wiedervereinigung der Eheleute. Unbekannt blieb mir, ob sie sich einig wurden in der Ablehnung der dort vertretenen Thesen und in der Ablehnung des Therapeuten (häufig ist das Bündnis gegen den Therapeuten ein unerkannter Therapieerfolg) oder ob die im Antrag vertretenen Thesen bei den Eheleuten Einsichten bewirkten. Die ohnehin schon bestehenden, unübersichtlichen Vieleckbeziehungen zwischen dem Patienten, seinem Lebenspartner, dessen Therapeut und dem eigenen Therapeuten werden in jedem Fall intensiviert, mit unvorhersehbaren Ergebnissen. Der Eingriff in das sich entwickelnde Übertragungs-/Gegenübertragungsgeschehen ist in jedem Falle massiv – ähnlich wie wenn Patienten Publikationen über ihre Therapien lesen (Kantrowitz 2005). Deshalb muss aber das Vorzeigen des Antrags nicht falsch sein und das Nichtvorweisen eines Antrags hat gewiss ebenso viele bewusste und unbewusste Bedeutungen.

4.14.2 Erotische Übertragung, sexuelle Affären

Viel Mühe ist darauf verwandt worden, die in der Therapie im »klassischen Fall« aufbrechende Liebe einer – meist jüngeren – Patientin zu ihrem männlichen Therapeuten von der Liebe im Alltagsleben reduktionistisch abzugrenzen (»Übertragungsliebe« vs. »wirklicher Liebe«). In der Sache ist man aber darin nicht weit gekommen (ausführliche Literatur in Freud heute 2001). Bereits Freud erkannte, dass auch die Liebe in der Übertragung eine wirkliche Liebe ist. Wo ist die Liebe *nicht* unrealistisch, unklug, blind, verblendet in der Schätzung der geliebten Person? Ganz so blind, wie der Sprachgebrauch suggeriert, ist die Übertragungsliebe allerdings nicht. Ältere Therapeuten müssen dies schmerzlich verspüren. Namentlich die oft genannten »Provokationen« durch das intime Beisammensein, durch die infantilen Vorläufer, durch die Tendenz zur Wiederholung, durch die Idealisierung und die konflikthafte Übertragung von Emotionen hat die Übertragungsliebe mit der »normalen« Liebe gemein.

Es handelt sich bei diesen Abgrenzungsversuchen um verständliche und notwendige Versuche, die gefährliche Verlockung irgendwie »dingfest« zu machen. Gründe hierfür waren wohl die Angst vor eigener Triebhaftigkeit und vor gesellschaftlicher Gefährdung der gesamten Disziplin – auch infolge tatsächlicher oder nur noch mit knapper Not vermiedener Liebesaffären, die Freud bekannt wurden (so die Spielrein-Affäre Jungs, die Flucht Breuers vor einer erotischen Übertragung, das Verhalten Ferenczis; Lit. bei Eickhoff 2001). Die erotische Attraktion galt es einzugrenzen und abzuwehren, dies auch durch die unsachliche Diffamierung als »inzestuös« (hat man je die Patientin oder den Therapeuten gefragt, ob sie die Beziehung als inzestuös erlebt haben?) oder »gewalttätig«, »mörderisch« (wie das?), »infantil« (glatte Verleugnung der sich tatsächlich abspielenden Erwachsenensexualität bzw. der Wünsche danach), als »Widerstand« (der darin bestehen sollte, dass es der Patientin nur darum gegangen sei, den Therapeuten und seine Therapie zu Fall zu bringen, oder um negative Gefühle wie Neid, Hass, Rivalität zu verbergen) oder durch sonstiges Pathologisieren, das lehrbuchhaft keine Störung auslässt (narzisstisch, omnipotent, liebesunfähig, psychotisch, wahnhaft, manisch, pervers, psychopathisch, borderline-symptomatisch [so noch Etchegoyen 1986]).

Man kann das Entsetzen Freuds nachempfinden, mit den Patientinnen über frühkindliche und kindliche Sexualität gesprochen zu haben, danach aber mit einer unerwarteten Antwort in Form von Erwachsenensexualität konfrontiert zu werden. Aber ist dies verwunderlich? Schließlich kann bereits das ständige Sprechen über Sexualität und die fortgesetzte therapeutische Intimsituation von den Patientinnen leicht als sexuelle Intimität erlebt werden (Sprechakttheorie, Searle 1969), auch wenn noch so sehr verbal-intellektuell die Vergangenheit abgehandelt wird. Zusätzlich kann Dozieren über infantile Sexualität – gepaart mit der Forderung nach Regression, freier (d. h. auch sich ausliefernder) Assoziation, bravem Einhalten der Sitzungen und gleichzeitig distanziertem Verhalten – von einer erwachsenen Frau als Kränkung in Form einer groben Verleugnung ihres erwachsenen weiblichen Status aufgefasst werden. Außerdem wirkt gerade die Abstinenz – so notwendig sie ist – für viele Patienten wie eine ödipale Herausforderung (ödipaler Ehrgeiz, entgegen dieser Erschwernis doch noch erfolgreich zu sein).

Diesen »Angriff« hat Freud in seiner verständlichen Not seinerseits mit den bekannten grob-abfälligen Bemerkungen pariert: »Suppenlogik mit Knödelargumenten«, entnommen einem Gedicht von Heine, *Die Wanderratten* (Eickhoff 2001) – unbewusst, nach patriarchalischer, zeitgemäßer Manier die Patientinnen an den Herd verweisend, aber m. E. auch auf die Brüste und die Lubrikation der Frau, auf ihre »Gefährlichkeit« anspielend (»oraler Sadismus«, »Ratte«), Angst und Verachtung, wenn nicht Abscheu zeigend.

Auch an Instituten übt ein angesehener Professor oder Lehrtherapeut eine gewaltige Anziehungskraft auf eine Kollegin aus und umgekehrt, und dies wird besonders scharf verurteilt, weil diese Neid und andere Fantasien der Zuschauer anregt. Bekanntlich wirken die Macht und das Ansehen eines Mannes, ebenso einer Frau (s. Ingeborg Bachmann mit Max Frisch, Henry Kissinger) sehr stark erotisierend, noch mehr bei beiderseitiger Berühmtheit.

Irgendwann endet die Beziehung – meist schmerzhaft, was die Zuschauer kennen und erwarten. Oder die Affäre wird zu einer legalen Beziehung, womöglich mit einer gutgehenden Ehe und glücklichem Familienleben. Dann hat es mit der Therapie ein Ende, aber auch mit der Entrüstung. Man ist voll des Lobes und des gewöhnlichen Neides, das vormals »inzestuöse« Paar wird gesellschaftsfähig, kein Wort von »unecht«, »sexuellem Missbrauch«, niemand macht noch infantile Vorläufer geltend, niemand denkt noch an »Widerstand« oder Gewalttätigkeit, an erotische Übertragung im Rahmen der schizoiden und depressiven Position (Melanie Klein), an die Auffassung dieser Liebe als »Versuch, einer befürchteten Verfolgung durch Besänftigen der Figur zuvorzukommen, in die man sein eigenes wütendes Selbst projiziert und zum Zwecke der Defensive als Quelle schutzgewährender Liebe idealisiert hat« (Segal 1986) oder »als Ausdruck sadomasochistischer sexueller Erregung« (ebd.).

Wenn die Beziehung nicht glücklich ausgeht, folgen Klagen und Unruhe, Empörung, bemühte Pathologisierung beider Beteiligter durch die Zuschauer, bequem-polarisierende Einteilung in einen ausnutzenden, ausbeutenden, erwachsenen, unabhängigen, machtvollen, triebhaft genießenden, gewissenlosen oder emotional unbeteiligten Täter, der selbst therapiebedürftig – gewiss als Opfer eines sexuellen Missbrauchs – sei, und ein durch die Übertragung völlig hilflos gewordenes, infantiles und damit schon immer hilflos gewesenes, noch zusätzlich regrediertes, abwehrloses, infolgedessen sich auslieferndes, abhängiges, nunmehr wie schon in der Kindheit missbrauchtes, ausgenutztes, lebenslang geschädigtes Opfer nach sadomasochistischem und inzestuösem Muster. Besonders die »Abhängigkeit« sogenannter »Schutzbefohlener« wird klischeehaft häufig angeführt, ohne dass diese Bezeichnung näher bestimmt, von ihrem umgangssprachlichen Gebrauch abgegrenzt und die Beziehung individuell darauf untersucht wird: Ist diese Abhängigkeit mit Drogenabhängigkeit gleichzusetzen? Oder mit dem Angewiesensein eines Kindes auf den Schutz des Erwachsenen? Von den Frauen wird oft gesprochen, als ob es sich um »verschleppte Zwangsprostituierte« handele (was schon Margarete Mitscherlich kritisierte, mündliche Mitteilung 1988). Die eigene Voreingenommenheit und Überheblichkeit wird dabei nicht gesehen.

Persönliche Beziehung ist kein Therapieziel und keine Therapiemethode, sondern macht jeder Therapie ein Ende und ist deshalb strikt abzulehnen. Die Therapie kann nicht mehr stattfinden, weil die notwendige Distanz fehlt. Dass sie vorzeitig beendet wird, muss nicht heißen, dass die Therapie gescheitert ist oder nutzlos war. Moralisierendes Schwarz-weiß-Denken verstellt auch hier den Blick auf die komplexe Wahrheit. Von Ethikkommissionen wird in solchen Fällen eine individuelle Prüfung beider Beteiligter und ihres Zusammenspiels angestrebt; die Ethikkommission der Deutschen Psychoanalytischen Vereinigung legt dieser Prüfung inneranalytische Kriterien zugrunde.

Der Umgang mit einer heftigen erotischen Übertragung ist voller Stolpersteine und muss in besonderer Weise zum Therapeuten wie zum Patienten passen. Mit klaren Worten sollte die Situation beim Namen genannt und vermittelt werden (ohne hier jedes Wort auf die Waagschale zu legen), etwa so: Sie wünschen sich eine Beziehung, aber ich nicht. Die Gründe sind meine Sache. Sie sind verliebt in mich, aber ich nicht in Sie. Wir müssen uns auf das Verstehen und Einfühlen beschränken, sonst wäre die Therapie zu Ende. Ich möchte meinen Beruf ausüben und meine Aufgaben machen. Ich möchte Sie auch daran erinnern, dass Sie nicht hergekommen sind, um sich zu verlieben, sondern um Ihre Schwierigkeiten zu bewältigen. Daran müssen wir festhalten. Es muss Ihnen auch auffallen, dass Sie gerade mit mir eine Beziehung wünschen und dass Ihnen dies so wichtig erscheint. Es fällt Ihnen schwer, sich mit den Hintergründen zu befassen (Deutung der Abwehr – auf die unbewussten Hintergründe sollte die Patientin möglichst selbst kommen).

Unklare Äußerungen, die an der Beziehungssituation irgendetwas in der Schwebe halten wollen, Beschwichtigungen, Ausreden (womöglich die, man sei verheiratet), Argumentationen wie die, es handele sich nur um eine wiederholungshafte Übertragung, (die zudem leicht zu widerlegen oder nicht zu beweisen sind) und Moralisieren wirken sich verheerend aus und hinterlassen eine chaotische, für beide Seiten nicht mehr überblickbare Situation. Auch die üblichen Deutungen mit dem Ziel, Verknüpfungen und Analogien mit der Kindheit herzustellen, reichen keinesfalls aus. Sie haben oft den Charakter von defensiven, intellektualisierenden Ausflüchten mit den Merkmalen der artifiziellen Infantilisierung der Frau – so noch bei Gabbard (2001c, S. 724), wenn der Autor beispielsweise einer Patientin gegenüber ihren erotischen Wunsch, sich dem Therapeuten zu »unterwerfen«, als bloße Wiederholung der Unterwerfung unter ihre Mutter deutet und warnend hinzufügt, sie werde dadurch ihre getrennte Identität nur wieder erneut einbüßen. Dies ist kein analytisches Vorgehen im Sinne der Kompromisstheorie. Hier wird sogleich ein bestimmter Wunsch unterstellt und vor Selbstschädigung gewarnt, hingegen wird nicht die Abwehr thematisiert: *dass* sie abwehrt, *wie* sie abwehrt, *warum* und – erst zuletzt – *was* sie abwehrt, also den gefährlichen Wunsch. Vor allem aber werden die eigene Gegenübertragung und die eigene Übertragung nicht gesehen. Es handelt sich hier meines Erachtens um das Ausagieren einer überlegenen und warnenden Elternposition, so wie man ein Kind warnt, es solle nicht bei Rot über die Straße gehen – zur Abwehr eigener Ratlosigkeit und Verführbarkeit. Für alles steht scheinbar eine Verknüpfung mit der Vergangenheit flink parat, um die Hitze der Situation auf die Vergangenheit niederzukühlen.

Hier hat der Therapeut außerdem nicht bemerkt, dass er nur Glück gehabt hat, solche biografischen Daten zur Verfügung oder rechtzeitig konstruiert zu haben. Übersehen wird die phobische Flucht vor der Aufgabe, die Erwachsenensexualität mit ihrer Macht und Breite von kindlicher zu unterscheiden, sie als solche wahrzunehmen, klar zu benennen (Davies 2001) und sie psychodynamisch zu verstehen, wenn sie mit einer Neurose verknüpft ist.

Dass die psychotherapeutische bzw. analytische Behandlungssituation an sich bereits verführerisch (»seductive«) ist, versteht sich von selbst. Davies (2001) hält Auffassungen von nicht-verführerischen (»non-seductive«) analytischen Therapien für unbegreiflich (»unconceivable«) und erinnert daran, dass in das Innerste und Intimste (nicht nur des Patienten, sondern auch des Therapeuten) eingedrungen wird, was beiderseits als sexuelles Eindringen erlebt werde. Schon im Alltagsleben zögen intensive Beziehungen zwangsläufig eine machtvolle Erotisierung nach sich. Schaden für die Therapie richte nur an, wer dies nicht anerkennt. Man dürfe keineswegs die erotische Spannung noch anheizen mit Formulierungen wie »tiefer in Sie hineintauchen«, »graben«, »Abwehren durchstoßen«, »ich bin jetzt tief in Ihnen drin«, »tiefe Bedeutung für uns«, »wir beide« oder mit Versprechungen, die vermissten guten frühesten Objekte ersetzen und künftige Traumatisierungen verhindern oder sonstige Fortschritte garantieren zu können. Mit solchen verbalen Entgleisungen ist die erforderliche interpersonale Distanz eindeutig unterschritten. Eine verführerische Haltung ist jedoch keineswegs auf solche Äußerungen angewiesen, sondern findet im averbalen Bereich genügend Möglichkeiten, sich mitzuteilen. Die Sicht auf das Verbale zu beschränken, wäre wieder nur verharmlosend.

Verheerend wirkt sich aus, dass die Erwachsenensexualität des Therapeuten tabuisiert ist. Der Therapeut ist eben nicht nur Gegenstand und Opfer einer erotischen Übertragung, sondern auch Opfer seiner eigenen Wünsche, und zwar durchaus nicht nur seiner infantilen. Vor falschen Kompromissen hat schon Freud gewarnt und hierzu den Witz vom Pastor und dem sterbenden

Versicherungsagenten gebracht (am Ende ist der Agent zwar nicht bekehrt, der Pastor aber geht versichert weg (zit. n. Eickhoff 2001).

Heftige erotische Übertragungen auflösen zu können, etwa durch Reduktion auf ihre – tatsächlichen oder vermeintlichen – infantilen Wurzeln, halte ich für eine bequeme Illusion und außerdem für wenig respektvoll. Sie lassen sich wegen ihrer elementaren Natur nicht gängeln, in wohlgeformte Deutungen einzwängen, kodifizieren und zertifizieren, symbolisieren und verbalisieren, strukturieren und formulieren und vor allem nicht auf Kindliches reduzieren. Diese Übertragungen klingen deshalb auch nach Beendigung einer geglückten Therapie oft nur langsam ab – sich auch darin nicht unterscheidend vom »normalen Leben«.

Die Aufforderung zur Sublimierung ist »so sinnlos, wie wenn man einen kunstvoll aus der Unterwelt zum Aufsteigen gezwungenen Geist ungefragt wieder hinabschicke« (Freud, zit. nach Eickhoff 2001). Wahrscheinlich ist es therapeutisch nutzbringender, die Arbeit unter voller Anerkennung des Verliebtseins so gut es geht fortzusetzen – wie auch sonst im Leben in ähnlichen Situationen. Der Chefarzt setzt mit der Assistenzärztin, die sich in ihn verliebt hat, ja auch die Arbeitsbeziehung fort. Zu Flucht oder Vertreibung besteht kein Anlass. Zumindest erfährt der Patient so, dass das Leben und die therapeutische Arbeit weitergehen und er keinen Schaden angerichtet hat.

Ein heikles Thema ist die Frage, ob und wann der Therapeut seine eigenen positiven erotischen Gefühle darlegen soll oder ob er die erotische Übertragung und Gegenübertragung besser im Außenfeld deutet – spätestens dann, wenn sie solche Ausmaße annehmen, dass sie den therapeutischen Prozess überwuchern. Davies (2001) hält es für richtiger, erst am Ende der Therapie, wenn der Patient das Setting internalisiert hat, seine Vermutungen über die erotische Gegenübertragung, wenn auch zurückhaltend, zu bestätigen. Er lobt den Konjunktiv als Möglichkeit, von einer mehr intellektualisierend-erklärenden Atmosphäre wegzukommen zugunsten eines mehr emotionalen Erlebens von Angst und körperlichen Regungen. Er weist aber auch darauf hin, dass selbst der Gebrauch des Konjunktivs (»Was wäre, wenn ich in Sie verliebt wäre?«) dem Indikativ (»Was ist, wenn ich in Sie verliebt bin?«) gefährlich nahe kommt. Ich habe aber den Eindruck, dass diese konjunktivischen Seiltänzerakte in einem angeblichen therapeutischen Zwischenraum oder Spiel-Raum (»space room«, »potential, transitional space«) nur Intellektualisierungen sind und therapeutisch nichts bringen, sondern nur den Patienten verwirren und erhitzen, aber auch, dass der Therapeut selbst sich damit uneingestanden erregt und dies heimlich genießt.

Da ist es schon klarer und ehrlicher, zu sagen: Ich möchte nicht über mich Auskunft geben. – Damit beichtet er nicht, er lügt aber auch nicht. Ich bin auch der Meinung, dass ein Therapeut, der intime Auskunft über sich gibt, aus Neigung zu Größenvorstellungen nicht erkennen möchte, dass er sich damit überfordert. Es ist ehrlicher, zu sagen: Das kann ich nicht; das möchte ich nicht; das geht über meine Kräfte; Sie sind der Patient, nicht ich; es ist nicht meine Aufgabe, so im Vordergrund zu stehen; warum ist es Ihnen wichtig, zu erfahren, ob ich für Ihre Reize empfänglich bin?

Eine erotische Übertragung durch eine besonders »saubere therapeutische Technik« schon an der Entstehung hindern zu können, wie Cesio (2001, hier auch die folgenden Zitate) meint, dürfte auf Selbsttäuschung beruhen. Wir wissen nicht, ob er sich auf Attraktivität geprüft hat. »Nur im Anfang« seiner Laufbahn, das heißt, als er offenbar noch jung war, habe eine Patientin eine erotische Übertragung auf ihn entwickelt. Vermutlich war seine »Technik« (richtiger: seine hinter dieser Technik stehende Einstellung) für seine Patientinnen zu abstoßend. Sein Aufsatz ist so voller Warnungen, quasi-militärischer Ausdrucksweisen (»die Übertragungsliebe wird [...] niedergehalten«), erstaunlicher Verunglimpfungen (»Neurotiker haben ethische Prinzipien nicht genügend ausbilden können«), Verdammungen (»inzestuös«, »mörderisch«, »tragisch«, »gewaltsam«, »Abscheu«) und Androhungen von biblischen Höllenstrafen (»ödipale Tragödie«, »bedrohliche Tragödie«, »zerstörtwerden«, »abstürzen«), dass es eine Frau nicht leicht gehabt haben dürfte oder sehr krank gewesen sein müsste, hier eine Übertragungsliebe zu entwickeln. Das Nichtentstehenkönnen einer Übertragungsliebe ist wahrscheinlich noch mehr ein Kunstprodukt als das Entstehen – außer im Alter. Gill (2001) weist darauf hin, dass ein über das Ausbleiben der erotisierten Übertragung enttäuschter Therapeut eher Mitleid verdient. Er zitiert Hilda Doolittle (1956), nach welcher Freud, vor Wut auf die Couch einschlagend, angeblich gesagt haben soll: »Ein Jammer, ich bin ein alter Mann, und Sie denken gar nicht daran, mich zu lieben«. Dies dürfte zumindest gut erfunden sein.

Ohnehin ist jeder Therapeut in einer ungewöhnlichen Isolation tätig (Cooper 2005). Auch vermisst er nach Beendigung der Therapie meistens jegliche Rückmeldung – anders als andere Ärzte, Pfarrer oder in anderen Berufen Tätige. Er weiß nicht einmal, ob die Therapie auf Dauer erfolgreich ist. Auch in seinem beruflichen Verein ist er oft isoliert oder aus Neid angefeindet. All dies trägt ohnehin zu einem Gefühl bei, nicht geliebt, nicht anerkannt zu sein. Spätestens wenn ihm dieses Gefühl bewusst wird, erkennt er, dass Neutralität und völlige innere Abstinenz als Absicht und als Selbstbild honorig, aber tatsächlich nicht erreichbar sind und er vom Patienten Anerkennung erwartet hat. Wir müssen uns mit dem ständigen Streben nach Abstinenz begnügen. Auch die Dürftigkeit der wissenschaftlichen Literatur hierüber spricht eine deutliche Sprache.

Ein Sonderweg, die erotische Übertragung auszudrücken, ist die schriftliche Mitteilung des Patienten an den Therapeuten, auch mittels der neuen Medien (Fax, E-Mail, Cybercommunication, Cybersex, Chatroom).

4.14.3 Übertragung und Gegenübertragung in den neuen Medien

Ganz so neu, wie es klingen mag, ist die schriftliche Mitteilung nicht (s. Freuds Selbstanalyse im Schriftwechsel mit Fließ). Wie immer, so handelt es sich auch hier um eine Kompromisshandlung: Die Wünsche – erotische und andere, auch Wünsche nach der Möglichkeit, in Ruhe seine eigenen Gedanken formulieren zu können (die Freiheit der Gedanken ist auch ein therapeutisches Ziel, s. Symington 1990) – können so eindeutiger formuliert werden. Dies schon deshalb, weil mehr Zeit zur Verfügung steht. Die Verbindung ist direkt, sekundenschnell und kann nicht von außen gestört werden. Der Absender nimmt auch unter anderen Patienten die ersehnte präödipale und ödipale Sonderstellung ein. Der Schreiber darf auch deshalb auf stärkere Geltung der Wünsche hoffen, weil der Text Wort für Wort gelesen wird. Da außerhalb der Sitzung geschrieben, dringen die Wünsche auch in Freizeit, Ferienzeit, auch nachts und sonntags und an jeden Aufenthaltsort des Therapeuten vor und sollen, so der Wunsch (und auch die Realität), eine ständige Verbindung erhalten.

Es handelt sich um einen privaten, privilegierten Zugang, zugleich aber mit potenzieller Öffentlichkeit, die jedoch nur ohnmächtig zuschauen kann, da sie nicht – oder nur mit staatlicher Erlaubnis, also noch einem weiteren Zuschauer – eingreifen darf. Der Triumph ist immer höher, wenn er von einem Dritten mitvollzogen wird. Der Voyeur wird benötigt. So soll die Ehefrau des Therapeuten den Empfang eines Faxes oder einer E-Mail mitbekommen, aber wegen der Schweigepflicht des Therapeuten keinen Einblick erhalten.

E-Mail-Nachrichten sind wesentlich dauerhafter fixiert als gesprochene Worte, die vergehen können wie »Schall und Rauch«. Wenn der Therapeut E-Mails löschen will, muss er sie noch einmal lesen und eine Entscheidung treffen, ob er etwas davon aufbewahren soll oder nicht, sich also noch einmal mit ihnen befassen. Er kann diese Entscheidung auch nicht an andere delegieren, sondern muss sie selbst treffen. Auch der Wunsch, ein – verbotenes – Geheimnis und Handeln mit dem Therapeuten zu teilen, verwirklicht sich hier.

Als Gegenübertragung dürfte ein Gefühl von Hilflosigkeit und Verärgerung, auch heimlicher Triumph, dass man Gegenstand so intensiver Gedanken eines anderen ist, aber auch Schuld und Scham, weil man dieses Spiel durch seine Mitteilung der geheimen Kommunikationswege erst ermöglicht hat, das Spiel mitspielt und heimlich mitgenießt, vorwiegen. In einem Beispiel (Gabbard 2001c) ertappte sich der Therapeut bei dem Gedanken, die Tür zu schließen, weil plötzlich ein Kollege zur Tür hereinkommen und ihn beim Lesen der E-Mail überraschen könnte, wie beim Lesen pornographischer Literatur. – Was würde der Kollege denken? Es kommt zu Schuldgefühlen, Schamgefühlen, auf diesem Wege bloßgestellt zu werden. Wäre es deshalb nicht am besten, die E-Mail sofort zu löschen? Bei diesem Gedanken handelt es sich um Ungeschehenmachen, Verleugnung, Lüge, um heimliche sexuelle Erregung, den Drang, dieses Spiel mitzumachen, den Genuss an Heimlichem und am Triumph, dass niemand etwas davon ahnt, und Vertuschung, um Vergeltung zu vermeiden. Gabbard erinnerte sich dabei auch an Angestellte, denen wegen Lesens von pornographischen Seiten im Internet während der Arbeitszeit gekündigt worden war (Vergeltungsangst).

Ängste und Scham des Patienten, sich bloßzustellen, abgewiesen oder nicht angehört zu werden, kurzum, erniedrigt zu werden, sind geringer, weil durch die Zeitverschiebung, durch das Apparative, durch das Vermeiden des Sprechens und des Beobachtetwerdens eine Distanz gegeben ist. Aber auch Schuldgefühle, der Therapeut könnte beim Aussprechen erotischer Gefühle seine Grenzen durchbrechen, zur sexuellen Tat schreiten und so seine Kariere zerstören, sind durch die räumliche und zeitliche Distanz vermindert. Ängste, sich selbst leblos zu fühlen und die Verbindung zu anderen – namentlich zum Therapeuten, während dessen Abwesenheit – zu verlieren, werden abgewehrt.

Nicht sprechen zu müssen, scheint eine besondere Erleichterung zu sein, weil das Sprechen selbst schon eine Handlung ist, bei der man beobachtet wird. Die Abwehr besteht hier im Wesentlichen in der Vermeidung von unmittelbar-körperlichem Kontakt, womöglich von Intimitäten, gegebenenfalls von Auslieferung an einen sexuellen Partner, ferner in Verleugnung der Abwesenheit des Therapeuten.

Auch Identifikation mit einem Aggressor, zugleich mit Wendung vom Passivum ins Aktivum, mag beteiligt sein, z. B. zur Abwehr der Ängste vor einer intrusiven Mutter: Nun ist der Patient der Aktive, der in den anderen eindringt, der solches nicht wünscht. Überhaupt ist die Abwehr insofern stärker möglich, als der Text besser kontrollierbar, auch beim Schreiben laufend korrigierbar ist. Ich würde einen Patienten deshalb fragen, warum, also wegen welcher Befürchtungen, er keine Mitteilung darüber macht, was er selbst während des Schreibens wieder gelöscht hat (Deutung der Abwehr). Aber die Abwehr kann auch verringert sein gegenüber dem Sprechen. Wahrscheinlich wird manches mehr abgewehrt, anderes weniger.

Die schriftliche Mitteilung ist nicht weniger eine Verbalisierung als das Aussprechen. Man kann sogar die These vertreten, Schreiben sei therapeutisch noch gewinnbringender als Sprechen. Klarheit sowie das Aufschieben von Handlungen – was den therapeutischen Spielraum erst ermöglicht – sind beim Schreiben eher zu erreichen.

4.14.4 Geschwisterübertragung, auch auf Mitpatienten

Hier geht es um die Übertragungen der Patienten untereinander (»Suppentopf-Übertragungen«). Diese sind oft Verschiebungen von Einstellungen, die auf kindliche Schlüsselfiguren oder auf den Therapeuten gerichtet waren, mit entsprechenden Gegenübertragungen und Übertragungen des Therapeuten auf seine Patienten, und zwar von seinen eigenen Geschwistern, von einem seiner Patienten auf einen anderen, oft in Kollusion mit den Übertragungen der Patienten.

Geschwisterübertragungen werden gefördert durch die psychotherapeutische Praxis, die Patienten einen nach dem anderen (»back to back«) zu behandeln, sodass sie sich notwendigerweise dauernd begegnen und sich reihenweise abgefertigt fühlen (»und nun, Doktor, fahren Sie fort, wo Ihr letzter Patient aufgehört hat«, Greenson 1967). Geschwisterübertragungen werden nicht nur übersehen, weil in den Ausbildungen wenig von ihnen die Rede ist und in Fallberichten Verschwiegenheit gewahrt werden muss, sondern vor allem auch weil sie komplexe Gegenübertragungsreaktionen auslösen.

Zudem wollen sich Therapeuten unbewusst gern als eine mit Autorität ausgestattete Elternfigur sehen und nicht als bloße Geschwisterfigur. Dies muss wiederum dazu führen, dass die Patienten ihre Geschwisterübertragung nicht auf den Therapeuten richten, sondern auf Mitpatienten. In Institutionen haben Ausbildungskandidaten Übertragungen auf Ausbildungskandidaten desselben Lehrers. Sie erleben diese als eine ambivalent besetzte Surrogatfamilie, die etwas geben kann, was die Eltern verweigerten. Gleichzeitig übertragen sie ihre Erwartungen und Ängste aus der Primärfamilie auf die Lehrerfigur. Übertragungen, die der Lehrerfigur gelten, werden auf Patienten und Schüler dieses Lehrers verschoben.

Häufig ist das Gefühl (Furcht, aber ebenso Genugtuung) aufseiten der Patienten bzw. der Kandidaten, der Therapeut bzw. der Lehrer verfüge – wie die Primärfiguren – nur über begrenzte Ressourcen, sodass die Verteilung seiner Gunst auf ein Nullsummenspiel hinauslaufe. Auch an ödipale Eifersucht auf die Beziehung des Therapeuten bzw. Lehrers zu seinem Ehepartner ist immer zu denken. Bei Abwehr solcher Regungen kommt es oft zur Kollusion mit der Neigung vieler Therapeuten, solche negativen Übertragungen nicht erleben zu wollen.

Verbreiteter und grundlegender aber als die negativen scheinen positive Übertragungen auf den Therapeuten oder Lehrer zu sein. In ihm wird gern die Elternfigur gesehen, die die Familie schützt und zusammenhält und Kontakte untereinander erst ermöglicht. Entsprechend groß kann die Enttäuschung sein, wenn dies nicht oder nicht in der vorgestellten Weise eintritt: Hier geht es dann nicht um einen Konkurrenzkampf um die Gunst des Therapeuten, sondern um das Vermissen guter Kontakte untereinander.

Nahezu unübersichtlich ist die Situation an Ausbildungsinstituten mit ihren vielfältigen Übertragungen und Gegenübertragungen aufgrund von Beobachtungen, Berichten, Gerüchten zwischen Ausbildungskandidaten, Supervisoren, Lehranalytikern, Prüfern, Kommissionen, bei gleichzeitigem Zwang zur Vertraulichkeit, die aber nie ganz eingehalten wird. Besonders deutlich, sogar unvermeidlich, ist dies bei nonverbalen Äußerungen. Patienten werden oft von Therapeuten ermuntert, ihren negativen Gefühlen gegenüber Mitpatienten freien Lauf zu lassen. So sorgt der Therapeut/Lehrer dafür, dass er nicht angegriffen wird. Das gleiche gilt entsprechend für Ausbildungskandidaten eines Instituts. Aggressivität zwischen Therapeut und Patient wird so in Kollusion nach außen gelenkt.

Auch Eifersucht des Therapeuten wegen Beziehungen von Patienten untereinander ist nicht zu vermeiden. Sie wird rationalisiert, verdrängt, durch Reaktionsbildung abgewehrt oder ausagiert. Zwei Beispiele für den Versuch von Therapeuten, negative Übertragungen auf sich zu vermeiden bzw. ihren Ausdruck zu verhindern seien genannt: Zum einen das Aufstellen einer für den Patienten sichtbaren Uhr sowie Pünktlichkeit am Stundenanfang und -ende, um dem Patienten zu zeigen, dass der Therapeut seine Zeit und Aufmerksamkeit gerecht verteilt. Zum anderen das Schaffen von getrennten Ein- und Ausgängen für Patienten. Dies mag die Patienten auch an ein elterliches Verhalten erinnern, Beziehungen unter den Kindern nicht zu intensiv werden zu lassen, um Koalitionen gegen die Eltern zu vermeiden. Vielmehr sollen die Kinder bevorzugt über die Eltern miteinander kommunizieren. Eine gute Literaturübersicht und Fallbeispiele finden sich bei Waugamann (2003).

4.15 Arbeitsbündnis

Von der Übertragung wurde das sogenannte Arbeitsbündnis (»working alliance«, Greenson 1967) unterschieden. Damit wurden die mehr realitätsbezogenen Anteile zwischen Therapeut und Patient bezeichnet, von denen es hieß, dass sie die für unentbehrlich gehaltene Regression in der Therapie nicht mitmachen würden. Außerdem sollte das Arbeitsbündnis das Einhalten des Settings (Liegen/Sitzen, Frequenz, Sitzungsdauer, Bezahlung), aber auch die Übereinstimmung von Behandlungszielen und Wegen, diese zu erreichen, garantieren. Man dachte sich das Arbeitsbündnis als von der Übertragung unabhängig. Deserno (1990) sah darin eine professionelle Übertragung des Therapeuten, und zwar seiner Überich-Gebote bezüglich der Normen und Konventionen einer »richtigen«, »korrekten« Therapie. Diese Übertragung setze den Patienten unter Druck, sich an bestimmte Regeln zu halten, wie z. B. an die Basisregel (s. hierzu auch die Einwände von Gray in Kapitel 6.1.2). Ein tatsächliches Arbeitsbündnis könne und müsse der Therapeut hingegen mit sich selbst haben.

Nach Stein (1981) dürfte es sich beim Arbeitsbündnis um die sogenannte positive, unanstößige Übertragung in Form von freundlicher Zuwendung und

Mitarbeit handeln. Diese ist aber oft nur scheinbar realitätsgerecht, angemessen, freundlich und konfliktfrei; sie verdeckt in Wirklichkeit oft feindselige Impulse. Andere Autoren halten das Konzept des Arbeitsbündnisses für unentbehrlich, sofern damit nur die – wenn auch verhandelbare – Kooperationsbereitschaft gemeint ist. Jimenez (2005) weist sogar auf die umfassende Bedeutung einer therapeutischen Allianz in allen Formen von Psychotherapie, sogar bei andersartigen Therapieformen wie Pharmakotherapie, Verhaltenstherapie oder kognitiver Therapie hin. Der Begriff sei »tremendously fruitful«. Das Arbeitsbündnis umfasst auch keineswegs nur die Verbalisierungsfähigkeit. Der Begriff ist somit viel weiter greifend, meines Erachtens aber dann vom gegenseitigen unbewussten »Verstehen« nicht mehr sicher abgrenzbar.

Zu Brüchen im Arbeitsbündnis kann es kommen durch Vermeidung (»avoidance ruptures«) und durch Konfrontation (»confrontation ruptures«) (Safran/Muran 2000). Aber hier sind wir zweifellos schon wieder inmitten des Übertragungs-/Gegenübertragungsgeschehens.

4.16 Flexibilität

Flexibilität meint allgemein die innere Beweglichkeit des Patienten. Im Gegensatz zur oft leichten Erfassbarkeit eines inneren unbewussten Konflikts ist nicht selten zu bemerken, dass sich im Patienten nichts bewegen lässt, auch wenn die Beziehung zum Therapeuten anscheinend stimmt. Dies kann vielfältige Gründe haben: Intoleranz gegen Angst oder jedenfalls innere Beunruhigung, festgefahrene Abwehren, insbesondere stereotype Projektionen inakzeptabel erscheinender Selbst-Anteile auf andere zur Aufrechterhaltung der Selbstachtung oder ein rigides Überich.

4.17 Negative therapeutische Reaktion (NTR)

Die negative therapeutische Reaktion (Lit. bei M. N. Eagle 1988, Literaturübersicht bei Grunert 1979) ist oft schon rasch erkennbar. Typisch sind Klagen über Befindensverschlechterung jeweils nach den Sitzungen bis hin zu offenen oder verdeckten, indirekten Vorwürfen, ständige Entwertungen von Deutungen oder andersartigen Hilfen (z. B. durch Zitieren von Zeitungsartikeln oder Meinungen aus dem Bekanntenkreis), provokative, zugleich hilflos machende Fragen (»Soll ich sterben?«, »Mit was soll ich jetzt nach Hause gehen?«), intellektualisierende Haarspaltereien, absichtsvolles Zitieren von Verleumdungen (»Was ich dort über Sie gehört habe ...«), Andeutungen, dass es ja noch andere Therapeuten gebe, plötzlich entworfene Selbsthilfen oder plötzlicher Vorrang anderer Interessen. Die negative therapeutische Reaktion wird als Rückzugsbewegung auch von averbalen Signalen wie einem unguten Ton oder einer herausfordernden Gestik und Mimik begleitet, von Agieren wie Zuspätkommen und Ausfallenlassen einzelner Stunden, auch von abnehmendem Interesse (während anfangs Begeisterung herrschte, die den Therapeuten einlullen sollte) oder demonstrativem Auf-die-Uhr-Sehen.

Dies führt naturgemäß zu erheblichen Gegenübertragungsreaktionen wie Verwirrung, Hilflosigkeit, Verzweiflung, Gefühlen des eigenen Versagens, des Verletztseins und der Kränkung bis zu Gefühlen von Wertlosigkeit und entsprechenden Abwehren. Das Ergebnis ist dann häufig die Abwertung durch den Therapeuten in Form von nur vordergründig höflichen und sachlichen, für jeden halbwegs Orientierten aber enthüllenden, abwertenden Diagnosen wie Psychopathie, Persönlichkeitsstörung, Borderline sowie in Form von Fluchtwünschen, Wut und Langeweile. Ein häufiger, verheimlichter Fluchttrick des Therapeuten unter gleichzeitiger Vermeidung eigener Schuldgefühle besteht darin, sich lieber entwerten zu lassen bzw. der Entwertung nicht zu widersprechen, wenn sich damit erreichen lässt, dass der Patient von selbst geht und nie mehr wiederkommt.

Möglicherweise handelt es sich bei der NTR aber auch um ein intersubjektives Geschehen: ein iatrogenes Kunstprodukt durch eine Störung in der Übertragung bzw. Gegenübertragung aufseiten des Therapeuten, etwa mit Fernhalten eines Patienten durch einen routinierten, zu distanzierten, unproduktiven Umgang mit diesem. Auch eine betonte »holding function« durch den Therapeuten kann eine NTR in Gang setzen. Der Patient spürt, dass er eine Bemutterung nicht gebrauchen kann, sondern diese ihm schadet. Ebenso kann ein übertrieben starkes Verfolgen von therapeutischen Zielen eine NTR nach sich ziehen. Der Patient wehrt sich gegen die ihm auferlegten Aufgaben und gegen den ihn bedrängenden Therapeuten, erledigt keine der Aufgaben und erreicht so ein »winning by losing« gegen den Therapeuten. Es sollte ,esunde Balance zwischen dem Verfolgen therapeutischer Ziele und dem Erlauben einer gewissen Ziellosigkeit angestrebt werden.

Bei narzisstischen Persönlichkeiten ist oft der Neid auf den Therapeuten und die Angst vor der unterlegenen Patientenrolle so stark, dass das offensichtliche Verfolgen von Zielen zu nichts führt bzw. nur den Abbruch der Therapie nach sich zieht. Anderen Patienten werden therapeutische Ziele sehr gut tun, sie geben ihnen Orientierung (Gabbard 2001b). Narzisstische Patienten jedoch können es einfach nicht ertragen, ausgerechnet dem Therapeuten, den sie ohnehin für gesünder halten, noch zu einem zusätzlichen »Sieg« zu verhelfen. Sie arbeiten im Gegenteil konsequent daran, den Therapeuten zu demontieren. In vielen Fällen können sie sich einen Erfolg erst nach Beendigung der Therapie erlauben – also wenn der Therapeut diesen nicht mehr genießen kann (ebd.). Hierdurch erscheint auch die angebliche Unbehandelbarkeit von narzisstischen Persönlichkeiten in einem anderen Licht. Für viele Therapeuten ist es unerträglich, keine klinischen Erfolge zu sehen. Die innere Zuversicht, dass sich der Erfolg erst nach Beendigung der Therapie einstellen wird, ist bei ihnen nicht vorhanden, könnte ihnen aber helfen, die Therapie durchzustehen.

Die traditionsgemäß geforderte »Neutralität« und »Abstinenz« kann vom Patienten als Interesselosigkeit, als ein Aufgeben der Therapie oder als feindselige, heimtückische Kritik erlebt werden und so die Therapie unmöglich machen. Der Therapeut soll nicht *bloßer* Beobachter sein, sondern *teilnehmender* Beobachter, und dies muss er auch dem Patienten vermitteln. Er muss sich selbst einbringen, so, dass der Patient die Gegenübertragung des Therapeuten miterleben kann. Es geht nicht um die Vermittlung absoluter Wahrheiten, sondern um gemeinsam erlebte und dadurch wirksame Wahrheiten. Die kompromisstheoretische Sicht ist diese: Läuft der Patient fort oder betreibt er eine Blockade, so zeigt dies nur, dass Angst, Schuldgefühl, Schamgefühl bezogen auf die Therapie und den Therapeuten stärker sind als seine entsprechenden inneren Wünsche nach Bewältigung des Konflikts. Diese hat er ja zweifellos, denn sonst wäre er nicht gekommen.

4.17.1 »Widerstand«

In diesem Zusammenhang wird besonders gern der Begriff Widerstand gebraucht. Einst ein zentraler analytischer Begriff, wurde er den damaligen Zeiten gemäß nach Arten und Quellen in eine Fülle von Unterformen untergliedert. Auch Handeln (»Agieren«) innerhalb der Behandlung wurde traditionell als

Widerstand gesehen und nicht in die edle Reihe der Abwehrmechanismen aufgenommen. Widerstand bedeutet nach traditionellem Verständnis Opposition gegen den therapeutischen Prozess und besteht in Abwehr. Er unterscheidet sich daher nur schwerlich von derjenigen Abwehr (»Abwehrstruktur«), die der Patient außerhalb des therapeutischen Raums zeigt.

Auch Searl (1936) definiert Widerstand als Abwehr (»die beste Art von Abwehr, zu welcher der Patient in der Lage war«). Nach Sandler (1976) und Busch (1995) ist Widerstand ein mehr technischer als psychologischer Begriff. Genau genommen ist der Begriff Widerstand entbehrlich, sogar irreführend. Er verdunkelt mehr, als er über die Wünsche, Ängste und Abwehren im Einzelnen aufklärt. Er betont zu sehr das Negative und suggeriert zu sehr eine kämpferische Einstellung (»Widerstandsnest«), und zwar sowohl des Patienten (angeblich gegen den Therapeuten und gegen die Therapie) als auch des Therapeuten (gegen diesen vermeintlichen Widerstand). Der intersubjektive Gesichtspunkt mit einem originär wechselseitigen Geschehen bleibt bei diesem Konzept aber außer Acht.

Dorpat (1996) und A. Goldberg (2004) weisen auf die seltsame Praxis hin, einen Widerstand zu unterstellen, wenn ein Patient eine Deutung von dürftiger Evidenz nicht akzeptieren kann, und dann noch den Rest der Stunde darauf zu verwenden, diesen »Widerstand« zu »überwinden«. Bei männlichen Patienten wird gern ein Übertragungswiderstand aus Abwehr gegen (angebliche oder tatsächliche) »passiv-homosexuelle Wünsche« erkannt, falls dieser Deutungen seines männlichen Therapeuten zurückweist, so noch von Schafer (1982): »passive homosexual love [...] wishing to be impregnated anally by the analyst but having to defend against this by rebuffing the analyst's interventions and maintaining a detached manner«. Der Patient wird in diesem Konzept als unmündiges, trotziges Kind gesehen, dessen »Widerstand« durch Deutungen zu bekämpfen sei und das hierdurch zur Raison (»Einsicht« genannt) gebracht werden müsse. Der Therapeut habe dem Patienten die »ursächlichen neurotischen Zusammenhänge im Hier und Jetzt der Übertragung aufzuzeigen und aufzuweisen«. – Man beachte die arrogante Sprache. Gegen eine einseitig negative Sichtweise von »Widerstand« wandten sich dann u. a. Schafer (1983), Kohut (1984), Killingmo (1989), McLaughlin (1991), Slavin/Kriegman (1991) und Bromberg (1995) und Schlesinger (2003).

Es kann sich beim Widerstand übrigens gar nicht um Verhaltensweisen handeln, die allein durch Abwehr hervorgerufen würden. Solche kann es definitionsgemäß nicht geben. Vielmehr besteht die Aufgabe darin, wie bei jedem Verhalten das Kompromisshafte zu verstehen. Die Kompromisse umfassen keineswegs nur die Abwehr, wie es der Begriff Widerstand fälschlich suggeriert, sondern auch die Wünsche, Ängste, Schuldgefühle und Schamgefühle. Widerstände sind zudem immer ein Ko-Produkt von Patient und Therapeut, sie sind nicht »im Patienten«, sondern immer auch eine Reaktion auf die Person des Therapeuten (Boesky 1990). Hat ein Patient, der Stunden ausfallen lässt, einen Widerstand gegen die Therapie? Hier werden dem Patienten dunkle Beweggründe – der »Todestrieb«, der »Wiederholungszwang« und die Einpersonenpsychologie lassen grüßen – unterstellt, und der Therapeut fühlt sich gewöhnlich aufgerufen, sich hierin als Befreier zu sehen. Stattdessen sollte er dem Patienten Gelegenheit geben, seine Ängste zu meistern.

Ein Beispiel: Ein 51-jähriger Patient sagte immer wieder Termine ab. Es stellte sich heraus, dass er von seiner Frau in die Therapie geschickt worden war, weil sie ihn an einen Langzeittherapeuten abschieben wollte, um sich leichter von ihm trennen zu können – zur Minderung eigener Schuldgefühle und Ängste. Er wollte sich aber nicht abschieben lassen, sondern bei seiner Familie bleiben. Was von außen leichtfertig als Widerstand hätte bezeichnet werden können, war tatsächlich der agierte, zunächst nicht verbalisierbare (abgewehrte) Wunsch, sich nicht von seiner Frau manipulieren zu lassen, sondern die Initiative wiederzuerlangen.

Manchmal wird der Begriff Widerstand auch synonym mit dem Terminus Phobie gebraucht (z. B. Phobie, die Couch zu benutzen, so bei Kulish 1998). In nicht wenigen Fällen scheint eine tiefsitzende, schon in früher Kindheit entwickelte Phobie vor eigener Bewegung (»Lokomotorische Phobie«, Jacobs 2001) eine Änderung im realen Leben zu behindern. Sie steht wohl in Zusammenhang mit präödipalen Ablösungsschwierigkeiten wie dem Gefühl von mangelnder Geborgenheit, Ängsten, alleingelassen zu werden, Ängsten vor eigenen aggressiven Regungen und vor Vergeltung bei dem Versuch, sich von der Mutter zu entfernen. Eventuell vorliegende frühkindliche Bewegungseinschränkungen, z. B. Fixierung der Beine bei angeborener Hüftgelenksdysplasie (Jacobs 2001), verschärfen die Problematik. Änderungen werden vielfach auch durch eine fetischartige Bindung an den Therapeuten hintertrieben (Renik 1992). Zu einem ähnlichen Ergebnis kommt – wenn auch mit anderen Worten – Zimerman (2005) mit seiner Auffassung eines besonderen Widerstandes, den er »counterego« nennt. Er betätigt sich »wie ein eingegrabener Feind«, wie ein »innerer Boykott«, im Patienten selbst und blockiert jeden Fortschritt. Ich selbst glaube, so etwas zweimal in einer von mir geleiteten Gruppentherapie erlebt zu haben.

»Gegenwiderstand« (»counterresistance«) ist zu unterscheiden vom Widerstand, der im Therapeuten selbst liegt. Gemeint ist der Widerstand, der durch den Patienten im Therapeuten hervorgerufen wird, etwa in Form einer beiderseitigen »reciprocal narcissistic fascination« (Zimerman 2005), in der sich Patient und Therapeut gegenseitig idealisieren, sodass Aspekte der Aggression zu kurz kommen und eine fortdauernde Kollusion zwischen beiden besteht, mit dem Ziel, es bei einer Stagnation der Therapie zu belassen (»conspiracy«).

Überraschend für den Therapeuten ist eine negative therapeutische Reaktion bei Angstneurosen und Phobien, hier regelmäßig einhergehend mit Intellektualisierung und Rationalisierung. Die Kombination von extremer Hilflosigkeit und hochmütigem Abweisen jeder Hilfe muss naturgemäß Gegenübertragungsbelastungen nach sich ziehen (»sog. narzisstisch getönte Phobien und Angstneurosen«, so S. O. Hoffmann 1992). Der Therapeut wird so entwertet, wie der Patient sich von ihm entwertet meint.

4.18 »Bevorzugte« Abwehrmechanismen

Als »bevorzugte«, also wichtigste Abwehrmechanismen genügt es hier, drei oder vier zu erwähnen, zumal sie sich überlappen und – tückisch – einander ablösen können (Green 1997). Die Abwehr ist nur dann pathologisch, wenn sie an Symptomen beteiligt ist. Im Folgenden seien nur Arbeitsdefinitionen mitgeteilt.

Manche der Abwehrmechanismen, beispielsweise Regression, sind offensichtlich begrifflich an neuere wissenschaftliche Entwicklungen nicht angepasst worden und schleppen aufgegebene Positionen noch mit sich, sodass sie heute altertümlich anmuten oder auch ganz infrage gestellt werden.

4.18.1 Verdrängung

Verdrängung (»repression«) ist immer zu nennen – ohne sie gibt es keinen verdrängten Konflikt. Die anderen Abwehren sind als Spezialfälle der Verdrängung zu sehen.

4.18.2 Vermeidung

Von Vermeidung (»avoidance«) spricht man insbesondere bei Angstneurosen und Phobien, aber auch bei den meisten Neurosen: Einer äußeren (!) Situation wird ausgewichen, z. B. engen Räumen wie der U-Bahn oder Straßenbahn, Aufzügen, engen Bindungen in Freundschaften und Ehen (Klaustrophobien), Plätzen ohne erkennbaren Halt in der Nähe (Agoraphobien), weil sich der Patient in solchen Situationen hilflos fühlen würde. Dass sich ein agoraphobischer Patient mit seinen Vermeidungen vor erotischen Versuchungen schützen müsste, wird heute nicht mehr angenommen.

Wenn sich Vermeidungen im Charakter verfestigt haben (Charakterneurose, neurotischer Charakter), richtet sich ein solcher Patient nach Möglichkeit in konfliktarmen Tätigkeiten oder Umgebungen ein. So erscheint er weitgehend »symptomfrei«. Der Begriff Ich-Einschränkung lässt sich aber nicht hierfür reservieren – letztlich läuft jede Abwehr auf eine Ich-Einschränkung hinaus.

4.18.3 Regression und Fixierung in der neueren Diskussion

Mit Regression (»regression«) ist im analytischen Sinne – also im Sinne von Abwehrmechanismus – nicht einfach irgendein Rückschritt von einer erreichten Stufe gemeint (z. B. Kontrollverlust unter Alkohol), sondern dieser muss der Abwehr dienen. Beliebt ist die Formulierung »Regression im Dienste des Ich« – aber alles steht letztlich im Dienste des Ich. Fixierung (»fixation«) und Regression sind klinisch bei einem Kind kaum unterscheidbar (Shapiro 1981). Uneinigkeit besteht auch darüber, ob mit Regression eine psychische Bewegungslosigkeit oder ein sich wiederholender Konflikt gemeint ist. Nach Freud – auch noch Bacal (1981) und Kantrowitz (1996) – werden unter dem Druck der Regression in der Übertragung unbewusst infantile Wünsche geweckt (alte Fixierungen wieder besetzt) und die mit diesen verbundenen Konflikte und Abwehren mobilisiert. Das mache Letztere zugängig für die Deutungstätigkeit. Die so entstandene Übertragungsneurose sei ihrer Natur nach »regressiv«, da die »infantile Neurose« mit ihren Objektbeziehungen und Befriedigungen wiederholt würde. Sie sei durch Abstinenz, Neutralität und Frustration zu fördern (so noch Menninger 1958). Der Patient müsste demnach in der Therapie kindliche Züge annehmen. Renik (1998) hält diese kindlichen (»childlike«) Züge allerdings eher für kindische (»childish«) Züge.

Solches wird in der neueren Literatur zum Teil entschieden bestritten (so Eagle, M. N. 1988; Renik 1998; Inderbitzin/Levy 2000). Übermäßige Abstinenz, Frustration und Neutralität führen nicht zu einer Regression, sondern zu einer unanalysierbaren Manipulation der Übertragung (Gill 1984; Renik 1995; 1998) und zu einer iatrogenen Verschlechterung. Schon zuvor hatte Sampson (1982) für den Begriff Regression die Bezeichnung »metapsychologische Infantilisierung« gefunden.

Im Übrigen gingen die Meinungen auseinander, wie weit die Regression bzw. eine Fixierung bei Neurosen reichen kann. In der Geschichte der Psychoanalyse ist dieser Punkt in einem einzigen Wettlauf immer weiter zurückverlegt worden. Die Vorsilbe »Ur-« und Adjektiva wie »primitiv« oder »früh« tragen diesen Absichten Rechnung (»Urverdrängung«, »Urszene«, »Urvertrauen«, »primitive Abwehr« etc.). So heißt es etwa leichthin, ein Patient befinde sich im Stadium der Symbiose, er sei nicht über das Stadium von Ich-Kernen, das »autoerotische« oder »narzisstische« Entwicklungsstadium hinausgekommen oder verfüge nur über ein »fragmentiertes Selbst«. Dass in all diesen Fällen keine schizophrene oder sonstige Psychose vorlag, sondern volle berufliche Leistungsfähigkeit, täglich bewährte Kontaktfähigkeit sowie die Fähigkeit gegeben waren, fünfmal in der Woche pünktlich zur Therapie zu erscheinen, dabei einen geordneten Dialog zustande zu bringen, die Rechnungen pünktlich zu bezahlen und sich trotz der gewiss gefühlten Abwertung durch den Therapeuten noch höflich diesem gegenüber zu verhalten, schien bei der genannten Diagnose nicht zu stören.

Depressive Zustände werden immer noch routinemäßig auf eine angebliche orale Störung zurückgeführt. Warum gerade auf die orale? Gibt es keine ödipale Depression? Sätze wie: »Der Vater entsteht aus den kindlichen Fantasien über die Urszene und schnürt sich quasi meiotisch aus einer Verdoppelung des Mutterbildes ab«, oder: »Die Verwandlung ursprünglich bedrohlicher Urszenenfantasien in libidinöse Vorstellungen verändert die emotionale Qualität des eigenen Penis« (Lit. beim Verf.), zeigen erstaunliche Detailkenntnisse. Hier dürfen Stereotype wie »bedrohlich« und »Ur-« nicht fehlen, damit die erforderliche »Tiefe« und das angeblich Regressive glaubhaft gemacht werden können. Urszenen müssen grundsätzlich nicht nur etwas »frühes«, sondern auch etwas ganz Schreckliches sein und wegen ihrer »Bedrohlichkeit« den

Menschen bis an sein Lebensende verfolgen. Solche Sätze wollen so verstanden werden, dass eine erfolgreiche Therapie eine Regression zu den angeblichen oder tatsächlichen Entwicklungsstadien oder Erlebnissen voraussetzt.

Suchterkrankungen und Essstörungen wurden vereinfachend auf angebliche »frühe« und »früheste« orale Konflikte zurückgeführt – da die Einnahme von Suchtmitteln über den Mund erfolgt. Einschlafen auf der Analysecouch wird notorisch als Rückfall in die orale Phase oder gar in die Symbiose gesehen (anders aber z. B. Inderbitzin 1986, der für einen Patienten einen triadischen Konflikt als Ursache ausmachte). Auf dem gleichen Niveau liegen Erklärungen für Einkoten (so noch bei Prugh et al. 1954) und auch musikalische Interessen als Ausdruck analer Konflikte (»die erste Musik war analer Natur«, »Naturfagott«). Ähnlich erscheint die Rede von der angeblichen »Regression auf die anale Stufe« bei einem Sohn bzw. Patienten, der sich gerne mit seinem Vater bzw. seinem Therapeuten identifizieren möchte, so noch bei Schafer (1982): »passive homosexual love [...] wishing to be impregnated anally by the analyst«. Warum sollte der Sohn oder Patient den Wunsch haben, sich zu diesem Zweck zur »analen Stufe« zurückzuentwickeln (falls so etwas überhaupt möglich wäre) und sich etwa anal penetrieren zu lassen? – Angeblich, um so den Samen und damit die Macht der väterlichen Figur in sich aufzunehmen. Ähnlich infrage gestellt werden müssen »Kastrationswünsche« und »Kastrationshoffnungen«.

Die Vorstellung, der Patient sollte auf früheste Stufen zurückfallen, damit er die dort – damals – aufgetretenen Konflikte aufarbeiten kann, ist eine romantisierende Wunschvorstellung (Eagle, M. N. 1988; Renik 1998). Man wünscht sich, das Übel der Neurose mit der Wurzel beseitigen oder an der Wurzel reparieren zu können. Dieses Anliegen beruht zudem auf unhaltbaren Vorstellungen von statischer oder linearer Entwicklung. Wenn Konflikte in der Frühzeit aufgetreten sind und zu pathologischen Entwicklungen geführt haben, sind sie längst schon aufgrund von Abwehrprozessen verwandelt, sind selbst einer Entwicklung unterworfen gewesen.

Seelisches Leben gründet vielmehr auf einem molekular-anatomisch abgebildeten, sehr komplexen, äußerst plastisch formbaren Netzwerk mit teils hierarchischer, teils dezentralisierter Struktur und vorwiegend (zu 90%) intrazerebral, innerpsychisch ablaufenden Informationsvermittlungen (Spitzer 1996).

Die wechselseitigen, mehr oder weniger stark verfestigten oder eingefahrenen (Charakter-)Verbindungen sind nicht dadurch zu verstehen oder zu lösen, dass ein bestimmter Gesichtspunkt – die vorgebliche oder tatsächliche Vergangenheit – bevorzugt wird. Auch wenn sich Patienten selbst als kindlich erleben oder darstellen, ist dies mitnichten eine Regression oder vom Therapeuten für bare Münze zu nehmen. Solche Symptome müssen in ihrer Abwehrfunktion analysiert werden, auch um eine unbemerkte autoritäre Haltung des Therapeuten gar nicht erst aufkommen zu lassen (»unearned authority«, Renik 1998).

Obwohl als therapeutisches Zwischenziel traditionell angestrebt, haftet dem Begriff Regression zugleich etwas Pejoratives an. Dies kommt in der verbreiteten Gleichsetzung mit »besonders gestört«, »besonders krank« sowie in beliebten Formulierungen wie »maligne Regression«, »psychotische Regression«, »unkontrollierte Regression« zum Ausdruck. Hier bleibt das Adaptive und Symptomhafte unerkannt (Inderbitzin/Levy 2000).

Shengold (2000) und andere Autoren halten am Regressionsbegriff fest und behaupten Regressionen (bis »zu den frühesten Stadien«, in denen die Mutter als ein »integraler Teil des eigenen Selbst erlebt wurde«). Nach Kernberg (1991) können Borderlines auf Deutungen, die sie als gefährlich erleben, von plötzlich einsetzenden »Übertragungsregressionen« befallen werden, die in weiterer Fragmentierung bestünden (ähnlich Fürstenau 1975; 1977). So schreibt Fürstenau noch 1990 (S. 54): »Dekompensationen stellen sich […] als Regressionen zu pathologischen Strukturanteilen, d. h. Lebensbewältigungsmustern […] dar, die […] durch […] Funktionswandel überwunden waren und nun unter spezifischer Belastung wieder Aktualität, d. h. Virulenz, gewinnen.« Inderbitzin und Levy (2000) halten solche »Dekompensationen« für einen komplexen Abwehrvorgang, wie er nicht nur bei Borderlines, sondern auch bei Neurosen zu beobachten sei. Er bedürfe der Auflösung. Auch die Bezeichnung »Übertragungsregression« sei pseudoerklärend und könne analytisches Verstehen nicht ersetzen. Psychopathologie werde besser verstanden, wenn Ich-Funktionen, Objektbeziehungen, die multiple Funktion, Überdeterminierung und Kompromissbildung betrachtet würden.

Dem Regressionsbegriff zugrunde liegende Konzepte von linearer, leiterstufenartiger Entwicklung (»psychosexuelle Stufen«) erwiesen sich auch nach Fischer/Ayoub (1997) und Zeanah et al. (1989) als simplifizierend. Die Entwicklung geht vielmehr an mehreren Fronten unabhängig voneinander netzartig weiter in Richtung zunehmender Komplexität, wobei immer die soziale Interaktion von entscheidender Bedeutung ist. In der frühen Entwicklung herrscht nicht die Kontinuität, sondern die Diskontinuität vor, und simple Verknüpfungen von frühem und späterem Verhalten, wie im Fixierungs-/Regressionsmodell angenommen, sind nicht begründet (Cicchetti/Cohen 1995). Beispielsweise reagieren widerstandsfähige Kinder auf schwere frühe Traumen nicht mit der Entwicklung einer Psychopathologie (Zeanah et al. 1989). Die traditionelle Annahme der Ichpsychologie, der Objektbeziehungstheorie und der Selbstpsychologie besagt, dass ein Patient umso unreifer sei bzw. auf umso früherer Stufe stehen geblieben sei, je ernsthafter seine Psychopathologie ist. Daher müsse man nach solchen psychischen Verfassungen in der Kindheit suchen, die gegenwärtigen ähnlich sind oder so erscheinen, um diese als »Regression/Fixation« darstellen zu können. Diese Annahme wird mit Autoren wie Shapiro (1981), Inderbitzin und Levy (2000) oder Renik (1983) abgelehnt. Sie kritisieren auch die Verselbstständigungstendenz des Begriffes Regression, wie sie z. B. in Termini wie »psychotische Regression« deutlich wird, und auch die aus solchen Annahmen resultierende »Lieblingsvorstellung«, man müsse sich solchen scheinbar regredierten Patienten gegenüber wie eine Mutter zu ihrem Baby verhalten. Die richtige Holding-Funktion bestehe hingegen darin, mit den komplexen Anstrengungen des Patienten Kontakt zu halten und sie zu verstehen (Inderbitzin/Levy 2000). Als Beispiel führen die Autoren scheinbar regressives Verhalten wie Daumenlutschen oder Einnässen eines Kindes bei der Geburt eines Geschwisters an: Hier werden aggressive Regungen gegen das Nachgeborene durch Wendung vom Passivum ins Aktivum und Identifizierung mit dem Aggressor abgewehrt, es findet auch zugleich Agieren statt aus dem Wunsch, die volle Zuwendung der Mutter wiederzuerlangen, und von einer Regression kann keine Rede sein.

Auch wurden später die Gefahren besser erkennbar, die mit dem herkömmlichen Regressionsbegriff verbunden sind: zunehmende Passivität des Patienten in und außerhalb der Therapie, Unterwerfung unter den Therapeuten (mit oder ohne Idealisierung des Therapeuten), Entwicklungsstillstand, depressive Dauerverstimmung, Verlust von wichtigen Außenbeziehungen und Einsamkeit. Anzuführen ist hier auch die destruktive Rolle von Therapeuten, die offenbar den Sinn einer Therapie darin sehen, ohne Ende eine solche »Regression« zu fördern, und sich dabei auf umfangreiche Literatur und auf eine angeblich besonders schwere Erkrankung – meistens als Folge eines vermuteten (aber fast nie näher beschriebenen) frühkindlichen Traumas ihres Patienten – berufen. Tatsächlich soll aber eine eigene Übertragung des Therapeuten – meist Selbstüberschätzung und Wunsch nach außerordentlicher Bestätigung, gepaart mit verdrängtem Sadismus gegen den Patienten – ungestört ausagiert werden.

Abwehren und Anpassungsvorgänge ziehen lediglich eine wechselnde Dominanz verschiedener Strebungen oder Funktionsniveaus nach sich, nicht eine Rückkehr zu infantilen Entwicklungsständen (Inderbitzin/Levy 2000). Das Fixations-/Regressionsmodell hält sich aber hartnäckig, obwohl es an den oben genannten Einwänden nicht gefehlt hat, so bereits bei Allport (1937: »Der Samen ernährt nicht mehr den ausgewachsenen Baum, und dieser wird nicht mehr zum Korn«), Werner (1940: »constancy fallacy«), Hartmann (1964: »genetic fallacy«), Renik (1991) oder Inderbitzin und Levy (2000). Bevorzugt wird ein Modell der kontinuierlichen Entwicklung von Psychopathologie (»continuous construction model«), das sich nicht mehr auf eine spezielle – tatsächliche oder nur vorgestellte – Entwicklungsphase beruft, sondern mit der Betonung von Ich-Funktionen, Objektbeziehungen, des Prinzips der multiplen Funktion, der Mehrfachdeterminierung und Kompromissbildung eine vollständigere und komplexere Sichtweise erlaubt (Fischer/Ayoub 1994).

Hier ist auch an die selbstverständliche Tatsache zu erinnern, dass gegenwärtige Symptomatik allein auf (noch) gegenwärtigen Konflikten beruht – nicht unbedingt auf früheren, die evt. längst gelöst sind oder aus anderen Gründen nicht mehr anstehen, und auf früheren nur insoweit, als diese noch fortbestehen. Auch für die Kinderanalyse wurde aufgezeigt, dass nur das Bearbeiten gegenwärtiger Konflikte Entwicklung und Reifung ermöglicht (Kennedy 1979; Fonagy/Moran 1991).

Selbst für Phänomene wie die Liebe ist die analytische Literatur fast durchwegs regressiv-pathomorphistisch gestimmt (Garza-Guerrero 2000). Es fängt an mit der Tradition der angeblichen Herkunft und Zusammensetzung (durch »Integration, Sublimierung, Kontrolle«) der Erwachsenensexualität aus einer polymorph-perversen infantilen Triebwelt und hört noch längst nicht auf mit der Verwechslung von »Verrücktheit« in der Liebe und pathologischem Verrücktsein, Überlegungen zur »narzisstischen Struktur, neurotischen Struktur, Borderlinestruktur, depressiv-masochistischen Strukturen, paranoiden Strukturen, Ich- und Überich-Pathologien, pathologischen Fusionen und Kondensationen von realem Selbst, idealem Selbst und Idealabkömmlingen«, auch einzelnen Abwehrmechanismen wie Idealisierung und projektiver Identifikation (so noch Altman 1977; Kernberg 1980; Arlow 1980). Das Gesamt analytischer Lehrbücher wird hierzu bemüht. Wer glücklich verliebt ist, so kann es klingen, ist »frühgestört«, er weiß es nur nicht, hat keine »Einsicht«. Die allzu enge Verknüpfung der Erwachsenensexualität mit infantilen Vorstufen oder auch lediglich die Hervorhebung scheinbarer Ähnlichkeiten kann den Verdacht nähren, dass professionelle, unreflektierte aggressive Wünsche (wie Neid als Motiv für Entwertung), Schuldgefühle/Schamgefühle und Ängste wirksam sind. Hier kann Beruhigung offenbar nur durch Einbindung in eine lebenslange Entwicklung, ausgiebige Intellektualisierung, Rationalisierung, Negation und Entwertung erreicht werden.

4.18.3.1 Beliebte Vorstellungen von der Genese der schizophrenen Psychose

Zum Thema Regression gehören auch erstarrte, wegen ihrer Einfachheit beliebte psychoanalytische Vorstellungen von der Genese der schizophrenen Psychose. Freud hatte unglücklicherweise die vermuteten kindlichen Fantasien als »Halluzinationen« bezeichnet – also mussten schizophrene Psychosen wegen der in ihrem Zusammenhang vorkommenden Halluzinationen als Rückkehr zur »frühesten« Kindheit aufzufassen sein. So geht auch nach Mahler und Furer (1968) eine »Psychose« (welche? – gemeint ist offenbar die schizophrene Psychose) darauf zurück, dass die »symbiotische Phase und jene erste Phase von Loslösung und Individuation, die Differenzierung genannt wird, nicht erfolgreich durchlaufen worden« seien, und in zahllosen Lehrbüchern wird diese erstaunlich präzise Zuschreibung weitergetragen. Dabei hatten bereits 1912 Jung und 1937 Waelder vor der Annahme gewarnt, Psychose sei mit einem bestimmten Entwicklungsstadium verbunden und zeige somit eine Rückkehr (Regression) zu diesem an. Dies sei genauso, als wenn man den Geisteszustand von Fieberkranken mit einem frühen mentalen Entwicklungszustand gleichsetze (hierzu bereits Allport 1937: »fallacious logic«; Werner 1940: »constancy fallacy«).

Das Regressions-/Fixationsmodell dient aber bis heute weiter, und offensichtliche Ungereimtheiten interessieren nicht immer. Zu erwähnen ist zudem die verbreitete Neigung – gerade in Sachen Regression – zu einer dramatisierenden Beschreibungsweise, einhergehend mit Verschwommenheit und Etikettenhaftigkeit, und zu Wortentlehnungen aus fremden Terminologien (militärisch, poetisch, tierärztlich). So ist beispielsweise die Rede vom angeblichen Sich-»Verschanzen« des Patienten hinter immer neue Symptome, von

»Zerstörung« oder »Kastration«. Angst vor genitaler Verstümmelung oder Verletzung träfe den Sachverhalt wohl präziser. Des Weiteren spricht man von »Abwehr«, »Fixierung«, »Widerstand«, »Regression bis in die hintersten Linien« etc. Bei Annahme einer Regression zur phallischen Phase bzw. Position heißt es oft wie selbstverständlich: »phallischer Narzissmus«. – Warum soll ein Narzissmus, gleich nach welcher Definition, ausschließlich phallisch bedingt sein?

Der Gebrauch von dramatisierten Aufklebern ist unseriös, imitativ und klischeehaft-routiniert, zeigt Unsicherheit und täuscht nur ein Wissen vor, das so nicht besteht und sich aus dem im Antrag vorgelegten Material schon gar nicht herleiten lässt. Er ist übrigens auch berufspolitisch verheerend. Die Neigung zur Dramatisierung ist historisch bedingt: Man dramatisiert, um sich Gehör zu verschaffen und um sich selbst, in einem Umfeld der feindseligen Ablehnung, der Bedeutung des analytischen Anliegens und der Richtigkeit gewagter Hypothesen autosuggestiv zu versichern. Man muss dies heute nicht fortführen. Stattdessen wäre es angebracht, sich immer auf Vertretbares, Kliniknahes zu bescheiden und z. B. zum Begriff Regression, wenn er überhaupt verwendet werden soll, dazuschreiben, von welcher Position weg und zu welcher zurück die Regression reicht.

4.18.3.2 »Regression« bei Masochismus

Unter dem Gesichtspunkt einer Regression wird auch häufig Masochismus abgehandelt. Wer Masochismus als Perversion versteht, sollte bedenken: Wesentlich, wie bei allen Perversionen, sind Ausschließlichkeit, Konzentration auf einen Affekt und Fixierung (»rigidity«, »stereotypy«). Ein Perverser hat sich weit vom Normalleben entfernt (Shengold 2000), auch von ausschließlich normalen oder der Anpassung dienenden (Bader 1993; Kernberg 1991a; 1991b) sadomasochistischen Spielereien.

Handelt es sich bei Perversionen um Krankheiten? Darüber gehen die Meinungen auseinander, so in der 1991 geführten Kontroverse Socarides – Stoller über einen postulierten Zusammenhang zwischen Homosexualität und Sadomasochismus (Stoller 1991). Im Allgemeinen geht es aber bei den Diskussionen über Masochismus nicht um die so bezeichnete Perversion, sondern um kompromisstheoretische (ichpsychologische) Vorstellungen von den Konfliktkomponenten, Wünschen, Ängsten, Schuldgefühlen, Schamgefühlen, Abwehren sowie Kompromissbildungen dazwischen (»moralischer Masochismus«, negative therapeutische Reaktion, s. dazu auch Brenner 1979; 1982; Grossman, W. I. 1991).

Innerhalb der Kompromisstheorie wurden erregende Fantasien, auf das Gesäß geschlagen zu werden (»spanking«) oder gefesselt zu werden (»bondage«), als angeblich »tiefsitzende passive« Wünsche und Regression auf die anale Stufe aufgefasst, wobei das Schlagen einen »regressiven Ersatz« (i. S. von passiv, anal-sexuell) für einen sexuellen Verkehr mit dem Vater darstellen sollte (s. Freud 1919: *Ein Kind wird geschlagen*). – Aber warum sollte jemand den Wunsch hegen, vom Vater anal penetriert zu werden? Schon unter evolutionspsychologischem Gesichtspunkt ist eine solche Annahme abwegig.

Nach modernerer Kompromisstheorie ist zur Erklärung masochistischen Verhaltens die Annahme einer Regression und eines Wunsches nach homosexuellem Verkehr mit dem Vater entbehrlich – ebenso wie übrigens ein Todestrieb (dieser wurde nach Freud insbesondere von Melanie Klein und nachfolgenden Kleinianern beibehalten). Vielmehr reichen Abwehr gegen Ängste (Vergeltungsängste, so Grossman, W. I. 1991) und Schuldgefühle, die durch eigene aggressive präödipale oder ödipale Wünsche hervorgerufen werden, in Form von Umkehrung, Wendung gegen sich selbst, Wendung vom Passivum ins Aktivum (er muss nicht auf das Erleiden von Vergeltung warten, sondern bestimmt selbst Zeitpunkt und Ausmaß der Strafe) zur Erklärung aus.

Wenn und solange einer geschlagen wird, kann er schlecht selbst schlagen. Wer geschlagen wird oder sich schlagen lässt, hat sich insbesondere um seine Schuldgefühle, gleich aus welcher Quelle, erleichtert. So von Schuldgefühlen befreit, darf er endlich sexuell oder anders genießen. So fasst auch Brenner (1982) Masochismus bis zu einem gewissen Grade als eine allgegenwärtige Begleiterscheinung der Überich-Struktur auf.

4.18.3.3 SADOMASOCHISTISCHE BEZIEHUNGEN BEI PAAREN

Sadomasochistische Beziehungen, besonders in Ehen, sind – in scheinbarem Widerspruch zum offensichtlichen Leiden beider Beteiligter – oft bemerkenswert stabil. Aggressive Entladungen und Beruhigungen wechseln sich ab, zugleich mit noch anderen Befriedigungen (von Wünschen nach Harmonie, Selbstbehauptung, Genuss der Macht, im anderen das Beste und das Schlechteste an die Oberfläche bringen zu können, ihm Schmerz und

Erniedrigung zuzufügen), und verstärken so die Bindung (Grossman, W. I. 1991; Berkowitz 1999).

4.18.3.4 Die Rolle der Sexualität in sadomasochistischen Beziehungen

Die Rolle der Sexualität in sadomasochistischen Beziehungen wird von vielen Autoren als bloße Abwehr (Ersatz) früher, nicht-erotischer Bedürfnisse nach Anerkennung (Benjamin 1988; 1994; Ghent 1990) oder als Abwehr von Verlustangst, Hoffnungslosigkeit, Einsamkeit (Cooper 1984; 1988; Novick/Novick 1991), Omnipotenz (Blos 1991), Angst vor der Anerkennung von Geschlechts- und Generationen-Unterschieden (Chasseguet-Smirgel 1983; 1991), Angst vor Autonomieverlust, Beschädigung oder Schuldgefühlen (Coen 1992; Renik 1991) gesehen. Möglicherweise inszeniert sich in der Sexualität auch eine erotisierte Wiederholung eines früheren Traumas (Stoller 1979) oder sie steht im Dienste der Aggression (Kernberg 1991a). Es handelt sich hier um mehr defensive und symbolische Auffassungen von Sexualität in sadomasochistischen Beziehungen. Andere Autoren (Bader 1993; Celenza 2000) halten hingegen an der Eigenständigkeit der Sexualität in der sadomasochistischen Beziehung fest.

Dem masochistischen Verhalten zugrunde liegende präödipale Wünsche nach Loslösung von einer Mutter, die diese Loslösung mithilfe provozierter Schuldgefühle zu verhindern versuchte, wurden von Weiss (1998) beschrieben. Von Schuldgefühlen befreit, darf der Patient endlich seine Wünsche nach Trennung und eigenständigem Leben verwirklichen und genießen.

In Therapien führen masochistische Verhaltensweisen zu massiven Gegenübertragungen, ebenfalls mit der Neigung zur Verfestigung, zum Behandlungsstillstand durch wechselseitige sadistische und masochistische Verquickung.

Das *Regressionsmodell* wirkt heute schwerfällig-altertümelnd und umständlich. Vielen Autoren erscheint es heute unwahrscheinlich, dass solche Regressionen überhaupt stattfinden (so Eagle, M. N. 1988; Renik 1998) oder stattfinden sollten. Renik (nach Schlierf 1998) wendet sich zusätzlich gegen die Auffassung, Regression sei notwendig, um die Übertragung zu erforschen. Auch entwicklungspsychologische Überlegungen lassen die Zweckmäßigkeit (Anpassungswert) einer wesentlichen Regression fraglich erscheinen, wenn man mit Freud,

Etchegoyen (1998) und anderen Autoren glaubt, dass die Psychoanalyse sich auch an der Darwinschen Evolutionstheorie messen lassen muss.

Allgemein ist bei Regression wieder der Gesichtspunkt zu beachten, dass zu unterscheiden ist, ob ein Patient sich hilflos gibt oder ob er hilflos ist. Sehr häufig wird ein Patient in seiner Stärke (Argelander 1971–1978; 1977) im Sinne eines übertriebenen Pathomorphismus unterschätzt. Dass jedenfalls eine Regression nicht so ausgeprägt ist, wie es bei oberflächlichem Eindruck erscheinen mag, wird leichter erkennbar, wenn man sich die Fähigkeiten eines Patienten, wie sie sich in seinem bisherigen Leben gezeigt haben (»Lebensbewältigung«) und wie sie in der Therapie deutlich werden, vergegenwärtigt (ebd.).

4.18.4 Wendung gegen die eigene Person

Eigene Aggressivität gegen andere löst über die Signale Schuld, Angst, Scham die eigene Abwehr in der Form aus, dass sich die Aggressivität gegen die eigene Person richtet und so diese Signale nebst der Aggressivität zum Verstummen bringt. Der Akzent liegt auf den Schuldgefühlen – schließlich hat man sich selbst bestraft.

Die Selbstschädigung kann auf körperlichem Gebiet stattfinden (oder fantasiert werden) oder auf seelischem Gebiet, hier auch in Form von Sich-ausbeuten-Lassen (moralischer Masochismus), Zunichtemachen von Erreichtem, Nichts-zu-Ende-bringen, Konzentrationsunfähigkeit, Denk-, Lern- und Sprechhemmung, Gefühl von Leere, von unangenehmer Fülle, von Unfähigkeit, Langsamkeit, Unfähigkeit, Lob oder Geschenke anzunehmen, Unfähigkeit, sich gut und passend zu kleiden, Unfähigkeit, sich vernünftig zu ernähren, durch Rückzug oder andere Hemmungen.

4.18.5 Wendung vom Passivum ins Aktivum

Dies ist ein spezieller Fall von Identifizierung (nach Loevinger 1966). Ein verbotener Wunsch, eine Entbehrung oder eine Feindseligkeit, die erlitten wurde, wird in der Weise abgewehrt, dass man selbst zum Gebenden wird (so im sog. Helfersyndrom). Aus dem entbehrenden Kind wird beispielsweise eine sich aufopfernde Mutter. Man arrangiert eine Rollenumkehr, um das gleiche, früher verlorene Spiel heute besser zu spielen. Man spielt nicht mehr den passiv leidenden Part, sondern den aktiven, der jetzt selbst den Konflikt in der Hand hat und steuern kann.

Hierher dürften auch Handlungen aus »Strafbedürfnis« gehören. Der andere wird veranlasst (provoziert), den Patienten zu bestrafen, oder der Patient selbst schädigt sich indirekt oder direkt. Der Patient wartet die Strafe nicht passiv ab, sondern ergreift gleichsam kontraphobisch die Initiative und bestimmt somit selbst den Zeitpunkt sowie Ausmaß und Art der Strafe (Teilaspekt des Masochismus). Meist ist auch die Strafe geringer, da – Abwehr durch Verschiebung – vor sich oder dem anderen ein kleineres Vergehen vorgeschoben wird, um ein größeres zu verdecken.

4.18.6 Identifikation mit dem Angreifer

Unter ›Wendung vom Passivum ins Aktivum‹ fällt auch die Identifikation mit dem Angreifer (»identification with the aggressor«): Aus dem »passiven« Opfer wird ein aktiver Täter. Mit Identifikation als Abwehrmechanismus ist nicht Identifikation im Sinne des üblichen Sprachgebrauchs gemeint (= Gleichsetzung, Erkennung). Identifikation als Abwehr zielt auf innere Gefahren (beispielsweise werden sich Krankheiten der Mutter zu eigen gemacht, um Schuldgefühle und Verlustängste wegen aggressiver Regungen gegen die Mutter zu mindern) oder aber auf äußere Gefahren (beispielsweise rechtfertigt das Kind elterliche Strafen oder imitiert sie).

Ein Beispiel: Ein 30-jähriger Patient (leichte Zwangsneurose auf vorwiegend ödipalem Konfliktniveau) wehrte sich gegen heftige Selbstvorwürfe, in denen er sich selbst gedanklich, aber auch ab und zu laut, vorwurfsvoll-mahnend mit seinem Namen anredete, indem er ein befehlendes »Hör auf!« dagegensetzte. Als seinen Gegner empfand er sein ihn plagendes Gewissen. Er wollte nicht länger von seinem schlechten Gewissen verprügelt werden und drehte den Spieß um, indem er seinem Gewissen verbot, ihn zu misshandeln. In solchen Momenten wurde er aus einem Opfer zum Täter und fühlte sich wesentlich erleichtert (»befreit«).

Wie rasch andere Abwehrmechanismen ins Spiel kommen, zeigt der weitere Verlauf: Weil ihm dieses »Hör auf!« wiederum mit der Zeit »zu hart« (zu aggressiv) gegen sein Gewissen (seine verinnerlichten Eltern) erschien, entwickelte er erneut Schuldgefühle, fürchtete auch, er könnte es versehentlich vor anderen laut aussprechen. Deshalb wandelte er den Befehl »Hör auf!« in verblüffend einfacher Weise um in ein freundlicheres »Hör auf mich!«, was mehr einer Bitte entsprach (etwa als gedankliche Mahnung an ein Kind, Reaktionsbildung gegen seine Aggressivität, Verschiebung seines Aggressionskonflikts von den Eltern auf [s]ein Kind) und sozial weniger auffallen würde, wenn er es einmal versehentlich vor anderen ausspräche.

4.18.7 Konversion

Konversion (»conversion«) meint die Umsetzung eines psychischen Konflikts in somatische Symptome *ohne* fassbare somatische Strukturveränderung, also beispielsweise zu Kopfschmerzen oder Schlafstörungen führend. Im Gegensatz hierzu stehen die klassischen psychosomatischen Erkrankungen (»colitis ulcerosa«, »ulcus duodeni«, »asthma bronchiale«, Migräne, Neurodermitis), bei denen somatische Strukturveränderungen offensichtlich sind.

4.18.8 Projektion

Etwas, das in mir ist, wird in den anderen verlegt und dort gesehen (gemäß dem biblischen Wort vom Dorn im Auge des anderen). Die Projektion (»projection«) wird in Lehrbüchern meist den Phobien unterstellt, was aber fragwürdig ist. Projiziert der Phobiker wirklich eigene Aggressivität auf andere, in denen er dann Gefahren sehen muss? Ist dies sein Problem? Oder geht es um seine Hilflosigkeit, sein Gefühl, allein, ohne Begleit- und Hilfsperson nicht lebensfähig zu sein? – In der Beschwerdeschilderung erscheinen nicht die anderen Menschen als gefährlich, sondern der Patient erlebt sich einfach nicht als lebensfähig. Er fantasiert, von selbst, ohne Angriff, auf der Straße umzufallen, und dass dies sein Ende sei.

Überwiegt Projektion bzw. ist sie nicht rücknehmbar, sind die Voraussetzungen für eine sogenannte therapeutische Ich-Spaltung (wenn es denn eine solche überhaupt gibt, Renik [1999b] bezweifelt dies) und damit für ein Arbeitsbündnis und für eine analytische Therapie nicht gegeben. Ein solcher Patient gelangt früher oder später dahin, den Therapeuten in einem Ausmaß zu beschuldigen, das mit einer Kooperation nicht vereinbar ist, bzw. das der Therapeut auf die Dauer nicht ertragen kann.

4.18.9 Projektive Identifikation

Bei der projektiven Identifikation (»projective identification«, nach Melanie Klein 1946) projiziert der Patient gute oder böse (vor allem wohl Letztere) Persönlichkeitsanteile (innere Objekte, Impulse, Affekte), die er vom Rest seiner Persönlichkeit »abspaltet«, in einen anderen und bleibt mit diesem Projekt in Verbindung, beobachtet es, fühlt sich aber auch in dem, in den er sich oder Teile von sich projiziert hat, gefangen und identifiziert sich evt. wiederum mit ihm bzw. mit dem Projizierten.

Auch sein Gegenüber identifiziert sich mit dem, was in ihn projiziert wurde, sodass er sich genötigt fühlt, sich in Übereinstimmung mit dem Projizierten zu verhalten. Der Vorgang setzt eine gewisse Durchlässigkeit der Grenzen zwischen Selbst und Objekt voraus. Diese Durchlässigkeit wäre allerdings, wenn der Abwehrmechanismus projektive Identifikation denn vorläge, klinisch-deskriptiv von der Wiederkehr des Verdrängten (Unvollkommenheit jeglicher Abwehr) zu unterscheiden. – Aber wie? Bemühungen darum sind nirgendwo zu erkennen.

Offenbar nimmt auch niemand Anstoß an der falschen Wortbildung: ›Projektiv‹ müsste grammatikalisch, da als Adjektiv gebraucht, eine Eigenschaft der Identifikation sein, aber dies ist sie gerade nicht. Die Identifikation selbst ist nicht projektiv, vielmehr soll sie der vorausgegangenen Projektion erst folgen.

Dass diese »contradictio in adjecto« so inflationär in Gebrauch ist, ist daher nicht gerade geeignet, die Seriosität des Begriffs zu stützen, sondern scheint mehr den Glauben an diesen Begriff widerzuspiegeln. Wahrscheinlich ist nicht so sehr die falsche Wortbildung bedenklich wie die Tatsache, dass sie niemandem auffällt. Hier scheinen gewisse Kontrollfunktionen außer Kraft gesetzt zu sein, was auf Idealisierung, Ideologisierung oder Verliebtheit in die zugrunde liegende Theorie hinweist.

Es fragt sich, ob eine Konfusion des Begriffs vorliegt, die den Erklärungswert einschränkt, oder ob es sich nur um eine Nachlässigkeit in der Formulierung handelt. Zwar ist es mit der Klarheit anderer psychoanalytischer Begriffe auch nicht immer zum Besten bestellt – wir bewegen uns in einem »Sumpf der Begriffe« (de Boor 1978, mündl. Mitteilung). Aber diese achten immerhin die Grammatik. Das in sich Unstimmige – wie im Begriff der projektiven Identifikation – ist geeignet, herausfordernd wie ein Rätsel zu wirken, die Geister neugierig zu machen und zu beschäftigen. Irrationale Formulierungen (»Wortzauberei«; »Are we bewitched by language?«, Margulies 1999) fördern offenbar deren Akzeptanz in manchen psychoanalytischen Schulen. In der intellektuellen Öffentlichkeit dämpfen sie begreiflicherweise die Bereitschaft zur Kooperation (Rangell 1998). Hinzu tritt ein allgemeiner Enthusiasmus für Trendideen. Es ist daher – aus beiden erwähnten Gründen – nicht verwunderlich, dass der Begriff so weite Verbreitung gefunden hat. Den Fallvignetten lässt sich nicht die Notwendigkeit dieses Begriffs entnehmen; vor ein echtes Interpretationsdilemma sieht man sich nirgendwo gestellt.

So angesehene Analytiker wie Laplanche und Pontalis hatten bereits 1967 (S. 226–228) vor der Aufgabe, diesen Begriff als einen neuen zu verstehen, schlicht kapituliert: »Die Kleinsche Verwendung des Ausdrucks ›projektive Identifizierung‹ hat genau die Bedeutung, die man in der Psychoanalyse der Projektion vorbehalten möchte.«

Auch Sandler (1976) lehnte das Modell der projektiven Identifizierung zur Erklärung der Übertragungs-/Gegenübertragungsinteraktion zugunsten einer Vorstellung von Rollen-Antwort ab. Die Vorstellung der Kleinianer, dass es lediglich darum gehe, dass der Patient etwas in den Therapeuten hineinlege (Bions Container-Funktion), werde der Komplexität des Geschehens nicht gerecht. Die Gegenübertragung sei eine Kompromissbildung zwischen eigenen »Tendenzen« des Therapeuten und der Rolle, die der Patient ihm aufzuerlegen versuche.

Auch Porder (1987) und Berkowitz (1999) wiesen darauf hin, dass sich Beispiele von projektiver Identifikation mit deren zentralem Gesichtspunkt der Induktion von Inhalten des Patienten in den Therapeuten besser als Kompromissbildungen verstehen lassen, unter besonderer Mitwirkung der Abwehrmechanismen der Identifikation mit dem Aggressor und der Umkehr der kindlichen Rolle (die der Verkehrung vom Passivum ins Aktivum nach Loevinger [1966] entspricht).

Die Begriffe Projektive Identifikation und Container-Funktion (Bion) beruhen offensichtlich auf einer naiven Vorstellung von Gegenübertragung, einer Vorstellung, die das intersubjektive Geschehen, speziell den Anteil des

Therapeuten, ignoriert. So fassen auch Grefe und Reich (1996) das Konzept der projektiven Identifikation nur als eine Kombination von klassischen Abwehrmechanismen und interaktionalen Prozessen auf. Die kleinianische Nomenklatur verunklare dies nur. Eine Unterscheidung vom traditionellen Begriff der Projektion sei verfehlt worden. Es handele sich nur um den üblichen affektiven interpersonalen Austausch. Der Begriff der projektiven Identifikation sei ungeeignet, parallele Prozesse im Therapeuten und Patienten zu erfassen.

Auch Knapp, Ogden und Meissner (jeweils zit. n. Ivey 2004) und Ivey (2004) haben gefunden, dass der Begriff Projektive Identifikation mehr Konfusion als Klarheit erzeugt habe. Harris (zit. n. Ivey 2004) spricht von »metaphysischer Magie mit Gedankenprojektilen, die durch den interpersonalen Raum fliegen, und mit psychischen Strukturen, die zwischen Psychen und Körpern hin- und herspringen«. Nach Grotstein verwechselt der Begriff einen innerpsychischen Prozess mit einem äußeren, körperlich-mechanischen. Ähnlich macht Sandler (1976) darauf aufmerksam, dass, wenn behauptet wird, Teile des Selbst würden in das Objekt verlegt, diese in Wirklichkeit nur in ein Fantasieobjekt verlegt würden, also in ein inneres Objekt, nicht in ein äußeres. Und Ivey (2004) führt aus, die Gegenübertragung des Therapeuten sei nicht einfach das, »was der Patient in ihn hineintut [...] und zu Unrecht macht der Therapeut für seine unangenehmen Gefühle den Patienten verantwortlich [...] und auch das Gefühl der Leere oder Verarmung im Patienten ist nicht so zu erklären«.

Auch Abend (2005) findet das Modell der projektiven Identifikation zu simpel, nach dem der Patient seine abgewehrten Inhalte einfach in den Therapeuten hineinlegt. Er betont außerdem, dass schon der Betrachtung der Übertragung kein Vorrang zusteht, ebenso wenig irgendeinem anderen speziellen Gesichtspunkt wie Gegenübertragung oder Abwehr, sondern dass alle Gesichtspunkte verknüpft werden müssen mit klinischer Erfahrung und Intuition, Evidenz, eigener Grundverfassung und Tagesschwankungen. Innere Reaktionen (Gegenübertragung) müssten sich auf Zuverlässigkeit und Patientenbezogenheit überprüfen lassen, wenn sie nicht zu den Äußerungen des Patienten passen wollen. Das heutige Verständnis von Intersubjektivität und Konstruktivismus lasse ohnehin keinen Raum mehr für einen Therapeuten, der »neutral« ist und nur zu registrieren habe, was der Patient in ihn hineinlege. Berman (2001) kritisiert in diesem Zusammenhang auch die »Idealisierung« des Therapeuten als einen selbstlosen Behälter (Container) oder ein nahtloses Selbstobjekt, dem keine eigene Subjektivität zukomme außer der, dem Patienten zu Willen zu sein (ich sehe hier allerdings eher eine Entwertung des Therapeuten). Es handele sich vielmehr um multiple Übertragungs- und Gegenübertragungsinteraktionen von beiden Seiten. Diese umfassen meines Erachtens die jeweiligen Wünsche, Ängste, Schuld- und Schamgefühle, Abwehren und Symptome und dienen zusätzlich der eigenen Anpassung, dem Selbstschutz und dem Wunsch nach Meisterung der Konflikte. Für Paarkonflikte beschrieben dies Berkowitz (1984) sowie Sandler und Sandler (1998).

4.18.9.1 Zur Unterscheidung von Container-Funktion und Holding-Funktion

Containing bezieht sich auf die inneren Prozesse im Therapeuten, die mit den Projektionen des Patienten in ihn hinein befasst sind (Scharff, D. E./Scharff, J. S. 1992). Dabei wird stillschweigend und wie selbstverständlich angenommen, dass der Therapeut eher geeignet ist, auf dem Wege der projektiven Identifikation die Angst und die Wut des Patienten in sich aufzunehmen und zu entgiften als der Patient selbst. Sieht sich doch der Therapeut als stark, gesund, empathiefähig, zur Neutralität befähigt, überlegen, mit einwandfreien Ich-Funktionen wie Impulskontrolle, Frustrationsfähigkeit ausgestattet, ohne Fragmentierung, ohne Regression, ohne Drang zur projektiven Identifikation, während er in seinem Patienten das Gegenteil vermutet.

Gegen die Annahme einer Container-Funktion sprechen die oben aufgeführten Einwände gegen das Konzept der projektiven Identifikation (Kapitel 4.18.9). Auch kann die günstige Wirkung des Therapeuten keinesfalls eine Container-Funktion nahelegen. Sie ist auch durch die Wirkung seiner verbalen und nonverbalen Interventionen mit anderen Modellen erklärbar. Der Therapie kommt zudem mindestens immer zugute, dass sich der Therapeut nicht mit seinem Leben, sondern mit dem eines anderen befasst (Seinfield 2001), auch wenn er durch gegenseitige Identifikationen oder Verschmelzungsfantasien noch so sehr mit ihm verbunden ist. Dem entspricht die Alltagserfahrung, dass es leichter ist, anderen zu helfen als sich selbst (wie die zerbrochenen Ehen erfolgreicher Eheberater bezeugen), sowie dass es leichter ist, über eine Psychotherapie zu sprechen als selbst eine zu machen.

Holding-Funktion meint die Bemühungen des Therapeuten, den Patienten darin zu stützen, das Getrenntsein vom Therapeuten auszuhalten (Scharff,

D. E./Scharff, J. S. 1992). Container-Funktion und Holding-Funktion sind nicht auf analytisch geführte Psychotherapien beschränkt, sondern bei jeder Psychotherapie gegeben, ob dies nun der Behandler beabsichtigt und in seiner Behandlungstheorie verwendet und kundtut oder nicht.

4.18.10 Spaltung

Wer diesen Abwehrmechanismus angeben will, muss ihn unterscheiden von Verdrängung und Dissoziation, und zwar klinisch-deskriptiv. Bei der Spaltung (»splitting«, »split«) stellt man sich vor, dass im Gegensatz zur Verdrängung kein einheitliches stabiles Selbst bzw. keine »dominierende kognitiv-affektive Gruppe von anerkannten Zielen, Gefühlen und Erkenntnissen« (Eagle, M. N. 1988) vorliegt, von dem etwas abgetrennt wird, sondern mehrere Zentren oder Strukturen existieren, von denen keine die Identität entscheidend bestimmt.

So ist nach Kernberg die primitive Spaltung gleichbedeutend mit einer mangelhaften Ich-Integration: Libidinöse und aggressive Selbst-Repräsentanzen könnten nicht miteinander integriert werden, ebenso wenig gute und schlechte Objekt-Repräsentanzen. Es resultiere daraus ein Nebeneinander von Liebe und Hass. Falls ein Therapeut meint, dies bei einem Patienten so vorzufinden, wäre dies auch im Antrag so darzustellen. Aber woran erkennt man, dass kein einheitliches Selbst oder keine einheitliche Identität besteht? Nur, weil der Patient dies von sich behauptet?

Nach Robbins (1976) und Dorpat (1979) ist Spaltung kein Abwehrmechanismus. Nach Durchsicht der Literatur (einschließlich Freuds Ausführungen über den Fetischismus 1927) kommt Dorpat zu dem Ergebnis, dass Spaltung vielmehr anstelle von Verleugnung (»denial«), meist in Kombination mit Verschiebung, Wendung gegen sich selbst, Projektion guter Anteile in einen anderen (Idealisierung) gebraucht wurde, abgesehen von einer anderen Bedeutung, die das gleichzeitige Vorhandensein gegensätzlicher Haltungen meint (z. B. bei Kohut 1971). Speziell bemängelt er, dass nirgendwo klar beschrieben werde, wie, warum und gegen was eine Abwehr durch »Spaltung« geschehe. Die Behauptung, Spaltung diene der Abwehr von Angst, sei durch die dargestellten Fälle (so bei Kernberg 1976) nicht belegt. Wenn beispielsweise der Patient auf eine Deutung, er idealisiere und entwerte den Therapeuten abwechselnd, mit Angst reagiere, so bedeute dies keineswegs, wie Kernberg behaupte, dass dieses Verhalten einer Abwehr dient. Selbst wenn man solches annähme, folge daraus nicht, dass es sich um etwas anderes als Verleugnung handele. Verleugnung wird aber auch von Dorpat nicht mehr im ursprünglichen Sinne als eine Abwehr äußerer Gefahr benutzt. Wer wie M. Klein (1946), Kernberg (1976), Lichtenberg und Slap (1973), Masterson (1976) oder Volkan (1976) behaupte, Affekte sowie Selbst- und Objektrepräsentanzen würden gespalten, übersehe, dass Affekte wie Repräsentanzen Abstraktionen sind und dass Abstraktionen im Gegensatz zu physikalischen Gegenständen nicht gespalten werden können (Vorwurf der Reifizierung). Wer »Spaltung« jedoch nur in einem metaphorischen Sinne gebrauche, müsse dazu sagen, welcher klinische Vorgang dem entspreche. Dass jemand die Fantasie hat, sich oder andere zu spalten, oder gar dass der Therapeut die Fantasie hat, sein Patient spalte oder sei gespalten, werde fälschlich mit einer tatsächlichen Spaltung gleichgesetzt. Dass Verleugnung, wie Lichtenberg und Slap (1973) behaupten, sich nur auf ganze Objekte beziehe, sei eine willkürliche Behauptung – da doch unumstritten sei, dass sich Verleugnung auch auf Teilaspekte beziehen könne (dies nicht bei Freud und Anna Freud, aber seit Lewin [1950]). So könne der Tod einer geliebten Person anerkannt sein, aber beispielsweise die Bedeutung dieses Ereignisses sehr wohl verleugnet werden. Daher könne der Bezug auf Teilaspekte vom Objekt oder von eigener Einstellung zum Objekt nicht als Argument für »Spaltung« dienen.

Interessant ist die Auffassung von Fundamentalismus, Ablehnung von Andersgläubigen, Fanatismus und daraus resultierender Gewalt als phobische Reaktion und nicht als Spaltung (Veuriot 1997).

»Vertikale Spaltung« (im Gegensatz zur sog. »horizontalen Spaltung«) wird angenommen, wenn – angeblich oder tatsächlich – zwei verschiedene Zustände oder »Persönlichkeiten« mit angeblich völlig verschiedenen »stories« über ihr Leben vorliegen (»multiple Persönlichkeit«). Es ist sehr fraglich, ob solche Persönlichkeiten tatsächlich existieren und ob es sich nicht um fadenscheinige Behauptungen handelt (mit Ausnahme epileptischer Dämmerzustände). In einer US-Klinik wurden ausschließlich solche multiplen Persönlichkeiten von immer den gleichen Ärzten diagnostiziert. Bei kriminellen Persönlichkeiten wird (so von A. Goldberg 2005) »vertikale Spaltung« unterstellt, wo sie tatsächlich nur Ausrede zur Strafmilderung ist. Die Einteilung in »horizontal« und »vertikal« ist zudem willkürlich. Sie entspricht dem menschlichen Symmetriebedürfnis.

4.18.11 Projektive Identifikation und Spaltung

Insgesamt muss man den Eindruck gewinnen, dass diese Begriffe geschaffen wurden, um das »Neuartige« an gewissen tatsächlich oder vermeintlich neu entdeckten Krankheitsbildern wie Borderline und narzisstische Störung und an der Klein'schen Richtung zu behaupten oder zu betonen. Hierzu ist interessant, dass z. B. Kernberg (1978, S. 117ff.) in seinem Buch *Borderline-Störungen und pathologischer Narzißmus* seinen Begriff von Spaltung als einen Vorgang definiert, »der Introjektionen und Identifizierungen gegensätzlicher Art aktiv voneinander getrennt hält«. Im dort angeführten Beispiel wird aber nicht deutlich, warum es der Abwehrmechanismus der Spaltung gewesen sein soll, mit dem eine »ziemlich primitive überwiegend negative Übertragung« abgewehrt worden war zugunsten eines »flachen, konventionell freundlichen« Verhaltens und die Patientin ihre »wirklichen Gefühle [...] abspaltete«. Es sei schwierig gewesen, diese Gefühlsanteile in die Übertragung »hereinzuholen«.

Ähnlich gelagert ist das Beispiel von Sohn (1995, zit. n. Beland 1999, nur als ein Beispiel von zahllosen): Ein Sozialhilfeempfänger kann einmal seine Unterstützung nicht erhalten, weil er zu spät kommt. Er versucht daraufhin, einen ihm völlig Fremden auf die U-Bahngleise zu stoßen. Der Täter gibt zwei verschiedene Motive an: Er habe den Fremden von einem Suizid abhalten wollen und er sei von dem Fremden zuvor als Jude bezeichnet worden. Die Erklärung (lt. Sohn 1995) lautet: Der Täter selbst habe Suizidideen gehabt und diese auf das Opfer projiziert. Das Opfer von seinem Suizid abschrecken zu wollen, zeige die nach außen verlegte Abwehr gegen diesen projizierten Teil und damit »die Spaltung in seinem psychotischen Selbst«. Der Täter habe sich selbst als erniedrigt erlebt und mit erniedrigten Juden gleichgesetzt, diese Erniedrigung als Urteil eines Überichs auf das Opfer projiziert und es dann umbringen wollen.

Woraus soll aber hervorgehen, dass der Täter Suizidideen entwickelt habe? Etwa weil er die Sozialhilfezahlung nicht erhielt? Eine »konservative« Erklärung nach der Kompromisstheorie könnte lauten: Der Täter verschob seine Wut auf die Frau, die ihm die Sozialunterstützung nicht aushändigen konnte, von dieser auf den Erstbesten, der ihm über den Weg lief, und nach der Tat setzte er die Abwehrmechanismen der Rationalisierung und der Verkehrung ins Gegenteil ein (der Täter habe das Opfer retten statt töten wollen, der Täter sei von dem Opfer zuerst angegriffen worden), vielleicht auch der Projektion (nicht der Täter, sondern das Opfer sei zuerst aggressiv geworden) zwecks Abwehr von Angst vor Bestrafung, Schuld- und Schamgefühl über seine Tat.

Die Möglichkeit der – zusätzlich oder alleinig verwandten – bewussten Ausrede (i. Ggs. zu einer unbewussten Abwehr) zum Zweck der Straffreiheit wird im psychoanalytischen Schrifttum konsequent tabuisiert. In Falldarstellungen gebrauchen Patienten demgemäß grundsätzlich keine bewussten Ausreden und lügen nicht. Die vielfach behaupteten Abwehrmechanismen der Spaltung und der projektiven Identifikation sind nicht zwingend zu erkennen. Auch fällt auf, dass bei den Falldarstellungen, in denen Spaltung und projektive Identifikation wirksam sein sollen, Verdrängung und Projektion sowie auch andere Abwehrmechanismen nicht mehr erwähnt werden. Dies muss den Verdacht mehren, dass Spaltung und projektive Identifikation nicht eine Erweiterung der »konservativen« Sichtweise darstellen, sondern an deren Stelle getreten sind, also offenbar nur ein Austausch von Wörtern oder eines anderen Begriffssystems stattgefunden hat. Ein zusätzlicher Erklärungswert ist nicht erkennbar.

»Der entscheidende Erkenntnisgewinn« liegt nach Beland (1999, S. 19) »darin, daß das subjektive Phänomen der unauflösbaren bewußten und/oder unbewußten Verbundenheit zwischen dem Restselbst und dem Inneren des anderen Menschen, dem Opfer der Projektion, in dem jetzt der ausgestoßene Selbstteil herrscht, verständlicher wird.« Hierbei wird übersehen, dass diese Verbundenheit mit dem Ausgestoßenen (Projekt) durch die Unvollkommenheit der Abwehr (eine Grundannahme der Psychoanalyse) auch nach dem konservativen Modell bestehen bleibt und die Projektion – wie andere Abwehrmechanismen auch – ebenfalls ständig erneuert und durch andere Abwehrmechanismen unterstützt werden muss.

In den Objektbeziehungstheorien ist es üblich, durch das Vorsetzen des Adjektivs »primitiv« oder »früh« jeweils einen neuen Abwehrmechanismus oder eine besondere Art von Übertragung zu behaupten, z.B. »primitive Verleugnung«, »frühe Projektion«, »primitive Idealisierung«, »primitive überwiegend negative Übertragung« (Kernberg 1978, S. 119), wobei »früh« regelmäßig synonym mit »tief« und »schwer gestört« gebraucht wird.

Bei Kleinianern findet man die unbekümmerte Verwendung des Adjektivs »schizophren« vor Abwehrmechanismen, so »schizophrene Abwehrmöglichkeiten [...], vor allem [...] die Verleugnung« (Segal 1986). Verleugnung wird übrigens bei den Objekttheoretikern wie Verdrängung benutzt. – Was ist aus der konventionellen Verleugnung geworden? Hier werden alteingeführte Begriffe in einem anderen Sinne verwendet, ohne den Versuch einer Abgrenzung. Über die klinische Erkennbarkeit wird jedoch nichts ausgesagt: Woran erkenne ich eine primitive, frühe bzw. »schizophrene« (nach M. Klein) negative Übertragung im Unterschied zu einer »gewöhnlichen« negativen Übertragung und wie unterscheidet sich eine »schizophrene« von einer frühen oder primitiven? Sind dies Synonyma? In den vorgestellten Fallvignetten wird offenbar das, was man beobachtet, verwechselt mit dem, was man gern beobachten würde oder das zu beobachten man sich verpflichtet fühlt. Beschreibung und Interpretation werden miteinander verwechselt. Fornaris Definition von projektiver Identifizierung lautet:

»Ins Bildliche übertragen, kann der Mechanismus der projektiven Identifikation mit der Aktivität der Militärspionage verglichen werden, bei der ein Staat Individuen (Teile von sich) in einen fremden Staat schickt, um durch deren Tätigkeit Angriffs- oder Verteidigungsmaßnahmen auszukundschaften und zu kontrollieren. In seiner allgemeinen Bedeutung von Ausforschung und Kontrolle kann der Mechanismus der projektiven Identifikation der Entwicklung einiger Aspekte der Objektbeziehung förderlich sein« (Fornari, zit. n. Werthmann 1999, S. 2).

Niemand käme auf die Idee, hier eine schwere psychische Störung zu vermuten. Warum sollten »projektiv identifizierende« Menschen an einem Borderline-Syndrom leiden?

Die enorme Verbreitung im Alltagsleben muss Zweifel aufkommen lassen, ob der projektiven Identifikation, wenn man sie denn postuliert, eine pathologische Bedeutung zukommen kann. Dies gilt dann aber auch für die Diagnose Borderline überhaupt, da die projektive Identifikation als ihr wesentliches Merkmal bezeichnet wird. Denn Krankheit und krankhafte Abwehrmechanismen sind definitionsgemäß Ausnahmeerscheinungen. Merkmale, die ein Individuum mit der ganzen Menschheit gemeinsam hat, eignen sich nicht zur Feststellung von Krankheiten. Es muss sich um Merkmale handeln, die eine Person mit einer Anzahl von Menschen, jedoch nicht allen Menschen gemeinsam hat (Kendell 1978).

Die Container-Funktion des Therapeuten kann auch leicht vom Patienten als Kollusion mit seinen Fantasien oder Desinteresse missverstanden bzw. erkannt werden. Des ungeachtet haben sich diese Begriffe einen bedeutenden Platz in der Literatur verschafft. Wegen ihrer Irrationalität sind sie nicht mehr zu beseitigen und werden wohl weiter an Bedeutung zunehmen. Unentbehrlich sind sie im Rahmen der kleinianischen Richtungen.

4.18.12 Wiedergutmachung

Als Abwehrmechanismus der depressiven Position nach Melanie Klein erlaubt die Wiedergutmachung (»reparation«, »restitution«) vielleicht mehr als andere Abwehren eine gewisse Wunschbefriedigung, weil das »Wiedergutgemachte« gleichsam bereits in Sichtweite ist. So erscheint von vorneherein gesichert, dass kein endgültiges Unglück angerichtet wird. Die Wirkung eigener feindseliger Fantasien und die Wirkung unbewusst feindseliger, Schaden anrichtender Taten auf das Objekt wird »wieder gut gemacht«. Diese Abwehr ist gut zu beobachten in der Alltagspsychologie (beispielsweise in der Religion, als ein Gesichtspunkt bei Beichte, Reue, Buße, Abbitten und sonntäglichem Kirchgang). Auch betonter Gehorsam dürfte hierher gehören (gleichzeitig mit Reaktionsbildung), ebenso Wiederbelebungsfantasien, Heilen eines Schadens und Geschenke.

4.18.13 Verleugnung

Bei der Verleugnung (»disavowal«, »denial«) wird nach Anna Freud (1936) und Freud (1940) die äußere (!) Realität nicht anerkannt. Aber bereits seit 1950 (Lewin) wird der Begriff auch häufig wie »Verdrängung« oder »Negation« gebraucht, so besonders in der objektpsychologischen Literatur (Kernberg 1978, S. 123: »daß der Patient einen bestimmten Bereich seines subjektiven Erlebens und seiner äußeren Realität […] nicht wahrhaben will«).

Eine im Alltagsleben häufige Verleugnung besteht in der Unter- oder Übertreibung: Wichtiges wird heruntergespielt und lediglich als »Ärger« (aus dem Amerikanischen übernommen) bezeichnet, Unwichtiges hervorgehoben. Immer ist dabei die emotionale Distanzierung das Ziel. Auch Verleugnung von Rangunterschieden, Generationsunterschieden, Geschlechtsunterschieden ist alltäglich. Der andere soll nicht in seiner Eigenständigkeit anerkannt werden.

4.18.14 Verneinung

Es wird verneint (Verneinung, *engl.* »negation«), dass es sich um eigene Gefühle (Wünsche, Ängste, Schuldgefühle, Schamgefühle), Abwehren, Produktionen, z.B. Symptome oder Gedanken, handelt. Heute wird, zumindest in der objektpsychologischen Richtung, dafür »Verleugnung« gebraucht.

4.18.15 Reaktionsbildung

Der verbotene Wunsch wird mit dem genauen Gegenteil abgewehrt. Typisch für die Reaktionsbildung (»reaction formation«) ist frommes Reden zur Abwehr eigener Feindseligkeit – wobei dieser verdrängte Wunsch immer auch durchschimmert (Misslingen der Abwehr) und den Angeredeten entsprechend wütend macht. Teilweises Misslingen der Abwehr gilt auch für die anderen Abwehrmechanismen, fällt aber dort nicht so auf.

4.18.16 Isolierung

Bei der Isolierung (»isolation«) werden Wünsche und Handlungen voneinander getrennt. Die zu erwartenden Verbindungen werden gekappt.

4.18.17 Ungeschehenmachen

Die Wirklichkeit eines Wunsches oder einer Handlung wird beim Ungeschehenmachen (»undoing«) ausgelöscht durch einen Wunsch bzw. eine Handlung von entgegengesetzter Bedeutung. In dieser Weise kann der Versuch interpretiert werden, den anderen zu Verzeihung oder zur Billigung des eigenen Tuns zu veranlassen.

4.18.18 Introjektion, Identifizierung

Im Gegensatz zur Projektion wird hier etwas von einem Objekt in die eigene

Person (das eigene Selbst) hineingenommen (»verinnerlicht«) – mal weniger vollkommen, mal vollkommener. Bei der weniger vollkommenen Hineinnahme, der Introjektion (»introjection«), bleibt das Gefühl eines gewissen Fremdkörpers im Selbst. Bei der Identifikation (»identification«) hingegen erfolgt die Hineinnahme bis zu einem integrierteren Ausmaß, mit dem Gefühl des Ich-Syntonen, der eigenen Identität. Hierzu gehört auch die Identifizierung mit dem Aggressor: Das gefahrbringende Objekt und die Angst vor diesem werden durch Identifizierung abgewehrt. Man ist schließlich selbst ein Aggressor und so stark wie dieser. Dadurch kann man andere so ängstigen, wie man selbst erschreckt wurde. Ein dieser Abwehr zugehöriger Aspekt ist die Rollenumkehr, die Wendung vom Passivum ins Aktivum.

4.18.19 Idealisierung

In der Idealisierung (»idealization«) wird der andere aufgewertet, um eigene Wünsche nach Abwertung des anderen abzuwehren. Diese Abwehr ist verwandt mit der Reaktionsbildung und der Verkehrung ins Gegenteil.

4.18.20 Verkehrung ins Gegenteil

Verkehrung ins Gegenteil (»reversal into the opposite«) liegt vor, wenn ein Sachverhalt umgedreht dargestellt wird, beispielsweise stellt man eine Aktivität als Passivität dar (»ich hab nichts getan«, »sein Verhalten hat mich dazu gezwungen«), aus Liebe wird Hass.

4.18.21 Verschiebung

Verschiebung (»displacement«) meint eine Akzentverlagerung auf etwas zuvor weniger Wichtiges. Zusammen mit Projektion steht Verschiebung häufig im Vordergrund der Abwehr, z. B. wenn eigenes Versagen in die ältere Generation (oder in vergangene Jahrhunderte) verlegt wird. Auch die Übertragung ist zum Teil eine Verschiebung: von einer nahen Beziehungsperson auf eine andere, z. B. auf den Therapeuten.

4.18.22 Rationalisierung

Eine vernünftig klingende Erklärung verdeckt die wahre unbewusste Motivation. Beispielsweise heißt es, man sei für den Moment der Tat (bzw. des Wortes) verrückt oder gedankenlos gewesen, sodass man nicht gewusst habe, was man tue. Ein Abwehrmechanismus liegt aber nur dann vor, wenn der Patient auch selbst daran glaubt, sonst handelt es sich um gewöhnliches, bewusstes Lügen, um Strafe zu vermeiden. Wenn Rationalisierung (»rationalization«) massiv benutzt wird, entsteht der Eindruck der Starre, der Unbeweglichkeit, in der Gegenübertragung oft Langeweile, Ermüdung oder ohnmächtige Wut.

4.18.23 Intellektualisierung

Durch betont abstraktes Denken und Formulieren werden bei der Intellektualisierung (»intellectualization«) Affekte abgewehrt. In Psychotherapeutenkreisen wird diese Abwehr zum eigenen großen Schaden verbreitet und bewundert. Die Gegenübertragung gleicht der bei Rationalisierung.

4.18.24 Sublimierung

Sublimierung (»sublimation«) meint die Ablenkung eines Triebwunsches auf ein nichtsexuelles Ziel.

4.18.25 Altruistische Abtretung

Bei der altruistischen Abtretung (»altruistic defense«) lässt einen anderen in den Genuss einer Wunscherfüllung kommen und erlebt einen heimlichen Mitgenuss.

4.18.26 Agieren

Agieren, auch einfach »Handeln«, ist innerhalb (»acting in«) und außerhalb der Therapie (»acting out«) als Abwehr im Alltagsleben absolut gängig, daher nicht pathognomonisch für Neurosen, in ausgeprägter Weise aber pathognomonisch bei Sucht und Kriminalität.

Als weitere Abwehren sind aufgezählt worden (Schlesinger 2003): plötzliches Wechseln des Themas, vage, unbestimmte Anspielungen, wechselnde Betonung verschiedener Themen, Verwendung einer Privatsprache. Es dürfte sich hierbei aber um das alltägliche Agieren bzw. um Manipulation des anderen handeln.

4.19 Psychopathologischer Befund

4.19.1 Nichtneurotische Strukturen und deren Differenzialdiagnose

Hier muss man sich ganz kurz fassen: kein HOPS (= hirnorganisches Psychosyndrom), keine schizophrene Psychose oder andere Hinweise für Störungen in der Selbst-Objekt-Abgrenzung.

4.19.1.1 Hirnorganisches Psychosyndrom (HOPS)

Liegt ein HOPS vor, sind die Funktionsausfälle zu beschreiben: Verlangsamung, hirnorganische Konzentrationsstörung, Merkfähigkeitsstörung, Affektlabilität (insbesondere Reizbarkeit, Weinerlichkeit), Haften (Perseveration), Orientierungsstörungen, Störungen der Bewusstseinslage, hirnorganisch bedingte Sprach- oder Sprechstörungen, elementare Antriebsveränderungen, Einbußen der dynamischen Steuerung, hirnorganisch getönte Verstimmungen depressiver oder euphorischer Art oder Drangzustände, hyperästhetisch-emotionale Schwächezustände. Sind die Reaktionen prompt und verzögerungslos, der Gedankengang zusammenhängend? Besteht die Fähigkeit, sich auch unwesentliche Details im Verlaufe des Gesprächs zu merken, obwohl eine Aufforderung hierzu nicht ergangen ist? Liegt auch die Fähigkeit vor, sich voll auf den

Ablauf des Gesprächs zu konzentrieren und allen Wendungen des Gesprächs verzögerungslos zu folgen, und zwar ohne Ermüdungserscheinungen?

4.19.1.2 Hypochondrische Entwicklung

Der Therapeut kann in seinen Antrag schreiben: Es liegt keine hypochondrische Entwicklung mit einer krankhaften, echten, übermäßigen Besorgnis um den eigenen Körper, fantasievoller Ausgestaltung der Beschwerden und starrer Fixierung auf dieses Thema vor. Im Gegensatz zum Angstneurotiker erlebt der Hypochonder keine ihn überflutende Angst und kann nicht durch die Anwesenheit von guten Objekten beruhigt werden. Er spricht von seinem Körper wie von einem Dritten (Bassler 1994).

In der Gegenübertragung zeigen sich nach meinen Erfahrungen Ratlosigkeit und ein Gefühl der Entwertung, des Ausschlusses (oft mehr als bei einer schizophrenen Psychose) aus einer unbegreiflichen, monotonen, erstarrten Welt, obwohl der Patient weitgehend unabgewehrt, sogar hartnäckig-drängend, um Hilfe nachsucht. Die Entwicklung eines Arbeitsbündnisses ist nahezu unmöglich, die Prognose ungünstig.

4.19.1.3 Perversion, perverse Struktur, perverse Persönlichkeit

Die Literatur zur Perversion, auch die jüngere (so noch Good 2006), ist durch Abwertung, Ausgrenzung, Pathologisierung und therapeutische Resignation (m. E. eine gesunde Resignation) gekennzeichnet. Vorherrschend sind, ähnlich wie bei der Diagnose »Borderline«, unreflektierte Gegenübertragungsreaktionen wie Ratlosigkeit, Ablehnung, Pathologisierung, insbesondere die Rede von einer angeblich vorliegenden Psychose oder psychoseähnlichen Strukturen. So werden Perverse in Zusammenhang gebracht mit einer »Behinderung in der Selbstwahrnehmung« (»significant impairments in the sense of self«) und mit angeblich fehlendem Realitätssinn, »wie bei Psychosen« (bei welchen?). Außerdem zitiert man sie in Verbindung mit bloßer Verleugnung gewisser unangenehmer Realitätsaspekte, mit der mangelnden Fähigkeit, mit Abhängigkeitsbedürfnissen, Trennungsangst und traumatischen Erfahrungen umzugehen, sowie mit dem Fehlen von Neurose (zit. n. Good 2006).

Auch scheint sich niemand daran zu stören, dass keine der behaupteten Unfähigkeiten Spezifität beanspruchen kann. Gemeinsam ist diesen Vorstellungen allerdings die Annahme von Defekten. Es wird aufgeführt, was ein Perverser angeblich alles nicht könne, und die Liste ist lang. Die Motivation der Autoren wird nicht reflektiert. Man möchte geradezu aufatmen, wenn einmal die unangenehme Gegenübertragung offen bekannt wird, so als »fortdauernde Verärgerung und Quälerei« (»persistent vexation and even torment for the analyst«). Aber auch dies wird dem Patienten einseitig angelastet (»inevitable tendency to provoke an acting out of the countertransference«, beides Zitate von Good 2006).

Verbreitet sind auch Klagen über die mangelnde Behandelbarkeit: So seien die »perversen Abwehren« (»perverse defenses«) schwer zu durchdringen. Es sei kaum möglich, an den »perverse nucleus« heranzukommen. Durchwegs wird berichtet, wie undankbar die Behandlung angesichts der Anstrengungen des Therapeuten sei (zit. n. Good 2006). Auf den Gedanken, dass daran eine falsche Auffassung im Sinne des Defektuösen, das man in der »Tiefe« suchen müsse, schuld sein könne, ist man offensichtlich nicht gekommen. Wie bei den bekannten Schwierigkeiten, eine posttraumatische Belastungsstörung oder einen Homosexuellen zu behandeln, will auch hier der Schneider nicht glauben, dass er nicht das richtige Maß angelegt hat, sondern die Figur soll nicht stimmen. »Behandeln« heißt hier immer »wegbehandeln«. Es hat ja auch lange gedauert, bis man Auffassungen vom angeblich Defektuösen der Frau (z. B. ihre Penislosigkeit) aufgeben konnte. Unschwer lässt sich hier die Fortsetzung moralischer Verurteilung mithilfe medizinischer Nomenklatur erkennen, ähnlich wie bei Diagnosen von »Borderline«. Besser hätte man den Perversionsbegriff hinterfragt und die Begriffe ›Normvariante‹ und ›eigenständige perverse Entwicklung‹ verwandt.

4.19.1.4 Homosexualität

Auch bei der Homosexualität ist viel Gehirnschmalz darauf verwandt worden nachzuweisen, dass es sich um eine psychische Erkrankung handelt. Das Gesamt psychoanalytischer Lehrbuchinhalte wurde zitiert, die Genese in allen Einzelheiten zu bestimmen, wobei auch hier aus Mangel an Verwertbarem und aus beruflichem Ehrgeiz der angebliche psychische Anfang in immer frühere Lebensabschnitte verlegt wurde, nach dem Motto: »Darf es etwas früher sein?« Nichts davon hat sich als stichhaltig erwiesen. Aber die jahrhundertealte moralische Verurteilung wirkte noch in der scheinbaren Verteidigung der Homosexualität mittels medizinischer Argumente weiter. Wenn schon nicht unmoralisch, so sollte Homosexualität wenigstens krankhaft sein, sodass zum Beispiel Homosexuelle lange Zeit auch keine Psychotherapeuten werden konnten.

Schon das Fehlen von Ausschließlichkeit oder Konzentration auf einen einzigen Affekt und damit das Fehlen einer weiten Entfernung vom Normalen (außer auf dem Gebiet der sexuellen Ausrichtung) hätte stutzig machen können. Die Tradition, speziell die Lehre von den Partialtrieben, wollte es aber anders. Auch haben mehrere Studien keinen Zusammenhang zwischen Homosexualität und einer irgendwie gearteten Psychopathologie aufdecken können (Reiss 1980; Gonsiorek 1991; Cohler/Galatzer-Levy 2000). Homosexuelle werden dementsprechend auch seit den 1990er Jahren zur Ausbildung zum analytischen Therapeuten zugelassen.

Von manchen Autoren wird betont, dass man besser von Homosexualitäten spreche sollte, um die Variabilität hervorzuheben (Winer/Anderson 2002). Männliche Identifikationswünsche (und deren Abwehr) wurden im Rahmen der hergebrachten Trieblehre gern adultomorphistisch mit manifester Homosexualität in Zusammenhang gebracht, so von Schafer (1982): »passiv homosexual love [...] wishing to be impregnated anally by the analyst but having to defend against this by rebuffing the analyst's interventions and maintaining a detached manner«. Hier zeigt sich wieder die Tendenz, Homosexualität mit Konflikthaftem und Pathologischem in Zusammenhang zu bringen. Dies hat leider noch dazu beigetragen, diese Gruppe weiterhin auszugrenzen (beklagt von Winer/Anderson 2002). Wenn vier Prozent der männlichen Bevölkerung (zzgl. anzunehmender Dunkelziffer) homosexuell empfinden, sollte man sich wohl besser Gedanken über die Psychopathologie anderer machen.

4.19.1.5 Depressive und schizophrene Psychosen

Der bloße Ausdruck »Psychose« oder »die Psychose«, auch »Psychotiker« ist populärpsychologischer, umgangssprachlicher Natur und zeigt nur fachliche Unkenntnis an. Als ob es eine Einheitspsychose gäbe! Zu unterscheiden sind zumindest die schizophrene Psychose, die endogene Depression (auch wenn diese im ICD nicht mehr unter dieser Bezeichnung vorkommt) und die hirnorganischen Psychosen (einschließlich der Psychosen bei gestörtem Stoffwechsel, mit primärer Ursache außerhalb des Gehirns).

Wichtig und manchmal sehr schwierig ist die Abgrenzung depressiver Neurosen von der endogenen Depression (monopolar oder bipolar). Die *endogene Depression* befällt immerhin ein Prozent der Bevölkerung. Kompliziert wird die Sachlage dadurch, dass unter den endogenen Depressionen auch vereinzelt Nonresponder auf Thymoleptica (Antidepressiva), die sonst prompt wirken, zu finden sind. Charakteristisch sind ein phasenhafter, evt. jahreszeitlicher Verlauf mit ziemlich regelmäßigem Ausbruch im Frühjahr und Herbst, ausgeprägte Tagesschwankungen, die Durchschlafstörung (i. Ggs. zur Einschlafstörung) sowie ungewöhnlich ausgeprägte Schuldgefühle, relative Unbeeinflussbarkeit durch äußere Ereignisse und Psychotherapie, evt. noch Krankheitswahn oder Verarmungswahn. Letztere sind nicht immer vorhanden und nur von differenzialdiagnostischem Wert, wenn diese Symptome vor der depressiven Erkrankung nicht bestanden. Mit Abklingen der Phase kommt es zur Spontanheilung. Bei langer Dauer bleibt ein gewisses biografisches Defizit zurück.

Zur gegenteiligen Symptomatik kommt es bei der *Manie* im Rahmen einer manisch-depressiven Krankheit (MDK) (monophasisch-manisch oder bipolar-manisch): Die Stimmung ist wie zum »Bäume-Ausreißen«. Es gibt kein Krankheitsgefühl, es sei denn in geringem Maße nach körperlicher Erschöpfung. Es besteht ein Mangel an Schuldgefühlen, an Gefühlen der Unterlegenheit, an Selbstkritik, Redefluss. Eventuell zu beobachten sind Kaufwut (nicht geschäftsfähig), witzige Schlagfertigkeit und geringes Schlafbedürfnis. Die Manie kennzeichnet ebenso wie die Depression ein phasisches Auftreten. Typisch ist Selbstüberschätzung, jedoch ohne »Erlebnisse des Gemachten« wie bei der Schizophrenie. Ebenso wie bei der endogenen Depression liegt reaktive Unbeeinflussbarkeit vor – auch dies im Gegensatz zu einer schizophrenen Psychose. Manien sind selten und nicht zu verwechseln mit »manischer Abwehr« (M. Klein) oder sogenannter »hypomanischer« (fröhlich gestimmter, lebhafter) Persönlichkeit.

Die endogene Depression und die Manie sind situativ nur sehr gering, d. h. nur für Minuten, beeinflussbar. Schizophrene Psychosen zeigen hingegen eine gewisse Reaktivität auf äußere Umstände, offenbar schon im Ausbruch, aber auch im weiteren Verlauf.

Rein theoretische Wissensvermittlung, gleichsam virtuelles Lernen, Bücherwissen, reicht nicht zur Differenzialdiagnostik aus, auch nicht das psychiatrische Pflichtjahr. Viele Autoren, die über »die [!] Psychose« schreiben, haben nie eine gesehen. Ein Psychotherapeut gab an, er habe zwei »endogene Depressionen« durch Psychotherapie geheilt; er hatte noch nie etwas vom spontan-phasischen Verlauf einer endogenen Depression gehört. Einzelsymptome werden zu einer Fehldiagnose verwertet, weil der Blick für das Gesamtkrankheitsbild nicht erlernt wurde. *Psychiatrische Diagnosen fußen nicht auf Einzelsymptomen, sondern auf Syndromen.* So wird etwa aus dem Symptom Rededrang fälschlich die Diagnose einer Manie gestellt, ohne dass bedacht wird, dass Rededrang auch aus Schuldgefühlen (Rechtfertigungszwang), Angst, Wut, Langeweile, Kontaktsuche resultieren kann. Auch gehobene Stimmung wird allzu leicht mit einer Manie oder einer angeblich hypomanischen Stimmung gleichgesetzt, ohne die natürliche Variabilität dieses Merkmals und auch die in der Regel kontraphobische, oft auch im Charakter verankerte Entwicklung zu bedenken. Der Pathomorphismus ist allgegenwärtig, und die Bezeichnung einer solchen Stimmungslage als »hypomanisch« ist – ebenso wie der gegensätzliche Terminus »subdepressiv« – unnötig und kann zu falschen Konnotationen führen.

Sachunkundige Verwendung psychiatrischer Nomenklatur ist bei Psychotherapeuten ohne psychiatrische Ausbildung ausgesprochen häufig, fast die Regel. Sie führt zu endlosen, überflüssigen, mittelalterlich anmutenden Diskussionen und Verwirrungen, besonders bei Kleinianern (aber auch anderen), und zwar wegen der besonderen kleinianischen Nomenklatur, die bereits zuvor eingeführte psychiatrische Begriffe in einem ganz anderen Sinne verwendet. Dieses unnötig solipsistische Verhalten (warum wurde nicht eine neue Nomenklatur erfunden?) trägt zu nicht endenden Missverständnissen, zu unnötiger Ablehnung kleinianischen Gedankengutes und zur Isolierung der Psychoanalyse überhaupt wesentlich bei.

In der Regel bestehen Vorläufersymptome fünf Jahre lang vor dem erkennbaren Ausbruch der *schizophrenen Psychose* in Form von depressiver Stimmung, Antriebsarmut, Indifferenz (Gleichgültigkeit), mangelnder Stellungnahme, sozialem Rückzug. Die schließlich einsetzenden Wahnvorstellungen, Halluzinationen und Denkstörungen ziehen erst ein Jahr nach ihrem Auftreten die Aufmerksamkeit auf sich, z. B. durch Versagen am Arbeitsplatz. Der soziale Abstieg (Abbruch des Schulbesuchs, der Berufsausbildung, des Studiums, Verlust des Arbeitsplatzes, allgemeiner sozialer Rückzug, auch vom Lebenspartner) ist nachgewiesenermaßen eine Folge und nicht eine Ursache der schizophrenen Erkrankung und tritt bereits in der Vorläuferphase ein, bevor therapeutische Maßnahmen möglich sind. Naturgemäß fällt er in höherem Alter schwächer aus, da die sozialen Beziehungen nicht erst erlernt werden müssen, vielmehr wechselseitig eingeschliffen sind (Häfner 2003).

An dieser Stelle sei eine Hintergrundinformation in Sachen Haftung eingefügt: Die verbreitete Unbesorgtheit in Kombination mit blanker Ignoranz und falschen Hoffnungen, bei Psychotherapie von Schizophrenien (im zentraleuropäischem Sinne) auf neuroleptische Behandlung verzichten zu können, stellt eine Gefahr nicht nur für den Patienten, sondern auch für den Therapeuten dar.

Nützlich für den Vergleich psychiatrischen Gedankengutes mit der Psychoanalyse ist ein kurzer Rückblick auf die Psychiatriegeschichte: Anfangs verstand sich die wissenschaftliche deutsche Psychiatrie in der Psychoseforschung als eine »objektivierende«, rein beschreibende Psychopathologie. Sie konzentrierte sich demgemäß einseitig auf das Verhalten und den Ausdruck (Kahlbaum, Kraepelin). Später wurde diese durch den Gesichtspunkt des subjektiven Erlebens erweitert (Jaspers, Kurt Schneider), somit der Zugang zur inneren Welt des Erkrankten und zum genetisch-psychodynamischen Verstehen erschlossen, wobei erkannt wurde, dass »psychonom«, d. h. nach den Spielregeln seelischer Motivdynamik, unter Einschluss von Persönlichkeit und Biografie, erlebt wird (so z. B. Autismus als sekundäre Bewältigungs-, Vermeidungs- und Abschirmungsreaktion, Literatur bei Huber 2002). Es gibt in den Inhalten (im Gegensatz zu den apsychonomen Basissyndromen) keine durchgehenden Grenzen der Verstehbarkeit.

Die Unsicherheit in der letztendlichen Erklärung für die schizophrene Psychose macht die Auffassungen anfällig für Ideologien mit ihren Universalthesen, Zeitströmungen und Gruppenbildungen, so einst für den nationalsozialistischen Biologismus, später für marxistisch-materialistische Thesen. So ersetzte das Heidelberger Patientenkollektiv den Begriff Psychose durch »Soziose« als Ergebnis einer angeblichen Entfremdung und einer vermuteten sozialen Repression. In gleicher Weise sprachen sie vom »Soziater« anstelle des Psychiaters. Hierher gehören auch die italienische antipsychiatrische Bewegung und die ausdauernd vorgetragene Stimmungsmache gegen Medikamente in den Titelgeschichten von Nachrichtenmagazinen (»Pillen – der sanfte Mord«, zit. bei Huber 2002).

Eine ausgebrochene Schizophrenie ist, auch für den Nicht-Psychiater, oft leicht zu erkennen – wenigstens bei deutlich erkennbarer sogenannter produktiver Symptomatik: Einnahme einer ptolemäisch-solipsistischen Einstellung, »Erlebnisse des Gemachten« (Gefühl der Beeinflussung durch einen Dritten, z.B. Gott, eine Organisation, ein System), die sich auf Körper- oder Gliederbewegungen, Gedanken, Tätigkeiten, Empfindungen beziehen, unerwartete subvokale Sprechakte, Erlebnis unintendierter Gedanken, Neologismen, Gedankenlautwerden, Gedankeneingebung, Gedankenblockierung, Gedankenentzug, Gedankenausbreitung, Gedankeninterferenz, Denkzerfahrenheit, Sprachzerfahrenheit, lang anhaltender wahnhafter Selbstbezug, Wahnstimmung, Wahn, Wahneinfälle, Wahnwahrnehmungen (die Umgebung wird als absichtsvoll inszeniert erlebt), Körperhalluzinationen, kommentierende oder dialogische Stimmen (Verbalhalluzinationen), die über den Patienten reden, evt. aus bestimmten Körperteilen kommen, Autismus, Sperrung, Mutismus, katatoner Stupor, katatone Erregung, Haltungsstereotypien, Negativismus, ein »staunendes Gebanntsein durch eindringliche Trugwahrnehmungen oder durch aufwühlende Gefühlserlebnisse« (Böker 1999), fehlende Krankheitseinsicht (wohl z.T. auch zum Schutz des Selbstwertgefühls), fehlender Leidensdruck (Blankenburg 1981).

Interessant ist, dass Schizophrene nicht auf den Gedanken kommen, Halluzinationen nachzuprüfen, etwa durch Öffnen einer Tür ins Nebenzimmer, aus dem Stimmen, Gerüche oder Strahlen zu kommen scheinen. Dies zeigt, dass sie Halluzinationen sicher von tatsächlichen Vorkommnissen in der Außenwelt unterscheiden können. Dies mag »inneren Objekten« (M. Klein) entsprechen.

Bei reiner schizophrener Minussymptomatik kann die Abgrenzung auch für den Psychiater schwierig sein. Symptome sind: depressive Stimmung, Antriebslosigkeit, Initiativearmut, Lahmheit, Müdigkeit, rasche Erschöpfbarkeit, Irritierbarkeit, Unkonzentriertheit, mangelnde emotionale Ansprechbarkeit, Kontaktarmut, langsames Versanden.

Die sogenannten Prodromalsymptome (Klosterkötter 1998) sind Mikroproduktivität bzw. Basisstörungen, die sich unter Umständen erst langsam akzentuieren (Süllwold/Huber 1986), wie die allmähliche Abwandlung des Erlebens, des Fühlens, der psychischen Leistungsfähigkeit oder des Gefühls, irgendwie gestört und verändert zu sein. Ebenso gehören hierher der Verlust automatisierter Fertigkeiten, Informationsverarbeitungsstörungen, abgestumpfte, verflachte oder inadäquate Affekte (vs. bei Neurose: Verdrängung, Vermeidung von emotionalen Äußerungen), abschweifende, vage (»Danebenherreden«)

oder umständliche Sprache (vs. bei Neurose: Regression oder Wendung gegen sich selbst mit Konzentrationsstörung, Verschiebung und Intellektualisierung). Hinzu kommen ein erheblicher Mangel an Initiative, Interesse, Energie, unerklärlicher Leistungsabfall (vs. bei Neurose: Regression, Vermeidung, Wendung gegen die eigene Person) und eine Dissimulationstendenz des Schizophrenen (vs. bei Neurose: Verdrängung, Isolierung, Negation).

Vielen ist nicht bekannt, dass in Zentraleuropa der Begriff Schizophrenie oder schizoaffektive Psychose strengeren Kriterien unterliegt als in Großbritannien. Je weiter man nach Westen sieht – über Kanada, wo noch englisch-französischer Einfluss deutlich ist, an die nordamerikanische Ostküste und bis nach Kalifornien –, desto aufgeweichter und diffuser wird der Begriff. Innerhalb eines Landes sind die regionalen Unterschiede ebenfalls beträchtlich, auch von Klinik zu Klinik. Besonders vage und willkürlich wird der Schizophrenie-Begriff an der Westküste der USA verwendet, was wiederum in die deutsche psychoanalytische Literatur (besonders in die von Nichtpsychiatern) eingeht. Hier ist beispielsweise die Rede von »schizophrenic reaction«, »paranoider Attacke«, »psychotischer Struktur«, »psychotischem Ich«, »psychotischem Kern« und »infantilem psychotischem Selbst« (so z. B. noch von Volkan/Akhtar 1997 ausdrücklich für Nichtschizophrene verwandt), »psychotischer Episode«, »psychotischer Teil seiner Persönlichkeit« (als ein Beispiel von unzähligen: Beland 1999; hier auch die folgenden Zitate), »auf psychotische Weise«, »psychotisch wiederhergestellt«, »psychotisch sorgloser Zustand«, »die Psychose«, »psychotisch«, »psychosenah« – als ob es sich um ein Kontinuum von Krankheiten handele. Nicht selten ist der Weg zur Diagnose Schizophrenie verkürzt auf das Ausmachen oder angebliche Ausmachen von projektiver Identifikation und/oder Spaltung. Hier werden zudem die Unterschiede zwischen einem Abwehrmechanismus und einem Symptom sowie zwischen Symptom und Syndrom verkannt. Der so erweiterte Begriff deckt einen Großteil der Diagnosen »Formen der Depression«, »Manie«, »abnorme Persönlichkeit« und »Neurose« ab (Kendell 1978).

Übersehen wird von Nichtpsychiatern oft, dass selbstverständlich auch Patienten mit schizophrenen Psychosen und endogenen Depressionen in jedem Falle ihre konflikthaften Biografien und ihre unbewussten inneren Konflikte aufweisen und in der Regel auch bereitwillig vorzeigen oder sogar dem Therapeuten aufdrängen, weil (besonders chronisch erkrankte) Schizophrene bekanntermaßen eine starke Dissimulationstendenz aufweisen (Mayer-Gross

1920), und zwar aus folgenden Gründen: Sie haben ihren Wahn nicht nur systematisiert, sondern auch in ihre Lebensgeschichte eingewebt (Spitzer 1996), sie wissen und spüren außerdem, was gern gehört wird (Einfluss der Gegenübertragung und Übertragung des Therapeuten), und sie suchen hiermit ihre ihnen selbst nicht erklärlichen Symptome plausibel (zu einer Story) zu machen (zu rationalisieren) und somit irgendwie zu integrieren und Dissoziation, Spaltung und Verdrängung zu überwinden. – Hier liegen die Unterschiede zu Neurosen *nicht*.

An der Sache vorbei geht auch die beliebte, auf die Melanie-Klein'sche Richtung zurückgehende Vorstellung eines angeblichen Gegensatzes zwischen einem depressiven Zustand und der Diagnose einer Schizophrenie (als ein Beispiel von unzähligen: Sohn [1995], zit. n. Beland [1999]: »Entgegen der Diagnose Schizophrenie [...] erwiesen, daß [...] [sie] an depressiven Zuständen litten«). Tatsache ist, dass bei Schizophrenien depressive Zustände – die nicht verwechselt werden dürfen mit der eigenständigen Erkrankung einer endogenen Depression – häufig sind. Sie sind ein Symptom der schizophrenen Grunderkrankung, die erwähnte Minussymptomatik eingeschlossen (Huber et al. 1979), von einer depressiven Reaktion auf die Belastung durch die Grunderkrankung und durch deren ständige medikamentöse Behandlung einmal ganz abgesehen. Hier wird die Ebene der psychiatrischen Klinik simplifizierend, d. h. nach bloßen Klangassoziationen von Worten, mit der Ebene der Klein'schen Nomenklatur verwechselt, also Schizophrenie mit schizoider Position und depressiver Zustand mit depressiver Position gleichgesetzt. Nichtpsychiater haben auch hier nicht selten erschreckende Unterscheidungsschwierigkeiten.

Um die Verwirrung zu komplettieren, verwenden viele Kleinianer nicht nur den Begriff schizoide Position, sondern auch den der Schizophrenie inflationär großzügig, so, wenn es beispielsweise bei Segal (1986) heißt: »Die Verwischung der Grenzen zwischen Realität und Phantasie kennzeichnet die Psychose«. Ein derart unbekümmert verwandter, inflationärer Begriff von Schizophrenie ist nicht mehr unterscheidbar von seinem populärpsychologisch-umgangssprachlichen Gebrauch, fachlich wertlos und kann für alle möglichen unerwünschten Phänomene des Alltagslebens, einschließlich der Politik, eingesetzt werden.

4.19.2 Psychosen und Borderlines

Unausrottbar ist anscheinend auch die Vorstellung, wenn eine Neurose »noch weiter regrediere, so womöglich in einer Therapie, etwa anlässlich einer unpassenden Deutung, gehe sie – dekompensierend – in eine Psychose über, »gleite in eine solche ab«. So heißt es im Bulletin *Psychoanalyse in Europa* (1997, S. 97): »Es handelte sich um einen Borderline-Patienten, der manchmal psychotisch wurde«. Ähnlich noch 2002: »hineinrutschen in eine psychotische Übertragung, in der sie mich entweder als jemand wahrnahm, die sie zum eigenen Vergnügen ausnutzte [...] oder jemand, die sie für eine Hure hielt und sie deshalb beschuldigte und verachtete« (*Psychoanalyse in Europa* 2002, S. 82). Auch hier ist ein leichtfertiger Umgang mit schwerwiegenden Diagnosen zu konstatieren, wo es sich doch nur um Ängste im Rahmen einer Übertragung handelt. Hier mögen – neben offensichtlichem Fehlen gewisser Mindestgrundkenntnisse – auch persönliche Eitelkeiten, angeblich schwerste Fälle behandelt zu haben, mitspielen. Im Übrigen stehen hier Wünsche nach Einheitlichkeit und Kontinuität, aber auch nach der Macht des deutenden Wortes und der Therapie (Größenwünsche) überhaupt Pate, während wichtige neurobiologische Erkenntnisse über die andersartige Natur schizophrener Psychosen aus Ignoranz unberücksichtigt bleiben. Tatsache ist, dass nicht einmal die »Grenzfälle« in eine schizophrene Psychose übergehen, sondern stabil bleiben (Green 1997). »Abgleiten«und »Hineinrutschen« sind wie »Grenzüberschreitung« und »Tiefe« sind populärpsychologische Formulierungen. »Tiefe« wird auch regelmäßig mit »früher« Störung gleichgesetzt, wogegen sich zum Beispiel M. N. Eagle (1988) und Reich (1995) wenden.

Die Orientierungslosigkeit und ein unreflektiertes Bedürfnis nach Bewertungen verführen zu scheinbar haltgebenden, aber unsinnigen, skalierenden Angaben der Richtung, des Ortes und angeblicher Grenzen, die nur überschritten werden müssten – und schon finde sich der Patient mitten in einer anderen Krankheit wieder. Nach dieser unreflektierten und deshalb beliebten Hierarchie vegetieren »die« Psychosen ganz unten in der Hölle des Primärprozesses vor sich hin, beschäftigt mit Spaltungsmechanismen und pathologischen internalisierten Objekten (Kernberg 1975) und allenfalls über Ich-Kerne verfügend, besucht und »empathisch« verstanden nur von einigen mutigen Recken der Psychotherapie. »Empathie« ist zu einem Totschlagargument verkommen (Eagle, M. N. 1988). Von »den Psychosen« heben sich mit Mühe die Borderlines ab. In höheren Regionen wogt das große Heer der Neurosen, aber mit feinen Unterschieden: Zu unterst die – angeblich – autoerotisch, symbiotisch und narzisstisch fixierten, infantilen und prägenitalen oder präödipalen, dann die weniger reifen, reiferen und reifen, oral, anal, phallisch bzw. ödipal oder genital fixierten, diejenigen, die angeblich primitive, höhere und reife Abwehrmechanismen verwenden oder auf niederem, mittlerem oder höherem Struktur- oder Funktionsniveau stehen (Kernberg 1975).

Dieser Hierarchie zufolge befinden sich narzisstische Persönlichkeiten und Borderlines immer in der Gefahr des »Abgleitens« in prägenitale oder psychotische »Sümpfe« (Moser 1997), aus denen sie angeblich ebenso leicht wieder herauskommen wie sie hineingeraten sind. So beschreibt Chessnick (2001) den Wechsel zwischen Zwangsneurose, »Psychose« bzw. »Schizophrenie« und »Borderline« innerhalb einer langjährigen Behandlung. Hinwendung zur Masturbation war ihm Anlass, anzunehmen, die Patientin habe sich nunmehr vom »Rande der Schizophrenie« zu einem neurotischen Charakter bewegt (ebd., S. 191). Zum »Borderline« wurde sie, als ihr Grübeln, welche Geschenke sie zu Weihnachten für wen kaufen solle, sie zur Verzweiflung brachte und in Wut versetzte (ebd., S. 194). Als die Wut zunahm, erlebte sie prolongiertes Grübeln, Hypochondrie und »Paranoia«. Chessnick setzt hier »Paranoia« mit paranoider Position und persekutorischer Angst nach M. Klein gleich (ebd., S. 206).

4.19.3 Reaktive Depression

Häufig werden auch reaktive Depressionen mit einer depressiven Neurose verwechselt. Die reaktive Depression ist zunächst nur eine depressive Reaktion auf ein äußeres Ereignis, etwa nach Scheidung, Todesfall, Erkrankungen, Arbeitsplatzverlust, und noch kein innerer unbewusster Konflikt, also auch keine Neurose. Natürlich kann auch eine Neurose durch derartige Ereignisse aktualisiert werden. Dann ist aber ein solcher Konflikt darzustellen.

4.19.4 Posttraumatische Belastungsstörung (PTBS)

Die posttraumatische Belastungsstörung findet sich im ICD-10 unter F 43.1 als »Posttraumatic Stress Disorder« (PSD oder PTSD). Winnicotts (1960) »trauma by omission« (»... rather than by commission«) ist nur formal richtig, verkennt aber die aktiven (aggressiven) Abläufe in den Primärpersonen. Es handelt sich nicht einfach um ein Fehlen von normalen Elternreaktionen auf das Kind, sondern um andere Strukturen wie zum Beispiel die fest verankerte Erwartung, keine Antwort (»non-response«), keine Reaktion zu erhalten, sondern immer wieder nur die Erfahrung von Nichtgegenseitigkeit (»non-mutuality«) zu machen (Ornstein/Ornstein 2005). Bei diesen drei Autoren wird der Begriff Trauma, der traditionell schlagartig eintretenden, heftigen Ereignissen vorbehalten war, auf langdauernde Einwirkungen ausgedehnt und verliert somit jede Spezifität gegenüber biografischen Einflüssen überhaupt. Die libidotheoretisch definierte Traumatheorie Freuds (Überschwemmung des Ich durch Libido, dadurch Übererregung des Ich) ist obsolet (Eagle, M. N. 1988).

4.19.4.1 KENNZEICHEN

Kennzeichnend für die PTBS ist die klinisch »gesunde« (oder jedenfalls nicht in dieser Weise bereits erkrankte) prämorbide Persönlichkeit. Das sogenannte A-Kriterium der PTBS besagt, dass das traumatisierende Lebensereignis außerhalb des allgemeinen menschlichen Erfahrungszusammenhanges gelegen haben und das Opfer persönlich betroffen haben muss. Darüber hinaus sind wichtige Kennzeichen: wesentliche Mitwirkung des Traumas am Gesamtbild, Erleben von tiefer Angst und Ausgeliefertsein, also eine wirklich außergewöhnliche existentielle Bedrohung (etwa mit einer Waffe) wie die ernsthafte und unmittelbare Bedrohung des eigenen Lebens oder das Miterleben des gewaltsamen Todes einer nahestehenden Person, Lagerhaft, Folter, wenigstens körperliche Misshandlung oder Ghettoisierung. Auffallend ist ein weitgehend identischer Erlebnisgehalt der PTBS und des Traumas, also ein konkreter innerlicher Zusammenhang, z. B. mit drängenden Erinnerungen, tagtraumartigen Flashbacks, quälendem Reprozessieren (Heinz 1999) oder intensiven Träumen. Es gibt eine zeitlich enge Bindung zwischen Trauma und PTBS. Ferner sind kennzeichnend: Resistenz gegenüber Behandlungsversuchen, chronischer Verlauf (d. h. keine Spontanheilungen, etwa in Form von Wiederholungen mit nachfolgender Meisterung, sondern zunehmende Verstörung und Wiederholungen ohne Meisterung – dies dürfte aber nicht ausnahmslos der Fall sein), ständiges imaginäres Wiedererleben des Traumas, besonders in Form einer Wiederholung der Opferrolle oder – oft übersehen oder unterschätzt – in

Form einer Identifikation mit dem Aggressor, mit besonderer Betonung von Wut und Aggression gegen sich (bis zur Selbstvernichtung) und andere (mit Schuldzuweisungen, Regressansprüchen bis zur Ausbeutung) (Inderbitzin/Levy 1998). Betroffene vermeiden Reize, die sie mit dem Trauma in Zusammenhang bringen, sind ständig auf der Hut vor erneuten Traumatisierungen und unterdrücken Gedanken an das Ereignis. Dies führt in Einzelfällen bis zur Amnesie für das Ereignis, zu innerer Starre und Gefühllosigkeit, emotionaler Betäubung, Automatisierungen, Derealisierungen. Des Weiteren sind zu beobachten psychosomatische Erkrankungen, Konkretismus (Grubrich-Simitis 1984), Entfremdungsgefühle, aber auch Langeweile und sexuelles Desinteresse, sogar Hohn (Alvarez 2001), Übererregung des autonomen Nervensystems auf ähnliche Reize (neurophysiologisch, endokrinologisch und in Schlafstudien nachgewiesen), also eine traumatisch bedingte besondere Vulnerabilität und Disposition, die für erneute Traumen besonders empfindlich macht.

Inderbitzin und Levy (1998) bemängeln das Fehlen einer verbindlichen Definition von PTBS. Ich möchte hier speziell zu bedenken geben, dass bisher keine Einigkeit darüber erzielt wurde, welche Art von Traumen in welcher Schwere und in welchen Lebensabschnitten geschehen müssen und ob sie nur von Personen oder auch durch Umstände wie Krankheit, Operation oder Unfälle verursacht sein können, um eine PTBS auszulösen. Auch ist nicht unbestritten, dass es sich immer um einen psychologischen Vorgang handelt.

Boshafte (d.h. nicht von bloßen Eigeninteressen geleitete) und erniedrigende Gewalt, womöglich noch im Verein mit einer korrupten Justiz, ruft in ungleich stärkerem Ausmaß eine PTBS hervor als Naturgewalt (Eagle/Watts 2002). Bei einfachen Unfällen wird PTSB nicht angenommen.

Der mittlerweile inflationärer Gebrauch von »Trauma« und die häufige Gleichsetzung mit »früher Störung« hat den Begriff verwässert, der nun bis hin zu allen möglichen Störungen der Mutter-Kind-Beziehung Verwendung findet (beklagt von Bohleber 1997). Bedenkliche Verbreitung finden zurzeit auch fragwürdige Begriffe wie »Mikrotrauma« (»eine unendliche Kette von Mikrotraumen«) und »kumulatives Trauma« (Khan 1963).

Die Diagnose PTBS ist in besonderer Weise politisch-sozialen Einflüssen ausgesetzt und gleicht einem »schnellfahrenden Zug, der droht, alles, was sich ihm in den Weg stellt, zu überrollen« (Vermetten et al. 2000). Die Ausweitung des Begriffs nach dem 11. September 2001 umfasst mittlerweile auch solche Personen, die nur Fernsehzuschauer waren, aber Symptome der PTSB entwickelten bzw. angaben (44% der Befragten, Schuster et al. 2002). Solche expansive sozialpsychologische Unschärfe muss durch Überdehnung des Begriffs zu einem Verlust der terminologischen Brauchbarkeit führen. Dies erst recht, wenn das A-Kriterium der PTBS als Bedingung aufgegeben wird (beklagt von Frommberger 2004, hier auch nähere diagnostische Kriterien und Freiburger Screening Fragebogen). Ohne feste Verankerung im Traumaereignis wird die PTBS zum Spielball sozialpolitischer Bedürfnisse (Heinrich 2004) und persönlicher Eitelkeiten von Autoren, die sich modisch profilieren möchten. Nützlich ist es auch, sich klar zu machen, dass zu Zeiten des Zweiten Weltkriegs und in den Zeiten danach – außerhalb des Holocaust – ein Großteil der Bevölkerung Mittel- und Osteuropas schwerstens in Mitleidenschaft gezogen wurde, ohne an PTBS zu erkranken. Krankheiten führen eben nicht nur zu Diagnosen, sondern ebenso rufen Diagnosen nach ihnen benannte »Krankheiten« hervor. So stieg nach Populärwerden der Diagnose Depression die Anzahl der Depressiven in den USA um 44%. Bei der Einführung neuer Diagnosen dürften inzestuöse Zeugungsfantasien Pate stehen: Es gibt kurz nach der jeweiligen Einführung Kinder in Form zahlreicher Unterdiagnosen, die dann wieder untereinander in Kombination treten, und außerdem tritt jeder Abkömmling in Kombination mit »Depression«, »Angststörung«, psychosomatischen Erkrankungen oder Störungen auf.

4.19.4.2 Erklärungsmodelle

Als Erklärung für die Entstehung eines Traumas im analytischen Sinne wurden genannt: Anregung von Aggression (Greenacre 1958; Grossman, W. I. 1991; Shengold 1985; 1999) mit fehlerhafter Ich- und Überich-Entwicklung (Grossman, W. I. 1991; Hartmann 1939a; 1939b; 1950; 1952; 1964; Jacobson 1964) oder mit schweren »sadomasochistischen Verwicklungen« in der Übertragung und Gegenübertragung sowie der Entwicklung eines Traumas zu einem »organisierenden Faktor« (»organizing factor«, Schur 1966), der die Entwicklung einschließlich der Fähigkeit zur Fantasiebildung stört, ohne die nach W. I. Grossman (1991) ein Trauma nicht gemeistert werden kann; außerdem Abwehr sadomasochistischer und primitiver Fantasien, vorwiegend analer und kannibalistischer Herkunft, »mit dem Ergebnis von Charakterdeformationen und »komplexen ambivalenten Identifikationen mit dem Täter« (Shengold 1999).

Das Opfer wird zum Täter: Dass häufig Täter früher selbst Opfer waren, gerade bei sexuellem Missbrauch (s. aber auch unter 2.4 Sexueller Missbrauch; Einwände gegen die Opferthese von Tätern), erklärt Grand (2000) mit einer durch das Trauma verursachten »katastrophalen Einsamkeit«, die mit Hass, Furcht, Scham und Verzweiflung angefüllt sei. Sie führe zu der Sehnsucht, mit dieser Erfahrung nicht allein zu bleiben, sondern sie mit jemandem zu teilen. Identifikation mit dem Aggressor genügt ihr nicht. In jedem Falle werde aber die Anpassungsfähigkeit überfordert (Inderbitzin/Levy 1998). Bei Kindern wirke sich zusätzlich ungünstig aus, dass sie unfähig seien, zuverlässig zwischen innen und außen zu unterscheiden sowie heftige emotionale Erfahrungen zu integrieren (Lubbe 1993).

Abgesehen von der intrapsychischen Regression, der nach wie vor ein hoher Stellenwert zugesprochen wird, sind seit Mitte der 90er Jahre Objektbeziehungskonzepte für die Erklärung von Traumen tonangebend. Hier werden angeführt: Abwehr durch Omnipotenz, projektive Identifikation, primitive Idealisierung, Abwertung, Verleugnung und Spaltung. Nach Kernberg (1995) spricht man von gewaltsamem »Zerreißen der Kommunikationsstruktur«, dem Ersatz des Primärobjekts durch pathogene Introjektion des Täters im Sinne eines malignen Objekts, von destruktiven regressiven Entwicklungen (omnipotente Schuld, archaisches Überich) und Abspaltung (Einkapselung) des Traumas.

4.19.4.3 Kompromisstheoretisches Erklärungsmodell

Kompromisstheoretisch können die gleichen Phänomene ebenso gut mit Unterwerfung, Wendung gegen sich selbst, Verleugnung (der Schlechtigkeit des Täters), Projektion (eigener Gutheit), Idealisierung, Reaktionsbildung, Rationalisierung, Verkehrung ins Gegenteil oder Wendung vom Passivum ins Aktivum mit Rollenvertauschung (das Opfer übernimmt für sich die Rolle des Täters und weist sich somit die Schuld zu) erklärt werden. Die Identifizierung mit dem Aggressor lässt sich verstehen als Abwehr der Angst vor Schaden an Leib und Leben (so das Beispiel eines selbst Verfolgten, der später im Apartheidsregime einen angesehenen Platz einnahm [Maiello 2001]) und Schuldgefühlen wegen dieser Identifizierung mit dem Täter (die ja im Holocaust in der Fantasie oder auch real zum Tode anderer führen musste), letztlich also einem den Umständen angepassten, realitätsgerechten, d. h. den außerordentlichen Umständen gemäßen Verhalten.

Auch die bei Opfern häufige Fantasie, selbst böse gewesen zu sein und so selbst das Trauma gewollt und verursacht zu haben (Selbstanklagen), während der Täter keine Schuld trage, ist so erklärbar – insbesondere durch die Wendung vom Passivum ins Aktivum: Diese Fantasie hat den Vorteil für das Opfer, sich vorzustellen, dass es das Trauma auch hätte verhindern können – wenn es selbst nur nicht so böse gewesen wäre. Auch zukünftige Traumen ließen sich so »verhindern«. Das Opfer hat damit seine passive Rolle überwunden und alles wieder selbst in der Hand. Es kann gedanklich Harmonie mit dem Täter herstellen oder Hass gegen ihn wieder aufleben lassen und so alles, was mit dem Trauma zusammenhängt, durch Wiederholung »wieder handhabbar« machen, mit dem Ziel, das Trauma doch noch zu meistern. Zugleich werden auf diese Weise eigene aggressive Regungen gegen den Täter (und all diejenigen, die nicht helfen oder geholfen haben) und die entsprechenden Vergeltungsängste abgewehrt, um das Überleben zu sichern.

Die notorisch mangelnde Bereitschaft der Gesellschaft zur vollen Darstellung und Anerkennung des Traumas und zur Linderung der Traumafolgen (übrigens nicht nur der psychischen, sondern auch der körperlichen – oft im Gegensatz zu Sachschäden, die durchwegs sehr großzügig geregelt werden) ist weltweit verbreitet und mag motiviert sein durch Identifizierung mit dem Aggressor und Furcht vor Ansprüchen. Diese Haltung ist für das Opfer nichts anderes als eine Fortsetzung des Traumas (Krill 2001). Im Falle des Holocaust ist sie absolut verheerend. Denn sie macht es dem Opfer unmöglich, wenn schon nicht vonseiten des Täters selbst (was optimal wäre), so doch wenigstens von der den Täter vertretenden Gesellschaft Signale der Reue, Schuld, Traurigkeit und Wiedergutmachung zu vernehmen, sich auch eine, wenngleich abgeschwächte, Rache zu erlauben und so den Weg zur Vergebung zu gehen. Etwas Rache ist für das Opfer gesund, verhilft sie ihm doch, aus der bisherigen Passivität herauszukommen und in eine endlich aktive Rolle zu schlüpfen, und verleiht ihm somit ein Gefühl von Meisterung des Problems und eine verbesserte Selbstachtung. Das Opfer kann so auch die verfestigte Selbstsicht des Ewig-Schuldlosen hinter sich lassen (Krill 2001). Nun ist es selbst nicht mehr gänzlich schuldlos und dies kann eine Grundlage für Empathie mit dem Täter sein (Akhtar 2002).

Gelegentlich haben wir auch den Täter (oder seine Kinder) als Patienten. Dieser hat auch seine Schwierigkeiten – gegen erheblichen narzisstischen Widerstand, unter Ertragen der Erniedrigung –, seine Untat einzusehen, zu einer nicht etwa allgemein gehaltenen, sondern genau auf die Tat eingehenden Entschuldigung zu finden, innerlich Reue und die Verpflichtung, das Verbrechen nie mehr zu begehen, zu entwickeln, eine Wiedergutmachung zu bedenken und um Vergebung nachzusuchen. In Einzelfällen (bei im Großen und Ganzen intakten Persönlichkeiten mit einmaliger Entgleisung) kann es beim Täter auch zu masochistischem Schwelgen in Schuldgefühlen kommen (Akhtar 2002).

Es gibt auf Opferseite auch die völlige Unfähigkeit, zu vergeben, mit unbeweglichem Verharren in nachtragendem, grenzenlosem Hass, offen oder im Stillen. Man muss sich hüten, hierin sofort eine schwere Pathologie (paranoide Persönlichkeit, antisoziale Persönlichkeit, maligner Narzissmus) zu vermuten. Die Beurteilung hängt auch von der Schwere des Traumas ab: Wie schwer muss einer verfolgt worden sein, dass sein Hass nicht als pathologisch eingestuft wird?

Die Neigung zur vorzeitigen oder sogar exzessiven Vergebung (Akhtar 2002) beruht auf einer pathologischen, skrupelhaften Zügen entspringenden Hemmung, den Täter zu etwas zwingen zu wollen (ihm mit der Konfrontation weh zu tun), auf der Abwehr von Aggressivität gegen andere durch Wendung gegen sich selbst und Objekthunger (Angst, allein dazustehen). In der Pseudovergebung versöhnen sich Opfer und Täter oberflächlich, innerlich hüten sie – kalkuliert lügend – sorgfältig ihren Hass (Akhtar 2002).

Eine »emotionslose, sinnentleerte Persönlichkeit«, die oft aus Schwersttraumen resultiert, ist durch den zusätzlichen Abwehrmechanismus Isolierung zu erklären. Eine solche Interpretation kommt ohne die umstrittene »Regression« aus (zu Gegnern des Regressionsbegriffs s. Kapitel 4.18.3 Regression und Fixierung in der neueren Diskussion; Befürworter ist z. B. Shengold 2000). Zugrunde liegen mag hier die liebgewordene Gewohnheit, in allen Symptomen schon Dagewesenes (Motto: »Déjà-vu«) suchen zu müssen und das Furchtbare, Erratische, Nie-Dagewesene in einen Lebenszusammenhang (Story) einzubinden, es z. B. vorzugsweise einer »frühen Störung« zuzuordnen, um ihm den Schrecken zu nehmen. Außerdem will man die Potenz des Traumas, auch spätere Strukturen zu zerstören, nicht sehen müssen (Ehlert-Balzer 1996).

Die kleinianische Nomenklatur bietet – scheinbar oder anscheinend – mehr detaillierte Vorstellungen wie z. B. Umdeutung des Täters zur liebenden Primärperson, Introjektion des Verfolgers, um den prätraumatischen Zustand der Einheit mit dem Primärobjekt wieder herzustellen, daraus folgende

Schuldgefühle wegen der Komplizenschaft mit dem Täter und archaischer Hass gegen das Primärobjekt, weil es seine schützende Funktion nicht erfüllt hat. Das Trauma zerstört die innere Objektwelt (Ehlert-Balzer 1996): Die subversive Kraft des traumatischen Introjekts führt zu einer emotionslosen, sinnentleerten Persönlichkeit. Doch handelt es sich hier nicht um etwas Beobachtbares, sondern aus der Theorie Abgeleitetes. Alle klinischen Phänomene lassen sich auch kompromisstheoretisch fassen.

Die Schwere der Traumen und die Eitelkeiten der Autoren verleiten Therapeuten beim Antragschreiben nicht selten zu einer dramatisierten, meist anderen Terminologien entlehnten Sprache – besonders der militärischen, aber auch etwa der astronomischen (»Zerstörung der Persönlichkeit«, »Zerstörung der Kommunikationsstruktur«, »Zerstörung der Lebensgeschichte«, »Verlust der Realität«, »schwarzes Loch«) –, was der Sache nicht dienlich ist. Der besonders »kraftvollen« Sprache liegen verschiedenste Umstände zugrunde, so vielleicht das Missverständnis, die Sprache müsse sich – könne sich – dem Ungeheuerlichen der Traumen angleichen, oder die grundsätzliche Vergeblichkeit des Versuchs, überhaupt Ereignisse in ihrer Komplexität, Nuanciertheit, ihrem Facettenreichtum sprachlich zu fassen (Stern 1983), ferner die Verwendung der kleinianischen Nomenklatur, die bereits an sich etwas Suggestives und Bedrängendes hat, besonders durch die stereotype Verstärkung von Substantiven durch Adjektive wie primitiv, archaisch, früh, omnipotent. Die Ausdrucksweise beeinflussen dürften auch unreflektierte Gegenübertragungsfantasien und Übertragungsfantasien der Therapeuten von Rettung und Macht (von der Übertragung der Therapeuten ist wie in anderen Konzepten auch hier auffallend wenig die Rede). Ursächlich am Jargon beteiligt sind wahrscheinlich auch die Abwehr von Angst, der schwierigen therapeutischen Aufgabe nicht gerecht werden zu können, die Abwehr von Scham, der Aufgabe nicht gerecht worden zu sein, ebenso von Schuldgefühlen (auch aus eigenen Quellen) und letztlich der unerkannte Hang von Therapeuten zur autosuggestiven Selbstaffirmation auf einem schwierigen Gebiet.

Bereits das Wort Trauma hat sich verselbstständigt. Hieß es früher, ein Patient befinde sich im Krankenhaus oder habe Fürchterliches durchgemacht, heißt es heute: der hospitalisierte Patient, der traumatisierte Patient. Durch diese Wortwahl wird etwas Endgültiges suggeriert und Zustände wie »hospitalisiert« oder »traumatisiert« werden als Eigenschaften des Betroffenen festgeschrieben. Es findet geradezu eine Brandmarkung statt, durch die der Sprecher sich zugleich als professionell zu erkennen gibt. Diese Bezeichnungsweise fußt auf dem Zeitgeist der fortschreitenden Pathologisierung, Psychologisierung, Klassifizierung und Medikalisierung.

Wir haben es bei schwer Misshandelten mit Überlebenden zu tun. Nicht einmal ein Schizophrener weist einen »Verlust der Realität« auf (in dieser Pauschalierung nur von Therapeuten verwandt, die keine Praxis mit schizophrenen Psychosen im europäischen Sinne haben) – außer in ihrem winzigen Wahnbereich, und auch dort nur teilweise. Im Reich des Belebten kann es kein Loch geben – sogleich nimmt etwas anderes die Stelle ein. Hierzu Gill (1994, S. 765ff.): »Loch« in der Psyche [...] macht keinen Sinn [...] Struktur mag anders sein als erwünscht, aber sie kann nicht abwesend sein«.

Transgenerationales Weitertragen (»transmission«) der Opferrolle, der Täterrolle und ihrer Verarbeitungen, weitgehend unabhängig von der Verbalisierung, wurde vielfach beschrieben.

4.19.4.4 »Widerstand« gegen Psychotherapie

Vielleicht sperren sich viele schwer Misshandelte (Traumatisierte, Schwersttraumatisierte) gegen eine Psychotherapie, weil sie spüren, dass der Therapeut ein zu gutmeinendes, williges Gefäß für die eigenen Projektionen ist (was die Schuldgefühle der Patienten vermehren mag) und außerdem eigene Bedürfnisse verfolgt, sie selbst aber solche Wünsche nicht haben bzw. als unrealistisch längst aufgegeben haben, am Schrecklichen nicht rütteln lassen wollen und deshalb überhaupt nicht mehr darüber sprechen.

4.19.4.5 Stolz des Schwersttraumatisierten

Ebenso bedeutungsvoll dürfte der Gesichtspunkt sein, dass Traumatisierte stolz sind auf die Leistung, das Trauma physisch und psychisch überstanden zu haben. Dieser *Stolz* wird bedroht durch Therapeuten, die mit dem Anspruch kommen, es noch besser machen zu können.

4.19.4.6 Schuldgefühle des Schwersttraumatisierten

Der erwähnte Stolz dürfte auch eine Mitursache für die viel zitierten Schuldgefühle des Überlebenden sein. Wie darf man stolz sein, wenn ringsum so viele Personen umgekommen sind? Auch in der Literatur wird der Stolz des Überlebenden tabuisiert. Stolz passt nicht in das Bild vom Misshandelten und nicht in die eigenen Intentionen des Helfenwollens. Der Helfer braucht einen Darniederliegenden, einen Stolzen kann er nicht gebrauchen. Therapeuten schaffen sich ihr Bild vom Hilfsbedürftigen, das nicht immer der Wirklichkeit entspricht.

Jeder in einem Konzentrationslager Überlebende war sich zweifellos darüber im Klaren, dass an seiner Stelle ein anderer ermordet wurde. Dass hieraus realitätsnahe, nicht neurotische Schuldgefühle entspringen müssen, wird in der psychoanalytischen Literatur übersehen. Man sucht eben nur nach krankhaften Entwicklungen (Berufsblindheit) und wundert sich dann, dass Neurosenkonzepte in solchen Fällen nicht greifen.

Der Hauptgrund für die Schwierigkeiten der Therapie mag aber darin liegen, dass Konzepte der Konfliktpathologie nicht der Sache entsprechen und sich der Patient hiermit überfordert fühlt. Einigkeit herrscht nicht einmal darüber, ob eine massive Belastung für alle Menschen traumatisch wirkt. Manche Kinder zum Beispiel sind selbst gegen schwere frühe Traumen resistent. Sie entwickeln keine Symptomatik (Zeanah et al. 1989). Bei anderen entwickeln sich in Anpassung an das Trauma komplexe neue Fertigkeiten, über die andere, nicht traumatisierte, nicht verfügen (Fischer 1980; vgl. Argelanders Hypothesen zu Defekt und Defizit, 1971–1978). Diese mögen unter manchen Umständen vorteilhaft sein, in anderen von Nachteil.

Nicht wenige Analytiker nehmen an, dass traumatische Erfahrungen getrennt von Verdrängtem gespeichert werden (Inderbitzin/Levy 1998), etwa »rein somatisch«, in Form einer »Prägung« oder »neurophysiologischen Neigung« (Herzog 1983; Fish-Murray et. al. 1987; Kolb 1987), jedenfalls nonverbal, also nicht nach Art eines verdrängten Konfliktes und der daraus entspringenden Kompromisse, und dass sie deshalb jeder verbalen Intervention trotzen. Solche Annahmen werden durch neueste Forschungen gestützt: Bei neurogener Amnesie für den Unfall infolge gedeckter Hirnverletzungen fanden sich trotz Fehlens willkürlicher bewusster Erinnerungen traumabezogene, unwillkürliche Erinnerungen in Form wiederkehrender intrusiver Gedanken, Bilder oder Träume. Dies spricht für zwei verschiedene Gedächtnissysteme (Podoll et al. 2000).

Somit handelt es sich zunächst keinesfalls um Neurosen. Anschließende neurotische Verarbeitung ist hier aber ebenso möglich wie bei anderen Ereignissen auch (Literaturübersicht bei Inderbitzin/Levy 1998). Brenneis (1997) bezweifelt hingegen die Auffassung einer speziellen Form von Gedächtnis für Traumen, in welcher angeblich spezifische Elemente vergangener Traumen unentstellt bewahrt werden sollen. Forschungsergebnisse, die eine solche Auffassung stützen könnten, lägen nicht vor (1997!). Der Autor erinnert auch daran, dass repetitive Träume, Flashbacks und Wiederholungshandlungen in einer Vielzahl von klinischen Situationen auftreten, die nichts mit Traumen zu tun haben (»Wiederholungszwang« zum Zwecke der Konfliktbewältigung).

4.19.4.7 Zwei therapeutische Grundkonzepte

Der ersten Auffassung zufolge wird das Trauma ohne Verarbeitung neurophysiologisch getrennt abgespeichert. Die zweite – analytische – Auffassung beschreibt das Trauma als etwas Erratisches, schwer Einzubindendes. Ähnlich unterscheidet schon Frank (1969): »unrememberable and unforgetable« vs. neurotische Verarbeitung des Traumas. Diesen beiden Auffassungen entsprechen zwei therapeutische Grundkonzepte: Der Anerkennung, sorgfältigen Rekonstruktion und Benennung des Traumas (Welches Trauma hat stattgefunden?) steht die Deutung der lebensgeschichtlichen Entwicklung und der inneren Verarbeitung des Traumas, der unbewussten Fantasien (Wie wurde vom Trauma Gebrauch gemacht?) gegenüber. Bei letzterer Fragerichtung entsteht aber die Gefahr, das Trauma hinter der lebensgeschichtlichen Entwicklung verschwinden zu lassen und seine Störungswirkung auch auf spätere als die infantilen Entwicklungen zu übersehen (Bohleber 1997; Scharff, J. S. 1998; Eckardt 2001).

Beklagt wird in der analytischen Literatur häufig (so Bromberg 2001), dass der Patient das Trauma lediglich abgespalten habe, aber leider keinen inneren Konflikt aufweise oder jedenfalls diesen nicht erleben und reflektierend gedanklich fassen, ihn daher auch nicht lösen und hiermit auch kein seelisches Wachstum erlangen könne. Auf Deutungen tauche auch kein konflikthaft organisiertes Material auf, sondern nur die Scham, das, was von ihm gefordert werde, nicht erbringen zu können (Patient: »Ich kann das, von dem Sie wünschen, dass ich es denken soll, nicht denken«, Bromberg 2001, S. 522). Entsprechende Belastungen ergeben sich für den Therapeuten, der sich verzweifelt bemüht, sein Konzept anzuwenden, bis hin zur beiderseitigen negativen therapeutischen Reaktion (NTR) oder einem Stillstand mit beiderseitigem

Versuch, den anderen von seinem Konzept zu überzeugen (Bromberg 2001). Dies wird offenbar als eine Unvollkommenheit, eine ungehörige Komplikation angesehen und kann an den Schneiderwitz erinnern, dass ein maßangefertigter Anzug nicht passe, weil die Figur nicht stimme. Der Gedanke, dass es sich hier nicht um einen Konflikt handelt – jedenfalls nicht primär –, kann in einer reinen Konflikttheorie nicht aufkommen (Betriebsblindheit).

Anhänger der Kompromisstheorie erheben hingegen den Vorwurf, man wolle das intrapsychische Konfliktmodell nicht anwenden (beklagt von Giovacchini 2000). Auch Busch (2005) wendet sich gegen die Tendenz, Trauma anders aufzufassen und es anders zu behandeln als einen intrapsychischen Konflikt. Nicht nur das Trauma selbst sei traumatisch. Vielmehr löse das Trauma »Gefühle und Fantasien« aus, die zu einem intrapsychischen Konflikt führen. Heutige Therapeuten vernachlässigten die intrapsychische Bedeutung des Traumas. Den traumatisierten Patienten werde deutlich gemacht, dass sie Gefühle abspalten, aber nicht – was entscheidend sei –, warum sie dies tun. Es sei keineswegs die Furcht vor erneuter Traumatisierung allein. So werde ihnen nicht geholfen, den intrapsychischen Konflikt zu bearbeiten. Die Patienten würden immerzu, oft mit einem anklagenden Unterton, aufgefordert, dieses und jenes Gefühl im Zusammenhang mit dem Trauma bei sich zuzulassen, aber niemand kläre die Frage, warum sie diese Gefühle nicht empfinden können. Die Autoren weisen darauf hin, dass bei einem solchen Vorgehen – im Gegensatz zum Vorgehen nach der Kompromisstheorie – die Abwehr nicht gedeutet wird.

4.19.4.8 »KINDLING«

Nützlich erscheint auch das Konzept des »kindling« (= anzünden), demzufolge die Traumen eine immer höhere Empfindlichkeit nach sich ziehen (Segal et al. 1996, zit. n. Twemlow 2003).

4.19.5 Narzisstische Persönlichkeiten

4.19.5.1 BESCHREIBUNGEN

Merkmale einer narzisstischen Persönlichkeit sind ein außergewöhnliches Maß an Selbstbezogenheit, eine oberflächlich-glatte, opportunistische und recht effektive soziale Anpassung, maßloser Ehrgeiz (d.h. nicht einfach Ehrgeiz), ausbeuterisches, rücksichtloses exhibitionistisch-großartiges Verhalten, Fehlen von Schuldgefühlen und die ständige Suche nach Bewundertwerden. Man findet bei Menschen mit narzisstischer Persönlichkeitsstörung eine aufgeblähte Auffassung von sich selbst und eine Neigung zur Abwertung anderer.

Am häufigsten ist der erfolglose narzisstische Patient. Er trägt einen beleidigten Gesichtsausdruck zur Schau und versucht ständig, den anderen – jeden anderen – durch Schuldgefühle zu gängeln. Er spricht leise. Spürbar ist seine Anspruchshaltung, der Zuhörer soll sich anstrengen müssen. Er schaut nach der Tür, als ob jemand mithören könnte, betont, wie sehr er auf äußerste Diskretion Wert legt – alles, was ihn betrifft, ist von größter Wichtigkeit, nicht nur für ihn selbst, sondern auch für andere.

Für ihn müssen besondere Umstände geschaffen werden. Er sieht den Therapeuten nicht an, sondern demonstrativ daneben oder zum Fenster hinaus, mit dem Ausdruck der Langeweile, schweigt, erklärt schließlich, wenn er sich überhaupt zu einer Äußerung herbeilässt, alles für unbrauchbar, gibt zum Abschied nicht die Hand. Zumeist sind narzisstische Patienten auch nur auf Drängen anderer, oft der Eltern, gekommen. Diese inflexible Übertragung muss sofort angesprochen werden, schon zur Entlastung des Therapeuten. Es ist merkwürdig, dass in der Literatur hierfür alle möglichen Traumen in der Kindheit angeführt werden, nicht aber die bloße Verwöhnung, meist durch beide Eltern – ein Beispiel für die professionelle Blindheit, jedem Patienten das Leiden unter inneren Konflikten zu unterstellen.

In ihren inneren Beziehungen zu anderen Menschen sind sie schwer gestört, weisen Größenfantasien bei gleichzeitig starken Minderwertigkeitsgefühlen auf, sind angewiesen auf Bewunderung, zumindest Bestätigung, Gewinn von Macht, glänzende Erfolge, Reichtum, Schönheit. Gleichzeitig verbergen sie schwere Mängel in der Fähigkeit, andere zu lieben und rücksichtsvoll mit anderen mitzufühlen. Sie scheinen unfähig oder unwillig zu empathischem Verstehen ihrer Mitmenschen. Sie sind chronisch mit sich unzufrieden.

Nach Spezzano (1993) fühlen sie sich emotional leer, finden Befriedigung in der Erregung anderer – nach diesem Autor eine Art Perversion der sexuellen Erregung und des »interest excitement«. Über das Gefühl der Leere bei narzisstischen Persönlichkeiten sind sich die meisten Autoren einig (so Kohut 1977: »empty depression«). Dass sie sich leer fühlen oder solches authentisch von sich aus äußern (d.h. sich nicht angelesen haben), möchte ich aus meiner klinischen Erfahrung bezweifeln. Hier mag es sich vielmehr um professionelle Gegenübertragungsphänomene im Sinne einer unreflektierten Abwertung handeln (leer = bloß Luft, wertlos, inhaltslos) – als Reaktion auf die Abwertung, die der Therapeut selbst durch solche Patienten zu erleiden hat –, ferner um eine Reaktionsbildung auf die Aggressivität dieser Patienten sowie eine Verleugnung (Verharmlosung) dieser Aggressivität. Denn Leere ist wie Luft und kann nicht angreifen.

Die aggressive Übertragung narzisstischer Patienten wird zu wenig gesehen, so beispielsweise der bedrängende Appell an die Therapeuten, diese »Leere« schleunigst aufzufüllen und ihnen einen »Sinn« zu geben, die Anspruchlichkeit gegenüber den Therapeuten oder der Versuch, die Therapeuten durch Überforderung zu entwerten. Stattdessen wird das manifeste Material – die Klage über »Leere« – wörtlich genommen, als ob dahinter kein Unbewusstes versteckt sei (bereits von Gill 1994 beklagt). Sie leben, durchaus nicht nur unbewusst, unter ständiger Angst, in ihrer anspruchlichen und rücksichtslosen Haltung und vor allem auch in ihrer fantasierten Minderwertigkeit ertappt und bloßgestellt zu werden, und müssen unter großem Aufwand gegen diese Ängste kontraphobisch anarbeiten. Wer Angst hat, ist hiermit beschäftigt und angefüllt und fühlt sich nicht leer. Falls er sich dennoch leer fühlen oder dies angeben sollte, würde es sich um ein Symptom unter anderen handeln, z. B. als Kompromiss zwischen dem Wunsch nach überlegener Machtfülle und der Angst vor Erniedrigung und Abwehr durch Wendung gegen sich selbst bis zu einem Selbstbild von Unfähigkeit, Wertlosigkeit, Nichtigkeit. Beschwerden und Symptome dürfen nicht tatsächlichen Zuständen gleichgesetzt werden, sondern müssen auf ihre Psychodynamik zurückgeführt, d.h. analysiert werden. Schließen wir aus der Angabe eines Patienten, er sei schizophren, darauf, er sei dies tatsächlich? Das angebliche oder tatsächliche Sich-leer-Fühlen ist auch keineswegs auf narzisstische Persönlichkeiten beschränkt und kann schon deshalb kein Kriterium sein.

Im Alltagsleben sind narzisstische Persönlichkeiten äußerst unangenehm. Deshalb haben sie auch keine Freunde und vereinsamen, besonders wenn sie älter werden und aus ihrem Berufsleben ausscheiden. Das ständige Abgewertetwerden wird fast allen Bekannten zu einer Last, die sie nicht dauerhaft tragen wollen. In der Literatur wird im Allgemeinen übersehen, in welchem Ausmaß sie auch ohne Worte, allein durch ihre Mimik, durch eine simple Handbewegung oder durch den Tonfall in der Lage sind, andere abzuwerten. Hiermit ist noch weit schwerer umzugehen. Die Betroffenen wissen zunächst gar nicht, wie ihnen geschieht, und haben es schwer, die richtigen Worte zu finden. Hier hilft es nur noch, sie in der Unterhaltung nicht anzusehen und sich verbal nicht manipulieren zu lassen, wenn sich ein Kontakt nicht vermeiden lässt, z. B. in der Pflege von narzisstischen Eltern. Eindrucksvoll ist zum Beispiel wie diese selbst dann noch, wenn sie im Sterben liegen, ihre Angehörigen durch den bloßen Blick einzuschüchtern vermögen.

Intellektualisierende Diskussionen sind vergeblich. Im Gegenteil stellt sich spätestens hier heraus, dass man es mit Spezialisten zu tun hat, die seit Kindheit darin trainiert sind, den anderen schon niederzumachen, bevor dieser einen Gedanken fassen kann. Sie sind wahre Meister auf ihrem Gebiet. Die Opfer sind nicht darin geübt, auch nicht daran interessiert, die Intrigen rechtzeitig zu bemerken oder etwa Gegenintrigen zu starten. Beim Opfer bleibt ein Gefühl von Dummheit zurück. Mindestens dies hat die narzisstische Persönlichkeit erreicht.

»Narzisstische Wut« ist angeblich ein Nebeneinander von direkter Abfuhr primitiver Aggression und von Abwehr gegen archaische Ängste, vor allem Trennungsängste und Schuldgefühle sowie Sekundärgewinn. Der klinische Wert dieser Formel ist zu bezweifeln. Worin unterscheidet sich »narzisstische Wut« klinisch von Wut? Der Wert einer klinischen Bezeichnung ergibt sich aus ihrer Beschreibbarkeit im klinischen Alltag.

Nicht nur die Falldarstellungen, sondern auch alle theoretischen Konzepte zur Psychodynamik von narzisstischen Persönlichkeiten und sogenannten Borderlines sind meines Erachtens auch Spiegelbilder der negativen Gegenübertragung auf diese Störungen. Man beachte hierzu nur die vorherrschende Wortwahl in den metapsychologischen Erklärungen, die – in Abwehr der Erniedrigungen und Ängste im Therapeuten durch den Abwehrmechanismus der Identifikation mit dem Aggressor – erkennbar darauf abzielen, den Patienten herabzusetzen: primitiv, archaisch, tief, früh, infantil, leer, zum Mitfühlen unfähig, aufgeblasene Auffassung von sich selbst. Man spricht der narzisstischen Persönlichkeit schlicht die Humanität ab, weil man sich selbst von ihr dehumanisiert fühlt. Dabei kommen die Narzissten noch schlechter weg als die Borderlines, obwohl diesen – ebenfalls entwertend – die Aura einer »waste-basket«-Diagnose anhaftet. Bei der Darstellung von Psychosen herrscht hingegen durchaus ein warmherziger, um Mitfühlen bemühter, wenn auch ratloser Ton vor.

Die Entwertung des Therapeuten (und anderen) wird von den narzisstischen Persönlichkeiten in einer Weise und mit einer Ausdauer vorangetrieben und beibehalten, zu denen Psychotikern und Borderlines schon infolge ihrer inneren Uneinheitlichkeit schlicht die Fähigkeiten fehlen (Weiteres s. unter 4.17 Die negative therapeutische Reaktion).

Narzisstische Patienten neigen mehr als andere zum Therapeuten-Shopping: bei jedem nur ein Erstinterview. Der Narzisst lässt seine Diener für sich schwitzen, glaubt auch, aus dem, was er erfährt, sich selbst behandeln zu können, um so auch die gefürchtete Erniedrigung zu vermeiden. Hier kommt ihm die Tradition des angeblich so wichtigen Erstgesprächs entgegen und er kennt diese Tradition. Die Therapeuten strengen sich – aus unreflektierter Gewohnheit, hier vor allem aber zur Abwehr der Entwertung, die sie nur zu deutlich spüren – reihenweise mächtig an. Es muss ja angeblich alles in 50 Minuten vollbracht sein: Aus Übertragung, Gegenübertragung, biografischen Details und Probedeutungen wird ein ätiogenetisches wie auch ein Behandlungskonzept entwickelt und dem Patienten als Leistung vorgeführt, die ausgerechnet dieser narzisstische Patient auch noch bewundern und durch Wiederkommen belohnen soll. Auch hier kann der Patient selten der Versuchung widerstehen, den Therapeuten durch Wegbleiben zu entwerten, nachdem er ihn ausgebeutet hat. Der Therapeut kann die gefürchtete Entwertung vermindern, indem er das Erstgespräch nur 10–15 Minuten laufen lässt. Wo steht, dass es immer 50 Minuten dauern muss? Nach meiner Erfahrung kommt er dann wieder, weil sich der Therapeut noch nicht genügend abgemüht hat. Es bleibt ein winziges Plus: Der Patient hat nicht allein bestimmt, was geschieht. Dem Patienten geht es zwar nicht besser, aber dem Therapeuten. Diese Aufrechnungen mögen kleinlich erscheinen, sie zeigen aber, in welche Bedrängnis, Gegenübertragung genannt, der Therapeut gerät. Es geht ums psychische Überleben. Hierauf hat auch der Therapeut Anspruch. Er muss es keineswegs zulassen, wochenlang in eine Stimmung der Enttäuschung, in ein Gefühl der Resignation, der eigenen Unfähigkeit und des Missbrauchtwerdens zu geraten, kurzum, einem Patienten (oder einer anderen Person) so viel Macht zu erlauben. Hilfreich ist es für den Therapeuten, sich klarzumachen, dass seine therapeutische Ethik nicht dazu dienen kann, dass er einseitig ausgebeutet und erniedrigt wird, und dass er für sich selbst wie für andere Verantwortung trägt. Viele Therapeuten lassen sich auch bewusst entwerten, damit sie den Patienten auf leichte Weise loswerden, ohne Schuldgefühle entwickeln zu müssen.

Manchmal lassen sich diese Schwierigkeiten umgehen, indem man dem Patienten auch weiterhin kürzere Sitzungen, eventuell in größeren Abständen anbietet, z.B. 25 Minuten alle zwei Wochen. Dies können oft beide Seiten ertragen und auch so ist eine analytische oder tiefenpsychologische Therapie, wenn auch wenig intensiv, möglich. Dies ist entschieden besser als nichts. »Alles oder nichts« ist übrigens die Devise der narzisstischen Persönlichkeit und man tut ohnehin gut daran, nicht der gleichen Losung zu folgen, zumal sie als Vergeltung mit dem Gleichen erlebt wird.

4.19.5.2 Narzissmus nach Kernberg

Nach Kernberg reicht die Skala der narzisstischen Störungen von solchen auf Borderline-Niveau bis zu solchen auf dem Funktionsniveau besser integrierter Charakterstörungen. In jedem Fall liege ein integriertes, wenn auch hochgradig pathologisches Größen-Selbst zugrunde, das ein Verschmelzungsprodukt sei aus Real-Selbst, Ideal-Selbst und Ideal-Objekt und der Abwehr tiefsitzender, libidinös und aggressiv besetzter, primitiver Selbst- und Objektimagines diene, die in heftige prägenitale Konflikte verwickelt seien. Mit Borderlines gemeinsam habe die narzisstische Persönlichkeit das Vorherrschen von Spaltungsmechanismen und anderer primitiver Abwehrmechanismen wie projektive Identifikation, pathologische Idealisierung, omnipotente Kontrolle sowie die pathologische Verschränkung von genitalen und prägenitalen Triebanteilen, wobei prägenitale, besonders orale Aggression vorherrsche. Mit narzisstisch getönten Borderlines habe die narzisstische Persönlichkeit darüber hinaus die gleiche Art von Ich-Schwäche gemeinsam, nämlich mangelnde Angsttoleranz, mangelnde Impulskontrolle, mangelnde Fähigkeit zur Sublimierung, Vorherrschen primärprozesshafter Denkabläufe, Neigung zur Übertragungspsychose, heftige Wutausbrüche (»narzisstische Wut«), rücksichtslos-forderndes Verhalten und entwertende Angriffe gegen den Therapeuten, letztlich keine effektive soziale Anpassung. Den Unterschied zu Borderlines sieht Kernberg darin, dass bei den narzisstischen Persönlichkeiten immerhin ein integriertes, wenn auch hochgradig pathologisches Größen-Selbst erreicht worden sei.

Ein Einwand zu dieser Beschreibung wäre, dass hier die Termini auf der Beobachtungs- und Erlebnisebene in undisziplinierter und unreflektierter Weise mit vorwiegend interpretativen, theoretischen Termini vermischt werden. Erlebbar ist nur die Wut, alles andere sind Schlussfolgerungen aus vorgefassten Konzepten. Die Vermischung der Ebenen hat einen vernebelnden Einfluss sowohl auf die Beobachtung als auch auf die Theorie. Auf Kongressen ist nur noch die Leerformel »narzisstische Wut« zu vernehmen, nicht mehr »Wut« oder »Zorn«, die anscheinend abgeschafft sind. Man glaubt so, auf der »sicheren«, d. h. »frühen« Seite zu stehen.

4.19.5.3 Narzissmus nach Kohut

Nach Kohut verfügen narzisstische Persönlichkeiten im Unterschied zu Borderlines über ein archaisches, aber normales infantiles Selbst.

4.19.6 Stalking

Stalking bedeutet »sich heranpirschen«, der Täter heißt »stalker«, das Opfer »stalkee«. Beschrieben werden damit die Sachverhalte der Verfolgung, Ausspionierung, Belästigung von Personen, Beschädigung von Eigentum, Anwendung von körperlicher Gewalt, oft gegen öffentliche Idole (»Prominentenstalking«, wie z. B. bei John Lennon), mit und ohne Gewalttätigkeit. Mit Stalking gehen oft Attentate und Tötungsdelikte einher, durchgeführt unter Ausnutzung physischer und psychischer Vorteile, die der Jäger gegenüber dem Opfer hat, wie unerwartetes Auftreten an ungewöhnlichen Orten (Überraschung, Überrumpelung) und der Einsatz von unvorhersehbaren Mitteln. Die Täter können sich regelrecht auf die Lauer legen, um ihr Opfer zu erspähen, ihre Gewohnheiten auszukundschaften und sie in ihrer Privatsphäre, in ihrem Berufsleben, auf ihren Wegen, auf Ausflügen etc. plötzlich mit ihrer Gegenwart zu konfrontieren. Sie bedienen sich außerdem heute der elektronischen Medien (»cyber-stalking«) oder des Telefons (unter Umständen Hunderte von Anrufen pro Tag), um zu jeder Tages- und Nachtzeit ihre Opfer zu erschrecken. Hier ist das Opfer noch hilfloser. Seltener geben sie unter dem Namen des Opfers Bestellungen auf, lancieren gefälschte Annoncen (auch Todesanzeigen) in Zeitungen (Dreßling et al. 2004), lassen Geschenke übersenden oder setzen Verleumdungen in die Welt.

Die Pathologie des Stalkers ist als umso schwerwiegender zu beurteilen, je weniger Kontakte es zuvor gab. Intimate-Stalker nach Liebesbeziehungen bzw. Ehen/Partnerschaften (»rejected stalker«, »intimacy seeking stalker«)

sind extrem abhängige, zugleich antisoziale, querulatorische bis fanatische, durch nichts mehr ablenkbare Persönlichkeiten. Wahnhafte Stalker gibt es bei paranoiden Psychosen; hierzu eine konkrete Beobachtung: Eine 48-jährige Frau besorgte sich eine Arbeitsstelle in der Nähe der Praxis eines Psychiaters, zu dem sie einen Liebeswahn entwickelt hatte. Sie versuchte, mit ihm nach Praxisschluss an der Haustür Kontakt aufzunehmen. Sie rief ihn auch immer wieder während der Sprechzeiten an. Schließlich fand sie seine Privatadresse heraus. Sie versteckte sich im Garten eines Nachbarn und beobachtete von dort aus den Psychiater, wie er im Garten saß, auf die Toilette ging, das Zimmer wechselte, mit wem er sich unterhielt. Dies teilte sie ihm schriftlich mit. Daraufhin suchte der Psychiater jahrelang das Buschwerk um seinen Garten ab, bevor er sich in den Garten setzte, zog die Gardinen zu und überlegte auch, ob er sich einen Hund anschaffen sollte. Die Hinzuziehung eines Rechtsanwalts erwies sich als völlig nutzlos, sogar als kontraproduktiv. Die Frau ließ sich von ihrem Tun nicht abhalten, im Gegenteil, sie verstärkte ihre Bemühungen. Schließlich konnte der Psychiater das Stalking auf andere Weise beenden. Er lud sie zu einem Kaffee in seine Praxis ein. Die nun regelmäßig anberaumten Gespräche dauerten nur 10–30 Minuten und liefen in freundlicher Atmosphäre ab. Über moralische oder juristische Aspekte wurde gar nicht mehr gesprochen, sondern nur über andere, allgemein interessierende Themen. Zunächst war noch ein Hinweis auf die Arbeit in der Praxis notwendig, um ein Gespräch zu beenden, und die Patientin konnte dem sofort zustimmen, während der Psychiater anfangs noch befürchtete, er werde sie einfach nicht mehr los und müsse dann doch die Polizei rufen. Mit der Zeit stand aber die Patientin von selbst nach kurzer Zeit auf und ging. In den Gesprächen wurden allgemeine Themen erörtert, wie die Gefahren im Straßenverkehr, Wetterunbilden, Gesundheit, die berufliche Entwicklung ihrer Kinder, ihre Urlaubspläne, ihre eigene berufliche Entwicklung und bevorstehende Pensionierung, Mietstreitigkeiten und verschiedene Kostenexplosionen. Sie brachte zu jedem Termin kleine Geschenke wie Blumen oder Gebäck mit. Danach rief sie jedes Mal noch einmal an und beschwor den Psychiater, dass er sie doch lieben müsse. Mit der Zeit wurden die Besuche immer seltener, die Patientin gab ihre Arbeitsstelle auf und zog weit weg zu ihren Kindern. Von dort rief sie ihn wöchentlich, dann monatlich und schließlich nur noch einmal jährlich an und vereinbarte dabei einen Besuch in seiner Praxis, der dann in gleicher Weise ablief. Seit fünf Jahren hat sich die Frau nicht mehr gemeldet. Psychodynamisch gesehen hatte die Gegenwehr des Psychiaters nur die Angst vor Abweisung ihrer wohl symbiotischen Kontaktwünsche vermehrt und somit die Symptomatik noch verstärkt. Die Patientin erzwang deshalb immer mehr den Kontakt. Die Teilerfüllung ihrer Wünsche minderte sofort ihre Angst und ihr reichten immer weniger Besuche aus, um ihre Angst niedrig zu halten, denn sie konnte ja jederzeit anrufen und kommen. Außerdem schrieb sie zu ihrer Angstminderung Briefe, ebenfalls immer seltener. Die Briefe sicherten ihr ebenfalls einen Dauerkontakt. Der Psychiater hatte ihr durch seine Höflichkeit und Erreichbarkeit die Sicherheit vermittelt, dass er den Kontakt nicht abbrechen würde.

Eine für Therapeuten selbst (sowie Anwälte) gefährliche Gruppe wird als »resentful stalker« bezeichnet. Der Terminus ist willkürlich, da andere Stalker ebenfalls von Groll und sadistischen Absichten getrieben sind. Dieser Typ Stalker glaubt sich (oder gibt sich nur) falsch behandelt oder beraten und tritt oft erst nach vielen Jahren in Erscheinung. Hierzu eine eigene Beobachtung: 20 (!) Jahre nach Beendigung einer Kurzpsychotherapie versucht ein Patient, den Therapeuten noch nachträglich in Angst und Schrecken zu versetzen und vor allem zu verstricken. Er wünschte genaue Auskunft über die damalige Diagnose, das Zustandekommen dieser Diagnose mit Darlegung der Differenzialdiagnose und eine »ausführliche« Darstellung der Therapie einschließlich der vermuteten Übertragung und Gegenübertragung und ihres Verlaufs sowie die Herausgabe der Aufzeichnungen. Verstrickung erfolgt zwangsläufig schon dadurch, dass sich der Angegriffene zu rechtfertigen sucht oder überhaupt antwortet. Er unterschätzt dabei, dass er neues Material zu weiteren Angriffen bietet. Der Stalker bzw. dessen Anwalt liest die Verteidigung ganz anders als gemeint, und ist die Post einmal heraus, kann ihn niemand mehr daran hindern, aus ihr für seine Zwecke Honig zu ziehen. Hier war es zweckmäßig, gar nicht zu antworten. Würde der Therapeut auf Herausgabe eines Befundberichts verklagt, kann er immer auf die Verjährung verweisen. Befunde müssen nur zehn Jahre aufgehoben werden. Seine persönlichen Eindrücke braucht er ohnehin nicht dazulegen, da sie untrennbar mit seiner eigenen Person, z.B. seinen Gegenübertragungsgefühlen, verbunden sind, und er nicht gezwungen werden kann, über sein eigenes psychisches Innenleben Auskunft zu geben (Datenschutz hier einmal zugunsten des Therapeuten).

Die anschwellende Literatur über Stalking ist von immer genaueren Beschreibungen, Einzelfallberichten und immer neuen Bezeichnungen (ähnlich wie früher die immer neuen Bezeichnungen für die unzähligen Phobien) sowie den unvermeidlichen »Komorbiditäten« geprägt, während die grundlegenden Motivationen, im Einklang mit der ICD-10, meist außer Acht gelassen oder nur sehr oberflächlich behandelt werden (z. B. »nicht akzeptierte Trennung«). Stattdessen sollte danach gefragt werden, was genau sich intrapsychisch im Täter und im Opfer abgespielt hat. Merkwürdig ist insbesondere, dass die tief verwurzelte Neigung des Menschen, andere zu quälen, verdrängt wird. Es ist, als ob sich niemand die Finger schmutzig machen wollte. Bürokratischer Ordnungssinn und Sauberkeit sind hier – reflexionslos – zur vorherrschenden Ideologie geworden. Die ganze neue Nomenklatur erinnert an saubere Büroarbeit mit Papier und PC. Die Abhandlungen über Stalking können zwar mit großen Zahlen aufwarten, beruhen aber vor allem auf reinen Selbstauskünften der Täter, also auf bewusstseinsnahen Meinungen über sich selbst. Die Täter sind mit Deutungstechniken kaum noch erreichbar, in gewissem Ausmaß aber noch durch gerichtliche Auflagen wie dem Verbot, ein bestimmtes Stadtviertel zu betreten oder in die Nähe der anvisierten Wohnung zu kommen.

4.19.7 Kriminalität

Kennzeichnend für Kriminalität ist die Unfähigkeit, sich in das Opfer einzufühlen und seine Leiden zu verstehen. Der Kriminelle sieht im anderen nicht den Mitmenschen mit dessen eigenen Ängsten, sondern irgendeine belanglose Sache ohne Eigenleben. Häufig, aber durchaus nicht immer, ist der Kriminelle selbst in einer uneinfühlsamen, kalten, konfliktreichen Umgebung aufgewachsen, in der er keine eigene Geltung hatte. Ein Bewusstsein und Gefühl für eigene Verantwortlichkeit hat sich nicht entwickeln können. Aber Kriminalität darauf zurückzuführen, es handele sich – ähnlich wie bei Drogensucht – um den Versuch, durch Körpererfahrungen zu einer inneren Festigung (»consolidation«), zu »Selbst-Kohäsion« (»self-cohesion«) bzw. »coherent identity« zu kommen (so Fonagy et al. 1997), oder um einen »autistischen, defensiven Versuch, sich ein Gefühl von Bindung und Kontinuität« zu verschaffen und sich von einer autistischen Regression zu retten (Ogden 1989), ist sicher zu hoch gegriffen. Diese Erklärung beruht auf einem mechanistisch-defizitären Modell des Innenlebens statt eines komplex-psychodynamischen, das auch die spätere Entwicklung, die Rolle des Opfers und insbesondere narzisstisch-selbstherrliche Herrschaftsansprüche des typischen Kriminellen berücksichtigen würde. Zugleich wird Kriminalität romantisierend zu einer Art von Selbsttherapie verklärt. Insbesondere vernachlässigt diese Sichtweise nach Twemlow (1995a; 1995b) auch das Zusammenspiel von Täter und Opfer im Sinne gegenseitiger projektiver Identifikation. Auch dieses Konzept scheint mir nicht den beobachtbaren Tatsachen zu entsprechen. Es ist nicht erkennbar, dass und weshalb der Täter seine eigene Aggressivität in das Opfer projizieren soll – etwa um sich von Schuld und Angst zu befreien? Ich glaube nicht, dass er sich diese Mühe macht.

A. Goldberg (2005) sieht in der Kriminalität (und auch in Perversionen, aber ebenso in »gewöhnlichen« Konflikten) eine vertikale Spaltung (»vertical split«) der kriminellen Persönlichkeit in zwei »ungleiche, parallele Sektoren«, in »zwei parallele Selbste«, die voneinander getrennt seien, je unterschiedliche Ziele und Werte zum Inhalt hätten und mit Verleugnung der Realität und der kriminellen Handlung einhergingen (wie bei der sog. multiplen Persönlichkeit). Die vertikale Spaltung werde auf den Therapeuten übertragen, der sie bei sich ebenso erlebe, also in sich ebenfalls einen kriminellen Anteil finde. Hier bleibt wieder offen, welche Instanz, aus welchen Gründen (und zu welcher Verbesserung) was genau spalten soll (s. unter 4.18.10 Spaltung). Klinisch wird übersehen, dass es sich um bekannte Schutzbehauptungen des Kriminellen handelt: Er könne sich an rein gar nichts erinnern, ihm sei alles unerklärlich, er müsse im bewusstlosen Zustand gehandelt haben. Dass jeder Therapeut auch in sich gewisse menschliche Unkorrektheiten erkennt und an diese durch den Bericht des kriminellen Patienten erinnert wird, steht dem nicht entgegen. Zur Erklärung dieser Selbsterkenntnis des Therapeuten braucht man nicht die Übertragung einer vertikalen Persönlichkeitsstörung zu bemühen. Was Goldberg dann im Folgenden beschreibt, ist ein harmonistisches Paktieren mit dem kriminellen Patienten. Therapeutisch kann dies nicht hilfreich sein. Die therapeutische Distanz ist hier verloren gegangen. Der Therapeut hat sich vom Patienten manipulieren lassen, damit sich der Patient das Eingeständnis, eine kriminelle Tat begangen zu haben, ersparen kann und sich nicht zu ändern braucht, und damit er, der Therapeut, sich nicht durch Meinungsverschiedenheiten mit dem Patienten streiten muss (Vermeidung einer aggressiven Auseinandersetzung, Vermeidung einer Konfrontation). Richtig wäre hier unmissverständliche Verurteilung. Durch diese wird dem Patienten immerhin eine moralische Orientierung gegeben, über die er, aus welchen Gründen auch immer, im Augenblick nicht verfügt.

Der Therapeut hat hier die Aufgabe, eine Funktion für den Patienten zu übernehmen, die jener nicht hat. Der kompromisstheoretische Gesichtspunkt kann trotzdem beim Thema Kriminalität einiges leisten: Es ist die Unterwürfigkeit des Opfers, die den Täter zu immer aggressiverem Vorgehen durch Minderung von Angst und von etwaigen Schuldgefühlen im Täter reizt.

4.19.7.1 Die Rolle der Zuschauer

Eine wichtige Rolle kommt den Zuschauern (»bystanders«) zu (Klassifikation nach Twemlow 2003):

- *»Bully-bystander«* genießen es sadistisch, wie eine Person zum Opfer wird, und gießen möglichst noch Öl ins Feuer, ohne selbst das Risiko, Schuld auf sich zu laden und Vergeltung zu erleben, einzugehen.
- *»Victim-bystander«* möchten dem Opfer helfen, haben aber zu viel Angst, um den Tätern entgegenzutreten und das Opfer zu schützen. Sie empfinden Schuld, nicht geholfen zu haben.
- *»Avoidant-bystander«*, darunter oft Lehrer und sonstiges Schulpersonal, aber typischerweise auch Straßenpassanten oder Nachbarn, verleugnen das, was sie sehen, schauen weg.

Die Täter benötigen und genießen die Zuschauer. Ohne diese haben sie wenig Motivation, die Auseinandersetzung fortzuführen. Es geht um Rituale der Unterwerfung, Einschüchterung und Demütigung vor anderen als Multiplikationsfaktor. Zudem erfasst der Täter (und auch die Zuschauer) oft in einer geradezu unheimlichen Hellsichtigkeit tatsächliche Schwächen des Opfers, die von ihm selbst verdrängt werden. Das Opfer verfällt häufig in Apathie, Hoffnungslosigkeit, Hilflosigkeit oder in Scham, die Erniedrigung verdient zu haben.

Gewohnheiten, Nachahmung (»copycat«, »imitation«, »mimicry«), Streben nach Vorteil und gewiss viele andere Einflüsse sind – wie immer, so auch hier – in einer komplexen Weise wirksam. Namentlich die sensationslüsterne Verbreitung von Verbrechen (fiktiven wie tatsächlichen) durch Presse, Internet und Fernsehen wirkt infolge der allgemeinen Neigung zur Imitation verheerend. Nicht nur Kranke sind Täter, sondern beispielsweise auch Schulkinder und Jugendliche, die nicht an schweren psychischen Auffälligkeiten leiden.

Nachahmung spielt in manchen Kulturen eine besonders große, sogar noch das Erwachsenenalter beherrschende Rolle (Twemlow 2003). Insbesondere bei Drogen und Alkoholsucht werden der pharmakologische Aspekt und die Macht der Gewohnheit übersehen.

4.19.8 Suizidtendenzen

Hier ist anzugeben: keine. Liegen doch Suizidtendenzen vor, gleich aus welchen Gründen, ist die Therapie aus fachlichen Gründen, auch aus Haftungsgründen, ohnehin einem psychiatrischen Psychotherapeuten zu überlassen. Dieser sollte kurz darlegen, weshalb er glaubt, den Patienten ambulant behandeln bzw. die Suizidgefahr bändigen zu können, bzw. er sollte glaubhaft machen, dass ambulante Psychotherapie keine höhere Selbstmordgefahr mit sich bringt als stationäre (oder diese etwa erst recht Suizidgefahr erzeugen würde).

5. »Somatischer Befund bzw. Konsiliarbericht«

Hier sind Ausführungen nur dann erforderlich, wenn sie von Bedeutung sind für das Verständnis der Psychodynamik. Sonst genügt: unauffällig.

6. »Psychodynamik der neurotischen Erkrankung«

6.1 Konkurrenz der Konzepte

Es geht hier immer um das Unbewusste, Intrapsychische und Konflikthafte, aber nicht nur im Patienten, sondern auch im Therapeuten und zwischen Therapeut und Patient (»irreducible subjectivity« in Diagnostik und Therapie, Renik 1993). Empathie, Übertragung, Gegenübertragung, Abstinenz, Neutralität – auf beiden Seiten – sind zentrale Konzepte zum Erfassen (und zur Behandlung) der Psychodynamik, die sich in der Beziehung, in der therapeutischen Dyade entfaltet. Sie sind unter ›7.4 Erstinterview‹ mit ihren Pros und Kontras ausführlich dargestellt, so auch mit den Gefahren ihrer jeweils einseitigen Hervorhebungen und naiven Verkürzungen, die diese unentbehrlichen Grundkonzepte immer wieder erlitten haben.

Spätestens hier wird auch jedem bewusst, in welchem Maße wir unseren Lieblingsvorstellungen von der Motivation menschlichen Handelns anhängen, also unter Inkaufnahme eines gewissen Reduktionismus einen Bezugsrahmen verwenden. Nicht ganz zu vermeiden ist dabei, dass wir in dem Augenblick, in dem wir ein Konzept verwenden, auch immer etwas der Versuchung unterliegen, es zu reifizieren. Einmal benannt, gewinnt es dann ein gewisses Eigenleben und wird unweigerlich zu einem Fokus, auf den sich Therapeut und Patient kollusiv einigen. Hierzu verführen insbesondere solche Themen, die sich jeweils aktuell der gesellschaftlichen Aufmerksamkeit erfreuen, wie zum Beispiel seit 1990 der Missbrauch in der Kindheit, »mangelnde Spiegelung in der Kindheit«, »Trauma« in nahezu beliebigen Bedeutungen, projektive

Identifikation, Borderline, Narzissmus, Empathieverlust sowie viele Diagnosen aus der ICD-10 (Smith 2003).

Die eigene Beteiligung oder Urheberschaft anzuerkennen, ist für die Patienten immer schmerzlich (»pain of ownership«, ebd.) und es ist leichter, dem Unerwünschten und Schmerzenden einen interessant klingenden Namen (am liebsten einen Doppelnamen) zu geben und es außerhalb des eigenen Macht- und Verantwortungsbereichs anzusiedeln. Unerlässlich ist in jedem Fall, gleich welcher Theorie der Therapeut anhängt, dass er seine Ideen mit seinen klinischen Wahrnehmungen ständig vergleicht und ihren Wert an diesen misst (Schlesinger 2003, der sich vehement gegen »metapsychologische Exzesse« wendet).

Der Bezugsrahmen wird in der Regel der sein, den wir in unserer Ausbildung erlernt und insbesondere von unseren Ausbildern sowie »aus der Gruppendynamik lokaler und nationaler analytischer Vereinigungen und deren Untergruppen, mit deren spezifischen soziokulturellem Hintergrund […] und lokalen Jargons« (Moser 1997, S. 82f.) übernommen haben, in dem wir uns also zu Hause fühlen, wahrscheinlich etwas modifiziert – es sei denn, wir waren ernsthaft damit unzufrieden. Ist die Ausbildung erst einmal innerlich verankert, ist es im Grunde kaum noch möglich, selbst einfache klinische Daten unvoreingenommen zu erheben, von den Konstruktionen und Interpretationen ganz zu schweigen (Spence 1982; Schafer 1983). Die weitere Ausgestaltung der Theorie und Technik innerhalb dieses erlernten Rahmens wird dann durch den individuellen Charakter des Therapeuten bestimmt, und zwar weit mehr als vermutet (Grossman, L. 1999). Die eigenen Charakterzüge werden soweit rationalisiert (Grossman, L. 1999), dass sie sich unauffällig und schwer analysierbar durchsetzen. Es hat daher wenig Sinn, über »korrektes« oder »richtiges« Vorgehen zu streiten. Angesichts der Diversifizierung der theoretischen Ansätze, der individuellen Ausgestaltung sowie der Komplexität des Gegenstandes muss eine gewisse Konfusion und Ungewissheit ertragen werden können (Skorczewski 2004). Patient und Therapeut »einigen« sich schließlich auf eine Story, d.h. auf eine der vielen möglichen Varianten von Verstehen und Fühlen.

Die libidotheoretisch definierte Traumatheorie Freuds (mangelnde Abfuhr der Libido, Überschwemmung des Ichs mit Libido, dadurch ungute Erregung und Schwächung des Ichs) ist obsolet (Eagle, M. N. 1988). Im Folgenden wird besonders die, allerdings um Gesichtspunkte der Intersubjektivität und des objektrelationalen Denkens erweiterte »Ichpsychologie«, besser Post-Ich-

Psychologie (Wallerstein 1998) oder »Es-Ich-Überich-Psychologie« (Rangell 1998) oder Strukturtheorie (Arlow/Brenner 1964), am besten wohl aber als erweiterte Kompromisstheorie (»compromise formation theory«, ähnlich: »North-American psychoanalytic theory«, moderne Konflikttheorie) zu bezeichnende psychoanalytische Theorie berücksichtigt. Sie wird heute von unterschiedlichen psychoanalytischen Theoretikern der internationalen psychoanalytischen Gemeinschaft bevorzugt verwendet (Blum 1999). Sie ist sehr leistungsfähig – nur unterziehen sich viele Therapeuten nicht der Mühe, sie in ihrer ganzen Tiefe und Komplexität konsequent anzuwenden. Dabei werden die oben angeführten strukturbezogenen Konfliktkomponenten durch die »erfahrungsnäheren« (Harris 2005) Begriffe Wunsch (Abend 2005; Holt 1976), schmerzlicher Affekt (Angst, Schuld, Scham; Abend 2005; Brenner 2002) und Abwehr ersetzt. Von Trieben ist bei diesen Autoren nicht mehr die Rede – sie liegen allenfalls dahinter, »im abstrakten Dunkel« (Smith 2005). Bei den Wünschen handelt es sich nicht nur um libidinöse, sondern ebenso um aggressive, denen »Vergnügungs«-Charakter zukommt (m. E. besser als »Lust«). Aggressive Regungen entstehen nicht nur durch Frustration, sondern haben auch ihr eigenes Leben mitsamt der Abwehr gegen sie.

6.1.1 Kompromisstheorie: Symptombildung als Kompromiss

Die Kompromisstheorie nimmt an, dass ein dynamischer Zustand von Gegensätzlichkeit zwischen verschiedenen psychischen Komponenten – nämlich Wünschen, Ängsten, Schuldgefühlen, Schamgefühlen und Abwehren – gegeben ist, bis sie zu einem Kompromiss verarbeitet werden. Dabei wird unterstellt, dass jeder Mensch auf den besten Kompromiss kommt, der ihm jeweils gerade möglich ist. De facto sind manche Kompromisse jedoch als Krankheitssymptome einzuordnen, und manchmal ist schwer nachvollziehbar, dass es sich um Problemlösungen handeln soll. Was von außen fehlerhaft und erfolglos aussehen mag, ist in Wirklichkeit das Ergebnis eines unbewussten Plans, mit inneren Konflikten fertig zu werden. Diesen Plan zu verstehen, ist wichtiger, als sich die Frage zu stellen: Was versteckt bzw. verdrängt der Patient, was wehrt er ab? Solche Fragen haben auch leicht etwas Verfolgendes und Anklagendes (Schlesinger 2003; Busch 2005; Sampson/Weiss 1977).

Ziel der psychoanalytischen Therapie ist es, den unvorteilhaften Ausgang der Konflikte in Form der kompromisshaften Symptomatik zu verstehen und ihn in einen günstigeren zu verwandeln (Abend 2005). Die einzelnen Konfliktkomponenten können dem Patienten nur in kleinen Schritten und in einer angepassten Sprache vermittelt werden (Abend 2005). Dabei werden die Abwehr (in Form der verschiedenen Abwehrmechanismen, s. Kapitel 4.18) und deren Motive (Angst, Schuld- und Schamgefühl) zuerst gedeutet, erst danach die abgewehrten Inhalte (Wünsche). Wird diese Reihenfolge nicht eingehalten, also die Abwehr missachtet, so erlebt der Patient dies als aufgezwungen, uneinfühlsam und taktlos. Er reagiert dann mit flacher Zustimmung, Intellektualisierung, verdrossenem Schweigen, offenem Protest oder vermehrter Abwehrhaltung (Schafer 2005).

Schon Rapaport (1960) hatte in der Kompromisstheorie nicht ein homogenes Erklärungsmodell gesehen, sondern einen ungeordneten Haufen (»congeries«) von Teiltheorien des psychischen Funktionierens, der Entwicklung, der Psychopathologie und der Therapie. Diese Teiltheorien seien unterschiedlich weit entwickelt, teils nur lose miteinander verbunden, teils in Maßen zueinander passend, teils auch gar nicht. George Klein (1976) traf eine nützliche Unterscheidung zwischen klinischer Theorie (»clinical theory«) und allgemeiner Theorie (»general theory«). Die klinische Theorie umfasst alles, was sich im Behandlungsraum ereignet, einschließlich Übertragungen und Gegenübertragungen. Die allgemeine Theorie bezieht sich auf Konzepte, die mit der klinischen Theorie höchstens lose verbunden und empirisch nicht nachprüfbar sind. Diese Konzepte betreffen zum Beispiel das Strukturmodell Ich – Es – Überich, das Wechselspiel von paranoid-schizoider und depressiver Position im Kleinianismus, das Hin und Her der internalisierten Selbst- und Objektrepräsentanzen, die Integrität oder Vulnerabilität des Selbst und die sogenannte Identität. Der Autor schlägt »theoryectomy« vor.

6.1.2 Kompromisstheorie nach Gray

Am konsequentesten hat Gray (1973; 1982; 1986; 1987; 1991; 1992; 2000; 2005 – nach Levenson 2007) die Kompromisstheorie verfochten, für ihre Leistungsfähigkeit plädiert und an einer entsprechenden Behandlungstechnik festgehalten bzw. diese erstmals genauer ausgearbeitet. Er wendet sich mit guten Argumenten gegen deren verbreitete Herabsetzung als »veraltet, dürftig, autoritär oder als eine Einpersonen-Schule«. Damit hat er eine große Diskussion entfacht. Die schon totgesagte Kompromisstheorie erlebte eine Renaissance. Gray konnte nachweisen, dass die Behandlungstechnik nicht mit der Ersetzung des topographischen Modells durch das strukturelle Modell durch Freud Schritt gehalten hatte. Nach wie vor arbeiteten die Therapeuten zu wenig am Ich und seiner Abwehrtätigkeit und blieben am direkten Aufdecken des Unbewussten hängen, obwohl sie seit Erscheinen von Anna Freuds *Das Ich und die Abwehrmechanismen* (1936) die Vorrangigkeit der Abwehranalyse zungenfertig betonten (»zuerst die Analyse der Abwehr, dann die Analyse des Abgewehrten«). Abwehranalyse, obwohl theoretisch seit Langem gefordert, sei praktisch nie durchgeführt worden, das darin steckende Potenzial verschenkt worden. Ich selbst kenne aber immerhin einige Therapeuten, die sich zeitlebens streng an die Abwehranalyse gehalten haben, mit guten Ergebnissen. In analytischen Zeitschriften unserer Tage ist aber von Abwehranalyse wenig zu lesen, umso eher findet man beispielsweise Formulierungen wie diese: »Konstruktionen aus der Gegenübertragung […] eine Idee darüber, was der Patient z. B. durch das Erzählen einer Episode mitteile […] warte, ob mir der Patient den roten Faden geben kann […] Idee, der traumatisierte Patient müsse ›verführt‹ werden […] Konstruktionen des Analytikers stoßen Erinnerungen des Patienten an, die somit diese Konstruktionen begründen« (ohne Suche zufällig den DPV-Informationen Nr. 42, März 2007, S. 23f. entnommen). Hier sucht der Therapeut direkt nach dem Unbewussten, unter Umgehung der Abwehr, und arbeitet so wesentlich näher an Religion, Intuition, Meditation mit Erleuchtung, Poesie und Kunst denn nahe einem Handwerk, wie es sich Gray vorstellt. Der Zirkelschluss wird nicht als solcher wahrgenommen. Der Analytiker ist sich selbst der Nächste und er glaubt, damit auch dem Patienten am nächsten zu sein. In Abwandlung der Frage: »Darf es ein wenig früher sein?«, könnte man seit 20 Jahren fragen: »Darf es ein wenig mehr der Therapeut sein?« War es früher ein Wettlauf in die möglichst frühe Vergangenheit, ist es jetzt ein Wettlauf zu sich selbst bzw. zu dem, was man davon glaubt zu wissen oder zu fühlen, und ein Wettlauf zu einem Zusammenhang zwischen sich und dem Patienten (»Darf es ein wenig enger sein?«).

In der therapeutischen Realität nutzten die Therapeuten, so Gray, die übertragungsbedingte Autorität des Therapeuten (s. Renik 1992: »unearned authority«) dazu aus, die Abwehr zu beeinflussen, sie zu umgehen oder sogar zu verstärken oder den Patienten zu zwingen, die Abwehr aufzugeben, um an das unbewusste Material direkt heranzukommen und es bewusst zu machen, statt die Abwehr systematisch zu analysieren und so zu mildern oder aufzulösen. Entgegen ihren Lippenbekenntnissen habe die Psychoanalyse niemals eine Methodologie entwickelt, die Abwehr konsequent zu analysieren und die dazu erforderlichen Ich-Funktionen des Patienten zu trainieren, sondern habe diese noch unterdrückt, um durch eine übertragungsbedingte Autorität Abwehren zu umgehen. Hier handele es sich um nichts anderes als Reste der suggestiv-hypnotischen Therapie.

Konsequent setzt Gray an die Stelle der »gleichschwebenden Aufmerksamkeit«, mit der seit Freud der Therapeut zuzuhören habe, um mit einem angeblichen »dritten Ohr« das unbewusste Material des Patienten aufzunehmen, die volle Konzentration des Therapeuten auf eine ganz andere Art des Zuhörens: Zweckgerichtet auf die Art der Abwehr zu achten. Folgerichtig sieht er in der Analyse keine Kunst. Analyse als Kunst beanspruchte »kreatives, intuitives, freiflottierendes Sich-Einfühlen«. Damit war bei Lehranalytikern nicht selten Stolz auf musikalisches Verständnis und hohe Bildung verbunden, die sogar argumentativ und nicht ohne Eitelkeit ins Feld geführt wurden. Gray plädiert hingegen für ein nüchternes Handwerk, das alles andere als frei flottiert, sondern sich auf die Ich-Funktion Abwehr und damit auf den inneren Konflikt konzentriert, und zwar immer in der konkreten momentanen Behandlungssituation, wenn gerade das Abgewehrte kurz vor dem Bewusstwerden steht und die Abwehr beginnt. Dabei beobachtet er, wie aufkommende Triebregungen über Angst-, Schuld- und Schamsignale jeweils bestimmte Abwehren hervorrufen, die das Ziel verfolgen, das unbewusste Material vom Bewusstsein fernzuhalten. Hierauf kann der Therapeut den Patienten hinweisen und ihn gleichsam darauf trainieren, selbst auf solche Abwehrvorgänge zu achten. Der Patient soll also lernen, hierzu seine reifen Ich-Funktionen der Selbstbeobachtung einzusetzen und einzuüben. So entstehe im analytischen Prozess ein Arbeitsbündnis zwischen dem Therapeuten und den gesunden, autonomen, selbstbeobachtenden Ich-Funktionen des Patienten, nachdem diese gestärkt seien (»the patient's relative autonomous, mature observing ego«, Gray 1973; »rational alliance with this healthy part of the ego in analyzing its unconscious defense activities […] rational, self-contemplative part of the patient's ego […] the analysand's higher-order, rational capacities […] learning process about the unconscious ways in which the patient's ego dealt with unconscious conflict«, Gray 1986).

Gray zielt auf ein Aufmerksamkeitstraining in diesem Sinne, also auf eine intellektuelle Fähigkeit im Patienten, und zwar durch ebenso intellektuell klare Interventionen, und lässt sich auch in dieser Auffassung nicht durch Einwände, eine so geführte Analyse sei blutlos und intellektuell, beirren: Die Intelligenz des Patienten einzusetzen sei nicht gleichbedeutend mit Intellektualisierung.

Was der Therapeut – im Gegensatz zur geübten Praxis – nicht tun soll: die unbewussten Inhalte aufdecken und den Patienten zu diesen überreden. Hierdurch schwäche er die aktive Teilnahme der gesunden, autonomen Ich-Fähigkeiten des Patienten zur Selbstbeobachtung. Er soll ihn auch nur auf diese seine mentale Funktionsweise, die sich in der Sitzung zeigt, hinweisen, nicht auf seine Lebensführung. Gray lehnt eine therapeutische Orientierung auf das Außenleben des Patienten, wie sie bei konventioneller Behandlung eintrete, ab, weil es therapeutisch nicht darum gehe, wie der Patient draußen funktioniert. Dies sei eine therapeutisch unerwünschte Verschiebung. Ihm kommt es darauf an, dass der Patient erlebt, wie er in der therapeutischen Situation mit seinen Wünschen umgeht (»focusing on the mind and not the life«).

Nach Grays Konzept beruht neurotische Pathologie auf gewohnheitsmäßig eingeschliffenen, überholten Abwehrmustern und der Patient soll lernen, diese zu erkennen. Der Therapeut müsse alle Interventionen vermeiden, die es dem Überich des Patienten oder dem auf den Therapeuten projizierten, externalisierten Überich ermöglichen könnten, die Selbstbeobachtung einzuschränken und die Abwehr zu verstärken. Daher schade die Auferlegung der Grundregel (freie Assoziation) – sie schränke das Ich nur ein – und daher sei die Neutralität des Therapeuten so wichtig. Er dürfe sich nicht projektiv die Rolle der richterlichen Autorität aufdrängen lassen. Dies erinnert an die Forderung Reniks (1993; 2001), derartige Übertragungen im Sinne einer »unearned authority« schon an der Entstehung zu hindern. In der traditionellen Analyse wurde Gray zufolge der Einfluss des Überichs, auch in auf den Therapeuten projizierter Form, nicht nur übersehen, sondern dieser diente zudem noch der suggestiven Macht des Therapeuten über den Patienten. Auch dadurch wurde das Ziel, die rationalen Fähigkeiten des Patienten zur Selbstbeobachtung des inneren Konflikts zu stärken, verfehlt. Nicht besser sei aber die Übernahme des Überichs durch den Therapeuten, wenn es sich um die benignen, erlaubenden und beschützenden Aspekte des Überichs handele, wie sie auch in den seinerzeit aufkommenden »widening scope«-Analysen (so z.B. Kohut 1971) deutlich geworden seien, aber meines Erachtens auch bei Weiss und

Sampson (1986) und ihrem Konzept der Vermittlung von Sicherheit, die es dem Patienten erlaube, Unbewusstes zum Bewusstwerden zuzulassen. Hier werde der Therapeut zu einer erlaubenden, mütterlichen, liebevollen Instanz, allerdings in fataler Übereinstimmung mit dem bidirektionalen Bestreben der Therapeuten und Patienten, sich gerne so zu sehen und das Aggressive zu vermeiden. Auch hier werde von der eigentlichen Aufgabe, die reifen Funktionen der Selbstbeobachtung der Abwehr zu fördern, abgelenkt. Denn auch hier werde, durch Erlaubnis des wohlwollenden Überichs, die Übertragung eingesetzt, um die Abwehr zu umgehen und Abgewehrtes zum Bewusstsein zuzulassen. Somit helfe die Übertragung, den Konflikt selbst nicht zu berühren und nicht die Beobachtung des Konflikts und insbesondere nicht die Beobachtung der Abwehr einzuüben. Größere Autonomie von unbewussten Überich-Aktivitäten sei auf diese Weise ebenfalls nicht erreicht – wenn sich auch die Verinnerlichung einer wohlwollenden Autorität auf den Patienten günstig auswirke. Im idealen Fall sei der Therapeut auch in dieser Hinsicht neutral und nicht etwa »verständnisvoll« im Sinne von Wohlwollen. Dies heiße nicht, dass er etwa eine harte, zurückgezogene Haltung einnehmen solle. Er müsse eine besorgte und taktvolle Haltung einnehmen, sich dabei aber seiner rationalen Arbeit verpflichtet fühlen.

Das Auftauchen von Erinnerungen und Träumen sieht Gray als Verschiebung von der Therapiesituation in eine frühere Zeit und an einen anderen Ort – und gerade dies als seinen eigenen aktiven Abwehrvorgang zu erkennen, solle der Therapeut dem Patienten helfen. Gerade das Auftauchen von Erinnerungen und von Träumen ist nach Gray ein beliebter, dem Therapeuten üblicherweise (verführerischerweise) scheinbar entgegenkommender Abwehrvorgang mit dem Ziel, der Enge und Hitze der therapeutischen Situation zu entkommen. Also habe der Therapeut besonders auf die Momente zu achten, in denen der Patient auf Erinnerungen ausweicht, und auf das, was er gerade zuvor sagte, und den Patienten darauf einzuüben, selbst darauf zu achten, dass er gerade in diesem Moment in Erinnerungen und Träume geflüchtet ist, weil er sich dort sicherer fühlt. Später sei das Auftauchen von Erinnerungen freilich auch ein Zeichen einer positiven Entwicklung, da es anzeige, dass die Abwehr nicht mehr im alten Ausmaß benötigt wird, beispielsweise wenn der Patient es sich erlauben könne, aggressive Gefühle, etwa gegen seine Eltern, zuzulassen. Dies sieht Gray aber als ein Ergebnis einer gelungenen Therapie, nicht als Therapie selbst an.

Unter ›Genese der Neurose‹ versteht Gray folgerichtig die Genese der Abwehren: Wie und warum kam der Patient zu der Überzeugung (s. hierzu die »false beliefs« bei Sampson/Weiss 1977), besondere Abwehren gegen gefährliche Wünsche zu benötigen, um solche Wünsche vom Bewusstsein fernzuhalten und sich somit sicher zu fühlen, und meines Erachtens: Was hat den Patienten in der Folgezeit gehindert, solche Abwehren aufzugeben?

Dies hat auch Auswirkungen auf Grays Verständnis der in unseren Zeiten so hochgehaltenen Gegenübertragung. Gray glaubt auch in diesem Punkt konsequent, dass es nicht auf unsere Gefühle oder auf unser »drittes Gehör« für das Unbewusste im Patienten ankomme, sondern auf die genaue Beobachtung in der psychotherapeutischen Situation, wann und wie der Patient seine ihm gefährlich erscheinenden Triebabkömmlinge abwehrt. Seine eigenen Konflikte müsse der Therapeut genauso angehen wie die des Patienten, d. h. durch konsequente Abwehranalyse. Die traditionelle Untätigkeit in der Abwehranalyse sei auf Gegenwiderstand des Therapeuten zurückzuführen.

Von den Triebabkömmlingen standen dabei für Gray aggressive Regungen so sehr im Vordergrund, dass ihm Einseitigkeit und Nähe zum Kleinianismus vorgeworfen wurde. Er hielt jedoch daran fest, dass die Bearbeitung der Abwehr gegen aggressive Regungen an erster Stelle stehen müsse, damit der Patient sie produktiv und sublimierend verwenden könne. Ursache für die Vernachlässigung dieser Bearbeitung sei die Furcht der Behandler, selbst zur Zielscheibe der Aggression des Patienten zu werden. Die überragende Bedeutung der Aggression als Triebabkömmling (von ihm wie auch schon vom späteren Freud als Trieb verstanden) bewog Gray, das Überich als Instanz der Abwehr gegen aggressive Regungen bevorzugt zu analysieren, um dem Patienten den vollen Zugang zu seinen aggressiven Wünschen zu ermöglichen. Er weist darauf hin, dass Behandler wie Patient sich mit Aggression nur allzu gern in der Vergangenheitsform und anhand anderer Personen befassen (Verschiebung bzgl. Zeit, Ort und Person), um die Aggression gegen den Behandler, die negative Übertragung des Patienten, während der Sitzung außen vor zu lassen. Ihn wundert daher die Beliebtheit des interpersonellen Ansatzes keineswegs, geschieht doch Aggression in diesem Modell interpersonell, also gewissermaßen in Verschiebung auf eine dritte Instanz, und Patient wie Therapeut bleiben verschont.

Gegen Einwände, er wende sich einseitig den Abwehren der aggressiven Regungen zu und vernachlässige dadurch andere Konflikte, verteidigte sich

Gray mit dem Argument, dass die intensive Bearbeitung der Abwehr gegen aggressive Strebungen auch einen besseren Zugang zu den sexuellen Leidenschaften ermögliche. Die Patienten müssten dann weniger Vergeltungsängste fürchten.

Die Triebe sieht Gray nicht in ihrer Wichtigkeit gemindert, ihre Bedeutung bestehe aber nur darin, dass sie im Ich Angst (sowie m. E. auch Schuld- und Schamgefühle) auslösten. Sie bedürften keiner Interpretation durch den Therapeuten. Es sei nicht die Aufgabe des Therapeuten, sie bewusst zu machen, wie Freud und seine Nachfolger es postuliert hätten. Krankmachend sei hingegen allein das irrationale Gefühl von Angst, mit dem das Ich auf die Triebe reagiere. Werde diese gemildert, setzten sich die Triebabkömmlinge auf ihrem Weg zum Bewusstwerden selbst durch. Man beachte hier die Ähnlichkeit mit der Techniktheorie von Sampson und Weiss (1977), nach denen unbewusstes Material dann auftaucht (und zwar ohne Interventionen des Therapeuten), wenn der Patient sich sicher genug fühlt. Nur geht Gray aktiver vor: mit einer gezielten Bearbeitung der Abwehr (und des Überichs), einem intensiven Arbeitsbündnis mit den selbstbeobachtenden Ich-Anteilen des Patienten und mit einem Minimum an nie ganz vermeidbarer suggestiver Beeinflussung durch die Autorität des Behandlers – was Kritiker nicht davon abgehalten hat, in ihm einen autoritären »Ein-Personen-Therapeut« zu sehen.

Empathisches Arbeiten an der Oberfläche, d.h. an der Abwehr, bedeute nicht Oberflächlichkeit in der therapeutischen Arbeit. Gray meint, dass der Patient in seinen Ich-Fähigkeiten traditionell unterschätzt wird. Seine gesunden, selbstbeobachtenden Ich-Fähigkeiten zur Zusammenarbeit mit dem Behandler, zur Selbstbeobachtung und zur besseren Nutzung der Triebabkömmlinge seien riesig, wenn erst einmal die Abwehr systematisch und mit klaren Worten – und nur während der therapeutischen Sitzung – analysiert sei. Auch in seinem Unterricht für Studenten und als Supervisor zeigte Gray die gleiche intellektuelle und dadurch überzeugende, erfolgreiche Klarheit (Levenson 2007).

Gray ist ein höchst innovativer Denker und Kliniker in der analytischen Techniktheorie, er fordert nicht weniger als eine Revision der hergebrachten Behandlungstechnik (Levenson 2007). Dies konnte freilich nicht verhüten, dass er, wie üblich bei originellen, in die Tiefe gehenden Pionieren, zunächst als formalistisch, früheren Zeiten verhaftet, rigide, zwanghaft, intellektualisiert, beschränkt (Phillips 2006), oberflächlich und reduktionistisch abgetan wurde. Dabei weisen seine Meinungen überraschende Übereinstimmungen mit anderen Richtungen der Gegenwart auf: Seine Betonung der Wichtigkeit aggressiver Regungen und seine Konzentration auf den analytischen Prozess selbst stimmen mit dem modernen Kleinianismus überein. Die Betonung der gewaltigen Reserven des Patienten in der Genauigkeit der Selbstbeobachtung nehmen aktuelle Erkenntnisse über die psychischen (zerebralen) Potenzialitäten vorweg (Levenson 2007) und betonen die Ich-Funktionen in der hier vorgestellten Kompromisstheorie.

6.1.3 Patchwork-Konzepte und »babelization«

Wenn wir auch nach sorgfältiger Prüfung des jeweils gewohnten eigenen Konzeptes den Patienten nicht verstehen können und nicht als doktrinär gelten möchten (Moser 1997), müssen wir Anleihen bei anderen Schulen – psychoanalytischen oder nicht psychoanalytischen – machen, also mit Patchwork-Konzepten einverstanden sein (»babelization«, zit. n. Jimenez 2005).

6.1.4 Pluralismus, unreflektierte Auswirkungen von Patchwork-Konzepten auf Patient und Therapeut

Die Entwicklung in der Psychoanalyse scheint in Richtung eines Pluralismus zu verlaufen, und zwar nicht nur für unterschiedliche Diagnosen, sondern auch innerhalb der gleichen Diagnose. Patienten haben vielfältige Schwierigkeiten auf unterschiedlichen Gebieten (Trieb, Ich, Selbst und Objektbeziehungen). Pine (1998) hält daher den Pluralismus für unentbehrlich und warnt vor Einseitigkeiten. Theorien seien keine Vorschriften, sondern Orientierungsmöglichkeiten. Ähnlich lobt Loewald (1973) den Reichtum an analytischem Gedankengut. Es müsse ein Nebeneinander (»juxtaposition«), Kombination verschiedener Auffassungen und das Oszillieren zwischen ihnen geben. Gabbard (1994) fordert diversifizierte Theorien nicht nur für bestimmte zeitweilige Konstellationen in einem Patienten, sondern auch für bestimmte Diagnosen.

Andererseits hat eine beständige Theorie des Therapeuten einen günstigen Einfluss auf den Patienten und auf den Therapeuten selbst. Nicht zuletzt hierdurch wird dem Patienten die Ausbildung einer zusammenhängenden und anhaltenden Übertragung erleichtert. Der Patient kann durch das Wandern von einer Theorie zur anderen verwirrt werden (Ornstein/Ornstein 2005) und sich durch das unreflektierte Brillierenwollen des Therapeuten kleingemacht fühlen. Konstanz und Einheitlichkeit hingegen unterstützen die Atmosphäre von Verlässlichkeit und Geborgenheit und sind somit wohl wichtiger für die Entwicklung, auch wenn gewisse Beschränkungen damit einhergehen.

Die Fähigkeit, Ungewissheit, ja Verwirrung, zu ertragen, wird heute allgemein jedem Therapeuten abverlangt, unabhängig davon, ob er sich auf eine Schule beschränkt oder aus mehreren Nutzen zieht. Ähnlich Schafer (1997; 2005; »Jeder Zugang bringt Licht und Dunkelheit«). Eine einzelne Richtung könne nicht für alle Fragen zuständig sein. Er plädiert besonders für eine Verschmelzung von ichpsychologischen Vorstellungen mit kleinianischen, hält aber neuerdings an der Kompromisstheorie strikt fest (Schafer 2005). Er wendet sich lediglich dagegen, dass Kompromisskomponenten wie Wünsche, Ängste, Abwehr von Patient und Therapeut wie konkrete, autonome Agenten (»mein Herz drängt/beunruhigt/zwingt mich«, »mein Geist spielt mir einen Streich«) aufgefasst und damit »anthropomorphisiert« werden. Schafer kritisiert den sorglosen Gebrauch einer figurativen, reifizierenden Sprache. Sie führe leicht dazu, dass der Patient ungünstige Aspekte seiner Lebensgeschichte (so Traumen) als unveränderlich ansehe. Sie neigten dann dazu, sich von jeder Verantwortung für diese und für deren Verarbeitung freizusprechen und sich ihnen zu unterwerfen wie äußeren Realitäten, die von seinem psychischen Leben unabhängig sind. Den inneren Objekten werde eine vom Subjekt unabhängige Eigenständigkeit und Aktivität zugedacht, die diesen nicht zukomme. Die Überzeugungen der Patienten müssten vielmehr interpretiert werden. Tatsächlich handele es sich um Abgespaltenes und Abgelehntes, Verleugnetes, nicht Anerkanntes (»defensive split [...] disowning [...] disclaiming«), um Introjekte, die als abgetrennt dargestellt werden. Nur zu gern stelle sich der Patient als deren passives Opfer dar, beispielsweise wenn er sage, er sei von einer Angst, einem Konflikt, einem gefährlichen, verachtenswerten Wunsch verfolgt, beherrscht, von unvereinbaren Wünschen in Geiselhaft genommen, von einem Konflikt innerlich zerrissen oder niedergedrückt, in einen Konflikt hineingestoßen oder ein Ideal konkurriere oder kollidiere mit einem anderen. Ähnlichen Sinnes sind Formulierungen der Therapeuten wie: »Der Patient wird analysiert«, in denen sich der Patient in einer angeblich passiven Position befindet, statt zu sagen: »Der Patient tut dieses und jenes, er erinnert, er lässt sich einfallen, er arbeitet an seiner Angst« (Busch 2005). Unbewusste Fantasien würden hier konkret aufgefasst (»reifiziert«) und wie Dinge oder Wesen behandelt, die ihrer eigenen Wege gehen. Der Nachteil sei, dass die eigene Aktivität (»agency«) dabei nicht mehr erkannt werde, das heißt, dass wir selbst es sind, die etwas wünschen oder sich ängstigen.

Schafers (1991; 1992; 2005) »New Language« zielt darauf ab, durch eine entsprechende Sprache in der Therapie den Patienten dazu zu bewegen, diese fremd gewordenen Untermieter wieder zu integrieren und sich wieder für sie verantwortlich zu fühlen. Sein Einwand des Anthropomorphismus erscheint mir seltsam – schließlich handelt es sich um Menschliches. Wenn in der Psychotherapie etwas anthropomorph ist, muss es nicht deshalb auf diesem Gebiet falsch sein. Wir sagen in richtiger Weise: »Mein Herz ist traurig«, weil wir es so empfinden. In dem Satz: »Ich will meinen Hunger stillen« erscheint der Hunger zwar formal als ein fremdes Wesen, dem man entgegenkommen muss. Schafer würde sagen, der Hunger werde hier als ein autonom handelnder Agent (»autonomously acting agent«), wie ein inneres Objekt dargestellt. Er werde vom Patienten wie eine Marionette behandelt, sei aber nichts anderes als ein abgespaltener Selbst-Aspekt, müsse integriert werden. Schafer versucht, die kleinianische Spaltung (Abspaltung) in das Kompromisskonzept einzubringen. Aber die Kompromisstheorie beinhaltet bereits eine Vielzahl gleichzeitig bestehender Konflikte auf verschiedenen Ebenen, mit jeweils verschiedenen Kompromisslösungen und hat immer schon die Bewusstmachung der aktiven Beteiligung des Patienten zu einem Therapieziel gemacht, besonders die Bewusstwerdung der Ich-Funktion Abwehr. Schafer erkennt nicht, dass es gerade die Einführung von kleinianischen inneren Objekten (i. Ggs. zu den Objektbeziehungen in der Kompromisstheorie) ist, die zur Annahme eigenständig handelnder innerer Agenten verleitet. Er wird die Geister (»homunculi«), die er damit gerufen hat, nicht mehr los.

Ein Gewinn an Verständnis oder Behandlungstechnik ist auch seinen Fallbeschreibungen (Schafer 2005) nicht zu entnehmen. Beispielsweise bringt Schafers Version (in Falldarstellung 2), innere Objekte seien verärgert über den Hochmut des Patienten und er müsse diese deshalb besänftigen, keinen Erkenntnisfortschritt gegenüber einer kompromisstheoretischen Deutung, derzufolge der Patient Wünsche nach Größe und Macht hegt, wegen dieses »Hochmuts« von seinem Vater bzw. (in der Übertragung) von seinem Therapeuten Neid und Vergeltung befürchtet und sich deshalb unterwirft. Greenberg (1991; 2005) meint sogar, das Kompromissmodell betone einseitig die eigene Aktivität: Sowohl die Wünsche als auch die Abwehr werden traditionell als Ich-Aktivitäten aufgefasst, und Freuds Libido ist aktiv auf ein Objekt ausgerichtet. Nach dem Aufgeben seiner Verführungstheorie hätten für Freud, so Greenberg, unbewusste Fantasien, von Außenpersonen beeinflusst zu sein, mehr in den Vordergrund gerückt werden müssen. Diese Kritik geht jedoch meines Erachtens fehl: Freud hat – trotz seiner Abkehr von der Verführungstheorie – keineswegs die Erfahrung des Patienten, Objekt von Handlungen anderer zu sein, vernachlässigt, sondern gemeint, dass der Patient diese in Form eines intrapsychischen Konflikts, der zwischen den individuellen Konfliktkomponenten abläuft, verarbeitet. Bei schon zuvor bestehenden inneren Konflikten wirken die von außen kommenden Einflüsse auf die einzelnen Konfliktkomponenten ein und aktualisieren zusätzliche Konflikte. Das zuvor bestehende, vielleicht neurotische, aber symptomlose Gleichgewicht zwischen den Komponenten wird dadurch gestört. Andernfalls würden Einwirkungen von außen und der intrapsychische Konflikt berührungslos auf verschiedenen Spielfeldern verbleiben.

Oft entsteht in Fallbeschreibungen der Eindruck, dass die eigene erlernte Schule nicht konsequent angewandt und daher vorschnell das Muster gewechselt wird (»leap in our assumptions from one plan to another«, Margulies 1999), um den Anstrengungen der konsequenten Anwendung und dem Vorwurf des Reduktionismus zu entgehen. Für Ausbildungskandidaten in Institutionen, die die Methoden mehrerer analytischer Schulen gleichzeitig lehren, befürchtet Reed (1996) einen Mangel an Fähigkeiten, eine bestimmte Theorie konsequent anzuwenden. Auch Renik (2001, S. 2, Editor's Introduction) warnt vor Pfusch im Denken unter dem Deckmantel des Pluralismus, ähnlich A. Goldberg (2005, S. 264): »Gefahr der Laxheit in der Klarheit und Kohärenz unseres Denkens«. Abend (2005) missbilligt Pluralismus dort, wo er von einer Haltung des »anything goes« oder »we know nothing« getragen ist, kann ihn aber gutheißen, wo er gründlich durchdacht wurde. Auch nach Rangell (1997) soll eine analytische Theorie mit möglichst sparsamen Mitteln arbeiten. Busch (2005, S. 43) spottet, der heutige Analytiker sei ein »zeitgenössischer Freudianer, ein sich der Gegenübertragung bewusster, selbstpsychologisch und beziehungstheoretisch interessierter, Melanie-Klein-inspirierter Ich-Psychologe«.

6.2 Floskelhafte Formulierungen

Unter der Überschrift Psychodynamik (wie auch in anderen Abschnitten des Gutachtens) sind floskelhafte, meist zwei Begriffe miteinander verklammernde Formulierungen entbehrlich wie:
- oral-depressiv,
- analer Geiz,
- analer Trotz (Ist dies die klinische Unterscheidung zu phallischem Trotz oder zu Trotz im Allgemeinen?),
- phallischer Ehrgeiz,
- phallischer Exhibitionismus,
- ödipal-inzestuös (Warum sollen ödipale Strebungen inzestuös sein?),
- Abwehr psychotischer Kerne,
- psychotisches Material,
- psychosenah,
- psychotischer Teil seiner Persönlichkeit (Welche Art von Psychose? Nach welcher Nomenklatur in welchem Land?),
- psychosexuelle Entwicklungsstufen,
- »Urszene« (Deren Beobachten soll, obgleich unter unseren Vorfahren in deren Einzimmerhäusern oder im Freien gewiss ebenso wie die Sexualität der Haustiere Alltagsnormalität, angeblich zu schwersten psychischen Störungen führen. – Unter solchen Umständen wäre es ein Wunder, dass die Menschheit überlebt hat!),
- Kastrationsangst (Richtiger ist es wohl, von Vergeltungs- oder Schädigungsangst oder genitaler Schädigungsangst zu sprechen. Dass ausgerechnet eine Kastration, also die Entnahme der Hoden, bei Aussparung des Penis befürchtet wird, ist nirgendwo belegt und man hätte wahrscheinlich diesen drastischen Ausdruck von der tierärztlichen Fakultät besser dort belassen. – Wie wäre es schlicht mit »Abschneiden«? Der Begriff immerhin einige emotionale Qualität.),
- destruktive Ängste (Warum sollen Ängste immerzu destruktiv sein? Ängste sind Warnsignale.),
- unerträgliche Frustrationen (Bis jetzt hat der Patient sie gleichwohl ertragen.),
- zwanghafte Beherrschung (»obsessional control«, Steiner 2005),
- »sadomasochistic humiliation« (ebd.),

➤ »possessive internalization« (ebd.).

Durchwegs wird eine aggressive, dramatisierende, zugleich sentimental-wehleidige und infantilisierende Sprache verwandt, welche die notwendige Distanz des Autors vermissen lässt und in der Absicht gebraucht wird, den Leser zu manipulieren – eine angestrengte, künstliche Emotionalität, ähnlich der, welche man früher als »hysterisch« bezeichnet hat. Fragwürdig ist es, Erwachsenenverhalten mit angeblichen oder tatsächlichen früheren Entwicklungsstufen zu erklären (Infantilomorphismus) oder umgekehrt vermeintliche oder tatsächliche frühere, normale Entwicklungsstufen aus der Erwachsenenpathologie abzuleiten und nach dieser zu benennen (Adultomorphismus, bes. bei Melanie Klein).

6.3 Adultomorphismus und Pathomorphismus bei Melanie Klein

Pathomorphismus und Adultomorphismus führten zu abstrusen Vorstellungen. So heißt es, der Säugling sei schizoid, depressiv, desorientiert, irrational, verschmolzen, autistisch, narzisstisch, völlig undifferenziert, symbiotisch, egozentrisch, polymorph-pervers und aphasisch. Auf gleichem Niveau lägen Behauptungen, wie der Säugling sei geistig und körperlich behindert, gehbehindert, voller Defekte, die Frau sei ein defekter Mann oder »Briten sind notorische Linksfahrer«.

Ebenso unhaltbar sind Annahmen von Regression zu diesen tatsächlichen oder vermeintlichen Entwicklungsstadien, deren ggf. noch nicht erledigte Aufgaben der Erwachsene einfach wieder aufnehmen und zu Ende bringen könne, um dann linear weitere Entwicklungs-»Stufen« zu bewältigen (unhaltbar nach Levine, F. J. 1977; Peterfreund 1978; Stern 1980; 1985; Renik 1998; 1999a; Übersicht auch bei Eagle, M. N. 1988). Es handelt sich hierbei um grob projektive Zuschreibungen, die einen absurd einseitigen Standpunkt widerspiegeln.

Hinzu kommt, dass Begriffe wie »depressiv« oder »schizoid« wissenschaftshistorisch bereits besetzt waren, als sie von Melanie Klein plötzlich in anderer Bedeutung gebraucht wurden. Es ist ein guter Grundsatz, nicht unnötig neue Begriffe einzuführen, aber ein noch wichtigerer, Begriffe, die bereits besetzt sind, nicht in einem anderen Sinne zu verwenden. – Was mag sie daran gehindert haben, beispielsweise von einer besorgten oder sorgenden oder schuldgefühlshaften Position zu sprechen?

Des Weiteren wird Melanie Klein missverstanden, wenn angenommen wird, dass Kinder oder Erwachsene unbedingt depressiv gewesen sein müssen, sonst seien sie nicht gesund. Oder sie müssten in der Kindheit eine schizophrene Erkrankung im psychiatrischen Sinne durchgemacht haben. Die Fähigkeit, bei innerem oder äußerem Anlass zu trauern und depressiv zu sein, gehört bekanntlich zur gesunden Grundausstattung. Sie sollte nur dann zu einem Therapieziel erklärt werden, wenn sie komplett fehlt. Sie darf auch nicht kategorial verwechselt werden mit depressiven Erkrankungen wie einer psychotischen Depression. Ebenso darf die schizoide Position (nach M. Klein) nicht in die Nähe einer schizophrenen Erkrankung gerückt werden.

Ein intensives, nach außen weitgehend abgeschottetes Innen- und Vereinsleben, das Verlorengehen der breiten Landschaft des Meinungsbildes durch die hervorstechende Eloquenz und Durchsetzungsfähigkeit einiger (Liepmann 1999, S. 20), die Wahrnehmung hoher Bildung bei Kolleginnen und Kollegen und die Einsamkeit der psychotherapeutischen Praxis machen Therapeuten für Idealisierung und Ideologisierung von Theorien anfällig. Beispielhaft ist hier die – immerhin Ärgernis erregende – Ansicht eines Kleinianers (zit. n. Gillespie 1980, S. 88): Ein Magengeschwür sei durch eine böse internalisierte Mutter verursacht worden, welche die Schleimhaut gegessen habe, und daher sei die Operation (teilweise Entfernung des Magens) ein schlimmer Fehler gewesen, der das seelische Unglück nur noch vermehrt habe.

Bader (1994) kritisiert die gängige, historisch gewachsene, das heißt nicht nur von Freud ausgehende, sondern vom großen Chor Späterer ausgeweitete Idealisierung des »analytischen Prozesses« oder »Mikroprozesses« (bei den Kleinianern Kleinsteinheiten – »smallest units« – des Übertragungs-/Gegenübertragungspaares). Nach Bader (1994) und ebenso nach meinem eigenen Eindruck aus Fallseminaren bedeutet die alleinige Konzentration auf den »Prozess« eine extreme Nahsicht und verhindert den Blick auf die allgemeine Bewegungsrichtung in der Therapie. Therapeutische Ergebnisse seien dafür auf einen sekundären, mehr zufälligen Status verwiesen, wenn nicht sogar mit unnötiger und schädlicher Resignation, Gleichgültigkeit, Misstrauen und Ablehnung behandelt (geradezu antitherapeutische Haltung, kritisiert von Renik 2001; 2002). Eine weitere unreflektierte Folge ist meines Erachtens, dass eine solche, nur dem »Prozess« verpflichtete Therapie nicht aus inneren Kriterien beendet werden kann. Denn die Beschäftigung mit den laufenden Schwankungen im Verhältnis zwischen Patient und Therapeut kann endlos weitergehen (»endlose Analyse« und der angeblich »unmögliche Beruf«). Die Folge muss sein, dass therapiefremde Grenzen (bloße Stundenanzahl, die vom Leistungsträger vorgegeben ist) anstelle therapieimmanenter Maßstäbe bestimmen, wann eine solche Therapie beendet wird.

Durch befremdliche (und hierdurch faszinierende) Behauptungen, durch die außerordentliche Betonung angeblicher oder tatsächlicher frühkindlicher Sexualität und detailliert ausgestalteter sexueller Fantasien im Säuglingsalter und durch die strenge Konzentration auf ein Fluktuieren zwischen der paranoid-schizoiden und der depressiven Position im Übertragungs-/Gegenübertragungsspiel bei den Neukleinianern trägt gerade diese Richtung zur gesellschaftlichen Isolierung der Psychoanalyse bei. Ausgeprägte frühkindliche Sexualität mit einem alles beherrschenden sexuellen Fantasieleben einschließlich einer sexuell getönten heftigen Feindschaft und Neid gegen die Mutter muss sich infrage stellen lassen. Beispielsweise wird dem an der Brust saugenden Kleinkind die Fantasie unterstellt, die Brust »sadistisch anzugreifen und zu zerstören«, sie dadurch in ein beschädigtes und rachsüchtiges Objekt zu verwandeln, dies durch eine zunehmende Liebe zur guten Brust und zum väterlichen Penis und durch die beruhigende Anwesenheit der Mutter und die daraus folgende korrektive Beziehung zur Mutter zu kompensieren und so seine »destruktiven« Fantasien und Ängste wieder zu mindern. Die Annahme der Kleinianer, das Kleinkind könne derart detaillierte, sehr früh entstandene oder sogar angeborene Fantasien haben, ist bereits von Stern (1985), aber auch von zahlreichen anderen analytischen Autoren, so von dem angesehenen Analytiker Brenner (2000), zurückgewiesen worden. Dass Objektbeziehungen von Anfang an (sogar in der Embryonalzeit) zur Mutter und auch zur Stimme des Vaters bestehen, wird von Kleinianern gern als Beweis angeführt, heißt aber nicht, dass diese Objektbeziehungen so sein müssten, wie von M. Klein angenommen. Bei den Kleinianern der neueren Generation spielen solche (oder andere) Rekonstruktionen jedoch nur noch eine untergeordnete Rolle.

6.3.1 Weitere Stichwörter zum Kleinianismus

Die gesamte innere Welt des Patienten wird nach den Objektbeziehungen eingeteilt, und zwar in die paranoid-schizoide und in die depressive Position. Hierzu wird möglichst genau darauf gesehen, welche Vorgänge der Patient in der äußeren Welt (vor allem auch im Therapeuten) selektiv beachtet und welche inneren unbewussten Fantasien laufend durch diese vertreten werden – ähnlich wie ein latenter, unbewusster Inhalt durch einen manifesten Traum vertreten wird. Die äußeren Probleme sind die Arena, in der die Probleme der inneren Welt dargestellt und abgehandelt werden. In seiner inneren Welt schwankt der Patient ständig zwischen diesen beiden Positionen.

In der *paranoid-schizoiden Position* ist er von ausgesprochen grausamen aggressiven Impulsen gegen sich selbst und gegen die Mutter getrieben, darunter auch von »masturbatorischen destruktiven« Fantasien und vor allem auch von Neid. Diese aggressiven Regungen ziehen entsprechende Verfolgungsängste (darunter auch die Angst vor dem Neid anderer) nach sich, vom Objekt, vor allem von der mütterlichen Brust und vom »vereinigten omnipotenten Elternpaar« angegriffen zu werden. Es handelt sich dabei um Ängste vor Beschädigtwerden, Vernichtetwerden (»annihilation«) und Fragmentierung (»fragmentation«). Die Mutter wird als reale, externe und als innere Figur durch die »sadistischen Angriffe« entstellt.

Die aggressiven Fantasien und Vergeltungsängste werden mit »schizoiden« Abwehrmechanismen, insbesondere Spaltung, projektiver Identifikation, Identifikation von Körperteilen miteinander und mit Objekten (sog. Teilobjekten und sog. ganzen Objekten), Introjektion von Objekten, besonders böser, Idealisierung und Wiedergutmachung (»reparation«) bekämpft.

Auch »kompensatorische Wünsche« nach Inkorporierung des väterlichen Penis auf oralem, analem oder vaginalem Wege werden zur Angstabwehr eingesetzt. Der Penis dient als Ersatz für den Verlust des mütterlichen Objekts.

Fantasien über das »vereinigte omnipotente Elternpaar« und die – »sadistisch« vorgestellte – Primärszene, die Freude des Vaters an der mütterlichen Brust und der Mutter am väterlichen Penis werden nach Melanie Klein bereits vom Säugling in allen Einzelheiten gehegt.

Das Überich wirkt nach Melanie Klein ebenfalls bereits im Säugling und wird als »primitiv und archaisch« vorgestellt, während das schützende Überich fehlt. Das archaische Überich selbst bewirke enorme Verfolgungsängste.

Melanie Klein postuliert einen Todestrieb von Geburt an und schreibt ihm eine entscheidende Rolle zu. Sie nimmt ferner eine frühe feminine Phase für beide Geschlechter an.

In der paranoid-schizoiden Position herrsche auch »Grandiosität«. Dies ist angesichts des Übermaßes an Verfolgungsängsten nicht leicht verständlich.

Die aggressiven Fantasien und deren Abwehr führen nach Melanie Klein zu psychischen Erkrankungen im Säugling, und zwar zur »Psychose«, zur »Schizophrenie« oder zur »infantilen Neurose«. Die »infantile Schizophrenie« sei weit häufiger als angenommen. Sie biete ein »eigenständiges« Bild, das an der Art der Abwehrmechanismen erkennbar sei, aber sich oft mit bloßer Zurückgebliebenheit oder Unwilligkeit tarne. Sie gehe mit versteckter, aber vernichtender Angst und einer Störung des symbolisierten Denkens infolge der Abwehrmechanismen einher. »Infantile Neurose« beruhe auf einem Abwehrsystem gegen einen psychotischen Kern (»core of psychosis«).

Spätestens hier muss die erhebliche Kluft zwischen dürftiger klinischer Befunderhebung bzw. -beschreibung und schwerwiegender Diagnose und unterstellter intensiver Psychodynamik auffallen. So wurde übersehen, dass die Abwehrmechanismen, auf die sich Melanie Klein so sehr beruft, nicht direkt beobachtbar sind, sondern aufgrund der Theorie vermutet und zur Interpretation eingesetzt werden. Es wird auch nie dargestellt, worin sich die Störungen des symbolisierten Denkens gezeigt haben sollen, und auch eine Abgrenzung zu alltäglichen Störungen oder Minderentwicklung dieser Funktion wird gar nicht erst versucht. Eine »versteckte« Angst kann definitionsgemäß klinisch nicht erfasst werden. Es handelt sich auch hier um eine bloße Vermutung. Das gleiche gilt für die Annahme, dass diese postulierte Angst »vernichtend« sei. Eine »Vernichtung« ist nicht erkennbar, denn offenbar haben diese Patienten überlebt und darüber hinaus die Fähigkeit erworben, eine Psychotherapie zu beginnen, regelmäßig zur Therapie zu erscheinen und die Kosten dafür zu entrichten. Die Annahme eines »psychotischen Kerns« ist aus den gleichen Gründen fragwürdig. Es wird nirgendwo mitgeteilt, wie ein solcher klinisch festgestellt worden wäre. Angesichts der heutigen Erkenntnisse über die Komplexität (Netzwerkstruktur) des Seelenlebens (wie des Gehirns) muten solche Behauptungen zeitbedingt-naiv an, so, als ob es ein zerebrales hierarchisches Zentrum geben könne (»des Pudels Kern«).

Ebenso wenig werden in den Falldarstellungen Melanie Kleins Krankheitsbilder beschrieben, die einer Schizophrenie oder einer wie auch immer gearteten Psychose nahestehen könnten. Diese Begriffe werden willkürlich anders verwandt, als sie, bereits um 1905, besetzt waren.

Aus Symptomen eines Kindes wie z. B. Appetitlosigkeit, Zurückgebliebenheit, »Störung der Symbolisierungsfähigkeit«, Ungehorsam oder »versteckte« Angst, gleich in welcher Form und von welchem Ausmaß, auf eine »infantile Schizophrenie« zu schließen, ist ebenfalls nicht nachvollziehbar. Nicht einmal die Eigenschaft »krankhaft« kann man diesen Verhaltensweisen und Gefühlen zugestehen. Melanie Klein hat hier ein falsches Bild von psychischer Gesundheit oder Normalität zum Ausgangspunkt genommen.

Nach Klein erscheint der Ödipuskomplex bereits sehr früh (in der zweiten Hälfte des ersten Lebensjahres). Sie ordnet ihn teilweise der paranoid-schizoiden, aber vorwiegend der depressiven Position zu.

In der *depressiven Position* überwiegen die Sorge um die Objekte, die jetzt vorwiegend Ganzobjekte seien und denen das Kind bzw. der Patient nunmehr ein Eigenleben und eigene Bedürfnisse zuerkenne, sowie verheerende Schuldgefühle. An vorherrschenden Abwehrmechanismen gegen die Schuldgefühle werden Reparationsmechanismen (Wiedergutmachung, »reparation«), manische Abwehr, Omnipotenz, Verleugnung, Idealisierung, Triumph, Introjektion, Identifikation mit dem guten Objekt sowie Regression zur paranoid-schizoiden Position genannt. Das dauerhafte Erreichen der depressiven Position wird als Zeichen von Reife gewertet.

Melanie Klein glaubt an eine reiche innere Welt mit vielfältigen inneren Objektbeziehungen und heftigen Affekten bereits im Säugling. Analog zu dieser Welt, aber um einiges später, gäbe es ichpsychologisch gesehen präödipale und ödipale Enttäuschungen in solchen Situationen, in denen es dem Kind nicht gelingt, einen Elternteil auf die eigene Seite zu ziehen (präödipale und ödipale Verlierersituation, präödipaler und ödipaler Neid, ödipale Eifersucht).

Im Kleinianismus werden die Ängste, dass die qualvolle Situation anhalten oder sich noch verschlimmern werde, betont. Ängste sind entscheidender als die Qualen selbst, die Zukunft ist daher wichtiger als die Gegenwart. Reale Erlebnisse wie Trennung, Verlassensein, Mängel, Entwertung treten in ihrer Bedeutung zurück (»psychic reality over external reality«, M. Klein 1937). Eine späte Stützung erfuhren solche Annahmen (aber nicht in solchen speziellen Ausprägungen) durch neurobiologische Erkenntnisse: Außenreize werden im menschlichen Gehirn durch die Verschaltung der Neuronen 10.000fach verstärkt – in welche Richtung, entscheidet das Gehirn. Von außen kommende

Einflüsse werden damit stark relativiert, verglichen mit der endgültigen Wirkung, die das Gehirn daraus macht.

Im Widerspruch zur eigenen Annahme des entscheidenden Gewichts innerer Vorgänge gründet sich der große kleinianische therapeutische Optimismus aber auf gute Einflüsse von außen (»good mothering«, »gute Therapie«).

In der zweiten (Hanna Segal, Betty Joseph) und dritten Generation der Kleinianer ist es zu nicht unerheblichen Änderungen im Kleinianismus gekommen: Betont werden nun nicht mehr Körperteile (wie z. B. die verschlingende, böse Brust bei Melanie Klein) als Objekte der frühen Erfahrung, sondern mehr konventionelle Erfahrungen wie Hoffnung, Verzweiflung, Abhängigkeit, Verleugnung und Idealisierung. Außeneinflüsse in der Vergangenheit und Gegenwart werden jetzt höher gewichtet, aber weiterhin nur, soweit sie unbewusste innere Bedeutung erlangen, das heißt, die psychische Realität zählt weiterhin letztlich allein. – Dies ist aber beim ichpsychologischen Modell nicht anders.

Kleinianer der zweiten und dritten Generation verzichten weitgehend auf Rekonstruktionen, legen keinesfalls das Schwergewicht auf diese und konzentrieren sich auf die ständig fluktuierenden unbewussten Fantasien (psychische Realität) des Patienten in der Therapie, die immer eine bestimmte momentane Übertragungsbedeutung haben. Sie beachten dabei vornehmlich den raschen Wechsel zwischen paranoid-schizoider und depressiver Position und nicht so sehr – wie Freud – die ersten Beziehungspersonen der Kindheit im »realen Leben«. Dementsprechend betonen sie auch – im Gegensatz zu Melanie Klein – den unschätzbaren Wert der momentanen Gegenübertragung als Erkenntnisquelle. Sie fassen die Gegenübertragung als rein vom Patienten mittels projektiver Identifikation induziert auf (ähnlich »protective projection« zur Bewahrung guter Eigenanteile im anderen). Ganz anders als bei Melanie Klein wird hier nun die Wichtigkeit externer realer Objekte anerkannt, man konzentriert sich sogar darauf, wie der Patient seine Realität aus den äußeren Objekten wiedererschafft. Man ist abgerückt von der Einpersonenpsychologie und ihrem rein innerpsychischen Begriff von projektiver Identifikation, hat somit auch die projektive Identifikation anders verstanden: nämlich mit Bion als einen intersubjektiven Vorgang, der beide Teilnehmer einbezieht (aber dennoch m. E. keinen besonderen Wert auf die Übertragung des Therapeuten legt).

Mit der projektiven Identifikation hat Containment stattgefunden: Der Therapeut fungiert unbewusst als Behälter (Container) für die abgespaltenen und projizierten Anteile aus der inneren Welt des Patienten, als ob er von diesem Introjekt (dem Projekt des Patienten) gesteuert sei. Er mag eine Zeitlang diese Projektion, diese Container-Funktion annehmen, bis der Zeitpunkt gekommen ist, dem Patienten mittels Deutung zu ermöglichen, das Projizierte wieder als Eigenes zu erkennen und in sich aufzunehmen. Die Deutung vermittelt dem Patienten den Eindruck, dass sein Projekt durch das Verweilen im Therapeuten auf ein »höheres Niveau« gehoben und nicht als allzu schlecht, schmerzlich, peinlich oder gefährlich befunden wurde. Der Therapeut konnte es schließlich eine Zeitlang bei sich beherbergen, ohne daran Schaden zu nehmen oder zu sterben.

Nach manchen Autoren hat der Therapeut sogar die Funktion, das vom Patienten in ihn Projizierte zu entgiften (»detoxify«), um dieses anschließend in Form von Interpretationen (Scharff, J. S. 2001) oder nonverbalen Mitteilungen an den Patienten zurückzugeben, eine Art von »recycling«, in wohl nicht zufälliger Übereinstimmung mit dem Zeitgeist. Erreicht der Therapeut die Entgiftung in sich nicht, unterliegt er sozusagen Verdauungsstörungen und einem Zusammenbruch dieser seiner therapeutischen Funktion (Stern 2001a).

Container ist aber auch der Patient für Inhalte des Therapeuten. Dies kann auch zu seinem Schaden geraten – wenn der Therapeut ihn als Container für seine Wünsche, Gefühlskälte oder zum Erniedrigen benutzt. Wenn der Therapeut z. B. seine eigene Unwissenheit oder Ratlosigkeit in ihn hineinlegt, um sich entsprechend aktiv, helfend, wissend und kraftvoll fühlen zu können, fühlt sich der Patient dumm und inaktiv. Durch die projektive Identifikation kann sich auch der Patient entleeren, um etwas Wertvolles beraubt fühlen, das er nunmehr im Therapeuten gefangen wähnt.

Ichpsychologisch lässt sich gegen diese Auffassung der Gegenübertragung vieles einwenden (s. a. Kapitel 7.4.4 Multiple Übertragungen und Gegenübertragungen, Kapitel 7.10 Borderline). Auch beansprucht der Kleinianismus intensives Arbeiten an Übertragung und Gegenübertragung zu Unrecht für sich allein. Denn auch z. B. ichpsychologisch orientierte Therapeuten stellen Übertragung und Gegenübertragung in den Mittelpunkt ihrer Psychotherapie.

Die Neukleinianer legen viel weniger als die ichpsychologische Richtung Wert auf die Betonung der Vergangenheit (bzw. deren Rekonstruktionen) als eigentlichem Schauplatz. Kausale Erklärungen treten erst einmal in den Hintergrund, Therapeuten bieten kaum noch Lebensgeschichten, »stories«

an (»approach each session so far as possible without memory or desire«, Bion 1967). Wenn der Patient von Vergangenem spricht, wird dies wie anderes Material bevorzugt daraufhin geprüft, welche inneren unbewussten Fantasien der Patient über die Übertragungs-/Gegenübertragungsbeziehung hegt (Schafer 1994).

Von vielen Autoren wurde die Diskrepanz zwischen der Dürftigkeit der klinischen Darstellung und dem Ausmaß an theorielastigen Schlüssen in den Fallberichten bemängelt. Hierzu folgendes (beliebiges) Beispiel:

> »Herr F. lebte in einer stabilen [m.E. viel zu pauschal ausgedrückt, um wissenschaftlichen Wert beanspruchen zu können] Ehe und hatte einige Kinder. Seine Frau war weitgehend der Behälter [Container] seiner besseren Selbst-Anteile. Er versah zwar seine Arbeit als Architekt, tat dies aber in einer sehr gehemmten Weise: Er war in finanzieller und technischer Hinsicht glücklicher als in künstlerischer. Er tat sich auch schwer im Umgang mit Kunden oder Kollegen, nämlich – ziemlich versteckt – sie zugleich prüfend und ihnen gegenüber paranoid. Zu Anfang der Analyse war er sehr passiv. Es wurde bald offensichtlich, dass er weitgehend von der Fantasie beherrscht war, in meinem Inneren zu leben und von mir völligen Besitz ergriffen zu haben. In seinen Träumen hielt er sich oft in Gebäuden, Festungen, verlassenen Inseln etc. auf. Offensichtlich nahm er meine Existenz überhaupt nicht wahr, sondern erlebte mich nur als einen Stoff [»medium«], in dem er lebte. Gleichzeitig übernahm er sehr idealisierte Eigenschaften von mir. An Wochenenden oder bei Unterbrechungen dachte er nicht an mich, vermisste mich nicht, reagierte aber dennoch sehr stark in Form von Rückzug in einen träumerischen Zustand oder Handeln in einer manischen Weise, zum Beispiel verbrachte er (an Wochenenden) Stunden damit, seine Schulter- und Brustmuskeln spielen zu lassen. Diese repräsentierten für ihn Brüste. Oder er pflegte sehr anal zu werden, indem er sich als in Frauenleiber oder seinen eigenen Leib hineingelangend fantasierte. Diese Zustände waren ständig von Verfolgungsängsten begleitet« (Segal 1983, S. 272, *Übers. v. Verf.*).

Man hätte gern gewusst, worin sich die Container-Funktion der Ehefrau, »das Paranoide« und »die Passivität« in der Therapie klinisch dargestellt haben (hat er wenig gesprochen, gehorsam das Setting erfüllt?), und welche Motivation dahinterstand (erwartungsvoll-fordernd, ängstlich-gehemmt?). Ohne klinische Angaben handelt es sich lediglich um theoriekonforme Gedankengänge ohne erkennbaren Bezug zu einem konkreten Patienten.

Auch ist die Fantasie, sich im Leib des Therapeuten zu befinden, allein noch kein Motiv. Können die Fantasien von Festungen etc. auch bedeuten, dass der Patient eine Angst mitgebracht (übertragen) hat? War es eine Angst vor dem Eindringen der Therapeutin? Oder vor Bloßstellung und Erniedrigung? Hat der Patient sich deshalb zu Beginn, das heißt, solange er sich noch nicht sicher fühlen konnte (Sampson/Weiss 1984), mit Äußerungen zurückgehalten und sich so unangreifbar gemacht? Oder liegt hier der ödipale Wunsch vor, die Festung Frau einzunehmen, teilweise abgewehrt durch Wendung gegen sich selbst? Lässt die starke Reaktion des Patienten auf Wochenenden oder andere Unterbrechungen der Therapie nicht eher den Schluss zu, dass er hier Wünsche, Ängste und Wut massiv, freilich unvollkommen wie sonst auch, abwehrt? Woraus ist zu entnehmen, dass er zu diesen Zeiten nicht an die Therapeutin gedacht hat? Woraus ist zu folgern, dass er die Existenz der Therapeutin überhaupt nicht wahrgenommen habe? Es ist doch offensichtlich, dass die Therapeutin für ihn eine Rolle spielt. Wie zeigte sich »das Manische« in seinem Handeln? Von Manie im üblichen Sinne ist ohnehin in der Falldarstellung nichts zu erkennen, aber auch die sogenannte manische Abwehr wird hier nicht von Agieren (Muskelspiel) unterschieden. Weil hierbei Brustmuskeln (und Schultermuskeln) aktiviert werden, soll es sich um die Brust der Mutter handeln? Kann es auch der Wunsch sein, gegenüber der Therapeutin seine Männlichkeit zu demonstrieren, auch als Abwehr gegen präödipale Ängste vor dem Eindringen der Therapeutin oder gegen ödipale Ängste vor Niederlage? Was ist anal an der Fantasie, in einen Frauenleib zu gelangen? Was spricht gegen einen ödipalen Wunsch, sich mit der Therapeutin erotisch zu verbinden? Von der Übertragung der Therapeutin auf den Patienten (z. B. offenbar rasches Aufdrängen komplizierter analytischer Theorie) und einer Reflexion darüber wie auch von ihrer Gegenübertragung ist gar nicht erst die Rede.

Die kleinianische Richtung sieht sich gern als Spezialistin für das Erkennen und Behandeln aggressiver Strebungen des Patienten, darunter auch sehr hinterlistigen, sehr zerstörerischen. Sie weist in diesem Zusammenhang auf die Gefahr von Kollusionen zwischen Patient und Therapeut hin, die lange Stillstände in der Therapie zur Folge haben und Einsicht und Entwicklung behindern. Dies hat man aber auch zuvor und gleichzeitig gewusst. Keine therapeutische Richtung ist gegen Blindheit und speziell gegen Kollusionen gefeit; zu Kollusionen kommt es auch auf anderen Gebieten, nicht nur auf dem aggressiver Strebungen und deren Abwehr.

In Stil und Stimmung ist zwischenzeitlich eine Annäherung an die Hauptströmung in der Psychoanalyse erfolgt; die einstigen erbitterten Grabenkämpfe sind erloschen.

Eine ganz andere Frage ist auch, ob sich nicht mit den kleinianischen oder nachkleinianischen Modellen, wie adultomorph, infantilimorph, pathomorph oder wie spekulativ-unempirisch sie auch sein mögen, auf heuristischer Grundlage komfortabel arbeiten lässt. Es mag so sein, denn gerade diese Modelle haben sich beispielsweise in weiten Teilen Südamerikas durchgesetzt – was möglicherweise daran liegt, dass kleinianische Analytiker als erste nach Südamerika kamen, aber auch an der historisch gewachsenen Opposition gegen die USA, wo die ichpsychologische Richtung bevorzugt wird (der südamerikanische ist außerdem modifiziert gegenüber dem europäischen Kleinianismus). Auch in Großbritannien ist der Kleinianismus auf dem Vormarsch sowie neuerdings auch teilweise in Deutschland, wo er sich bisweilen ungezwungen, aber unreflektiert mit anderen Konzepten mischt.

Die (nach-)kleinianischen Vorstellungen sind eingängig und leicht verständlich – für Therapeuten, nicht aber für außerhalb der Psychoanalyse Stehende, auf die sie erkennbar abstoßend wirken und bei denen sie eine pauschale Ablehnung von Psychoanalyse und tiefenpsychologisch fundierter Psychotherapie fördern. Dies kann natürlich kein Einwand gegen den (Neu-) Kleinianismus sein.

Schafer (1994) fragt sich, welche Instanz des Patienten eigentlich zur Mitarbeit zur Verfügung stehen kann (als Dialogpartner, als Beobachter), wenn der Patient von den beiden alles beherrschenden kleinianischen Positionen »hin und her gejagt« ist. Er kritisiert auch die mangelnde Unterscheidung zwischen einer tatsächlichen Funktionsstörung und der bloßen Fantasie davon (s. Kapitel 1.3 Häufige Fehler), also eine Neigung zum Konkretismus, ferner eine stillschweigende Gleichsetzung solcher Fantasien mit einer Theorie.

Neuartige, provozierende Verwendung bereits eingeführter Begriffe, gegen die Logik der Sprache verstoßende neue Begriffe (wie projektive Identifikation) und eine dramatisierende Sprache (»Psychose, archaisch, primitiv, sadistisch«) wirken sensationell und sind durch ihre Unbestimmtheit, sogar Irrationalität, geeignet, die Geister zu beschäftigen. Diese Verpackung sagt freilich nichts aus über die Richtigkeit oder Brauchbarkeit des gemeinten Inhalts, allenfalls über die rasche Verbreitung.

Auch auf psychiatrischem Gebiet hat Melanie Klein erheblichen Einfluss gehabt, doch hat gerade in neuerer Zeit die Psychiatrie an traditionell verloren geglaubtem Terrain zurückgewonnen, sich auf ihre Eigenständigkeit besonnen, sich von psychoanalytischen Denkweisen überhaupt wieder mehr distanziert und sich mehr den Neurowissenschaften zugewandt, mitsamt neuartigen, erfolgreichen Methoden wie verfeinerter Statistik, raffinierten Testuntersuchungen, Gentechnik und Positronenemissionstomographie (PET), diese zugleich mit Testuntersuchungen.

Winnicott hat sich von den Kleinianern durch die Betonung der äußeren Welt (der realen Mutter im Gegensatz zu der bei Melanie Klein nur fantasierten) getrennt (Rodman 2003).

6.3.2 Stichwörter zu Kohut

Kohut nimmt eine eigene Entwicklungslinie des Narzissmus an. Die Entwicklung beginnt mit einem Erleben von Grandiosität (mit Exhibitionismus) im Sinne von narzisstischer Vollkommenheit bei sich selbst und bei den Eltern des Kindes. Das Kind bewundert die Eltern, und die Eltern fördern die Grandiosität des Kindes durch »Spiegelung«. Die Bewunderung durch die Eltern ermöglicht die Entwicklung von »Idealen und Werten«, die Kohut für die weitere Entwicklung für entscheidend hält. Außerdem müsse sich in einer gesunden Entwicklung die archaische, ungezähmte Grandiosität zu einer modifizierten, gezähmten (»gesunden«) mit »realistischen Ambitionen« wandeln. Objektgerichtete Wünsche sind nicht eigenständig, sondern stehen im Dienste (= Motiv!) des am Ende »gesunden« Narzissmus, des Exhibitionismus, der Selbsterhöhung und Selbsterhaltung.

Narzisstische Störung ist nach Kohut ein Mangelzustand ohne intrapsychische Konflikte – ein Mangel an gesundem Narzissmus, im Gegensatz zum allgemeinen Sprachgebrauch, demgemäß Narzissmus übermäßige, krankhafte Abwehr gegen Unterlegenheitsängste, in jedem Fall ungesunde, als negativ zu wertende Selbstbezogenheit ist, während ein gesundes Selbstgefühl (Selbstwertgefühl, Selbstachtung) nicht auf narzisstischer Selbsterhöhung gründet, sondern ohne diese auskommt.

Als Einwände gegen Kohut werden vorgebracht: Es gibt ein Interesse an der Sache selbst, und zwar nicht aus dem Motiv, das Selbst zu erhöhen oder das Selbst zu erhalten. Hierbei handelt es sich um objektbezogene, nicht primär selbstbezogene Neugier und Freude an der Meisterschaft des Kindes wie des Erwachsenen über die Sache, wenn diese auch sekundär das Selbst stärken mag.

Patienten mit narzisstischen Störungen haben nach Kohut keine ödipalen Konflikte, weil sie primär unter so erheblichen Selbst-Defekten leiden, dass sie in der Entwicklung nicht so weit kommen. Dies ist aber klinisch nicht belegbar. Vielmehr sind Konflikte in der Dreiecksbeziehung bei allen Menschen zu beobachten.

Überhaupt werden Konflikte von Kohut negiert, stattdessen wird ein Mangelzustand (an gesundem Narzissmus) angenommen, den es durch Empathie, durch Verfügbarkeit als Selbst-Objekt zu beheben gelte. Auch dies ist klinisch nicht darstellbar. Vielmehr sind Konflikte, auch anderer als ödipaler Art, schon im frühen Kindesalter unübersehbar.

Kohut (1977) hatte allerdings – entgegen vielen Interpreten seiner Lehre – durchaus eine »additive« Vorstellung von klassischer Triebtheorie und selbstpsychologischer Dimension. Er postulierte lediglich, dass ein ödipaler Konflikt ein starkes Selbst mit dem Erleben eines dauerhaften und unabhängigen eigenen Zentrums der Initiative voraussetze.

Vor allem wird Kohut mangelnde empirische Begründung für die Annahme einer »Grandiosität« vorgehalten: Warum soll zum Beispiel ein Säugling/Kind eine »grandiose Vorstellung« von sich haben? Warum sollen regelhaft Eltern für ihre Kinder eine »grandiose Bewunderung« hegen – ungeachtet der unvermeidlichen, altbekannten Wünsche, Ängste, Schuld- und Schamgefühle sowie Abwehren, die sie auf ihre Kinder projizieren (Richter 1963)? Tatsächlich dürfte ein Kind nur solche Vorstellungen hegen, die seiner Anpassung an die Realität dienen. Eine solche ist aber bei »Grandiosität« nicht erkennbar.

Kritik wird auch an der einseitig mütterlichen Haltung, die er vom Therapeuten fordere, geübt. Aggressive Strebungen von Patient und Therapeut würden verneint und verleugnet, obwohl sie doch offensichtlich seien.

Die Intersubjektivisten kritisieren das Einbahnstraßenhafte des Selbstobjekt-Konzeptes. Der Erwachsene oder der Therapeut sei in diesem Konzept übergeordnet und das Kind bzw. der Patient lasse sich mit Selbstobjekt-Erfahrungen versorgen. Die Subjektivität des Therapeuten (der Mutter), speziell sein (ihr) Bedürfnis nach Selbstausdruck und sein (ihr) Eingebettetsein in das interpersonale Geschehen seien ausgeblendet (Teicholz 1999). Dabei sei für den therapeutischen Prozess gerade der subjektive Ausdruck des Therapeuten förderlich (und m. E. ohnehin unvermeidlich). Die therapeutische Beziehung sei nun einmal nicht auf die Psychopathologie der einen oder anderen Seite der Dyade zurückzuführen. Der hierarchische Grundton vertrage sich nicht mit der Auffassung der grundlegenden Gleichheit von Therapeut und Patient.

Auch das Gleichnis vom »Spiegel« wird dieser Sachlage nicht gerecht. Es wird nicht gespiegelt, sondern geantwortet (s. auch Kapitel 6.12.1.4). Eine bloße Spiegelung ist gar nicht möglich, denn es antwortet immer eine Person. Eine »Nichtreaktion« kann es zwischen Personen nicht geben, denn alles, was rein deskriptiv so erscheinen mag, ist tatsächlich eine aggressive Reaktion und wird zweifellos auch als solche wahrgenommen.

Ähnlich argumentiert Giovacchini (2000): »Wie kann man von einer therapeutischen Beziehung sprechen, wenn es keine zweite Person gibt […]? […] Kohut erfindet eine narzisstische Intervention und nennt sie eine Objektbeziehung«. Speziell die behauptete Notwendigkeit der Idealisierung des Therapeuten durch den Patienten laufe dem therapeutischen Prozess zuwider.

Renik (nach Schlierf 1998; Renik 1999a) fordert sogar konsequentes, sofortiges Einschreiten gegen solche Idealisierungen, da sie dem intersubjektiven Austausch, der Eigeninitiative des Patienten und der partnerschaftlichen Grundsituation zwischen Patient und Therapeut zuwiderliefen.

Die ichpsychologische Richtung der Psychoanalyse sieht in einer grandiosen Vorstellung von sich selbst nur eine Abwehr des Mangels an gesundem Selbstwertgefühl (Abwehr durch Verkehrung ins Gegenteil und durch Selbstidealisierung). In einer grandiosen Vorstellung vom Objekt würde sie beispielsweise Abwehr von aggressiven Regungen durch Idealisierung sehen.

Verwirrend ist, dass Kohut seine Auffassungen zunächst nur für die narzisstischen Persönlichkeiten gelten lassen wollte, die daraufhin einsetzende selbstpsychologische Richtung diese aber auf alle normalen oder krankhaften Entwicklungen anwendet (kritisiert von Gill 1994).

6.4 Intersubjektiver Gesichtspunkt

Ein betont *intrapsychischer* Gesichtspunkt spiegelt vielleicht die Angst vor Abhängigkeit von anderen wider, der zurzeit beliebte extrem *intersubjektive* (Renik 1990 und später; Ehrenberg 2005 mit einer guten Übersicht) hingegen die Angst vor dem eigenen Unbewussten und vor eigener Schuld. Letztere Perspektive erklärt Therapie nachdrücklich als das Produkt von Patient und Analytiker. Für ein Scheitern der Therapie muss dann keiner von beiden verantwortlich zeichnen. »Schuld« sind dann eine Reihe von intersubjektiven Akten. Darin können sich beide wieder einig sein – eine Art Komplott gegen den Dritten, eine Art Versicherung auf Wechselseitigkeit. Dies könnte – vor dem Hintergrund einer gewissen therapeutischen Unzufriedenheit – die plötzliche Beliebtheit des Intersubjektivismus erklären. Im Übrigen ist der Intersubjektivismus nicht so neu, wie er sich gibt. Er ist zumindest vorbereitet durch das Konzept der projektiven Identifikation (Klein, M. 1946) sowie das der therapeutischen Allianz (Greenson 1967; Zetzel 1956). Es ist Allgemeingut, dass Therapeut wie Patient intensiv in Übertragungen und Gegenübertragungen verwickelt sind und keine ihrer verbalen und nonverbalen Äußerungen davon unberührt bleiben – keine Richtung kann dies als neue Erkenntnis ausgeben.

6.5 Primäre Weiblichkeit, weibliche Identität

Das Konzept von der primären Weiblichkeit mit inneren vaginalen Erregungen sowie Ängsten um Verlust eines Körperteils oder Beschädigung der weiblichen Genitalien, so wie sie sind, ist weithin anerkannt. Aufgegeben sind Freuds phallozentrische Konzepte, etwa dass das kleine Mädchen psychologisch ein kleiner Mann sei (mit fantasiertem Phallus, phallischer Phase oder phallischer Position, mit Defekt bzw. Defektgefühl, Kastrationsangst) und dass Penisneid die Grundlage in der Analyse weiblicher Patienten bilde. Wenn Penisneid besteht, ist dieser ein Symptom individuellen Ursprungs, das sich auf mehr erstreckt als auf die Wahrnehmung des Geschlechtsunterschiedes (Weinshel/Renik 1991; Literatur bei Goldberger 1999).

Hinsichtlich weiblicher Identität wird zu wenig unterschieden, wie eine Frau sich fühlt und was auf sie gern von der Gesellschaft projiziert wird – Rollen, die sie aber auch teilweise übernimmt: Jungfrau, Mutter oder die schwache Heldin (sehr häufig in Filmen!), die trotz Auszehrung (diese besonders bei US-Nachrichtensprecherinnen, die als ein Ideal der amerikanischen Gesellschaft gelten müssen) stärker ist als der Mann, das heißt, wenn sie nicht so ausgezehrt wäre, wäre sie stärker und mutiger als der Mann, was eigentlich heißt, dass sie stärker *ist*, so die Fantasie, besonders in US-Filmen der 70er bis 90er Jahre). Außerdem gibt es die jungenhaft-tollkühne Antiautoritäre, Jungen in Kühnheit Übertreffende (Pippi Langstrumpf), die Männlich-Durchsetzungsfähige, die still und bescheiden Fleißige, die Feinfühlige, die Instinktsichere, die Friedfertige, die Natürliche, die Weise, die Lebensfreundliche, die Liebesfähige, die geistig Gesündere (als Idealisierung im Zuge des Marienkults angesehen von Asserate 2003), die bewundernde Verehrung und eingeschüchterten Gehorsam Fordernde (Asserate 2003), die mit Drohungen und Erpressungen das große Binnen-I Fordernde (Asserate 2003), die Intrigantin, die Verstrickende, die ewig Leidende, Vorwurfsvolle, die Schamhafte, die Schöne, die Hure, die Sich-ausnutzen-Lassende oder Sich-ausbeuten-Lassende, die Sklavin, die Ausbeutende, die Domina, die bedürfnislos-anorektische Blutarme bis Engelhafte (Weiblichkeitsklischees).

Zurzeit ist bei uns das Klischee beliebt, Frauen hätten das Monopol auf Gefühle, Intimität, Streben nach Selbstständigkeit, Körperempfinden, tiefere Sexualität, soziale Kompetenz, Fürsorge, Einfühlungsvermögen (so noch Dimen 2003), Verständnis für Kinder und Alte, wenn auch eingeräumt wird, dass Frauen auch durchaus aggressiv sein können (dito). Beliebt sind bequem dichotomisierende Vorstellungen von männlicher Dominanz und Gewalt, weiblicher Unterwerfung und Hilflosigkeit. Asserate (2003) versteht den kämpferischen Feminismus als eigentlich der Demokratie entgegenlaufenden Versuch, das der westlichen Zivilisation eigentümliche Ideal der hohen Dame noch aufrechtzuerhalten, und sieht hier Verbindungen zum christlichen Marienkult.

6.6 Schwangerschaft, Mutterschaft

Das Kind ruft in der Mutter Fantasien von Einheit und Vollkommenheit hervor (»Selbstobjekt«, »Symbiose«, »one-body-fantasy«, »cornucopia fantasy« [Füllhorn-Fantasie], »fantasy of parthenogenesis«), verlangt von ihr aber auch, seine Eigenständigkeit zu fördern. Gleichzeitig muss die Mutter ihre eigenen Bedürfnisse und Entwicklungslinien verfolgen, was Schuldgefühle gegenüber dem Kind und Verlustängste auslösen kann (M. und T. Parens, Bernadez in Mendell/Turrini 2003). Folgenreich sind auch die Entwicklung des Selbst im Verlaufe einer Schwangerschaft, die vermehrte Flexibilität in den Ich-Funktionen, Ich-Wachstum mit dauerhaften charakterologischen Veränderungen – dies auch in Zusammenhang mit der Antworthaltung zum und Anpassung an das Kind, aber auch mit einer veränderten Einstellung zur Gesellschaft, deren Idealisierung der Mutterschaft sie genießt, gegen deren Feindseligkeit (Neid, finanzielle Nöte, fehlende soziale Unterstützung) sie sich aber auch zu wehren hat (Mendell/Turrini 2003).

Die Bindung an die eigene Mutter ist gewaltig und wird nach zahlreichen Autoren (so Balsam/Fischer 2006, dort auch weitere Literatur) nie aufgelöst. Selbst Mutter geworden, bleibt sie doch immer die Tochter ihrer Mutter (Notman 2006). Geographische Entfernungen oder feindselige Einstellungen ändern daran nichts, sie dienen im Gegenteil nur der Abwehr der Bindung durch Negation. Die Rolle der Mutter für die Tochter, auch für die erwachsene Tochter, ist in der Literatur nur spärlich behandelt. Es geht hier um intensiven Neid auf die besseren Entfaltungsmöglichkeiten der Tochter (einschl. Schwangerschaft), Rivalität, Eifersucht und eine bleibende Bindung der Tochter an ihre Mutter (Bernstein 2004). Wie sich Scheidung, Witwenstatus, Altern und Karriere der Mutter sowie die heutzutage längere sexuelle und berufliche (oder sonstige) Aktivität auf die Tochter auswirken, ist wenig untersucht worden (Notman 2006). Jedenfalls kann die alternde Mutter und Großmutter durchaus noch als Rivalin erlebt werden.

Es können im Alter auch ganz neue Konflikte entstehen, die keine Vorläufer haben (Grunes 1984). Alte Eltern haben oft Angst, ihre erwachsenen Kinder zu kritisieren, weil sie fürchten, deren Fürsorge zu verlieren. Sie fühlen ihre zunehmende Abhängigkeit von ihren Kindern sehr gut, wollen aber auch nicht infantilisiert werden (Grunes 1984). Erst recht ist die Rolle der erwachsenen Tochter für die alternde Mutter vernachlässigt. Die Mutter kann ihre eigenen Schwangerschaften mit der Schwangerschaft ihrer Tochter noch einmal wiedererleben (Notman 2006). Mit eigenem Älterwerden kann sie auch das Altern ihrer Mutter wiedererleben oder eine Unabhängigkeit entwickeln, die ihre Kinder zur Sorge, zur Kontrolle oder einer schützenden Haltung veranlasst, wie gegenüber ihren eigenen Kindern. Hier möchte ich auch an die Umkehrung der Machtverhältnisse Eltern – Kind erinnern, wenn einer der Eltern sich »allzu selbstständig« macht und etwa noch einmal heiratet.

Schwanger zu werden und Kinder zu haben, ist zweifellos ein originärer Wunsch der Frau, kollidiert aber mit dem Wunsch der jungen Frau, nach einer langen Ausbildung und unter dem Druck der Gesellschaft endlich beruflich selbstständig und erfolgreich zu sein. Zugleich möchte sie aber ihrer Mutter und ihrem Vater, die sich Enkelkinder und eine konventionelle Familie wünschen, gehorsam sein und Verhaltensweisen an den Tag zu legen, die ihnen gefallen

(Notman 2006). Tatsächlich aber dürfte das »vereinigte Elterpaar« heutzutage in der Regel die Tochter von Anfang an und massiv, ganz direkt und umweglos beeinflusst haben, die Karriere zu wählen und nicht schwanger zu werden, sowohl auf verbalem, als auch auf nonverbalem Wege. Dass die Töchter auch noch etwas anderes können, hat ihnen niemand gesagt. Die Eltern haben den Töchtern nicht die freie Wahl gelassen, wundern sich aber dennoch, dass keine Enkel kommen. So gesehen sind die Töchter lediglich gehorsam (und somit das Gegenteil von emanzipiert im tieferen Sinne) und führen nur genau das aus, was die Eltern nebst Verwandtschaft und Nachbarn von ihnen seit der Kindheit verlangt haben. Weil dies alles auch noch im Einklang mit den gegenwärtigen gesellschaftlichen Tendenzen geschieht, fällt es nicht auf.

6.7 Besonderheiten der Adoleszenz

Wünsche (einschließlich narzisstisch getönter Hoffnungen), aber auch Ängste, Schamgefühle und Schuldgefühle können nicht in allen Lebensphasen das gleiche Gewicht haben. Was als »typisch« für die Adoleszenz gilt (z.B. Externalisierung, Kulish 1998), muss nicht pathognomonisch, d.h. auf diese beschränkt, sein. Vorwiegend geht es hier um die Ablösung von Überich- und Ichideal-Einflüssen (Lampl-de-Groot 1960), Suche nach größerer Autonomie, Suche nach der Peergroup, also einer erneuten, aber gestreuten Abhängigkeit, bei noch gleichzeitigem Bedürfnis nach elterlicher Unterstützung, gleichzeitig starke Anregung präödipaler und ödipaler Konflikte. Der Jugendliche verspürt die mächtige, ihm mysteriös erscheinende Anziehungskraft, die das andere Geschlecht auf ihn ausübt, und dies wird verstärkt durch seine erkennbare Wirkung auf das Gegengeschlecht. Sein heftiges sexuelles Begehren erzeugt aber auch zwangsläufig Angst vor erneuter Abhängigkeit von der Mutter/Frau. Gleichzeitig besteht die Notwendigkeit – und erstmals auch die Fähigkeit –, auf beides handelnd zu antworten (Ritvo 1971). Auffällig ist auch die Neigung zur Externalisierung von Konflikten (Kulish 1998), meist mit Agieren. Außerdem finden statt: eine Anpassung an die genital-sexuelle Reifung, die ersten Erfahrungen mit der Erwachsenensexualität, die erste Liebe, der Versuch, die Erwachsenensexualität, eigene Begabungen und gewohnte Verhaltensmuster in die neue Identität zu integrieren und neue Fähigkeiten zu erproben – dies alles auf der Grundlage angeborener Entwicklungsstrebungen (Bloch 1995).

Adoleszente erleben eine ungewohnte Intensität ihrer Affekte (Ängste, Schamgefühle, Schuldgefühle, die eigene Person sehr stark erhöhende Triumphgefühle und Hoffnungen), die nach Anna Freud (1958) typisch ist (aber nicht etwa pathognomonisch, *Anm. v. Verf.*) und Abwehren (Asketismus und Idealisierung) notwendig macht. In unserer Kultur werden Jugendlichen von Erwachsenen keine formalisierten Initiationsriten mehr angeboten. Da diese aber von Jugendlichen benötigt werden, um endlich zu einer eigenen Identität mit einem stabilen und starken Selbstgefühl zu kommen, erfinden sie eigene Riten wie Philosophieren über den Sinn des Lebens, Substanzmissbrauch, Piercing, Tätowierungen, Selbstmordgedanken und Selbstmorde (überdurchschnittliche Rate), exzessive Idealisierungen, intensives Sexualleben, intensives Fantasieleben, Gier nach neuester Technik, Lügen (hierzu Winnicott 1965; 1985: Auffassung vom lügenden, stehlenden Jugendlichen), Sammeln von Geheimnissen (er möchte endlich etwas für sich haben, sich mit dem Lügen auch eine eigene Moral schaffen, ebd.) sowie soziale epidemische Erscheinungen. Als epidemische Erscheinung wurden beispielsweise Teenager-Schwangerschaften eingestuft (Frankel 1998). Diese Beurteilung erscheint mir aber willkürlich und herabsetzend: Die Natur hat Empfängnisbereitschaft nämlich so und nicht anders vorgesehen und Erstschwangerschaft erst mit 35–40 Jahren hingegen wird nicht als »epidemisch« beklagt.

Die Jugendlichen sichern sich mit ihren Riten zugleich ab gegen allzu verständnisvolle, ihnen ständig auf den Fersen folgen wollende und verstehen wollende, sich ebenfalls modern-locker gebende, Jeans tragende, Offenheit aufdrängende und dafür Offenheit fordernde Eltern, da diese ihnen hierin nicht mehr folgen können. Es sind selbstgemachte Initiationsriten und sie dienen zugleich der Ablösung.

In der heutigen Kleinfamilie sind Ablösungsschwierigkeiten vorprogrammiert. Die Intensität der Konflikte führt auch dazu, dass in Erwachsenenanalysen und in Anträgen das besondere Auf und Ab in der Adoleszenz gern unbearbeitet bleibt bzw. auf präödipale und ödipale Konflikte und Lebensabschnitte reduziert wird. Dies geschieht sowohl aufgrund der Abwehr des Patienten als auch aus Gründen der Gegenübertragung: weil die Adoleszenz nicht so weit zurückliegt wie die Kindheit und daher beiderseits als bedrohlicher erlebt wird.

6.8 Auslöser der akuten Neurose

Die akute Neurose zeigt sich durch manifesten Symptomausbruch. Dass die Neurose gerade jetzt ausgebrochen ist, muss im Antrag erklärt werden. Besonders eindrucksvoll für die Brauchbarkeit der psychodynamischen Hypothesenbildung ist die Auslösung in mehreren Schritten, wie sie tatsächlich eher die Regel als die Ausnahme ist. Man muss aber geduldig danach suchen. Schwieriger ist es, die hypothetische Psychodynamik zu begründen, wenn trotz geduldigem Nachdenken und erneutem Nachfragen beim Patienten eine jetzt akut auslösende Ursache nicht zu entdecken ist.

6.8.1 Auslöser von Angstneurosen und Phobien

Die Life-Event-Forschung gibt an, dass insbesondere bei Angstneurosen zwölf Monate zuvor Stressoren auszumachen sind, speziell Trennungserlebnisse einen Monat zuvor. Diese Auslöser reaktivieren demnach kindliche (nicht nur frühkindliche) präödipale Ängste (s. Kapitel 6.12.2.5). Besonders Schuldgefühle wegen eigener Aggressivität können zu einer noch größeren Abhängigkeit führen – die Befreiung ist nicht nur missglückt, sondern der Befreiungsversuch hat auch noch die Abhängigkeit verstärkt, und damit auch wieder die Ängste (Busch 2005). Nicht selten tritt der erste Angstanfall auf einem freien Platz (Auslösung der Ängste vor Ungeborgenheit, vor Schutzlosigkeit, vor Alleinsein) oder in der Enge eines Raumes (Angst vor Abhängigkeit, vor Verlust der Eigenständigkeit) auf. Zu große Nähe und zu weite Ferne sind in gleicher Weise bedrohlich – eine ständige Zwickmühle, die auch die Ursache vieler Trennungen bzw. Scheidungen ist und die zum Teil auf dieses Dilemma des Säuglings und Kleinkindes zurückgeht.

Entgegen diesen Ergebnissen der Life-Event-Forschung sind nach meinen eigenen Erfahrungen mit Angstneurosen bisweilen auch nach Jahren der Behandlung keine aktuellen »stresshaften« Auslöser in der Außenwelt auszumachen. Ich fand, dass ein erheblicher Teil der Angstneurosen gerade durch Entspannungssituationen ausgelöst werden, zum Beispiel durch einen Spaziergang, im Liegestuhl oder beim Einschlafen. Meine Erklärung: In der Entspannung glaubt sich der Patient so sicher (s. Sampson/Weiss 1984 u. a.), dass er sich bisher unbekannte, jedenfalls ungewohnte Gedanken, Erinnerungen, Gefühle, Wünsche, Ängste, Schuldgefühle, Schamgefühle erlauben zu können glaubt. Es handelt sich um ein momentanes Nachlassen der Abwehr. Dieses lässt dann bislang »schlafende Hunde« aufwachen.

Biografisch habe ich den Eindruck, dass der langjährige Trend, die Kinder früh zur »Selbstständigkeit« zu erziehen, einen zunehmenden Anteil an der Häufigkeit der Angstneurosen hat. Das Kind kann gar nicht früh genug im eigenen Bett, im eigenen Zimmer schlafen, es soll ertragen müssen, dass die Eltern stundenlang oder tagelang abwesend sind, und dies wird als fortschrittlich angesehen. Dahinter dürfte die eigene Angst der Eltern stehen, sie selbst hätten die Selbstständigkeit und Ablösung von ihren Eltern nicht erreicht oder würden sie nicht erreichen. In Berichten über ferne Länder wird dementsprechend mitleidig vermerkt, die Kinder dort hätten nicht einmal ein eigenes Bett, nicht einmal ein eigenes Zimmer und sie müssten mit den Fingern aus einer gemeinsamen Schüssel essen.

6.9 Symptomatik und Einteilung der Angstneurose

Die Symptomatik (Angstattacke, Panikattacke) gleicht im Extremfall der einer Lungenembolie, eines Herzinfarkts: Die Angst »schießt ein«, innerhalb von Sekunden, wie die Patienten ziemlich übereinstimmend berichten. Sie fühlen sich massiv lebensbedroht. Die Angst kann aber auch verdrängt werden. Patienten, die Angst verdrängen, klagen dann zunächst nur über »Schwindel«, »Kreislaufversagen«, plötzliche Kopfschmerzen oder Missempfindungen. Später entwickelt sich Angst vor einer Wiederholung.

Unterschätzt wird in der üblichen Schilderung der Symptomatik, wie sehr Patienten mit einer Angstneurose ein Bild der Verwirrung, des verwirrten, unsinnigen Handelns bieten können. Voreilig werden sie deshalb oft als Borderliner eingestuft. Auch Gedanken, die gewöhnlich als Zwangssymptomatik verstanden werden, sind bei Phobien sehr häufig. Es handelt sich um die Angst, sich selbst um das Beste, das Liebste zu bringen, z. B. seinem eigenen Kind Schaden zuzufügen, eine Unterschrift unter ein gefährliches Dokument zu setzen, vor allem, sich öffentlich durch eine böse Tat zu blamieren und dann im Gefängnis dafür eine lange Strafe abzusitzen. Oberflächlich gesehen, sind hier Schuldgefühle und zwanghafte Selbstbestrafung maßgebend. Gewöhnlich werden solche Fälle als »zwanghaft-phobisch« eingestuft. Es stellt sich allerdings die Frage, ob in allen diesen Fällen das Zwangshafte (mit aggressiven Impulsen, Schuldgefühl und Straferwartung bzw. -bedürfnis) vorwiegt oder ob nicht vielmehr eine primär phobische Angst, selbst zu versagen und sich dadurch selbst zu schädigen, motivisch vorherrscht, als Ausdruck tiefer Selbstunsicherheit. Es handelt sich hierbei keineswegs um eine nur akademische Frage, vielmehr ist der Therapieansatz ein anderer. Es mag auch sein, dass die nicht gerade erfreulichen Therapieergebnisse bei Zwangskranken damit zusammenhängen, dass zu sehr oder einseitig von aggressiven Regungen als Ursache der bekannten Folgekaskade (Schuld, Reaktionsbildung, Zwangssymptomatik) ausgegangen wird und primär daran die therapeutische Auseinandersetzung erfolgt, statt die Selbstunsicherheit als primären Faktor zu erkennen und gesondert therapeutisch anzugehen.

6.9.1 Anspruchsvoll-bequeme Angstpatienten

Die Angstneurosen lassen sich nach Mentzos (1982) in drei Gruppen unterteilen: Eine erste Gruppe (»anspruchsvoll-bequem«), die größte, wird von den Patienten gestellt, die den Therapeuten nur als haltgebendes, beruhigendes Objekt benötigen. Seine Deutungen interessieren nur insoweit, als sie beruhigen können, und dies können Worte immer. Auf den Inhalt kommt es nicht an. Der Therapeut soll nur Sicherheit und Konstanz vermitteln. Hierzu wird er durch endlose Wiederholungen aller Einzelheiten der Angstanfälle und der selbstgemachten Erklärungen, die er sich immer wieder anhören muss, auf die Geduldsprobe gestellt. Er soll nach dem Willen des Patienten auch der Angsterkrankung einen Namen geben und eine Ursache benennen. Wenn er diese Prüfung besteht (Sampson/Weiss 1984), findet der Patient Sicherheit.

In der Gegenübertragung erlebt sich der Therapeut hier wie ein Medikament benutzt, als Person nicht wahrgenommen und wertlos. Dies führt zu einem Gefühl der Frustration, der Ermüdung und Interesselosigkeit, der Langeweile, des Widerwillens und des eigenen Versagens. Ein Dialog im therapeutischen Sinne kommt nicht zustande. Schuldgefühle für diese Neigung zur Inanspruchnahme des Therapeuten zeigen sich im Anbieten von Gegenleistungen, mit denen freilich auch der Therapeut lebenslang eingebunden werden soll. So bot mir ein Autohändler an, ich könne auf »ewige Zeiten günstig« bei ihm Autos kaufen, wenn ich ihm helfen würde.

In der mir bekannten Literatur kommt ein Gesichtspunkt zu kurz: Diese Patienten sind sämtlich innerlich wütend, geradezu entrüstet, dass gerade sie von Angst befallen werden. Sie pochen – folgerichtig – darauf, dass schleunigst Abhilfe kommen soll. Die Angsterkrankung sei einfach »unzumutbar«. Medikamente werden nur ungern akzeptiert – wer weiß, was er da einnimmt – erneut setzen Angst und Misstrauen ein. Der Patient will nicht, dass etwas in ihn hineinkommt, sondern möchte das Böse, das Angstmachende unverzüglich loswerden. Therapeutisch hilfreich kann die Vorstellung sein, dass sich das Medikament mit dem Bösen verbindet und so den Körper verlassen kann. Der Gedanke, Angst ertragen zu müssen, zu können oder dies erlernen zu können, ist ihnen völlig unverständlich. Sie wenden ein, der Therapeut wisse nicht, wovon er rede und was für einen Unsinn er da verlange – er habe schließlich nie erfahren, was es heißt, von einer solchen Angst überfallen zu sein. Nicht selten bringen es Patienten auf den Punkt: »Ich wünsche Ihnen auch so etwas an den Hals.« Neid und Hass gegen alle, die nicht von solcher Angst betroffen sind, werden teils vorwiegend offen, teils in mehr abgewehrter Form vorgebracht. Diese Patienten mit Angstneurose haben nie gelernt, Angst zu ertragen. Wurden sie in ihrer Kindheit zu rasch getröstet, vor jeder Angst geschützt? Haben sie nie Geduld üben müssen? Sie haben subjektiv (fordernder Ton, erpresserische Vorwurfshaltung) ein Recht auf Sofort-Trost, auf Sofort-Beseitigung der Angst, auf Anerkennung der »Unzumutbarkeit«.

In der Gegenübertragung herrschen Ratlosigkeit, Schuldgefühle, diesen Ansprüchen nicht gerecht werden zu können, Angst vor den zu erwartenden Vorwürfen des Patienten und das Gefühl, zu einem Diener erniedrigt zu werden (gibt es in der Vorgeschichte und jetzt, in der Übertragung, eine unermüdlich dienende Mutter ohne Eigeninteressen?). Der Druck auf den Therapeuten kann so groß werden, dass er versucht, den Patienten durch Überweisung an einen anderen Therapeuten oder an eine anonyme Institution weiterzugeben, ein sofortiges Heilverfahren zu befürworten, eine Krankenhauseinweisung vorzunehmen oder eine intensive medikamentöse Therapie einzuleiten. Aber auch Abneigung, die offensichtliche »Verwöhnung«, die angetragene Dienerrolle bei diesem schließlich erwachsenen Patienten mitzumachen, und eine gewisse Verachtung für seine Bequemlichkeit sind Motive, ihn von sich wegzubefördern. Vielleicht spiegeln sich hierin eine verwöhnende, dienende, sich unterwerfende Mutter und ein die Geduld verlierender und sich verächtlich abwendender Vater in der Vorgeschichte, oder eine Mutter, die nicht mehr weiter verwöhnen will. In der Tat konnte ich auch in langen Therapien bei Angstneurosen nicht immer den Eindruck einer mangelnden Sicherheit im engeren Sinne (in früher Kindheit und in der Übertragung) gewinnen. Wenn man den Begriff Sicherheit jedoch weiter fasst, also die richtige Mischung von liebevoller Zuwendung und eindeutigen und konsequent angewandten elterlichen Verboten und Geboten mit einschließt, ließ sich aber sehr wohl Unsicherheit ausmachen.

Ein Beispiel: Ein 31-jähriger Kaufmann, Einzelkind, wuchs unter anscheinend verständnisvollen Eltern auf, mit denen er noch heute eine harmonische Beziehung unterhält. Allerdings hat der Vater, ein hart arbeitender selbstständiger Handwerker, eine etwas kritische Einstellung zu ihm, hält ihn für mutterverwöhnt und für zu leicht und anstrengungslos emporgekommen. In Kindheit und Jugend war er optimistisch-selbstbewusst, brachte in der Schule gute Leistungen und erschien dort etwas einzelgängerisch, aber nicht auffällig kontaktgestört. Kurz nach erfolgreich abgeschlossenem Studium fand er sich bereits in einer guten Position, die ihm Vollfinanzierung einer Eigentumswohnung, Heirat und zwei Kinder erlaubte. Angstsymptomatik trat erstmals auf, als er auf Wunsch der Ehefrau (begründet mit »Platzmangel«) ein Haus mit Garten kaufte. Die Ehefrau war damit sehr zufrieden. Erstmals hatte der Patient, wenn auch geringfügig (da die Wohnung verkauft wurde und noch Barmittel vorhanden gewesen waren), Schulden. Auf diese führte er nun sein ganzes Leiden zurück und ich hatte nicht den Eindruck, dass es sich dabei um eine Verschiebung oder eine Projektion handelte. Versicherungen der Ehefrau, der Umgebung, der Bank, einiger Ärzte und auch die eigene Einsicht, es handele sich um »gute« Schulden, denen ein mehrfacher Gegenwert, eine geregelte Tilgung und zudem noch eine größere, bald zu erwartende Erbschaft gegenüberstünden, halfen nicht. Es »passte« dem Patienten, wie er sich ausdrückte, nicht, dass ausgerechnet er nun plötzlich Schulden hatte. Er verwies immer wieder auf sein zuvor »sorgenfreies Leben mit Urlaub und allem«, das nun für einige Zeit dahin sei.

Diese Patienten manipulieren anstrengungslos und ohne Schuldgefühle Klinikambulanzen mit gestandenem Personal und niedergelassene Ärzte, den teuren ärztlichen Notdienst und ebenso Ehepartner und Verwandtschaft, lassen sie für sich springen, erzwingen eine Kaskade von diagnostischen und therapeutischen Maßnahmen, verweigern sich ihnen dann überraschend, betreiben intensiv Ärzte-(s)hopping, lassen ihre Helfer fühlen, wie unfähig sie seien, und lassen sich auch über lange Zeiten krankschreiben. Schon deskriptiv steht dieses unbekümmerte Ausleben von Ansprüchen und Machtstrebungen und das offensichtliche Fehlen von Schuldgefühlen oder Gefühlen von Dankbarkeit im Gegensatz zum Inhalt der Klagen. Die übliche Diagnostik (»Angststörung, Stimmung depressiv, angstvolle Unruhe«) und Therapie ist aber von Betriebsblindheit für das tatsächliche Ausmaß an Aggressivität gekennzeichnet. Wer hier nur kontraphobische Kompensation innerer Ängste sehen möchte, nimmt seine Gegenübertragung nicht ernst. Krankenschwestern und Pfleger verstehen diese Patienten besser und werden von ihnen deshalb auch nicht mit solcher Anspruchlichkeit bedacht. Im Kontrast zur Klagsamkeit steht die negative therapeutische Reaktion (s. Kapitel 4.17). Die Inanspruchnahme der Notärzte durch Angststörungen und Phobien ging stark zurück, seit von Kassenpatienten ein kleines Entgelt verlangt wird.

6.9.2 Hilfe zurückweisende Angstpatienten

Die Angstneurotiker einer zweiten Gruppe sind in etwa identisch mit den sogenannten »help rejecting complainers«: Sie bagatellisieren die Angst mittels Intellektualisierung (kennen sich auch in der Literatur über Angstneurosen aus), Distanziertheit und Affektisolierung. Die Patienten möchten sogar das Gefühl vermitteln, sie seien über jede Angst erhaben – in einer Art »splendid isolation« oder in einer scheinbar symbiotischen Omnipotenzfantasie (symbiotisch mit dem Therapeuten).

In der Gegenübertragung muss sich der Therapeut hier – wie auch gegenüber dem Angstneurotiker der ersten Gruppe – von der Arroganz und Intellektualisierung abgestoßen und entwertet fühlen. Er spürt zwar das Abwehrhafte dieses Verhaltens und die verborgene Verletzlichkeit, aber auch die Aggressivität, sodass er geneigt ist, es lieber dabei zu belassen, als die Abwehr zu deuten.

6.9.3 Dauerhaft abhängige Angstpatienten

Die dritte Gruppe, mit offensichtlicher und wenig abgewehrter Angst und depressiver Stimmung, sucht in kaum abgewehrter Form Hilfe und Stütze. Es ist den Betroffenen peinlich, einen anderen in Anspruch nehmen zu müssen. In der Gegenübertragung spürt der Therapeut Hilfsbereitschaft, aber auch die Gefahr, dass der Patient abhängig wird und dass man ihn nie mehr loswird. Diese Patienten, die vorwiegend nach dem Objektpol (Suche nach Geborgenheit) ausgerichtet sind – im Gegensatz zu den ersten beiden Gruppen, die sich mehr nach dem Selbstpol orientieren (Suche nach Eigenständigkeit) – haben die bessere Prognose (Mentzos 1982).

6.9.4 Die »guten« Angstpatienten

Eine vierte Gruppe – gestellt von den »guten Angstpatienten«, wie ich sie nennen möchte – hält an einer psychotherapeutischen Langzeitbehandlung fest, ist aber gleichzeitig intensiv bemüht, die Ängste selbst und mithilfe der Therapie zu überwinden, ist auch bereit, zusätzlich Medikamente zu nehmen. Die Patienten unternehmen schon vor, aber auch während der Therapie und danach kontraphobische Anstrengungen. Sie besteigen Flugzeuge, Sessellifte, Brücken, Bäume, fahren durch Tunnel, obwohl sie dabei – und vor allem auch zuvor – heftige Angst empfinden, und besprechen ihre Erfahrungen mit dem Therapeuten. Sie arbeiten gut mit, fürchten aber auch, der Therapeut könnte an ihren eigenen kontraphobischen Mühen Anstoß nehmen, mit ihnen konkurrieren oder sie ihnen gar ausreden wollen. Dies wäre für sie ein schmerzlicher Verlust an Autonomie.

6.10 Biografisches Defizit der Phobiker und dessen Überkompensation

Bei Phobien ist das sogenannte biografische Defizit bemerkenswert und wird auch von den Patienten der vierten Gruppe auch deutlich empfunden, vor allem nach einer erfolgreichen Therapie. Sie erkennen dann mit Trauer, wie viel sie an ersehnten Beziehungen versäumt haben, wollen diese aber wieder aufholen. Es gelingt ihnen auch in einem ganz erstaunlichen Ausmaß, soweit sie dazu altersmäßig noch Gelegenheit haben. Dies ist nicht nur kontraphobisch zu verstehen, sondern auch als echte Freude an den gewo Möglichkeiten. Sie bringen sich nach meinen Beobachtungen so oft i erfreulichen Gegensatz zu vielen Menschen, die nie phobische Ängste gekannt, aber daher auch keine besonderen Aktivitäten entwickelt haben, sondern auf ein langweiliges Leben zurückblicken.

6.11 Zwangsneurose

6.11.1 Kennzeichen

Als Kennzeichen (mit Überschneidungen und auf verschiedenen Erklärungsebenen) der Zwangsneurose, auch Obsessive Compulsive Disease (OCD), gelten die zentrale Rolle der Ambivalenz und des magischen Denkens, Regression von der ödipalen Stufe zur analsadistischen Kontrolle, Abwehr durch Reaktionsbildung, Intellektualisierung, Isolierung, Ungeschehenmachen und Wendung der Aggression gegen sich selbst in Form harscher, kontrollierender Selbstvorwürfe (»strenges Überich«). Dem konstitutionellen Überwiegen von aggressiven Regungen widerspricht Brandchaft (2001), der nicht das Konstitutionelle, sondern das Entwicklungsbedingte, nämlich präödipale Traumen, als alleinige Ursache sieht: »interpersonal maladaptation«, »failures of normative attachment«, »self-other attunement«. Typisch sind auch eine perfektionistische Denkweise, das Bedürfnis nach absoluter Gewissheit und die Überschätzung der eigenen Verantwortlichkeit für Schädigungen anderer.

In einer ersten Phase treten phobische Ängste (»obsessions«) auf, vor irgendwelchen eigentlich harmlosen (Toiletten, Türklinken), bisweilen auch vor gefährlichen Gegenständen (Messern, Nadeln) oder auch Ängste vor eigenen Gedanken und Vorstellungen, katastrophale Fehler zu begehen, Ängste vor Versehen (wie das Haus niederzubrennen, Menschen mit dem Auto zu verletzen) oder Ängste, den eigenen Kindern Grausames anzutun. Hier liegt meines Erachtens die schwerste Selbstbestrafung: sich das Liebste zerstören. Ebenso treten Ängste auf, andere mit Krankheiten anzustecken oder von anderen angesteckt zu werden, z. B. Angst vor Herpes in den 80er oder vor Aids in den 90er Jahren.

In einer darauf folgenden Phase finden wir aktive Vermeidungsstrategien (»compulsions«) in Form von Ritualen (Waschzwang, wiederholtes Kontrollieren, Zählen, Berichtszwang gegenüber Freunden und Bekannten, rein mentale Rituale wie Grübeln, Wiederholung von formelhaften Gedanken), welche die intensiven Ängste mindern, aber selbst starke Einschränkungen in der Lebensführung nach sich ziehen und immer beherrschender werden, da sie bei jeder Angstauslösung verstärkt werden (Lam/Steketee 2001).

Von der Zwangsneurose wird die zwangsneurotische Charakterstörung (Obsessive Compulsive Personality Disorder, OCPD) unterschieden, die sich – laut Chessik (2001) im Gegensatz zur OCD – durch gutes Ansprechen auf analytisch orientierte Therapien auszeichnet. Zwangsneurotiker müssen nach Leib (2001) keineswegs eine zwangsneurotische Charakterstörung aufweisen. Hierzu gehört die klassische Trias Ordentlichkeit (Pedanterie), Starrsinn und Sparsamkeit sowie Übersozialisierung. Nach Chessik sind Zwangsneurotiker lediglich vorsichtig und introvertiert und können dabei auch warmherzig, natürlich, nicht-intellektualisierend und kreativ sein.

Zwischen 16% und 36% (Esman 2001) bzw. 94% (Gabbard 2001a) der Zwangsneurotiker haben vor Ausbruch der Neurose nicht an zwanghaften Zügen gelitten. Solche statistischen Erhebungen wurden aber von den zitierten Autoren nicht selbst getätigt. Sie werden in den USA in der Regel ungeschulten Hilfskräften (fachfremden Studenten, Arbeitslosen), die dazu noch nach der Ankreuzmethode arbeiten, überlassen.

6.11.2 Dissimulation

Der Interviewer kennt oft die Fallstricke nicht. Falls ungeschult, dürfte er regelmäßig auf die Dissimulationstendenz der Zwangsneurotiker hereinfallen. Hinzu kommt, dass die ICD-Nomenklatur ohnehin Krankheitsbilder möglichst vielfältig unterteilen möchte – woran auch die Statistikindustrie und die Pharmaindustrie ein begreifliches Interesse haben. Eine sorgfältige und geduldige Exploration ist hier von vornherein nicht beabsichtigt.

Übersehen wird auch immer wieder, dass ein Patient – grundsätzlich – nur das berichtet (auch auf Fragen), was seine Abwehr durchlässt. Shapiro (2001) wendet sich denn auch entschieden gegen eine Loslösung der OCD von einer zwanghaften Charakterstruktur: Aus dieser erwachse vielmehr die OCD. Eine regelorientierte Selbststeuerung in Form eines außerordentlichen Pflichtbewusstseins und einer strengen Gewissenhaftigkeit, die kein Nachlassen in der Selbstkontrolle, keinerlei Abweichungen erlaubt, sei die Voraussetzung für das erbarmungslose Aufdecken und Suchen nach schrecklich aggressiven Gedanken und Regungen (»soul-searching«, »obsessions«) – bei sich und bei anderen. Ich selbst habe noch nie eine Zwangsneurose ohne eine Zwangs-Charakterstörung gesehen.

6.11.3 Schwache Behandlungsmotivation

Die bekannt schwache Motivation zur Behandlung (so auch nach Gabbard 2001a), das emotionale Haften der Patienten an ihren Zwangssymptomen und die beträchtlichen interpersonalen Schwierigkeiten (Gabbard 2001) sprechen auch eher für die Chronizität des Gesamtbildes und gegen einen plötzlichen Ausbruch ohne Zusammenhang mit einer entsprechenden Charakterstörung. Hingegen schreibt Esman (2001): Wenn ein OCPD-Patient dekompensiere, dann nicht zur Zwangsneurose, sondern zur »Depression«. Welche Art von Depression er meint, teilt er freilich nicht mit. Depression ist ein Begriff, den man auf alle Erkrankungen, nicht nur primär psychische, anwenden könnte. Welchem Patienten soll es denn psychisch gutgehen außer einem manischen? Auch ein Patient mit Zahnweh hat eine »Depresssion«. Solche Aussagen sind zu unspezifisch, um einen diagnostischen oder therapeutischen Wert haben zu können.

OCD wird heute auch von psychoanalytischer Seite überwiegend als neuropathologisch unterlegt betrachtet (Meares 2001; Gabbard 2001a). Diese allgemeine Formulierung kann aber zur Unterscheidung von anderen psychischen Störungen oder Vorgängen nichts hergeben, da selbstverständlich alle psychischen Vorgänge und Strukturen ein molekulares Substrat der Hirntätigkeit haben. Hilfreich zum Verständnis kann hingegen eine speziellere Formulierung sein: Typisch zwangsneurotische Abwehren wie Isolierung und Intellektualisierung (also Affektunterdrückungen) dürften mit einer funktionellen Blockierung der Verbindung zwischen der dominanten, Logik und Sprache repräsentierenden Hirnhemisphäre und der nichtdominanten, für den emotionalen Ausdruck zuständigen Hemisphäre einhergehen (Levin, F. M. 2003). Folgerichtig glaubt Levin, Psychotherapie bei Zwangsneurosen (und Hysterien mit intensiven Verdrängungsprozessen) sei durch eine Verbesserung der Verbindungsfunktion des Corpus callosum wirksam. – Hierin könnte auch eine künftige objektivierbare Nachweismöglichkeit (MRT, PET) von Diagnose und Therapie liegen. Die gefundenen Veränderungen im Hirnstoffwechsel (und der Nutzen von Medikamenten) lassen noch nicht erkennen, ob es sich um Ursachen oder Folgen der OCD handelt (Chessick 2001). Chessick führt die schlechten analytischen Behandlungsergebnisse auf die überlieferte eingeengte Sichtweise (Regression zu Fixpunkten) zurück. Auch scheint es hier besonderes vorteilhaft zu sein, auslösende Belastungen analytisch zu erkennen und in ihrer Spezifität für den Patienten zu verstehen, schon um künftigen Belastungen besser begegnen zu können (Gabbard 2001a)

6.11.4 Genese

Von einigen Autoren (so Leib 1995; 2001) wird angenommen, die Mutter sei ungewöhnlich aggressiv gewesen, habe das Kind beispielsweise für ihre eigenen narzisstischen Zwecke (Selbsterhöhung, Selbststabilisierung) ausgebeutet, was sich in der Behandlung als negative Übertragung zeige. Ähnlich schreibt Brandchaft (2001) von einem »archaischen Umgarntsein« (»archaic enmeshment«) durch die Mutter mit deren Unfähigkeit, die wechselnden, phasenspezifischen Bedürfnisse des Kindes zu respektieren. Vielmehr habe sich das Kind den Bedürfnissen der Mutter anpassen und sich infolgedessen für das Befinden der Mutter und sein eigenes verantwortlich fühlen müssen. Dies präge seine späteren Beziehungen zu anderen, einschließlich seiner Übertragung in der Therapie, und zu sich selbst (nur bei Zwangsneurosen?). Diese unglückliche Konstellation stelle sich in allen Beziehungen einschließlich der therapeutischen wieder her, aktiviere so im Sinne eines »current stimulus« das alte Trauma (bei anderen Neurosen nicht?) und führe so zu den bisher nicht erklärbaren häufigen Exazerbationen der Zwangsneurose. Dies wiederhole sich traditionell in dem Anspruch von Therapeuten, die Patienten hätten sich ihren theoretischen Auffassungen anzupassen (bei anderen Neuroseformen nicht?). Der Therapeut übernehme somit die Rolle der Mutter und verstelle sich zugleich damit die Einsicht in die tatsächliche Genese, in die tatsächlichen Übertragungsverhältnisse und die Gründe für den schlechten Verlauf der analytischen Therapie – ein »überliefertes zirkuläres, zwanghaftes Behandlungssystem mit einer pathologischen Anpassung vonseiten des Patienten« *(Übers. v. Verf.).* Ängstlich sei der Patient auf die Wünsche, Erwartungen und Reaktionen des Therapeuten fixiert, hüte sich, ihm in irgendeiner Weise zu missfallen, ihn zu ermüden oder zu kränken, sei vielmehr um dessen Wohlbefinden besorgt, in ständiger Furcht vor Vergeltung oder gar Fallengelassenwerden (muss der Patient dazu zwangsneurotisch sein?). Die gegen die eigenen Wünsche gerichtete Abwehr werde zur festen Gewohnheit (aber in welchen Neurosen nicht?), daher das Zwanghafte. Er erlaube sich keine Selbstreflexion.

Meines Erachtens beschreibt der Autor hier unbemerkt zum Teil das Alltagsleben und Neurosen überhaupt. Wer hat schon die Fähigkeit zur Selbstreflexion, wer neigt nicht – aus verschiedensten Ängsten – zur Unterwerfung? So viele Zwangsneurotiker gibt es gar nicht, wie es sich anpassende Menschen gibt. Ein Spezifikum für Zwangsneurosen ist hierin ebenso wenig zu erkennen wie in der präödipalen Abhängigkeit von einer narzisstischen (selbstbezogenen) Mutter und der Unterwerfung unter diese (s. auch unter 4.10 Compliance). Allzu strikter Zuweisung an eine Primärperson, hier an die Mutter, kann auch unreflektiertes »parent-blaming« (s. Kapitel 2.2) zugrunde liegen. In Kollusion mit dem Patienten werden bidirektionale aggressive Regungen zeitlich nach hinten und auf andere Personen verschoben (Abwehrmechanismus der Verschiebung), aus Angst vor deren Entladung und vor Vergeltung, aus Schuld- und Schamgefühlen wegen ebendieser Regungen.

Ein anderer Fall von möglichem »parent-blaming« demonstriert die Ansicht von Meares (2001), neben einer neurophysiologischen Basis für sich wiederholende Gedanken, analog einem »mentalen Tic«, habe eine schlecht eingestimmte, überprotektive Mutter (da ist sie wieder!) dem Kind nicht die optimale Frustration vermittelt. Daher sei die Selbst-Objekt-Differenzierung nicht genügend entwickelt – eine Voraussetzung für magisches Denken, das dieser Autor als grundlegendes Kennzeichen der OCD ansieht. Hiergegen ist einzuwenden, dass eine grundsätzlich mangelhafte Selbst-Objekt-Differenzierung klinisch nicht belegt ist. Es handelt sich um willkürliche theoretische Annahmen, ähnlich wie die nachweislich falsche Behauptung, Schizophrene hätten keine Grenzen zwischen Selbst und Objekt. Auch Zwangsneurotiker können nicht weniger als Gesunde zwischen sich und anderen unterscheiden. Magisches Denken gibt es auch bei Menschen mit anderen Neuroseformen, Gesunden und Künstlern in großer Zahl.

6.11.5 Übertragungen

Es dürfte sich insgesamt um professionelle Übertragungen und Gegenübertragungen auf das Unheimliche, Widerspenstige und das jede Art von Psychotherapie Erschwerende, somit Entmutigende der Zwangsneurose handeln. Die Abwehr (Vermeidung/Verleugnung, Rationalisierung, Intellektualisierung des Unheimlichen an der Zwangsneurose), aber auch willkürliche Pathologisierung sind umso leichter, je tiefer in die Vergangenheit die Zwangsneurose verlegt wird. Zwangsneurotiker neigen dazu, mit ihrer Symptomatik zu leben und diagnostischen Untersuchungen wie auch Behandlungen aus dem Wege zu gehen, auch wenn sie von ihren Zwangsideen und Ritualen sehr belastet sind.

6.11.6 Therapie

In Langzeittherapie genommen, lassen Patienten mit Zwangsneurose die Behandlung gern als produktiv und anregend erscheinen, funktionieren sie aber oft zu einem Ersatz für authentisches Leben um und halten an ihrem inneren gewohnten Leben mit den Zwangsideen und dem lebensverneinenden Rückzug fest (Leib 2001). OCD ist nach Leib (1995; 2001) nur mit einer Kombination von analytischer Behandlung, Pharmakotherapie und Verhaltenstherapie günstig zu beeinflussen. Nach Esman (2001) ist eine Zwangssymptomatik, wenn sie erst einmal etabliert ist, widerstandsfähig gegen jedwede Art von Deutung. Nicht alle, aber viele Analytiker (so Esman 2001) sehen in der alleinigen analytischen Therapie bei Zwangsneurosen keinen Sinn mehr. Ich kann diese pessimistische Haltung aus eigener Erfahrung nicht bestätigen. Ich halte lediglich die betonte Zurückhaltung eines Therapeuten in ganz bestimmten analytischen Schulen (Abstinenz, Neutralität) für ungünstig. Sie kann vom Patienten leicht als Ritual missverstanden und so in sein Ritual eingebaut werden. Ebenfalls müssen Intellektualisierung, Übergewissenhaftigkeit und Überhöflichkeit (Reaktionsbildungen) eines zwangshaften Therapeuten die Ängste, Scham- und Schuldgefühle des Patienten und damit seine Abwehr aggressiver Wünsche verstärken. Therapeuten mit diesen Charaktereigenschaften sollten keine Zwangsneurotiker behandeln. Der Therapeut sollte einfallsreich, spontan, risikofreudig und humorvoll sein und vor allem aggressiven Regungen beim Patienten und bei sich selbst nicht aus dem Wege gehen. Allein schon auf dem Wege der Identifikation kann der Patient hiervon profitieren.

6.12 Komponenten des inneren unbewussten Konflikts

1. Wünsche – ist hier besser als »Triebe«, über deren Anteil an Wünschen wir nichts wissen (Shapiro 1981, S. 16: »I do not know what role biological drive disposition plays in the structure of wishes.«),
2. Ängste, Schuldgefühle (»Schuldangst« nach Piers/Singer 1971, Spannung zwischen Ich und Überich), Schamgefühle (»Schamangst« [ebd.], Spannung zwischen Ich und Ichideal).
Für Schuld und Scham sind moralische Werte (vertreten durch das Überich) grundlegend, die durch Identifikationen mit beiden Eltern und der psychosozialen Umgebung sowie eigener kognitiver Entwicklung von früher Kindheit an, jedenfalls nicht erst ödipal, entwickelt worden sind. Sie gehen nicht nur auf Freuds aus konflikthafter Identifikation mit dem gleichgeschlechtlichen Elternteil entstandenes Überich zurück (Gilligan et al. 1988; Kagan 1984; Kohlberg 1976; 1981; Tyson/Tyson 1990). Schuld und Scham (so »Gesichtsverlust«) sind in verschiedenen Kulturen unterschiedlich stark vertreten (Thomas 1997).
3. Abwehren und
4. Symptom(-Kompromiss)-Bildungen.

Unter den Komponenten des inneren unbewussten Konflikts findet sich auch die Formulierung »Motive« oder »Motivationen«. Sie zeigt an, dass sich ein Autor nicht festlegen möchte, ob es sich um Wünsche, Ängste, Schuldgefühle, Schamgefühle oder Abwehren handelt, oder dass sich der Autor nicht klar über die Komponenten eines unbewussten inneren Konfliktes ist. In der analytisch-psychotherapeutischen Literatur, auch in der ichpsychologischen, werden die Komponenten nicht immer klar unterschieden oder aber mit Begriffen anderer Ebenen vermengt, so zum Beispiel in einer analytischen Zeitschrift 1999: »Ängste vor Schuld, Scham« oder: »Gefühle, Ängste, Fantasien und Abwehrvorgänge«. »Angst vor Schuld und Scham« ist eine pleonastische Formulierung. Sind Ängste keine Gefühle, können Fantasien nicht auch Ängste sein?

Die Entwicklung geht dahin, die bisher vorherrschende Konzentration auf das innerpsychische Geschehen um den interaktiven Gesichtspunkt, d. h. um das Wechselspiel zwischen dem Patienten und seinen nächsten Beziehungspersonen, namentlich Eltern, Geschwistern, Ehepartnern, Therapeuten, Bekannten, Freunden, zu erweitern.

6.12.1 Die Wünsche

Auf einer ersten Ebene können wir uns die Wünsche, die sich innerhalb von Beziehungen zu den Primärpersonen entwickelt haben (nicht Triebe, sondern Wünsche, so Shapiro 1981; Holt 1976; Sandler/Sandler 1998), sozusagen als eine Grundlage, als eine Sammlung von elementaren, allgemein gegebenen und letztlich evolutionspsychologisch zu verstehenden Motiven vorstellen. Die Wünsche werden vom Patienten nur unvollkommen und verschlüsselt mitgeteilt, da sie wie andere der allgegenwärtigen Abwehr unterliegen. Wenn also ein Patient einen »Wunsch« äußert, handelt es sich zunächst einmal um eine Äußerung, die wie alle Äußerungen, Träume und Handlungen Symptom-, also Kompromiss-Charakter haben, das heißt, die analytische Aufgabe fängt jetzt erst an. Beispielsweise mag ein Zwangskranker den »Wunsch« äußern, sich die Hände zu waschen – aber ist dies ein originärer Wunsch oder ein Symptom? – Es ist ein Symptom. Den dahinterliegenden Wunsch müssen wir erschließen, unter Berücksichtigung des Kompromisscharakters des Symptoms, namentlich auch der Ängste, Schuldgefühle, Schamgefühle und der Abwehr. Daraus können wir hier evt. auf den Wunsch schließen, andere zu beschmutzen oder zu beschädigen.

Die Wünsche sind in der Psychotherapie selbst nicht direkt erkennbar, auch nicht »empathisch« (wie von Kohutisten gern in Anspruch genommen), sondern werden per Rückschluss vermutet. Im Einzelnen lassen sich die Wünsche unterteilen in Wünsche nach konfliktfreier Sexualität, aggressiver Durchsetzung, Neid, Eifersucht, Bindung, Wünsche der Objektsuche, des Halts und damit einhergehend Wünsche nach Erhaltung von sich selbst und anvertrauter, schutzbedürftiger Kinder, Eltern oder sonstiger Nahestehender (darunter m. E. auch Neu-Nahestehende!) (Schmidt-Hellerau 2005). Freud selbst hatte ja seine Auffassung, dass es auch einen Selbsterhaltungstrieb gebe, nie ganz aufgegeben. Es ist äußerst merkwürdig, dass der Wunsch nach

Selbsterhaltung (Kampf ums Überleben, Streben nach Sicherheit, nach eigener Absicherung, nach Selbsterweiterung, Bewahren) in der Psychoanalyse derartig vernachlässigt werden konnte, sogar von psychoanalytischem Denken ausgeschlossen wurde (beklagt von Laplanche 1997; Schmidt-Hellerau 2005; vgl. Spezzano 1993: »interest excitement«). Schmidt-Hellerau (2005) umreißt die Vielfalt des Selbsterhaltungstriebes: unser körperliches Wohlbefinden, essen, trinken, verdauen, ausscheiden, sich warm und sauber zu fühlen und zu sein, immunologisch gut ausgestattet zu sein, aber auch Fantasien (es zu tun oder zu erleiden) von Verschlingen, Ersticken, Verhungern, Sterben im Schlaf – in neurotischen, perversen oder pathologischen Ausprägungen, Rettungsfantasien sowie Gier und Geiz als Variante der Selbsterhaltung und der eigenen Absicherung.

Klinisch interessant ist daran vor allem, dass die Sorge um das Wohl von sich selbst und von Anvertrauten nicht länger als Abwehr von feindseligen Regungen, von Schuldgefühlen oder auch als Wiedergutmachung interpretiert, sondern als eigenständiger Wunsch gesehen wird. So entfällt die Notwendigkeit, alles Unbewusste in das Prokrustesbett des Sexual- und Aggressionstriebes (womöglich ausschließlich in infantile Unterformen) zu zwängen. Der Gesichtspunkt der Erhaltung scheint mir außerdem endlich die unbewussten Fantasien um die Zukunftsentwicklung der eigenen Person, aber vor allem auch der Nachkommen mehr zu berücksichtigen. Zu den hier angeführten Wünschen treten evt. noch solche aus einer eigenständigen narzisstischen Entwicklung (Kohut 1971; 1977) oder etwa aus einer eigenständigen »Erregung aus Neugier« hinzu.

6.12.1.1 Wünsche nach Kooperation

»Interest excitement«, die Erregung aus Neugier (Spezzano 1993, *Übers. v. Verf.*), steht im Gegensatz zu »sexual excitement«. Wünsche nach Kooperation mit anderen (statt lediglich feindseliger Konkurrenz, die in der sonstigen Literatur im Vordergrund steht) (Poundstone 1992; Friedman/Downey 1995) und Wünsche nach Erhaltung von sich selbst und von anvertrauten, schutzbedürftigen Kinder und Eltern (Schmidt-Hellerau 2005) dürften ebenso bedeutsam und konfliktträchtig sein wie die herkömmlich präödipal und ödipal genannten Wünsche. Der Wunsch nach Kooperation zwecks Erreichen gemeinsam wichtiger Ziele hat bisher in der psychoanalytischen Literatur keinen Niederschlag gefunden. So wurde der Wunsch nach Aufnahme in eine Peergruppe mehr unter den Gesichtspunkten der Ablösung von den Primärpersonen und der Identifikation mit etwa Gleichaltrigen gesehen, nicht unter dem der Kooperation. Analog zu den bekannten anderen Wünschen lassen sich auch hier behindernde Ängste (vor Unterliegen in Konkurrenz; Angst, als nicht Vollwertiger abgewiesen zu werden), Schamgefühle (als nicht Vollwertiger abgewiesen worden zu sein oder sich selbst als ungenügend zu erleben) und Schuldgefühle (zur Kooperation unfähig oder unwillig zu sein oder gewesen zu sein) vorstellen. Diese würden Abwehren mobilisieren, sodass eine Symptomatik resultiert, die durch Hemmung dieses Wunsches gekennzeichnet ist, d.h. durch Rückzug von Gleichaltrigen, Vereinsamung, Verschiebung dieses Wunsches auf andere Ziele wie Fleiß in der Schule, im Studium und Gefallenwollen durch Leistung.

Auch in der Beziehung zu den Primärpersonen dürften Wünsche nach Kooperation einen wichtigen Platz einnehmen (z.B. Wünsche, den Eltern und Geschwistern behilflich zu sein), liegen sie doch im eigenen, vitalen Interesse, schon wegen der Verstärkung der wechselseitigen Beziehung, die der eigenen Sicherheit dient. »Interest excitement« (Spezzano 1993) und Wünsche nach Kooperation lassen sich weder unter die triebhaft-sexuellen Wünsche noch unter das Geborgenheits-/Ablösungswunschpaar subsumieren. Das Gleiche gilt für die kindlichen Kampfspiele, die nicht notwendig etwas mit sozialer Dominanz zu tun haben (Friedman/Downey 1995), und die Wünsche nach Kooperation und altruistischer Betätigung (Friedman/Downey 1995) – auch wenn diese Wünsche zweifellos die Ablösung und die Eigenständigkeit erleichtern oder ihnen den Weg bahnen. Hier kündigen sich möglicherweise neue Entwicklungen an. Altruismus ist nicht so uneigennützig, wie er erscheint. Der Altruist demonstriert mit seinem Verhalten seine Fitness, seinen Überschuss an Kraft gegenüber seinen Konkurrenten und den infrage kommenden sexuellen Partnern, was ihm Vorteile bei der Partnerwahl und im Ansehen verschafft und seine Zweckmäßigkeit begründet. Der Altruismus ist offenbar genetisch angelegt.

6.12.1.2 DIE ENTWICKLUNG PRÄÖDIPALER UND ÖDIPALER WÜNSCHE

Sandler und Sandler (1998) führen folgende Wünsche auf: Wünsche nach einer besonderen Beziehung, nach dem Vorbild bedeutender früher Objekte, nach

»Einzigartigkeit« (womit wohl Individualität gemeint ist), nach »holding«, Sicherheit, Wohlbefinden, Bestärkung, Meisterung (Abwehr) von Gefahren, Abwehr peinigender (»painful«) Gefühle, nach dem Anstreben von lustvollen Gefühlszuständen sowie Wünsche, es früh entwickelten, verinnerlichten Vorbildern gleichzutun (Wünsche nach Identifikation). Vergessen worden sind hier wohl die aggressiven Wünsche einschließlich Neid und Eifersucht, will man Aggressivität nicht nur als Reaktion verstehen.

Sogenannte Defekte (Defizite) in der Entwicklung bedeuten keinen allgemeinen Entwicklungsstopp. Die Entwicklung geht vielmehr auf anderen Gebieten weiter, auch wenn frühere innere Konflikte ungelöst bleiben, sodass es am Ende einen »Flickenteppich« gibt (Eagle, M. N. 1988; Gedo 1991; 1993; 1995a, S. 803). Die Wünsche (und deren Abwehren), die nicht anerkannt werden und die sich nicht zur Reife entwickelt haben, bereiten die Schwierigkeiten. Keiner dieser Wünsche dürfte auf einen bestimmten Zeit- oder Entwicklungsabschnitt, auf »Phasen« begrenzt sein, obwohl dies immer wieder behauptet wurde. Einem bestimmten Wunsch lässt sich nicht ansehen, ob er »oral«, »anal«, »phallisch« oder überhaupt in irgendeiner Weise mit einem frühkindlichen, an Körperöffnungen und Phasen orientierten Sexualitätsbegriff zu verbinden ist. Andere, wie z. B. noch Shengold (2000), halten aber daran fest, so, wenn dieser Autor »von der Stärke [...] passiv-sexueller Sehnsucht nach einem Vater, der ihn von der dominierenden Mutter erretten könnte«, spricht. Nach wie vor sieht er auch noch in der Dreiecksbeziehung Kind-Mutter-Vater »passiv-sexuelle Unterwerfung unter beide Eltern« als wesentlich an. Auch ein so angesehener Analytiker wie Brenner setzt sich entschieden weiter für diese Sichtweise ein (Brenner 2000). Die Einteilung in »präödipale« und »ödipale« Wünsche hängt auch von den Vorlieben des Therapeuten für gewisse gängige Thesen oder für bestimmte Entwicklungsabschnitte ab, auch in deutlicher Einwirkung von eigenen Stimmungen, Lektüre, Besuch von Kongressen und Gruppendruck von Vereinen. Seit die Argumentation mit Inzestwunsch und Inzestangst schwieriger geworden ist (Westermarck-Hypothese), mehren sich die Anträge, die auf präödipale Störung plädieren. Die Begründungen sind hier auch wesentlich einfacher, wenn auch gewiss deshalb nicht immer richtiger. Für ganze Krankheitsbilder wie Phobien, Angstneurosen, die zweifellos das Gros der Patienten ausmachen, wäre eine – womöglich rein – ödipale Argumentation besonders schwierig, zumindest gekünstelt wirkend. Unmöglich ist sie angesichts der Vielfalt analytischer Konfliktmodelle keineswegs. Die Bevorzugung des Präödipalen kommt zudem dem Trend der Zeit mit der Betonung angeblicher oder tatsächlicher frühkindlicher Störungen entgegen. Niemand möchte sich heute nachsagen lasse, er habe »etwas Frühes« übersehen. Etwas »Späteres«, z. B. aus dem wichtigen Entwicklungsabschnitt der Schulzeit, etwa der Adoleszenz, unbeachtet zu lassen, ist üblich und fällt nicht auf.

Eine Einteilung der Neurosen in wenigstens zwei Subtypen ist üblich: Einer leitet sich »primär« (genetisch oder aber nach dem Schwergewicht des Anteils gedacht) von dyadischen, der andere von triadischen Konflikten ab, ungeachtet der Vielfalt der Veranlagungen, biografischen Belastungen und klinischen Erscheinungsbilder, auch unabhängig davon, welche Bedeutung der sogenannten frühen Triangulierung und der zweifelsfrei frühen Wahrnehmung des Vaters als eigenständiges Objekt zukommt. Die praktische Aufgabe besteht darin, zu erkennen, wo der Schwerpunkt, besonders in der Übertragung, liegt und wie sich beide Konflikttypen gegenseitig beeinflussen. Dies ist allerdings leichter gesagt als getan, denn sowohl die Übertragung als auch die Gegenübertragung ist nicht immer leicht zu erkennen. Wenn sie dann aber erkannt wurden, sind sie auf jeden Fall noch verschieden interpretierbar, und zwar schon deshalb, weil sie Kompromisscharakter haben. Nur wenn sich der Therapeut nach dem vorgestellten Muster der projektiven Identifikation (s. Kapitel 4.18.9) als bloßen Container sieht, hat er es scheinbar einfach: Er schreibt dann das in sich Erlebte dem Patienten zu (als ob er als Person mit seinen ganz persönlichen Einstellungen und Empfindlichkeiten ausgeschaltet wäre) – ein psychisch unrealistisches, mechanistisches Modell.

6.12.1.3 PRÄÖDIPALE WÜNSCHE

Die präödipalen Wünsche sind vorwiegend von der Zweierbeziehung bestimmt. Hier geht es um den engen Zusammenhang insbesondere mit der Mutter. Die einzelnen Phasen, die Mahler (1968; Mahler et al. 1975) hierfür genannt hat (»normaler Autismus«, symbiotische Phase, dann die Phase der Loslösung und Individuation mit den Subphasen der Differenzierung, der Übung, der Wiederannäherung, der Konsolidierung der Individualität und der Anfänge der emotionalen Objektkonstanz), hat sie selbst später nicht mehr als Phasen, sondern als sich ständig abwechselnde Einstellungen gesehen. Für eine Phase der Undifferenziertheit und des Autismus gab es nie empirische Belege und für unsere Zwecke ist, ohne auf eine im Grunde bereits abgeschlossene

Diskussion eingehen zu müssen (Klein, G. S. 1976; Peterfreund 1978; Stern 1980), folgendes Modell völlig ausreichend:

Die Wünsche kreisen um Wiederverschmelzung und Geborgenheit in der ganzen Vielfalt dieses Begriffes. Geborgenheit meint hier auch, vor anderen Kindern oder Geschwistern Beachtung zu finden, eine Nische zwischen den Eltern in Besitz haben zu dürfen (vs. zu große Einigkeit der Eltern, zwischen denen das Kind keinen Platz findet) sowie kein ständiges Zerwürfnis zwischen den Eltern. Weiterhin kreisen die Wünsche um Sicherheit, sichere Bindung, Konstanz, Halt, Stabilität, Zuverlässigkeit, Vertrauen, Wärme, Kontakt, Unterstützung und sensible Antwort auf die eigenen Bedürfnisse. Die beliebte Formulierung »Spiegelung« ist unglücklich gewählt. Sie stellt eine Reminiszenz an Freuds Begriff von Neutralität und Abstinenz dar und ist ein Beispiel für das gedankenlose Nachahmen von Worten. Die Beziehungsfigur selbst (Mutter, Vater) ist im Begriff des Spiegels nicht enthalten, zumal dieser eher mit Kälte assoziiert wird. Besser als Spiegel oder Spiegelung wäre meines Erachtens der Begriff »emotionale Antwort«, doch ist er nicht üblich. Einigkeit besteht heute darüber, dass es sich nicht um eine perfekte »Spiegelung« der Affekte durch die Mutter handeln sollte, sondern um ein »social feedback«. Nur so kann das Kind seine Eigenständigkeit erfahren und einüben (Fonagy et al. 2002). Andernfalls würde das Kind Misstrauen, Desinteresse, Abwendung, Fremdheitsgefühl und Angst entwickeln. Das Kind wünscht sich auch, zu geben, zu exploratorischem Verhalten ermuntert zu werden, angeregt zu werden auf allen Sinnesgebieten wie Berührung, Geruch, Geschmack, Gehör (hier schon früh Sinn für feine Unterschiede in Tonhöhe, Klang), Kinästhetik, Sehen. Zu Sicherheit und Geborgenheit sind allerdings auch klare Verbote und Gebote unentbehrlich.

Seine Wünsche kreisen aber auch um Trennung, Loslösung, Eigenständigkeit, Eigenwilligkeit (für mich sehr eindrucksvoll, mit welcher Geschicklichkeit schon ein Säugling seine noch schwachen Hände der Hand der Eltern entwinden kann). Das Bestreben, sich abzulösen und Eigenständigkeit, Selbstständigkeit, Individuation zu erlangen, geht mit aggressiven Regungen einher, besonders wenn diesen Wünschen vonseiten der Mutter – aus eigenen Wünschen und Ängsten, die wiederum meistens eine Reaktion auf Ängstlichkeit seitens deren Eltern sind – Hindernisse in den Weg gelegt werden, z.B. mit der Drohung, das Haus zu verlassen, das Kind zu verlassen, zu erkranken oder Selbstmord zu begehen, wenn das Kind nicht folge. Konflikträchtig sind aber auch Wünsche, von anderen Kindern oder Geschwistern Beachtung zu finden. Erst mit dem Sicherheitsgefühl durch die Mutter im Rücken kann sich das Kind zur eigenständigen Entwicklung aufmachen – so wie ein Pilot erst startet, wenn er weiß, dass er wieder landen kann.

Aufseiten der Mutter ist zu überlegen, ob sie zu sehr mit sich selbst beschäftigt war, etwa ob sie zu depressiven Verstimmungen neigte und aus diesen Gründen nicht genügend Wärme und Geborgenheit vermitteln konnte. Oder ob sie nicht von einer sinnvollen Arbeit ausgefüllt, gesellschaftlich isoliert war oder keinen tieferen befriedigenden Kontakt zu ihrem Ehemann oder zu anderen wichtigen Personen hatte (z. B. zu ihren eigenen Eltern oder Geschwistern). Solche Umstände bilden vielfach die Hintergrundkulisse, wenn sich die Mutter an das Kind besonders anklammert und bei diesem Bestätigung sucht, deshalb die Loslösung und Verselbstständigung fürchtet und, etwa mit Angstmachen vor äußeren Gefahren oder mit Erzeugen von Schuldgefühlen, zu verhindern trachtet.

Die präödipalen Konflikte sind schon dadurch gegeben, dass wir in früher Kindheit gezwungen waren, uns von den Eltern innerlich zu lösen, gleichzeitig aber »wussten« bzw. fühlten, dass wir ohne sie nicht leben können (Shengold 2000). Lange unterschätzt wurden die sensationellen, unorthodoxen Beiträge von Bowlby in den 60er Jahren (zit. n. Fonagy 2001), in denen er nachwies, dass diese Bindungsbedürfnisse angeboren, und zwar triebunabhängig (sogar von Hunger unabhängig) angeboren sind und anderen Bedürfnissen wie Essen und Trinken entschieden vorangehen. Zu wenig Beachtung fanden auch Neugier (als Gier nach Neuem, s. hierzu auch Spezzano 1993: »interest excitement«, in Abweichung von dem bloßen Gesichtspunkt der Mahler'schen Loslösung) und exploratorisches Verhalten, zugleich mit zunehmendem Bedürfnis nach Selbstkohärenz und Selbstwertgefühl.

Zur Stabilität gehören auch physische Anwesenheit und nicht zu häufige Abschiede in der Kindheit. Sklar und Harris (1985) konnten zeigen, dass ein einmaliger Verlust eines Elternteils das Kind nicht so sehr schädigt wie ein immer erneut wiederholter, wie beispielsweise bei einem Vater, der nur am Wochenende da ist und sich also bis zum 18. Lebensjahr rund 50 x 18 = 900 Mal verabschiedet. Auch wirkt sich nach diesen Autoren der Tod eines Elternteils ungünstiger in einer großen Familie als in einer kleinen aus – weil es länger dauert, bis sich wieder eine stabile Familienstruktur entwickelt. Derartige außeranalytische Beobachtungen sind unerwartet und daher umso notwendiger (Eagle, M. N. 1988).

Das Gebenwollen ist in der Literatur vernachlässigt. So schenkt beispielsweise das Kleinkind dem heimkehrenden Vater seinen kostbarsten Besitz, seinen Schnuller, oder gibt ihm etwas von der Schokolade ab. Es wird immer wieder der falsche Eindruck erweckt, als wollten das Kleinkind und das Kind nur empfangen, sie hätten nur »passive« Wünsche. Oder es wünsche nur, mehr zu bekommen, wenn es etwas gebe. Oder es schenke nur zur Abwehr böser Wünsche, etwa im Sinne einer Reaktionsbildung oder einer Wiedergutmachung, wie dies ein Kleinianer sehen mag. Solche Betrachtungsweisen schließen zwar in gewisser Weise den Beziehungsaspekt ein, lassen aber ihre Herkunft in der Einpersonenpsychologie noch unschwer erkennen, weil sie das Wechselseitige vernachlässigen. Von einem evolutionspsychologischen Standpunkt aus gesehen dürfte die Anlage zum Schenkungsverhalten tief verankert sein. Der Sinn bzw. der Überlebensvorteil des Gebenwollens ist leicht zu erkennen. Es dient der gegenseitigen Festigung der Beziehung und somit dem eigenen Überleben und dem Überleben der Gruppe. Zusätzlich macht ein Kind die Erfahrung, dass es mehr erhält, wenn es selbst freundlich ist und viel schenkt.

Alle Entwicklungen stehen unter der Einwirkung elterlicher Wünsche, Ängste, Schuld- und Schamgefühle sowie Konfliktlösungen. Dabei prägen die eigenen frühen Objektbeziehungen der Eltern ihre Vorstellungen vom Kind und, parallel dazu, die Selbsteinschätzung der Eltern, ob sie dem Kind Sicherheit vermitteln können (Lit. bei Slade 1999). Namentlich diese Vorstellungen der Eltern sind für die Entwicklung der Eltern-Kind-Beziehung von grundlegender Bedeutung (Richter 1963; Slade et al. 1996; Solomon/George 1996; Liebermann 1997). In der Literatur ist oft viel zu pauschal, d. h. die Konfliktkomponenten nicht beachtend, von »Fantasien« der Eltern die Rede. Diese setzen auch keineswegs erst mit der Schwangerschaft ein (so noch Winnicott 1965; Bibring et al. 1961; Stern 1995; Slade 1999), sondern sind schon früher im individuellen Leben jedes Elternteiles wirksam.

Die präödipalen Wünsche und Ängste differieren je nach Bezugsperson, also z.B. gegenüber der Mutter, der älteren Schwester oder gegenüber dem Großvater, dem Vater (Ammaniti 1999). Wünsche und Ängste können auf jede Person einzeln übertragen werden. Ein Patient ohne wenigstens eine sichere präödipale Beziehung hat es nach Ammaniti schwer, Vertrauen zu fassen. Die meisten Therapieabbrüche seien zu verzeichnen, wenn beide, Patient und Therapeut, nur über unsichere präödipale Beziehungen verfügten. Dieser Autor hat den Eindruck, dass Patienten, die sich aufgrund ihrer präödipalen Erfahrungen sicher oder geborgen fühlen, einen freieren Zugang zu entsprechenden Gefühlen und Erinnerungen der präödipalen Zeit haben. Ihre Erinnerungen sind überwiegend angenehm und negative Erinnerungen können in eine Gesamtsicht der Beziehungen integriert werden. Sich aus präödipalen Gründen unsicher fühlende Erwachsene neigen hingegen dazu, ihre entsprechenden Beziehungen in der Kindheit zu entwerten, können sich nur schwer an diese erinnern und nehmen auch ihre aktuellen Beziehungen nicht ernst. Sie sind nach Main et al. (1985) von deren negativen Auswirkungen überwältigt. In dieser Hinsicht ambivalente Patienten haben zwar einen Zugang zu präödipalen Erinnerungen, schwanken aber zwischen guten und schlechten Erinnerungen, können diese also nicht zu einem Ganzen formen (Cassidy 1994). Auch nach Bowlby (1988) bilden Kinder nach solchen negativen Erfahrungen multiple, sich widersprechende Erinnerungen an die gleiche Realität aus.

Die Einteilung nach präödipalem Sicherheits- bzw. Unsicherheitsgefühl lehnt sich an Ainsworth et al. (1978) an (»secure, insecure-avoidant, insecure-resistant patterns of attachment«). Nach dieser Autorengruppe entwickeln Kinder weniger Fähigkeiten, ihre Bedürfnisse nach Halt und Nähe mitzuteilen, wenn die Mütter diese Bedürfnisse ignorieren, zurückweisen oder entstellen. Dies hat Folgen für die sozialen Fähigkeiten und die sozioemotionale Entwicklung.

In der traditionellen Psychoanalyse wurde die Bedeutung der Geschwister in den präödipalen Konflikten erst spät erkannt und erlangte nie die Aufmerksamkeit, die sie verdient. Hier hat Alfred Adler früher hingesehen. In seiner Individualpsychologie spielen die Geschwisterbeziehungen überhaupt eine große Rolle (Adler 1912a/1997, S. 95; 1928, S. 271).

Von den beschriebenen präödipalen Wünschen wird in der analytischen Literatur traditionell und automatisch angegeben, sie seien auf das Innigste mit »Sexualität« verknüpft, so noch bei Silverman (2001). Es bleibt aber bei Berufungen auf die Theorie der sogenannten psychosexuellen Entwicklungsstufen. Die klinischen Hinweise sind dürftig und man kann den Eindruck haben, dass es sich nur noch um Lippenbekenntnisse handelt. Ein echtes Dilemma, einen Abhängigkeits-/Trennungskonflikt nur unter Zuhilfenahme von Sexualität, gleich welchen Begriffes, zu verstehen und zu behandeln, ist nicht erkennbar.

Präödipaler Neid (als primärer Wunsch, dem anderen etwas zu zerstören und es ihm wegzunehmen, s. auch Kapitel 12 zur Paartherapie) kommt in der gegenwärtigen Literatur zu kurz, ebenso die präödipale Streitlust.

6.12.1.4 ÖDIPALE WÜNSCHE UND ÖDIPALES DOPPEL

Ödipale Wünsche beziehen sich auf erotisch-sexuellen und beruflichen oder sonstwie eigenständigen Erfolg, und zwar selbstständig, ohne die Hilfe anderer, etwa der Eltern oder älterer Geschwister. Das Erfolgsgefühl wird gesteigert durch exhibitionistische Darstellung und Demütigung Dritter, so durch Mitansehenlassen oder durch Überlistung (wie Füßeln bei vornehmem Essen in Gesellschaft, Sex während der Tunneldurchfahrt). Hass, Neid und Wünsche nach Rache und Rivalität sind nicht mehr präödipale, sondern ödipale Wünsche, sobald sie um eine Dreierbeziehung kreisen. Es geht hier um das Konkurrieren mit einem anderen um einen Dritten und die Wünsche, Ängste, Schuldgefühle, Schamgefühle und Abwehren, die damit zusammenhängen. Die exhibitionistischen Wünsche (Angeben, Sich-Aufplustern, Einnehmen von Habachtstellungen, Drohgebärden) werden amüsiert zur Kenntnis genommen, wenn es sich um Kinder handelt. Von Erwachsenen gezeigt, werden sie in therapeutischen Kreisen gewohnheitsmäßig und unreflektiert als »phallisch«, »phallisch-narzisstisch« oder als Regression von der »reifen« ödipalen Entwicklungsstufe zu einer »nur phallischen Position« pathologisiert. Hier wird übersehen, dass sich das Herzeigen von Eigenschaften oder von Geld, Besitz und vor allem auch Luxusgütern, die zum eigenen Überleben nicht notwendig, manchmal sogar hinderlich sind, in der Evolution als Zeichen von Leistungsfähigkeit (Fitness) gegenüber Konkurrenten entwickelt hat und genetische Vorteile beschert. So zeigt der Pfau seinen Konkurrenten und den Weibchen durch ein besonders luxuriöses Gefieder an, dass er sich dieses aus vitalem Überfluss leisten kann und es nicht nötig hat, daran zu sparen. Pathologisierung ist hier voreilig und beruht auf unerkannter Gegenübertragung (Neid) der Therapeuten.

Wie im präödipalen Bereich, so wird auch ödipaler Neid (als primärer Wunsch, dem anderen etwas zu zerstören, zu entwerten oder es ihm wegzunehmen) in seiner Heftigkeit unterschätzt. Dies gilt auch für die gewaltige Streitlust und die eindrucksvolle Lust an Kooperation, bei Jungen etwa ab dem fünften Lebensjahr.

Bei unvoreingenommener Betrachtung ist übrigens zu erkennen, dass das Kind diesen Vergnügungen wie auch der Lust an Neuem (Neugier) ungleich intensiver nachgeht als einer sexuellen Lust.

Selbst die voll entwickelte Erwachsenensexualität geht mit Vorstellungen von Kooperation, Kameradschaft, Harmonie im Denken, Fühlen und Handeln einher. Zur Kooperation im weiteren Sinne gehören auch die Anerkennung des Andersseins des Partners und der Wunsch nach gemeinsamen Kindern.

Ödipale Wünsche gelten in der üblichen Werte- und Zeitskala-Hierarchie als später auftretend und »reifer« (»higher leveled«) gegenüber den dyadischen, angeblich »primitiveren« Wünschen (»lower leveled«). Sie beinhalten Wünsche, Mutters bzw. Vaters einziger Liebling zu sein, und – bei Verlust – endlose, vergebliche, selbstschädigende, Partner in die Flucht treibende Versuche, sich diese Lieblingsposition bei Partnern wiederzuerzwingen und einen Anspruch auf ständige Anklagen und auf Wiedergutmachung des erlittenen Unrechts geltend zu machen. Dies kann eine Grundlage sein für Partnerschwierigkeiten, sowie Gegenübertragungsschwierigkeiten des Therapeuten (Goldberg, St. H. 1994), im Einzelfall, nicht im Regelfall, auch für inzestuöse Wünsche (s. Westermarck-Hypothese), ferner für Wünsche, einem Rivalen (nicht nur dem gleichgeschlechtlichen Elternteil, sondern nicht selten weit mehr einem Geschwister) standzuhalten oder besser, ihn zu übertreffen (»competetive, rivalrous strivings«), mit begleitenden aggressiven Wünschen wie Eifersucht, Neid, Todeswünschen (»Vatermord«). Diese verbergen sich freilich oft hinter Idealisierungen.

Brüder und Schwestern können zu einem ödipalen Doppel führen, ebenso Großeltern oder andere wichtige Personen. Man kann in den Beziehungen zu diesen Verschiebungen (Übertragungen) von der Beziehung zu den Eltern sehen (darf sie aber auch nicht auf diese reduzieren). Beispielsweise kann der ältere Bruder eines Patienten zur gefürchteten Verschiebungsfigur des Vaters werden. Solche doppelten Ausprägungen der ödipalen Konstellation sind nicht per se pathologisch (Lit. bei Werman 1980).

Bei Männern sind Strebungen (Wünsche), zu rivalisieren, in einen Wettkampf einzutreten und den anderen – besonders (nach vorheriger Ausgrenzung) den Fremden – anzugreifen, sich gegen eine tatsächliche oder vermeintliche Bedrohung über das notwendige Maß hinaus zu verteidigen (Wilson, E.O. 1978), angeboren, biologisch determiniert und in Kampfspielen während der Kindheit eingeübt. Das heißt auch, dass solches Verhalten nicht (allein) rückführbar ist auf das Aufwachsen in einer grausamen Umgebung (ebd.). Kinder haben einen »Hunger nach dem Vater« (»father hunger«, ebd.): Sie verlangen, dass der Vater für sie eine »aggressive, mächtige, aber liebevolle väterliche Figur« ist, mit der sie spielerisch umgehen können und mit deren

Hilfe sie ihre aggressiven Regungen so einsetzen können, dass diese sie zu energischen Aktivitäten anspornen. Sie benötigen eine Führung und eine männliche Realität, eine männliche Antwort und Begleitung durch den Vater oder durch eine Vaterfigur. Wenn sich Kinder, insbesondere Jungen, vom Vater aufgegeben fühlen, neigen sie zu Depression, Wut, Misstrauen gegen Autoritäten, Sofort-Befriedigung von Bedürfnissen, Abgleiten in die Illegalität oder asozialem Verhalten. Sie lernen nicht, den Wert harter Arbeit zu schätzen und durch Disziplin seelisch zu wachsen (ebd.).

Todeswünsche (ebenfalls wechselseitig) bei Jungen sind nur ein Spezialfall dieser angeborenen Neigungen, sie sind aber nicht universell und sie scheinen in der Regel erst mit dem Testosteronschub in der Pubertät und auch dann keineswegs universell aufzutreten (Friedman/Downey 1995).

Rachewünsche sind als Kompensation für Niederlagen, besonders auch ödipale, zu verstehen. Die Niederlage ist vor dem Anblick anderer (mindestens zweier anderer in der ödipalen Situation) geschehen, nun soll sie durch Erniedrigung des Täters vor anderen ausgeglichen werden. Die Demonstration der Rache ist nach Lafarge (2006) dem Rächer genauso wichtig wie die Rache selbst, dient sie doch auch gegenüber Außenpersonen als Wiederherstellung der Achtung. Rachewünsche werden m. E. oft abgewehrt und auch bewusst aus Schamgefühl, Schuldgefühl und Angst vor Geringschätzung durch andere und vor Vergeltung geheim gehalten. Dies weist auf tiefere eigene Skepsis gegenüber der Berechtigung solcher Rachewünsche hin: Man benötigt Außenstehende, die das eigene Tun billigen sollen, zur Abwehr von Schuld- und Schamgefühlen. Daneben mag auch exhibitionistische Lust ein Rolle spielen, auch der Wunsch, von Außenstehenden deren Rachewünsche zu erfahren. Man tritt dafür gern in Vorleistung. Auch der immer gegenwärtige, angeborene und sozial kontaktfördernde Mitteilungsdrang spielt meines Erachtens bei der Demonstration von Rache eine Rolle. In der Gegenübertragung sind Gefühle von Peinlichkeit und Stimmungsverschlechterung zu verspüren, weil empfunden wird, dass sich die aggressiven Regungen gegen den Therapeuten richten und nur in Verschiebung auf Außenpersonen dargestellt werden.

Die beiden Komponenten des männlichen ödipalen Komplexes (einmal die Neigung zu Wettstreit und Kampf gegen den Vater, zum anderen die Furcht vor dem Vater) sind auch nicht gekoppelt mit inzestuösen Wünschen, noch ist etwa bestehendes inzestuöses Verlangen die Ursache für männliche Kampfeslust. Dass inzestuöse Wünsche in der Kindheit universell seien, wird auch von M. N. Eagle (2003) bestritten. Nach diesem Autor existiert stattdessen ein Tabu gegen Inzestwünsche gegenüber den Eltern. Die aggressiv-wettstreitende Komponente ist konstant (und hat eine eigene Entwicklungslinie), die erotisch-inzestuöse ist nicht konstant, wenn auch beide gleichzeitig auftreten können. Auf die hieraus resultierenden, entwicklungsbedingten Wünsche sind die normalen Haltungen des Vaters zugeschnitten. Schwierig wird es nur, wenn der Vater den spielerischen Wettstreit und Kampf nicht genussvoll mitmachen kann, aus welchen Gründen auch immer: Vielleicht ist er körperlich behindert oder in neurotische Konflikten verstrickt, die zu Angst, Neid, Ausweichen, Rückzug oder defensivem Verhalten führen? Zum Beispiel kann die kindliche Lust am Wettstreit bei einem verletzlichen Vater dessen Unterlegenheitsgefühl verstärken, sodass der Sohn ihn nicht mehr so idealisieren kann (Smith 2005), wie er es möchte und könnte, würde der Vater sich als robust und widerstandsfähig erweisen und das Spiel voll mitmachen. Noch besser wäre es, könnte er sogar die Angriffe des Sohnes humorvoll übertreiben und zu erfindungsreichen, ebenfalls spielerischen Gegenangriffen übergehen (meine Beobachtung). Diese ermöglichen dem Sohn zunehmend, sich der eigenen Fähigkeiten und seiner Unterschiedlichkeit (Distanz) zum Vater (ebenso zur Mutter) bewusst zu werden. Einen defensiv-ängstlichen Vater hingegen auch noch »unverdientermaßen« die Mutter besitzen zu sehen, muss die ohnmächtige Wut des Sohnes steigern – ohnmächtig, weil er aus Schuldgefühlen gegenüber dem Vater nicht wagen kann, diese offen zu zeigen (Smith 2005). Speziell wenn der Vater Abhängigkeit von der Mutter des Patienten signalisiert, sieht der Sohn dies als Schwäche und der Vater verliert an Attraktivität, männliches Vorbild zu sein. Hier dürfen aber auch Kompensationsmechanismen auf beiden Seiten nicht unterschätzt werden, z. B. bei körperlicher Behinderung in Form von verbalem Wettstreit.

Normalerweise darf aber das Kind damit rechnen, in einer auf sich eingestimmten Umgebung aufzuwachsen. Dementsprechend kann das weibliche Kind von seiner Mutter erwarten, in seiner Selbstsicherheit und Freude an weiblicher Konkurrenz bestärkt zu werden. Hierzu wird im Regelfall die Mutter auf die entsprechenden entwicklungsbedingten Bedürfnisse ständig antworten. Die Selbstpsychologen (so A. Goldberg noch 2005) sprechen hier von »Spiegelung« (»mirroring«) – ein sehr unglücklicher Ausdruck, dessen große Beliebtheit von mangelndem Sprachgefühl und kritiklosen Nachahmungstendenzen zeugt. Die Rolle der Eltern kann nicht darin bestehen, wie ein

Spiegel die Bedürfnisse ihrer Kinder bloß zu reflektieren und sie damit allein zu lassen. Vielmehr sind sie im Normalfall bestrebt, spontan mit ihrer ganzen Person zu antworten und sich auf ein Spiel einzulassen. Mit einem Spiegel hat dies nichts zu tun. Es handelt sich um eine unglückliche Reminiszenz an Freuds frühe Position der Neutralität des Therapeuten (»wie ein kühler Chirurg«). Statt »Spiegelung« muss es heißen: emotionale Antwort.

In der psychoanalytischen Literatur ist eine Idealisierung ödipaler Konflikte unübersehbar. Heute glaubt aber wohl niemand mehr, dass sich die »Ich- und Persönlichkeitsentwicklung« allein an der »Frustration ödipaler Wünsche« vollzieht (so noch Hirsch 1985). Solche Einseitigkeiten in der Beurteilung eines so komplexen Geschehens wie der Persönlichkeitsentwicklung haben die Psychoanalyse gründlich in Verruf gebracht. In modernen Veröffentlichungen wird eine entsprechende Festlegung oft vermieden – zugunsten von Leerformeln. So bleibt oft unklar, was ein Autor heute noch mit »ödipal« meint, ungeachtet eines beschwörenden Untertones, der eigene Zweifel verhüllen mag: »Nach psychoanalytischem Verständnis ist für die unbewusste Psychodynamik seelischer Entwicklung und ihrer Störungen der Ödipuskomplex als die konflikthafte Grundkonstellation menschlicher Existenz konstituierend« (1996, Lit. beim Verf.), oder feierlich wie ein Gesetzestext vorgetragen: »Der Vater setzt die ödipalen Verbote und zieht die Inzestgrenze« (2000, ebd.). Solche Formelhaftigkeiten können eher den Eindruck vermitteln, dass die innere Überzeugung fehlt.

Die Entwicklungslinie für aggressiven, männlichen, ödipalen Wettstreit ist mit dem Beginn des Gehens nachweisbar und verläuft dann parallel zur Entwicklung der weiteren Mobilität und Sprache. Die aggressive Komponente wird zunehmend offener auch verbal ausgedrückt (Friedman/Downey 1995). Der ödipale Wettstreit dient der eigenen Fitness, der Erhöhung der Überlebenschance im Kampf gegen Feinde allgemein, dem Ziel einer stabilen höheren sozialen Stellung und dem Erfolg in der Partnerwahl (Friedman/Downey 1995).

6.12.1.5 »Antiautoritäre« Erziehung

»Aggressionsfreie«, »antiautoritäre«, »hierarchiefreie«, tatsächlich aber mit dem unreflektiertem Zwang, antiautoritär sein zu müssen, arbeitende *Kindergärten* entsprachen nicht den (unter 6.12.1.4 beschriebenen) kindlichen Erfordernissen und konnten deshalb nur Schaden anrichten. Sich selbst den Kindern als Aggressionsobjekt aufzudrängen und sie zu aggressiven Äußerungen zu zwingen, ohne selbst aggressive Spiele gegen die Kinder spielen zu wollen, hieß, die Kinder zu überfordern: etwas zu verlangen, ohne selbst eine vorbildhafte, aggressive Rolle zu spielen. Zugleich wurden alle Schuldgefühle für aggressive Regungen einseitig den Kindern aufgebürdet. Einübung in wechselseitiges aggressives Rollenspiel mit Aushalten von Angst, Schuldgefühl, Schamgefühl und mit Versöhnung, Wiedergutmachung und neuer Gemeinsamkeit wurde so entgegen der phasenspezifischen Notwendigkeit verhindert, statt dieses wenigstens spontan entstehen zu lassen.

6.12.1.6 Westermarck-Hypothese

Die bereits Freud bekannte Westermarck-Hypothese hat sich durchgesetzt (so Erickson 1993; Lit. bei Morehead 1999). Sie behauptet das Fehlen von sexuellem Interesse, sogar einen – nicht konfliktbedingten – Vermeidungsmechanismus bei zusammen Aufgewachsenen (wie z.B. in Kibbuzim) als Regelfall. Die Annahme einer sogenannten Kastrationsdrohung und eines strafenden Überichs als Bedingung für das Aufgeben ödipaler Regungen ist demnach entbehrlich.

Heute glaubt wohl niemand mehr, Kleinkinder und Kinder, womöglich noch Erwachsene, seien in ihren unbewussten Fantasien regelhaft versessen darauf, sexuelle Kontakte mit dem gegengeschlechtlichen Elternteil aufzunehmen und aus diesem Grunde den gleichgeschlechtlichen zu ermorden (hingegen aber noch Melanie Klein 1937/1974, S. 94: »der männliche Säugling hat den Wunsch, […] sexuell mit ihr zu verkehren, ihr Kinder zu geben, den Vater […] zu töten, den Geschwistern alles zu nehmen, was sie besitzen«). Einer Alleingültigkeit der konventionellen Triebtheorie (ödipale Entwicklung als bloße Manifestation eines kaum zähmbaren, blindwütigen inzestuösen Sexualtriebs, der zu seiner Befriedigung das inzestuöse Objekt sucht) sieht sich die moderne Auffassung von Ödipalität jedenfalls nicht länger verpflichtet (Chodoff 1966; Schrut 1993; Erickson 1993). Vorherrschend ist vielmehr die Auffassung von einem komplexen Spiel auch anderer als sexueller Motive oder Prozesse wie der Entwicklung der Objektbeziehungen einschließlich Dreiecksbeziehungen, der kognitiven Entwicklung, Festigung der Identität (Festigung des Selbst) und Geschlechtsidentität (Tyson 1986; 1988; 1989). Tyson und Tyson (1990) meinen darüber hinaus, dass überhaupt dem Ödipuskomplex nicht die zentrale Rolle in der Ätiologie von Neurosen und der Psychopathologie zukomme, die Freud diesem zugedacht hat. Auch Kohut (1977; 1984) hielt den Ödipuskomplex nicht für einen Abschnitt in der normalen Entwicklung, sondern für eine allerdings häufig anzutreffende pathologische Konstellation, die aus gestörten Eltern-Kind-Beziehungen (mit narzisstisch gestörten Eltern) resultiere. Die präödipale Bindung zwischen Mutter und Sohn und die Anwesenheit des Vaters setzen zusätzlich eine Grundlage für Inzestvermeidung (Lit. bei Morehead 1999). Inzesthandlungen werden hingegen wahrscheinlicher, je gestörter bzw. unterbrochener die frühe Beziehung ist.

6.12.1.7 Ödipuskomplex im Hindu-Indischen Kulturkreis

Im Hindu-Indischen Kulturkreis handelt der Ödipuskomplex von der Vater-Sohn-Beziehung. Der Vater (Shiva) kehrt aus langer Abwesenheit zurück und vertreibt voll Hass und Wut seinen ihm noch nicht bekannten Sohn (Ganesha) von seinem Platz bei der Mutter (Parvati). Er tötet ihn, indem er ihm den Kopf abschlägt, und zerstört damit auch die Mutter-Sohn-Union. Aus Reue und unter dem Eindruck seiner zornigen Gattin erweckt er den Sohn wieder zum Leben und setzt ihm als Ersatz für den verlorenen Menschenkopf einen Elefantenkopf auf die Schultern. So vom Vater mit dem Leben beschenkt, bleibt der Sohn zeitlebens loyal und dienend gegenüber dem Vater. Seine genital-sexuellen Wünsche muss der Sohn stark abwehren, ggf. sogar Kleidung und Benehmen einer Frau annehmen, sexuelle Abstinenz üben, da sie das Lebensziel des Nirwana gefährden (»Ganesha-Komplex«). Seine sexuellen Wünsche gelten nicht nur als sündig, sondern auch als gefährlich. Es bleibt ihm die prägenitale Nähe zur Mutter. Müttern und Töchtern wird keine eigene Entwicklung zugebilligt (Misogynie, phobische Vermeidung der Berührung einer Frau). Die Frau wird als verführerisches Ungeheuer dargestellt, das unter Kontrolle gehalten werden muss. Die Mutter hat ihre aggressiven Impulse gegen den Sohn durch übermäßige Sorge und Nachgiebigkeit abzuwehren. Die Ich-Entwicklung zur Eigenständigkeit verläuft in Indien langsamer als im westlichen Kulturkreis und es bleibt eine Neigung, sich bei Krankheit der Öffentlichkeit und einem Guru mitzuteilen, also in Abhängigkeit zu verbleiben (Sudhir Kakar, zit. n. Kumar 2005).

Was vom männlichen Ödipuskomplex unumstritten bleibt, ist die Rivalität mit dem Vater und die Angst vor ihm, ohne erotische Komponente, beim Mädchen die Rivalität mit der Mutter, ebenfalls ohne Inzestkomponente, jedenfalls im Regelfall. Für das Verfassen der Anträge auf Psychotherapie heißt dies konkret, dass man sich im Einklang mit der neueren Literatur im Regelfall auf die kämpferisch-konkurrenzhafte, unter Umständen auch feindselige Komponente des Ödipuskomplexes (mit oder ohne Todeswünsche) beschränken darf.

Was die Bedeutung des Vaters und der Geschwister angeht, sprechen soziobiologische Forschungen dafür, dass die früh entstehende präödipale Bindung zwischen Mutter und Sohn, die An- bzw. Abwesenheit des Vaters und die Beobachtung der elterlichen Interaktion die späteren Beziehungen im Sinne eines Modells prägen (Draper/Harpending 1982; Low 1989; Rossi/Rossi 1990; Fonagy et al. 1993). Bei Abwesenheit des Vaters in früher Kindheit scheint eine Neigung der Söhne zu bestehen, instabile sexuelle Beziehungen einzugehen und sich gegenüber anderen Männern aggressiver und konkurrenzhafter zu verhalten. Die Töchter scheinen dazu zu neigen, früher sexuelle Aktivität zu entwickeln und kurze Beziehungen mit Männern zu haben. Die Zeit vom ersten bis fünften Lebensjahr stellt wahrscheinlich hierfür die sensitive Periode dar (Draper/Harpending 1982).

6.12.1.8 STELLUNG IN DER GESCHWISTERREIHE

Auch die Stellung in der Geschwisterreihe hinterlässt bleibende Muster, welche die späteren Beziehungen prägen (Adler 1931b/2008; Schepank 1996; Sulloway 1997), auch die ödipal getönten. Zum Beispiel hat das ältere Geschwister den Wunsch, seine natürliche Vormachtstellung zu behalten und auszubauen, das jüngere hingegen den Wunsch, das ältere einzuholen und sich an seine Stelle zu setzen.

6.12.1.9 POLYGAMIE

Ganz kurzen Prozess macht man gemeinhin mit polygamem Verhalten oder auch mit bloßen Gedankengängen in dieser Richtung. Ohne viel Federlesen werden Beziehungsunfähigkeit, pathologischer Narzissmus und Borderline bemüht. »Bloße Sexualität« ohne tragende, tiefe Beziehung gilt als Zeichen von »Spaltung«. Umgekehrt ist der Gedanke nicht üblich, dass, wenn Sexualität nur in einer tiefen Beziehung ausgeübt werden kann, Schuldgefühle, Schamgefühle und Ängste vorliegen mögen, die erst durch die Sicherheit der Beziehung und durch eine Art von Legitimation in Form von Dauerhaftigkeit gemäßigt werden. Ich würde mich nicht wundern, wenn langweilige Sexualität hier unbewusst mit einem Bonus prämiert würde, dreiste Sexualität mit einem Malus. Das eine wird dem Konkurrenten und ebenso dem Patienten von Herzen gegönnt, um das andere wird er beneidet und gehasst. Ich glaube, dass besonders Therapeuten, die in unbefriedigenden sexuellen Beziehungen leben, hier ein Problem mit ihrer eigenen Übertragung (es ist keine Gegenübertragung!) auf den Patienten haben, im Sinne von Versagens- und Verlierergefühlen, was zu Neid führen muss. Sie sehen sich vor die schwierige Aufgabe gestellt, ihren Neid und Hass zunächst vor sich selbst einzugestehen, dann zu ertragen und schließlich ihr Agieren und ihre Abwehr gegen diese innere Wahrheit aufzugeben bzw. umzuwandeln. Unreflektierte kollektive Neidgefühle und daraus resultierendes Verlangen nach Abwertung und Störung sowie eigene Ängste und Schuldgefühle mögen pauschalen, routinehaften Aburteilungen zugrunde liegen. Der kulturelle Hintergrund ist schon deshalb offensichtlich, weil man zu anderen Zeiten am gleichen Ort anders dachte.

Maßstab für die Beurteilung von Polygamie muss hingegen sein, ob Verhalten und Befinden durch einen neurotischen Konflikt bestimmt sind. Muss ein neurotischer Konflikt vorliegen, wenn beim Verkehr dem Partner promiskuöse Ideen, auch Grobheiten ins Ohr geflüstert werden und dies zu einem Orgasmus führt? Oder handelt es sich hier um eine notwendige Entlastung von Schuld- und Schamgefühlen (der, welcher solches ausspricht, ist der Schlechte) und die ersehnte klare Abgrenzung von einer Elternfigur durch den Partner (so etwas hätten nämlich die Eltern »nie gesagt«), und ist es eigentlich diese Entlastung, welche in jenem Augenblick eine konfliktarme Beziehung ermöglicht?

6.12.1.10 Erotische Übertragungen

Erotische Übertragungen des Patienten oder des Therapeuten werden reflexhaft als »ödipal-inzestuös« und als »Widerstand« bezeichnet. Es ist aber die Frage, ob solche eingespielten, flott-unbekümmert wiederholten und in typischer Weise zweiteiligen Bezeichnungen (das Zweiteilige erhöht die suggestive Wirkung) nicht eher Hilflosigkeit und Abwehr widerspiegeln, wenn sie routinehaft vorgetragen oder nur schulmäßig geglaubt werden (Krill 2005). Die Abwehr funktioniert hier als Verschiebung auf andere und in die Vergangenheit oder als Rationalisierung, Intellektualisierung, gefördert durch ständiges Sprechen über Sexualität in einer abstrakten Form, als Verleugnung der Erwachsenensexualität zugleich mit Verschiebung auf ein Kleinstes und Beschwörung des Verbotenen.

Erwachsenensexualität wird in der analytisch/tiefenpsychologischen Literatur überhaupt recht einseitig, unter Bemühung der gesamten Psychopathologie und einer angeblich oder tatsächlich verwandten kindlichen Sexualität abgehandelt. Sie wird infantilisiert, somit in ihrem affektiven Gehalt verleugnet, und oft in das Reich der Krankheit verbannt, die somit die Nachfolge des »Bösen« angetreten hat. Kulturell-religiöse Traditionen wie augustinische Bewertungen sind hier unverkennbar weiter wirksam. Freizügige Abbildung der Sexualität und die üblichen kontraphobischen, ritualisierten losen Reden haben diesen nichts anhaben können.

6.12.1.11 DIE BELIEBTHEIT GUT VERHEIRATETER MÄNNER

Die Beliebtheit gut verheirateter Männer bei manchen Patientinnen (vielleicht anders als durchschnittlich bei Frauen) geht nach meinem Eindruck selten auf den ödipalen Ehrgeiz zurück, eine erfolgreiche Rivalin auszustechen, als vielmehr auf die Abwehr von Fusionsängsten bei gleichzeitiger Erfüllung des Wunsches nach Erwachsenensexualität: Sie kann ziemlich gewiss sein, dass der verheiratete Mann nicht endgültig auf sie zukommt. Wenn er noch kleine Kinder hat, kann sie noch sicherer sein. Kommt es anders, bricht sie die Beziehung entschieden ab. Daraus resultierende Schuldgefühle erträgt sie eher als die Ängste vor Fusion und Aufgabe der erreichten Selbstständigkeit. Ein »Lebensgefährte« ist bei Weitem nicht so bedrohlich wie ein Ehemann, aber ein »Lebensabschnittsgefährte« ist noch besser. Ähnlich beliebt sind deshalb auch Slogans wie »Getrennt wohnen, gemeinsam unternehmen«.

6.12.1.12 REALER INZEST

Freuds (und der Nachfolgenden) Abwendung von seiner anfänglichen Verführungstheorie und vom »Realen«, von der Rekonstruktion und von Erinnerung überhaupt, zugunsten des Fantasielebens, führte lange Zeit zu einer Vernachlässigung des Themas realer Inzest (Lit. bei Hirsch 1985). Die Dunkelziffer gilt als hoch – was aus dem Folgenden verständlich wird.

Als Ursachen dieser Generationen-Grenzüberschreitungen werden diskutiert: soziale Isolierung der ganzen Familie (alle Bedürfnisse werden innerhalb der Familie befriedigt, ausgeprägte Trennungsangst aller Familienmitglieder), familiär tradierte mangelnde Abgrenzungswilligkeit (Grenzen der Privatheit, der körperlichen, psychischen, sexuellen Bedürfnisse des Einzelnen, der Generationen untereinander) und mangelnde Warmherzigkeit der Mutter. Diese Umstände bedingen eine emotionale Bedürftigkeit aller Familienmitglieder und bereiten den Boden für Inzesthandlungen. Die enttäuschten Eltern benutzen das Kind zur Kompensation. Ebenso erwartet das Kind von dem inzestuösen Elternteil Kompensation und übernimmt im Gegenzug oft, nicht immer, die mütterlichen und ehelichen Funktionen. Dementsprechend werden die Mütter meist als kalt, beherrschend und emotional zurückweisend, launisch, unberechenbar, ungerecht, friedlos, auch als oft krank und dadurch emotional abwesend geschildert. Die Väter charakterisiert man als unterwürfig, weich, unsicher, weinerlich, bedürftig (und keineswegs als patriarchalisch, wie gern von feministischen Organisationen behauptet, Hirsch 1985).

Die durch eine ungünstige Partnerwahl unerfüllte Sehnsucht nach Zuwendung und die Unfähigkeit, angemessene Anerkennung außerhalb der Familie zu finden, erklären teilweise den Missbrauch der Tochter. Dementsprechend beginnt der Inzest nicht mit der einsetzenden Geschlechtsreife der Tochter, sondern mit dem Verlassenheitsgefühl des Vaters, etwa dann, wenn die emotional unbefriedigende Mutter noch zusätzlich eine Berufstätigkeit, womöglich eine nächtliche, aufnimmt (ebd.).

Gewalt äußert sich weniger in offenen Gewalttätigkeiten oder Drohungen und mehr in der rücksichtslosen Überschreitung der Inzestschranke und der Grenzen altersentsprechender Zärtlichkeitsbedürfnisse sowie der Nichtachtung körperlicher Privatheit des Kindes. Meist gehen Vergünstigungen, Geschenke und zärtliche Zuwendungen damit einher (Hirsch 1985). Meines Erachtens ist daher der Begriff Gewalt hier irreführend, weil er zu sehr von der Komplexität des Geschehens ablenkt und einseitig auf das körperliche Prozedere abhebt. In einem weiteren Sinne spiegelt der Gewaltbegriff hier auch zu sehr das Bedürfnis der Zuschauer, das heißt, er möchte unnötig von der Abneigung gegen Gewalt und der Verwerflichkeit der Gewalt profitieren.

Speziell mangelnde mütterliche Geborgenheit erschwert die Separation und Individuation des Kindes und hinterlässt eine intensive Sehnsucht des Kindes nach Gemeinsamkeit, Geborgenheit und symbioseähnlicher Nähe. Diese wird nun kompensatorisch beim Vater gesucht (de Boor 1965: »Transponierung der frühen Bedürfnisse auf die Beziehung zum Vater«; Pohlen 1968: »Erneuerung der symbiotischen Fusion«). Auch nach Beendigung des Inzests werden diese Sehnsüchte (Wünsche) weiterverfolgt, z. B. in Form von promiskuösem, prostitutivem Verhalten oder Einsetzen von Sexualität als Mittel, um Zuwendung zu erreichen, so im Kindesalter durch Verführung Fremder und durch Fremde oder später Sichanbieten als Opfer von Vergewaltigungen und anderer Gewalttaten. Die mangelnde Separation zeigt sich später auch in Abgrenzungsunfähigkeit und mangelndem Selbstgefühl, das sich besonders im Gefühl des Andersseins äußert (Hirsch 1985). Der Inzest selbst trägt aber zum mangelnden Selbstgefühl weniger bei als das präödipale Defizit an mütterlicher Zuwendung (ebd.). Mangelnde Separation von der Mutter dürfte teilweise auch durch Schuldgefühle bedingt sein, weil das Kind in die Rolle, für die Eltern sorgen zu müssen, gedrängt worden ist und dieser Rolle nicht gerecht werden konnte. Zugleich wird der Vertrauensbruch, das Ausnutzen der Vater-Kind-Beziehung, das Ausgebeutetwerden als Verrat und als Verlassenwerden erlebt. Trotzdem bleibt ein beträchtlicher Anteil der guten Beziehung zum Vater erhalten (ebd.), wohl weil die Tochter sich gleichzeitig durch den Vater herausgehoben fühlt. Die unvermeidlichen Schuldgefühle (wegen der eigenen Aktivität, der eigenen lustvollen Empfindungen und narzisstischen Befriedigungen, aber auch wegen des eigenen Unvermögens, die Familie zusammenzuhalten) führen durch Wendung gegen sich selbst oft zu Frigidität und psychosomatischen Symptomen. Schuldgefühle, Ängste (infolge der Drohungen), das familiäre Totschweigen mit dem gemeinsamen Ziel, die Auflösung der Familie zu verhindern, haben zur Folge, dass sich das Inzestopfer erst spät anderen offenbart.

Der Inzest stabilisiert die Familie. Deshalb dauern Inzestbeziehungen oft viele Jahre. Versuche der Tochter, Kontakte zu gleichaltrigen Männern zu knüpfen, lösen eine immense Eifersucht aufseiten des Vaters aus, als Reaktion auf seine Gefühle von Verlassenheit und Verratenwerden. Er verliert in seinem Erleben die gute Mutter (ebd.). Dieses Ausmaß an Eifersucht erleichtert aber der Tochter die Beendigung der inzestuösen Beziehung, etwa durch Auszug zu ihrem Freund.

Inwieweit die Mütter vom Inzest Kenntnis haben (»silent partner«) und darüber einfach hinwegsehen, z. B. um die Familie zu stabilisieren, oder unbewusst zum Inzest beitragen, geradezu den Weg dazu ebnen, lässt sich jeweils schwer abschätzen. Die Verleugnungsfähigkeit des Menschen ist bekanntlich gewaltig und es ist kaum anzunehmen, dass der Mutter das meist jahrelange Treiben entgeht. Nicht selten geht eine dauernde sexuelle Stimulierung des Kindes durch beide Eltern voraus, etwa durch übertriebene Warnungen vor Sexuellem, Striptease tanzen lassen, Zusehenlassen beim elterlichen Beischlaf, ständiges Berühren, auch wenn das Kind dies nicht benötigt und nicht wünscht, Missachtung von körperlicher Privatheit, auch bei den Ausscheidungsfunktionen, auch körperliche Misshandlung. Dies fördert ein Entgegenkommen des Kindes. Verführerisches Verhalten von Inzestopfern wird dementsprechend von vielen Therapeuten bemerkt.

Die Tochter ist gegenüber der Mutter gleichzeitig hasserfüllt und tief abhängig. Der Vater, als Täter, wird weit weniger gehasst. Die Beziehung zum Großvater ist, wenn er der Täter war, noch eindeutiger positiv.

Bei Mutter-Sohn-Inzest wird von manchen Autoren die verführende Art der Mutter als Ursache der mangelhaften Separation und Individuation betont. Andere sehen in der Betonung der Mutterbeziehung eine Vernachlässigung der Rolle des Vaters und des Zusammenspiels zwischen den Eltern. Immer seien beide Eltern beteiligt, sonst könne ein Inzest nicht geschehen. Der Vater habe speziell in seiner Aufgabe, das Kind bei der präödipalen Ablösung von der Mutter zu unterstützen, versagt. Er spiele somit beim Sohn den inzestuösen Aktivitäten der Mutter in die Hand, indem er den Sohn allein lasse.

Verschiedentlich wurden Erkennungsmerkmale in der Behandlung aufgeführt, wie z. B. Misstrauen, Bemühungen, den Therapeuten von einem Missbrauch zu überzeugen, Unvermögen des Patienten, zwischen Übertragungsfantasien und Realität zu unterscheiden, körperliche Missempfindungen (als »somatische Erinnerung«), Wut zugleich mit Hilflosigkeit, Unfähigkeit, die Wut zu empfinden, Neigung, sich auf nonverbalen und körperlichen Wegen zu äußern, heftige Schuldgefühle und Scham (wegen der eigenen Beteiligung), Strafbedürfnis und hieraus resultierende Ablehnung der Sexualität, Wunsch, auf keinen Fall reifer erscheinen zu wollen, als es den Lebensjahren entspricht, und nicht zu attraktiv zu erscheinen sowie sadomasochistisches Verhalten in unüblichem und gefährlichem Ausmaß. Doch dürfte wenig davon spezifisch sein. Um sich die Bindung zu einer liebenden und beschützenden Elternfigur zu erhalten, werde intensiv von der Abwehr der Erinnerungen

Gebrauch gemacht (so durch Idealisierung), heißt es bei Kramer und Akhtar (1991). Missbrauchsopfer mögen solche Merkmale aufweisen oder nicht. Der Umkehrschluss, von solchen Merkmalen in der Behandlung auf früheren Missbrauch hin, gilt sicher nicht – dazu sind sie schlicht zu unspezifisch. Wie so oft werden hier die vielfältigen Verarbeitungs- bzw. Abwehrmöglichkeiten unterschätzt. So warnt auch Shengold (1999) vor einem Kult mit kursierenden Listen von angeblichen Indizien, die bei erwachsenen Patienten auf sexuellen Missbrauch in der Kindheit hindeuten sollen. Tatsächlich hat jedes Symptom potenziell vielfältige genetische Wurzeln. Eins-zu-eins-Rückübersetzungen sind grundsätzlich nicht möglich. Es ist daher alles andere als leicht, in der Behandlung eines Erwachsenen realen vom nur berichtetem bzw. fälschlich erinnertem Inzest zu unterscheiden (dazu auch Shengold 1999; zu »false memory« s. Kapitel 2.3).

Umgekehrt ist die Neigung, Missbrauch und andere schwere Traumen zu verleugnen, nicht weniger verbreitet. Shengold (1992) führt diese darauf zurück, dass unsere Selbstachtung und Identität wesentlich auf unbewussten Identifikationen mit den Eltern gründet. Das Bestreben des Täters, die Tat zu verleugnen und der Entdeckung zu entgehen, sowie das Bedürfnis des Kindes (des Opfers), die Familie zusammenzuhalten und an der Fantasie einer guten Elternbeziehung (»good parenting«) mittels Umdeutung des Täters in einen Retter festzuhalten und damit außerdem die ohnmächtige Wut in sich nicht hochkommen zu lassen, tun ein Übriges (»Eigen-Hirnwäsche«, »self-brainwashing«).

In der Therapie wird die kompensatorisch erreichte Autonomie (»am besten kann ich selbst auf mich aufpassen«, »nur nicht mehr von anderen abhängig sein« bis hin zu Überlebenstrainings) in Gefahr gesehen und betont (kontraphobisch) ausagiert. So brachte sich eine Patientin mit Inzesterinnerungen in die Stunden ein Kissen mit, eine andere eine Flasche Mineralwasser, um sich ihrer Unabhängigkeit vom Therapeuten zu vergewissern und dies auch dem Therapeuten zu zeigen. In der Übertragung wird nicht selten der Therapeut zum Verfolger, zumal – bei aller Distanz und Neutralität – ein gewisses Eindringen unausweichlich ist und das weit verbreitete ständige Sprechen über angebliche oder tatsächliche kindliche Sexualität zweifellos selbst als ein sexueller Akt erlebt wird (Sprechakttheorie, Searle 1969).

Realer Inzest ist – wie jede heftige Erfahrung, erst recht in der Kindheit – zunächst der Selbstreflexion nicht zugänglich und unformulierbar. Er ist zu komplex, facettenreich und nuanciert, als dass er sich sprachlich erfassen ließe (Stern 1983). Dies macht ihn anfällig für spätere, sprengkräftige Interpretationen und Beeinflussungen durch Freunde, Bekannte, den Gesetzgeber, Interessenverbände, Therapeuten und deren bewusste und unbewusste Motive. Die Tochter zeigt selten den Vater von sich aus an. Sie tut es oft, weil sie von der Umgebung (den Zuschauern) dazu gedrängt wird, folgt also mehr dem Bedürfnis der Zuschauer als ihrem eigenem. Oft möchte sie auch ihrem Freund bzw. Mann damit beweisen, dass sie mit dem Vater nichts mehr zu tun haben will und noch nie etwas zu tun haben wollte. Diese Überlegung schließt ein, dass nicht immer scharf zwischen dem primär entstandenen Schaden und dem späteren, artifiziellen Schaden, der durch hochemotionalen Einfluss von außen auf diesen unreflektierten und nicht verbalisierten Raum zustande kommt, unterschieden werden kann. Dies ist überhaupt noch nicht untersucht worden.

6.12.2 Die schmerzlichen Affekte

Auf einer zweiten Ebene lösen diese Wünsche Signale der Angst (Thomä 1994 zieht »Gefahrsignal« vor), Signale der Schuld und der Scham aus (Brenner 1982: Signal-Angst, Signal-Schuld, Signal-Scham). Das Konzept der »Triebangst« (die Libido werde aufgestaut und überflute das Ich, was zu Angst führe; Triebangst als Definition von Angst und Hilflosigkeit) ist – wie überhaupt ein vermeintlicher Gegensatz zwischen Ich und Es bzw. Trieb – obsolet (Eagle, M. N. 1988; Thomä 1994). Den theorienahen Anteil »Signal-« können wir für den praktischen Gebrauch getrost fortlassen, da im Antrag zweckmäßigerweise möglichst klinik- und emotionsnah (erlebnisnah) formuliert werden sollte. Wir sprechen also schlicht von Angst, Schuldgefühlen und Schamgefühlen.

6.12.2.1 »FALSE BELIEFS« UND »PATHOGENETIC BELIEFS«

Von Weiss und Sampson (1977) und Weiss et al. (1986) werden schmerzliche Affekte auf »false beliefs« oder »pathogenetic beliefs« gegründet, die der Patient schon von sich aus, auch ohne Deutung, überwinden wolle und zu deren Bewältigung der Therapeut vor allem die nötige Sicherheit vermitteln soll. Als Erstes werde er daher vom Patienten geprüft, ob er diese Sicherheit vermitteln kann.

Die Schamgefühle – wie Verlegenheit, Peinlichkeit, etwa schon beim Anblick oder der bloßen Erwähnung körperlicher Verrichtungen, Abscheu vor sich selbst, Gefühl der Erniedrigung, Demütigung u.Ä. – sind in der Literatur deutlich unterrepräsentiert (Lansky/Bley 1995; Dorpat 1995), obwohl die Peinlichkeitsschwellen in den letzten Jahrhunderten extrem nach unten gesetzt worden sind (Elias 1976, S. 342). Schamgefühle sind innig mit »Narzissmus«, gleich welcher Definition, verknüpft. Sie beziehen sich auf die Lücke zwischen dem, was wir zu sein wünschen oder unserer Ansicht nach sein sollten, und dem, was wir nach unserer eigenen Einschätzung sind. Nach Morrison (1996) kann das Übersehen eines Schamproblems die Therapie blockieren oder ein Hauptgrund für das Scheitern einer Therapie sein.

6.12.2.2 Gefühl der Leere

Ein Gefühl der Leere wird in der Literatur pauschal in Zusammenhang mit vielen Erkrankungen behauptet, so bei narzisstischen Persönlichkeitsstörungen, Borderline-Fällen, allen Suchterkrankungen, ohne dass sich dieser Eindruck auch klinisch aufdrängt (s. auch Kapitel 1.4 »Leere«; 4.19.5 Narzisstische Persönlichkeit). Eine etwaige derartige Beschwerdeschilderung eines Patienten darf man nicht einfach zum Befund machen – wo bliebe das Konzept von Abwehr und Kompromissbildung, abgesehen von der Kontamination vieler Patienten durch die ihnen bekannte Fachliteratur?

Es muss auffallen, dass es sich da, wo Therapeuten »Leere« feststellen, ausnahmslos um solche Störungen handelt, die eine negative Gegenübertragung, mindestens im Sinne von Ratlosigkeit oder eigener Bedrängnis, hervorrufen. Offensichtlich verschaffen sich mit solchen pauschalen »Befunden« Gegenübertragungen (Verärgerung) notorisch unreflektiert Luft. Der abwertende Charakter eines solchen »Befunds« ist nicht zu übersehen: nur Leere, sonst nichts. Leere kann gar nichts Gutes sein, es handelt sich um Luft statt Substanz, um etwas Negatives, Hohlheit, Wertlosigkeit, ein Nichts. Der »Befund« Leere mag selbst einen Kompromiss darstellen zwischen recht aggressiven Gefühlen, die ein Therapeut gegen solche Patienten hegen mag, und seinen hieraus resultierenden Schuldgefühlen. Seine aggressiven Regungen gegen den Patienten und seine Schuldgefühle sind geringer, wenn er dem Patienten eine bloße Leere anstelle »unerlaubter« Befriedigung oder geballter Aggressivität unterstellt (Abwehr durch Verschiebung, Projektion, Verleugnung, Rationalisierung). – Wo erwähnt ein Therapeut das Hochgefühl und die Angst des Narzissten (vor Entdeckung und vor Einsamkeit) oder die Begeisterung einer Magersüchtigen für ihre Schönheit und den Genuss ihrer Aggressivität, wo das Glück eines Trunkenen, wo die Häme und Schadenfreude eines »Borderline« mit seiner ausgelebten Aggressivität?

6.12.2.3 Vernichtungsangst, Angst vor Selbstauflösung und Gefühl der Unwirklichkeit

Vernichtungsangst (»annihilation anxiety«), Angst vor (dem Gefühl von) Selbstauflösung (»self dissolution«), Gefühl der Unwirklichkeit (»feeling of unreality«): Auch hier herrscht in der Fachwelt Verwirrung, da ebenfalls nicht mehr an die abwehrabhängige Symptombildung gedacht und somit nicht mehr zwischen den manifesten und latenten Inhalten dieser Ängste unterschieden wird (Gediman 1983). Metaphern werden hier ebenso wie bei »Leere« konkretisiert – als ob es sich um nicht mehr rückführbare letzte Wahrheiten handele, die einer analytischen Auflösung nicht bedürften und die der Patient als »Defekte« direkt in sich wahrnehmen könne (ebd.), so bei Kohut (1977), Stolorow und Lachmann (1980). Falsche Verwendung von Metaphern führt auch hier zu einer Verwechslung von Theorie (Metapsychologie) und klinischer Situation, mit der Folge iatrogener Artefakte. Es wird vergessen, dass es sich hier einstweilen um die Fantasien des Patienten (und des Therapeuten!) handelt (Gediman 1983). Bereits 1978 hatten Slap und F. J. Levine den zunehmenden Trend beklagt, metapsychologische Termini nicht mehr als Abstraktionen zu behandeln, sondern als substanzielle Entitäten.

Im Einzelfall mag freilich ein »Defekt« (»Defizit«, »development arrest«) vorliegen. Dies kann jedoch nicht von der Pflicht entheben, zunächst eine konsequente analytische Suche nach dem Kompromisscharakter des Symptoms vorzunehmen (Gediman 1983, s. auch Kapitel 7.7. Defizite, strukturelle Ich-Defekte und Behinderungen).

6.12.2.4 Soziale Angst, altruistische Angst und Schädigungsangst

Soziale Angst, altruistische Angst und Schädigungsangst (Tellenbach 1961) sind außerordentlich häufig, auch im Alltagsleben: Angst, durch eigenes inneres und äußeres Handeln anderen zu schaden und dadurch in Schuld zu geraten, z.B. in Form einer Anblickphobie (Befürchtung, andere mit seinem Blick zu belästigen) oder der – sehr häufigen – Befürchtung, anderen mit einer Frage oder schon durch einen Auftrag zur Last zu fallen. Hier kreisen die Gedanken um das Wohl des anderen.

Als Abwehren stehen wie bei den Phobien auch hier die Vermeidung sowie Wendung gegen sich selbst und eigenes Handeln (unter Inkaufnahme von Nachteilen, Erschwernissen) im Vordergrund. Beim Einkaufen beispielsweise wird vermieden, den Verkäufer mit einem Auftrag zu »belästigen« (weil dieser dadurch Arbeit habe), und stattdessen lieber fertig abgepackte Ware gekauft (eigene Beobachtung). Der Vorgesetzte erledigt die Arbeit lieber selbst, weil er den dafür eigentlich Vorgesehenen nicht damit »belasten« will. Hier bestehen naheliegende Verbindungen zum »Helfersyndrom« (Abwehr eigener Bedürfnisse durch Wohltaten für andere) und Schuldgefühl jeder Genese.

Vermutlich kann jede der genannten Komponenten einer Neurose selbst Ausgangspunkt von unbewussten Konflikten werden – dies in Einklang mit Vorstellungen vom neuronalen Netzwerk mit Zentren, halbautonomen Unterzentren und einer Unzahl von bereits bestehenden, aber sich auch ständig neu bildenden Verbindungen nach innen und nach außen. Zum Beispiel entwickeln Angstneurotiker nach jedem Angstanfall immer mehr Angst vor dem nächsten.

6.12.2.5 Präödipale Ängste, Schuld- und Schamgefühle

Die *präödipalen Ängste* lassen sich – etwas unsystematisch und zum Teil in Überschneidung – so zusammenfassen: Ängste, die auf Wiedervereinigungswünsche, auf Wünsche nach Rettung oder nach einer ewig fließenden Brust (Melanie Klein) folgen, wie Angst vor dem Sog der Sehnsucht nach einer Rückkehr zum Zustand vor der Trennung sowie Annäherungs-, Bindungs- und Fusionsängste. Insbesondere zu nennen ist hier die Angst, die Mutter könne – etwa aus eigenem narzisstischem Bedürfnis nach Selbststabilisierung oder Selbsterhöhung – das eigene Angewiesensein ausnutzen, mit Zurückweisung oder Fallenlassen drohen oder das Kind sogar für sich ausbeuten (Berkowitz 1999), es beherrschen, verschlingen (M. Klein) oder in das Kind eindringen, sodass Gefühle von Hilflosigkeit und Machtlosigkeit entstünden. Des Weiteren sind an präödipalen Ängsten zu nennen: existentiell bedrohliche Verlust- und

Vernichtungsängste (Haesler 1994, S. 134f., S. 148ff., S. 152), Trennungs- und Vereinsamungsängste, ferner Ängste vor Vergeltung für die Wünsche nach Loslösung in Form von körperlicher Schädigung, Krankheit, Entzug von Liebe und Zärtlichkeit, Angst vor dem Nicht-mehr-Sprechen der Mutter mit dem Kind, Kritik, Verurteilung und vor allem auch Bloßstellung vor anderen, z. B. dem anderen Elternteil, Geschwistern, Nachbarn und Verwandten, aber auch nicht zuletzt Angst vor einer unbekannten, späteren Rache.

Wenn der Vater als unzuverlässig, wenig Halt gebend erlebt wird oder wenn es zu viel Unruhe in der Familie gibt, erschwert dies dem Kind die Loslösung von der Mutter – schließlich will es nicht allein dastehen.

Paarbeziehungen, die einseitig auf Wunscherfüllung nach Fusion und entsprechender Abschließung nach außen ausgerichtet sind (und deshalb nach außen hin als ideal erscheinen) sind deshalb äußerst brüchig, weil nicht geübt wurde, mit doch schließlich eintretenden Differenzen (z. B. auftauchendem Kinderwunsch) und Konflikten umzugehen. Aber Beziehungen, in denen ein Partner einseitig auf Differenz und Unabhängigkeit ausgelegt ist, sind ebenfalls sehr gefährdet, weil die notwendige Nähe nicht zustande kommt und sie somit zu unbefriedigend sind. Hier fehlt die Bestätigung durch den Partner, es fehlen auch die phasengerechten Antworten, die ein jeder zur Entwicklung benötigt, und destruktiven Projektionen sind zu wenige Schranken auferlegt (Kirshner 2001). Sogenannte offene Ehen können stabil sein, weil sexuelle Untreue und Unabhängigkeit zum gemeinsamen Programm gemacht werden, also darin Übereinstimmung besteht (und wahrscheinlich ebenfalls in anderen wesentlichen Gebieten).

Präödipale Ängste sind für Scheidungen und Trennungen, aber ebenso für Festhalten an toten Beziehungen vorherrschende Motive. Speziell unharmonisches, vorwiegend averbales Verhalten gegenüber dem Partner sollen den Partner zur Abwehr von Fusionsängsten auf Distanz halten: Stieseligkeit, Blockade, Unterbrechungen, Nichteinhalten von Terminen, Vereinbarungen oder Versprechungen, mangelnde Kooperation im Alltag, ständige Skepsis, ständiges Suchen nach Fehlern bei dem anderen, Abwertung des anderen, Vermeidung jeglicher, auch sexueller, Übereinstimmung, Vermeiden von Einheit im Verhalten, Fühlen oder Denken, Sich-unattraktiv-Machen, Launenhaftigkeit, Stimmungsverdorberei, zwanghaftes Denken an sogenannte Selbstverwirklichung, Davonlaufen aus dem Schlafzimmer, aus der Wohnung, aus dem gemeinsam geplanten Urlaub, ohne eine andere Partnerschaft anzustreben, oder Getrenntwohnen als »höchstes Glück«.

Auch die Beliebtheit von Selbsthilfegruppen geht zum Teil auf präödipale Abhängigkeitsängste zurück, ohne dass sie hierauf zu reduzieren wären. Abhängigkeit von einer Person (einem Therapeuten) wird hier vermieden zugunsten vieler kleiner Abhängigkeiten, die leicht zu beherrschen sind. Ähnliches gilt auch für die Beliebtheit von sogenannten pflanzlichen Medikamenten »ohne Chemie« – um dieser nicht ausgeliefert zu sein. Die Frage der Wirksamkeit bleibt hiervon unberührt.

Die *präödipalen Schuldgefühle* bestehen in dem Gefühl, durch die gewünschte Ablösung unfair und illoyal gegenüber der Mutter zu sein, sie zu verraten, allein zurückzulassen, nachdem sie benötigt wurde und so lange Zeit unentbehrlich war. Sie gehen aber auch auf das Gefühl zurück, noch viel von der Mutter zu fordern. Somit gibt es kaum noch harmlose Wünsche. Von anderen, so Arlow (1991), werden präödipale Schuldgefühle bestritten. In den ersten zwei Lebensjahren gebe es nur Bedürfnisse, aber nicht das Gefühl, für irgendetwas verantwortlich zu sein. Die *präödipalen Schamgefühle* können den gleichen Inhalt haben, aber auch den, zu wenig an Ablösung erreicht zu haben.

Dass präödipale Wünsche nach einer bestimmten Art von Objektbeziehung (nach Nähe, nach Loslösung) ebenso abgewehrt werden können wie ödipale (sexuelle oder aggressive) Wünsche, wurde durch Sandler und Sandler 1978 und durch Meisner 1981 nachgewiesen.

6.12.2.6 Ödipale Ängste, Schuld- und Schamgefühle

Ödipale Signale sind, soweit nicht mit den präödipalen identisch, vor allem *Ängste* vor Vergeltung und Rache nach dem Talionprinzip. Beachtenswert erscheint die Auffassung von Friedman und Downey (1995), dass zum Beispiel Penisverlustangst in der Kindheit weniger auf das Talionprinzip zurückgeht als auf eine angelegte entsprechende Angstneigung, die mit der anatomischen und auch so erlebten Getrenntheit der Sexualorgane des Knaben vom übrigen Körper zusammenhängt. Genitale Verletzungs- oder Verlustängste könnten deshalb durch vielfältige inakzeptable Wünsche ausgelöst werden. Später, in der Pubertät, kommen nach diesen Autoren Strafängste in Form von Kastrationsangst für unerlaubte erotische Wünsche eher in Frage, weil diese dann tatsächlich mit dem hormonellen Schub gewichtig werden.

Nicht selten beziehen sich ödipale Ängste, Schuld- und Schamgefühle zusätzlich oder vorwiegend auf ein oder mehrere Geschwister: So wird insbesondere das ältere Geschwister von der ständigen Angst heimgesucht, das konkurrierende würde aufholen und ihm seine natürliche Vormachtstellung nehmen, um sich an seine Stelle zu setzen. Diese Angst wird genährt durch die Realität: Das Jüngere holt immer mehr auf und muss immer weniger Angst vor der Macht des Älteren haben, da sich der Altersunterschied sehr rasch relativiert. Insofern ist das ältere Geschwister weit schlechter dran, sitzt ihm doch das jüngere fortwährend im Nacken, während es für dieses nur eine Frage der Zeit ist, über dieselben Möglichkeiten wie sein älteres zu verfügen, was einschließt, es sogar zu überholen. Das Jüngere hat zudem bei Niederlagen gegen das Ältere bis dahin immer den innerlichen Trost, dass diese nur aufgrund des Altersunterschiedes zustande gekommen sind. Meistens dürfte es – risikolos – sogar die Vorstellung genießen, es wäre, wenn gleichaltrig, nicht unterlegen, sondern überlegen.

Ödipale Angst entsteht nicht oder nur selten wegen inzestuöser Wünsche, sondern wegen eigener aggressiver Regungen sowie wegen der Macht des erwachsenen Mannes, des Vaters. Diese Angst beruht nicht auf dem Talionprinzip (Friedman/Downey 1995). Ödipale Angst entsteht auch bei Vergessenwerden, bloßem Benutztwerden, Bloßgestelltwerden, bei eigenem entsprechendem Versagen oder bei Niederlage vor Dritten.

Schuldgefühle treten wegen der verbotenen ödipalen Wünsche auf. Wenn der Vater als unzuverlässig, wenig Halt gebend erlebt wird oder wenn es zu viel Unruhe in der Familie gibt, gerät die Tochter von selbst in eine ungute Konkurrenzsituation mit der Mutter. Dies muss Ängste, von der Mutter verlassen zu werden, und Schuld- und Schamgefühle wegen ihrer Wünsche nach Überlegenheit über die Mutter in Aussehen und Fähigkeiten bzw. ihrer Verachtung für die Mutter auslösen: Ist die Mutter unselbstständig? Vom Ehemann sehr abhängig? Sieht sie nicht gut aus? Ist sie unattraktiv für Männer? – Dazu tritt Neid auf die Mutter: Hat die Mutter bessere Fähigkeiten, bessere Kontakte zu anderen? – Der Neid wird von der Tochter wegen ihrer Schuldgefühle abgewehrt, oft dadurch, dass sie demonstrativ zur Mutter hält. Dies muss dazu führen, dass die Tochter sich nicht so entwickeln, in ihrer Selbstachtung nicht so steigen, ihr Gefühl, eine attraktive Frau zu sein, nicht so genießen kann, wie sie könnte, wäre sie wegen dieser Ängste, Schuld- und Schamgefühle nicht gehemmt. Die aggressiven Regungen gegen die Mutter wie Neid und Verachtung bleiben verdrängt und nehmen an der weiteren Entwicklung nicht teil.

Sie stören eine gesunde Identifizierung mit den positiven Eigenschaften der Mutter sowie die Kontakte mit anderen, da die Tochter hierzu entsprechende Übertragungen entwickelt. Einem häufigen Missverständnis widersprechend sind Schuldgefühle nicht per se krankhaft, sondern nur ihr Übermaß, das die Entwicklung hemmt. Sich nicht schuldig fühlen zu können, ist ein schwerer Defekt und zieht – neben mangelndem Mitgefühl – Kriminalität nach sich.

Kohut (1977) hält den Ödipuskomplex für das Ergebnis einer bereits pathologischen Entwicklung. Diese gehe auf die Zurückweisung (statt Ermutigung) der kompetitiven Regungen zurück.

Ängste, Schuldgefühle und *Schamgefühle* sind zugleich die stärksten Motive für kraftvolle Gegenreaktionen in Form von Überkompensationen, kontraphobischem Verhalten, aber auch kreativem Verhalten, so Izenberg (2006) über Egon Schiele und Lachmann (2006) über Strawinski, Chagall und Wagner.

6.12.3 Die Abwehren

Die Abwehr der präödipalen wie ödipalen Wünsche muss zu Inaktivität, Hemmung der Wünsche, depressiver Stimmung und anderen Symptombildungen führen. Den Symptomen selbst kann man auch hier nicht ansehen, wie die Kompromisse, die sie darstellen, zustande gekommen sind. Welche der Abwehrmechanismen im Vordergrund stehen, lässt sich vermuten, wenn das Kompromisshafte der Symptombildung bedacht wird.

Abwehr von Angst vor dem Neid anderer (Angst, von ihnen beraubt zu werden) und Abwehr von Schuldgefühlen (bei tatsächlichen Erfolgen) ist alltäglich und erfolgt beispielsweise in Form von Jammern über angebliche eigene schlechte Verhältnisse.

6.12.3.1 Vermeidung, Verschiebung, Verleugnung, Wendung gegen sich selbst, Entwertung, Leistungsabfall

Bei phobischer Symptomatik nimmt *Vermeidung* eine beherrschende Stellung ein.

Bei ödipalen wie präödipalen Konflikten ist allgemein *Verschiebung* als Abwehrmechanismus häufig, beispielsweise wird vom enttäuschenden Vater erzählt, gemeint kann aber die Mutter sein. Schuldgefühle und Angst, die

Mutter schlecht zu machen, mögen die Ursache für die Verschiebung sein. Oft werden diese Verschiebungen von einem Elternteil auf den anderen daran erkennbar, dass von dem einen auffallend selten die Rede ist.

Bei ödipalen Konflikten stehen im Vordergrund: *Verleugnung* der tatsächlichen Nichtbevorzugung durch den gegengeschlechtlichen Elternteil (d. h. ein Aufrechterhalten der ödipalen Illusion), Abwehr der eigenen aggressiven Wünsche gegen Rivalen, auch besonders *Wendung gegen sich selbst* (»Selbstsabotage«), womit gleichzeitig die Schuldgefühle gemindert werden, und *Entwertung* der gegengeschlechtlichen Elternfigur und deren Nachfolger. Hierzu kann die eigene Aggressivität in diese Figuren projiziert werden (z. B. entwertet der männliche Patient Frauen als »geldgierige Huren«, oder weibliche Patienten entwerten Männer etwa als »geile, selbstsüchtige, impotente Böcke«, »rücksichtslose Chauvinisten«, »Faulenzer«, »Schmarotzer« oder »Erbschleicher«). Ferner kommen vor Verneinung (Negation), Vermeidung (z. B. durch Wahl eines Partners, der sich betont von der Mutter bzw. vom Vater unterscheidet, bis hin zur ständigen ethnokulturellen Exogamie, Abend 2005), sowie Verkehrung ins Gegenteil und Rationalisierung. Mit Entwertung wird der Schmerz der Zurückweisung, des ödipalen Misserfolges gemindert. Freilich hat die Entwertung auch präödipale Wurzeln – diese dürften sogar noch grundlegender sein. So spielt Entwertung eine große Rolle bei präödipal gestörten Patientinnen (»Ehefalle«, »Familienfalle«, »Hausfrauenrolle«).

Ist der Patient z. B. *in seiner sozialen und beruflichen Leistung abgefallen*, dürfte Wendung gegen sich selbst im Spiele sein (wenn keine schizophrene Psychose, etwa mit Versandung, vorliegt). Meistens tritt noch Vermeidung hinzu: Er lässt sich vielleicht krankschreiben und vermeidet so die Personen an seiner Arbeitsstelle bzw. die aggressiven Konflikte mit seinen Vorgesetzten und Kollegen. *Wendung gegen sich selbst* (gegen die eigene Person) wird insbesondere genutzt, wenn aggressive Wünsche durchzubrechen drohen. Hieraus resultieren zum Beispiel Arbeitsstörungen, Schlaflosigkeit, Kopfschmerzen, Herzsensationen (letzte drei im Verein mit Konversion) und Suizidgedanken.

Wendung vom Passivum ins Aktivum (Loevinger 1966) liegt beispielsweise vor, wenn ein Patient von seiner Mutter, etwa aus deren Angst vor hilflosem Alleinsein, klein und abhängig gehalten wurde und dann selbst mit anderen so verfährt, um sich von den entsprechenden Ängsten zu befreien. Dies lässt sich freilich auch als Identifikation mit dem Aggressor verstehen.

6.12.3.2 Reaktionsbildung und »filial piety complex«

Reaktionsbildung in der chinesischen Gesellschaft wird zum Beispiel von Gu (2006) beschrieben (»filial piety complex«, Kindliche-Ehrfurcht-Komplex, auf dem auch der in Ostasien verbreitete Ahnenkult zu beruhen scheint). Abwehr der ödipalen Wünsche und der entsprechenden fantasierten Gefahren führt besonders oft zu Selbsteinschränkungen auf den verschiedensten, nicht nur beruflichen Gebieten.

6.12.3.3 Kontakteinschränkungen mit dem Gegengeschlecht

Die Abwehr ödipaler Wünsche spiegelt sich auch in der Minderung der direkten Kontakte mit dem ödipal ersehnten Geschlecht, evt. gestattet sich die Person Kontakte nur über einen Freund oder über Bekannte. Es wird auch versucht, anderen (der Tochter, dem Sohn, der Mutter, dem Vater) in ähnlicher Situation die gleichen Wünsche zu verwehren. So wird dem Vater, der noch einmal heiraten möchte, ziemlich energisch davon »abgeraten«, oft mit der Rationalisierung, er sei zu alt, die Partnerin zu jung. Hier geht es nicht nur um vernünftige Ängste vor Schmälerung des Erbteils, sondern auch um ödipalen Neid.

Oft werden die ödipal verbotenen Kontakte (wenn man am Gedanken der Inzestgefahr festhält) auf unverfänglichen Gebieten wie auf dem der Leistung gehalten. Die Tochter ist dann zum Beispiel in Schule und Sport besonders gut, um dem Vater zu gefallen.

6.12.3.4 Gegengeschlechtliche Entwicklungen

Die Abwehr ödipaler Strebungen kann auch eine gewisse gegengeschlechtliche Entwicklung nach sich ziehen – so betonte Männlichkeit bei Frauen in Kleidung, Haartracht und Verhalten –, dies freilich auch zugleich, um sich so besser von der Mutter lösen zu können. Ähnlich erklärt sich betonte Weiblichkeit mit langen Haaren und Zopf bei Männern. Diese Bedeutungen liegen nur bei der Einführung einer solchen Tracht vor, später steht bloße Nachahmung oder Anpassung im Vordergrund. Oft ist Tracht und Gebaren auch Ausdruck des verbreiteten Wunsches nach Omnipotenz, Überlegenheit durch Kompliziertheit und Vielfältigkeit über andere, die dann als »einseitig, beschränkt« abgewertet werden.

6.12.3.5 UNROFESSIONELLE ÜBERTRAGUNGEN

Professionelle Gegenübertragungsstörungen – so die Erwartung, ein Patient müsse unbedingt traurig sein, weil die Theorie, speziell eine populär gewordene Formulierung wie »Trauerarbeit« oder »Krankheitsarbeit«, es so verlangt – verhindern Erkennen und Auflösung präödipaler und ödipaler Konflikte. Da Arbeit ein lobenswertes Streben ist, soll anscheinend Trauerarbeit in jedem Fall erstrebenswert sein. Wer nicht trauert, soll nicht gesund sein dürfen, vielmehr ganz besonders krank sein. Letztlich religiöse Einflüsse sind unverkennbar.

Diese Überlegung mag auch nützlich sein angesichts der umfangreichen analytischen Literatur über »Depression« und »Trauer«, in der diese geradezu als Therapieziele angesehen werden. Man verwechselt sie offenbar mit elementaren Wünschen oder Normalzuständen oder angeblichen Stadien in der normalen oder pathologischen Kindheitsentwicklung (Melanie Klein). Psychisch krank sind nur die Patienten, die sich aus Gründen der Angst keine Trauer erlauben dürfen, etwa durch Affektisolierung.

6.12.3.6 SEXUELLE STÖRUNGEN UND VERWEIGERUNG VON SEXUALITÄT

Eine häufige Abwehr ist die Verweigerung von Sexualität in Erwachsenenbeziehungen. Sie zeigt, wenn sie offensichtlich nicht ernsthaften Eigeninteressen entspringt (etwa tiefem Interesse an einem neuen Partner), schlicht an, dass in der Sexualität etwas anderes gesehen wird als das, was sie ist: ein beiderseitiges physiologisches Grundbedürfnis und Vergnügen. Sie wird in der Abwehr für andere Zwecke missbraucht, besonders für den Genuss an Machtkämpfen, die Erniedrigung des anderen oder die Erpressung anderer Wünsche (»Wenn du brav bist, darfst du einmal.«). Hier handelt es sich um ein Ausleben aggressiver Wunschregungen und nicht um einen unbewussten inneren Konflikt.

6.12.4 Symptomatik als Kompromiss

Im Idealfall wäre jedes Symptom als Kompromiss zwischen Wünschen, schmerzlichen Affekten und Abwehren darstellbar. Man kann sich bei der Antragstellung bemühen, wenigstens für ein oder zwei Symptome die mögliche Erklärungskette aufzuweisen. Diese mag später, unter Berücksichtigung von Übertragung, Gegenübertragung und Timing, auch die Deutungsfolge sein.

In der Übertragung machen sich die Wünsche, Ängste, Schuldgefühle, Schamgefühle und Abwehren an bestimmten tatsächlichen Charakterzügen des Therapeuten fest. Darin fährt der Patient fort, wie wenn noch die alten Zeiten herrschten: Er hat zum Beispiel Angst vor Gefahren, die in dieser Weise nicht mehr bestehen.

6.12.4.1 Was häufig übersehen wird: Ödipale Depression, Trauer, Einsamkeit, »homosexuelle Unterwerfung«

Die *ödipale Depression und die ödipale Scham* entwickelt sich jeweils zum stattgefundenen Misserfolg. Das Unglück ist bereits geschehen – im Gegensatz zur Angst. Die gängige Verknüpfung von Depression, Trauer und Kummer mit der Schlussfolgerung der oralen, frühen Störung ist unbegründet (Brenner 1982). Zudem sind Depression, Trauer (»mourning«), Kummer (»grief«) ohne näheren bestimmenden Zusatz keine Krankheiten, sondern Stimmungslagen, die sehr verschiedene Ursachen haben können. Die ICD-10 erklärt sie dennoch zu Krankheiten.

Auch die häufig geklagte *Einsamkeit* stellt keine Diagnose, sondern ein Symptom dar, das ebenfalls als Kompromiss verschiedener Komponenten aufzufassen ist. Besonders sind im Symptom Einsamkeit neben den präödipalen Wünschen (nach Kontakt, Wärme, Geborgenheit), den ödipalen Wünschen (wie nach Anerkennung der Leistung) und den entsprechenden Ängsten und der Verzweiflung (mit depressiver Stimmung), hierin erfolglos zu sein, auch Reaktionen des Neides und Hasses auf die jeweils Erfolgreicheren enthalten. Da diese Regungen besonders geeignet sind, Schuldgefühle und Angst vor Vergeltung zu erzeugen, werden sie massiv verdrängt und auch sorgfältig vor der Außenwelt geheim gehalten. Unter diesen Gesichtspunkten ist auch die Alterseinsamkeit zu sehen, unbeschadet ihres realen Hintergrundes.

Unter Symptombildung ist auch der sogenannte negative Ödipuskomplex einzuordnen. Dieses Ergebnis des ödipalen Konflikts besteht in einer Unterwerfung unter den gleichgeschlechtlichen Elternteil. Ob dies beim Mann gleichbedeutend sein muss mit einer irgendwie *»homosexuellen Unterwerfung«*, routinehaft gleichgesetzt mit der Bereitschaft, sich anal vom Vater penetrieren zu lassen, ist kaum anzunehmen. Mit der Formulierung »homosexuell« verfährt die analytische Literatur bis heute großzügig und inflationär.

7. »Neurosenpsychologische Diagnose zum Zeitpunkt der Antragstellung«

Eine Diagnose zum Zeitpunkt der Antragstellung ist wichtig, zumal in dieser Therapieanweisungen mitbedacht werden. Es ist aber nicht sinnvoll, sich hier in feinsten diagnostischen Verästelungen zu verlieren. In der Diagnose kehren wir mehr oder weniger zur Einpersonenpsychologie zurück – im Gegensatz zur Therapie.

Die Übertragungs-/Gegenübertragungsphänomene des Therapeuten treten im Erstantrag noch in den Hintergrund, obwohl sie sicher die Diagnose beeinflussen. Es handelt sich ja gerade um einen Versuch, den Patienten so zu sehen und diagnostisch einzuordnen, wie ihn eine möglichst große Anzahl von Therapeuten der gleichen Schule und auch die Gutachter vermutlich ebenfalls einordnen würden. Eine nur für einen einzelnen Therapeuten geltende Einordnung kann nicht gemeint sein.

Diagnostische Etikettierungen und Kategorisierungen sind notwendig, verführen aber auch leicht zu einem trügerischen Gefühl von Sicherheit des Verständnisses und Wissenschaftlichkeit sowie zur anschließenden Kanonisierung. Falsche Gewissheit verdeckt so bare Unkenntnis (Kendell 1974; 1978; Weinshel/Renik 1991). Die Etikettierungen bergen auch immer die Gefahr, zwischen sich und den Patienten ein Drittes zu schieben und so den direkten Kontakt zu vermeiden (wie mit der Biografie und überhaupt mit dem »Material«). Ein Grund für die Vorliebe für immer »feinere« Etikettierungen und die Bildung von Untergruppen ist der Druck der Medizinwissenschaften, der Verwaltungen (Weinshel/Renik 1991) und der Leistungsträger in ihrem Bestreben nach Kostenminimierung. Statistiker verlangen große Zahlen und

Kombinationsmöglichkeiten, um Krankheitsbilder statistisch »aufbereiten« zu können. Hierzu werden vor allem sogenannte »Komorbiditäten« geschaffen.

7.1 ICD-10

Was für einen analytisch/tiefenpsychologisch orientierten Therapeuten selbstverständlich ist, nämlich dass Neurosenkranke wegen des definitionsgemäß teilweisen Misslingens der Abwehr depressiv und ängstlich sind und auch an körperlichen Symptomen leiden (s. Kapitel 4.18.7 Konversion; 4.18.4 Wendung gegen die eigene Person), wird im multiaxialen System der ICD-10 zu eigenen Krankheiten umbenannt, damit man Statistiken mit künstlichen Fragestellungen erstellen kann, etwa in welchem Prozentsatz eine Zwangsneurose mit einer »depressiven Störung«, mit einer »somatoformen Störung«, einer »Sozialphobie«, einer »spezifischen Phobie« oder »einer anderen komorbiden Störung« einhergeht (als zwei Beispiele von zahllosen: Boerner 1999; Thiele et al. 1999). Das Ergebnis ist eine wundersame Vermehrung der Krankheiten (»erfundene Krankheiten«), die in statistische Beziehungen zueinander gesetzt werden können und über die in einem Kampf der Etiketten geschrieben werden kann. So sind die in der ICD-10 (Kapitel V) aufgeführten Diagnosen durchweg oberflächlich und beruhen auf rein deskriptiv-behaviouristischen Merkmalen von bloßen Symptomen. Im Gegensatz zu anderen medizinischen Kapiteln der ICD-10 wird nicht einmal die Zusammenfassung von Symptomen und Beschwerden zu Syndromen angestrebt. Wissenschaftliche Krankheitsbegriffe, mit denen sich Vorstellungen über die Ätiologie und die angemessene Behandlung verbanden, wurden im Bereich der Neurosen durch die rein deskriptive Störungsdiagnose ersetzt. Besonders schmerzlich ist der Verlust des beziehungsorientierten Denkens (Bruns 2000). Die subjektive oder verstehende Seite des Krankheitsbildes bleibt unbeachtet (Weinshel/Renik 1991).

Die ICD-10 ist nicht mit den Psychotherapierichtlinien vereinbar. Diese sehen in den Symptomen eben nicht die zu behandelnde Grundkrankheit, sondern das sichtbare Ergebnis eines darunterliegenden Krankheitsprozesses, auf den sich die Behandlung zu konzentrieren hat. Sie fordern die Verknüpfung von Außeneinflüssen, angefangen von den Primärpersonen, mit der bislang ausgebildeten Persönlichkeitsstruktur, ihren besonderen Konfliktneigungen und der aktuellen Dekompensation der evt. bislang kompensierten Konflikte durch zusätzliche Einflüsse der Gegenwart und der jetzigen Symptomatik. Ein zusammenhangloses Nebeneinander (»Komorbiditäten«) von bloßen »Störungen« kann diese kausalen Verknüpfungen nicht ersetzen und führt auch zu einer Entdifferenzierung der Therapien.

Mit den Diagnose-Etiketten der ICD-10 werden ganz unterschiedliche Neurosen und andere psychische Erkrankungen mit den gleichen Bezeichnungen versehen, sodass aus Sicht der ICD-10 auch die Möglichkeit entfällt, problem- und strukturgebundene Therapien anzuwenden – völlig praxisfremd. Dies gilt sogar für so verhältnismäßig grobe Unterscheidungen wie zwischen »psychogenen« Erkrankungen, also solchen von vorwiegend psychologischer Eigendynamik, und »endogenen«, also von überwiegend biologischer Eigendynamik (Hohage 2000). Ohne mit der ICD-10 in Konflikt zu kommen, kann ein Psychiater die neurotischen Konflikte einer dekompensierten depressiven Neurose oder einer reaktiven Depression nach einem Trauerfall in der Familie als biologisch determiniert ansehen und zum Beispiel mit einem Medikament gegen endogene Depressionen, etwa einem Serotonin-Wiederaufnahmehemmer, behandeln. Ein nicht medizinisch-psychiatrisch ausgebildeter Psychotherapeut kann so die biologischen Anteile einer »Störung« psychologisierend fehldeuten und die notwendige medikamentöse Behandlung durch einen Arzt verhindern (Hohage 2000). Beides findet bereits massenhaft statt. Zuvor war solches durch das psychiatrisch-psychotherapeutische Delegationsverfahren immerhin seltener, jetzt aber darf jeder Arzt delegieren. Selbst wenn der Therapeut es möchte, hat er keine Möglichkeit, seine ätiologischen Vorstellungen von der Genese und damit auch sein beabsichtigtes therapeutisches Vorgehen und seine Spontan- und Behandlungsprognose in die Diagnose einzubringen und vor den Leistungsträgern zu rechtfertigen. Somit verführt die ICD-10 (Kapitel V) zu einem verhängnisvollen Klischeedenken, nach dem etwa leichte depressive Störungen psychogen, schwerere Störungen hingegen biologisch begründet seien (ebd.). Hingegen streben die Richtlinien für Psychotherapie immer die Gesamtbetrachtung unter Einschluss auch der biologischen Faktoren an (ebd.).

Außerdem veranlassen die vielen »Komorbiditäten« entsprechende »Kotherapien«. Schon jetzt sind Empfehlungen zu lesen, zum Beispiel bei einer »Angststörung« die »komorbide Depression« und die »begleitende Phobie«

getrennt zu behandeln – womöglich mit zwei verschiedenen Medikamenten (cui bono?) sowie einer Psychotherapie für das zufällig noch komorbide Eheproblem (»Ehestörung«?). Die natürlichen Grenzen zwischen verschiedenen Krankheiten liegen vielmehr da, wo sie nach sorgfältiger Beschreibung der Symptomatik und des Verlaufs unter Berücksichtigung der Ätiopathogenese, soweit diese bekannt oder vermutet werden kann, zu ziehen sind. Ziel müssen homogene Diagnosen mit klaren Grenzen, d.h. klarem Ausschluss von anderen ähnlichen Diagnosen, sein, während in der ICD-10 Überlappungen, die dann auch noch gern als multiple »Komorbiditäten« vergeben werden, die Regel sind. So besteht für die Diagnose »Borderline-Persönlichkeit« eine Überlappung mit anderen Persönlichkeitsstörungen von 90–97% (Gunderson et al. 1991). Auch sind viele Cut-off-Punkte willkürlich gesetzt, da empirisch nicht unterlegt. Im Ergebnis haben wir es so bei jeder »Erkrankung« mit einer Vielzahl von Diagnosen von geringer diskriminanter Validität zu tun.

Altshul (in Balsam 2001) beklagt außerdem die pessimistische, auf die Annahme von Unwandelbarkeit gerichtete Sicht in dieser Nomenklatur. Es ist auch nicht zu übersehen, dass die große Anzahl neu erfundener Diagnosen eine große Anzahl von Gesunden oder fast Gesunden zu Kranken stilisiert. Hing es zuvor von der Perspektive, also vom Gesamtzusammenhang ab, wer noch als gesund und wer bereits als krank gelten konnte, nagelt nunmehr die ICD-10 fast jede Person auf irgendeine Krankheit fest. Nach heutiger Nomenklatur ist nur gesund, wer nicht genügend untersucht und nicht von der ICD-10 erfasst wurde. Parallel zu dieser »Innovation« hat uns der Medikalisierungsschub durch Entwicklung immer neuer Antidepressiva eine Vielzahl von angeblich behandlungsbedürftigen »Depressionen« beschert. So kam es in den USA nach Einführung der Antidepressiva zur Vervierfachung der gestellten Diagnosen »Depression«.

Der Drang zu immer neuen Pathologisierungen und zur Katalogisierung dieser Pathologisierungen ist nicht aufzuhalten und hat praktisch die ganze Gesellschaft erfasst. Er führt dementsprechend auch eine Unmenge überflüssiger Therapien im Schlepptau. »Krankheiten« und entsprechendes Anspruchsdenken sind an die Stelle von Unpässlichkeiten, Befindensschwankungen, Wechselfällen des Lebens, persönlichen Animositäten und Empfindlichkeiten getreten. Die Motivationen zur Einführung und fast widerstandslosen Verbreitung der ICD-10-Nomenklatur lassen sich nach Interessengruppen zusammenfassen: Den Interessen von *Pharmaindustrie, Verwaltungen und Autoren* entsprechend ergeben sich eine Unmenge von neuen künstlichen, klinisch wertlosen Themen und Statistiken, die kräftig gesponsert werden. Aufseiten von *Patienten* werden mit einer interessant klingenden, meist aus mehreren Wörtern oder modischen Doppelnamen bestehenden Diagnose narzisstische Bedürfnisse bedient. Sie meinen sich dadurch Anspruch auf Zuwendung und Vergünstigungen erworben zu haben, auch Entlastung von Schuldgefühlen, Schamgefühlen und Ängsten, da das eigene Versagen »dingfest« gemacht wurde. *Ärzte und Therapeuten* schließlich genießen die Bequemlichkeit in der Abrechnung und in der Korrespondenz mit Verwaltungen, Krankenkassen, Gerichten und ebenfalls die Befriedigung narzisstischer Bedürfnisse im Sinne fortschrittlich klingender Selbstdarstellung vor sich, Patienten und Kollegen. Es gibt keine Faulheit, keine Disziplinlosigkeit, kein Erschleichen von Krankengeld, Rente oder hoher Einstufung am Versorgungsamt, keine Simulation und Aggravation, keine Alterserscheinung mehr, sondern jeder Wunsch, jede Unpässlichkeit oder jeder Normalzustand lassen sich mühelos als krankhafte »Störung« verkleiden, mit allen sozialen Vorteilen. Konfrontationen mit Patienten wird von allen am Gesundheitssystem Beteiligten aus dem Wege gegangen. Diagnostische Schwierigkeiten hatten sich in anderer Weise allerdings schon zuvor entwickelt und die ICD-10 ist auch als Reaktion auf die in der Vergangenheit wuchernde, historisch gewachsene Vielfalt an Unterteilungen von Neurosen zu werten.

7.2 Hysterie

Längst nicht mehr überschaubar ist die Literatur zu Fragen wie: *was* als Hysterie zu verstehen sei und was nicht, und *wie* diese zu untergliedern sei. So heißt es, es gäbe eine benigne und eine maligne Form, einerseits »eigentliche«, »wahre« oder »gute« Formen, welche die hysterischen Symptome am wenigsten zeigen, und andererseits »uneigentliche«, »atypische«, bloß »sogenannte gute« Formen, welche paradoxerweise die dramatischsten hysterischen Symptome zeigen. Außerdem liest man von »Borderline-Hysterie« und »hysteroiden« Formen, mit jeweils mehr oralem oder mehr genitalem Fixierungs- bzw. Regressionsniveau. Von anderen (so Mentzos 1980) wird an der diagnostischen Krankheitseinheit Hysterie nicht mehr festgehalten, vielmehr nur noch eine spezifisch hysterische Art der neurotischen Konfliktverarbeitung angegeben:

eine bestimmte Art des Umgangs mit den äußeren und inneren Objekten. Diese umfasst Inszenierungen zum Zwecke der Quasi-Veränderung der Selbst- und Objektrepräsentanz und der Beziehung zum äußeren Objekt sowie pseudoregressive Veränderungen des Erlebens und Verhaltens durch Dramatisierungen, Akzentverschiebungen, Emotionalisierungen und Körpersprache.

Praktisch wichtig scheint mir etwas Spezielleres und zugleich Grundlegenderes zu sein: Solche Patienten versuchen, sich ständig von außen zu sehen (dies macht das Theatralische!), insbesondere beobachten sie, welche Wirkung sie auf andere haben. Andere sollen sie nicht nur attraktiv und interessant finden, sondern sich von ihnen auch steuern lassen – eine emotionale Verwicklung, der sich niemand entziehen kann außer durch Flucht (Vermeidung der Beziehung). Mittel, auf sich aufmerksam zu machen, sind Infantilisierung (die beim Mann intensive ödipale Rettungsfantasien schürt, aber auch durch das Kindliche im Ausdruck künftige gemeinsame Kinder verkörpert), hübsche Aufmachung, rasche, herausfordernde Bewegungen. Verbindungen zu narzisstischen Störungen sind offensichtlich und auch in der Anstrengung deutlich, der sich derjenige zu unterziehen hat, der den Kontakt nicht abbricht.

7.3 Grunddiagnosen: auf vorwiegend präödipalem/ödipalem Niveau

Ist die Psychodynamik ausführlich und präzise dargestellt, kann man sich bei der Grunddiagnose getrost kurz fassen und auf Etikettierungen verzichten. Für einen Antrag genügt es, zu schreiben: Neurose auf vorwiegend präödipalem Niveau, oder: Neurose auf vorwiegend ödipalen Niveau. Dass immer auch nicht erwähnte Anteile eine Rolle spielen, sollte selbstverständlich sein. Rein präödipale oder rein ödipale Neurosen kann es nicht geben. Es handelt sich hier um eine Einteilung, die für den Antrag Orientierung vermitteln kann. Nur der Unerfahrene meint, er könne bzw. müsse schon im Erstinterview oder nach fünf weiteren Stunden Psychodynamik und Diagnose genügend erfassen. Die Diagnostik ist vielmehr ein Prozess, der sich während der gesamten Behandlung entwickelt (Meissner 1991).

7.4 Erstinterview

Das Erstinterview kann nicht mehr oder weniger von unbewussten Faktoren beeinflusst sein als andere Stunden. Es zeigt, was zu einem bestimmten Zeitpunkt mit einem bestimmten Therapeuten geschah (Silverman 2003).

7.4.1 Das Erstinterview in der Frankfurter Schule

Die Bedeutung des Erstinterviews wurde in der Frankfurter analytischen Schule in einem Ausmaß mythologisiert, das dem Glauben an die sogenannte »gute analytische Stunde« nicht nachstand. Die alltägliche therapeutische Arbeit entbehrt solchen Glanzes, wirkt unsensationell, still, prosaisch (Weinshel 1984). Höchstens könnte man sich etwas andere Gewichtungen vorstellen. So könnte die Abwehr auf beiden Seiten noch nicht so gefestigt sein wie einige Stunden später, weil Patient und Therapeut sich noch nicht ausreichend auf Gefahren abtasten konnten (s. Sampson/Weiss 1977, die allerdings hierbei nur den Patienten im Auge hatten). Allerdings ist es ja gerade die Abwehr, die uns interessiert, und danach müssten die nachfolgenden Stunden für uns eigentlich noch interessanter sein. Auch das Gegenteil kommt vor: Die Abwehr des Patienten (oder zusätzlich auch die des Therapeuten) ist anfangs stark ausgeprägt und wird dann schrittweise in den folgenden Stunden mit zunehmendem Sicherheitsgefühl (Sampson/Weiss 1977) etwas aufgeben oder sie ändert sich in der Auswahl der Abwehrmechanismen (Green 1997). Aber auch hier ist nicht einzusehen, weshalb die erste Stunde von besonderem Erkenntniswert sein soll – es sei denn, mehr Sitzungen stehen nicht zur Verfügung. Das Chamäleonhafte und Wiederholungshafte der Abwehr auf beiden Seiten ist nicht auf die erste Sitzung beschränkt, setzt sich vielmehr auch nach Hunderten von Stunden fort und hört auch in der letzten Sitzung nicht auf. Wir haben niemals Ruhe und endgültige Gewissheit.

Dem Erstinterview wird auch nur in Deutschland ein so hoher Erkenntniswert zugesprochen. In so gut wie keiner Falldarstellung der nordamerikanischen analytischen Literatur ist von diesem die Rede. In den 70er und 80er Jahren wurde es in Deutschland wissenschaftlich intensiv erforscht (Argelander 1970a; 1970b; Lorenzer 2002; Schubart 1985; 1990). Durch eine hohe integrative Leistung des Therapeuten (»szenisches Verstehen«, Argelander

1970a; 1970b), schon im Erstgespräch, wurde eine Sofort-Synthese versucht. Heute würde man eher von einer Story unter Einschluss der Gegenübertragung sprechen. Eingeschlossen waren aber nur die szenische Darstellung des Patienten, intensive Beachtung von Übertragung (aber nur des Patienten) und Gegenübertragung, Biografie und Symptomatik.

7.4.2 Übertragungen des Patienten vom Therapeuten mitbestimmt

Die Übertragung des Therapeuten auf den Patienten wurde bislang nicht beachtet. Die Gegenübertragung des Therapeuten (konkordant mit der Übertragung des Patienten und diskordant mit den eigenen Objekten, früher und jetzt; Racker 1968) wurde einseitig als Projekt und Verschiebung des Patienten gesehen: Der Patient lege etwas in den Therapeuten hinein im Sinne eines »one-way influence system«, was dieser dann bei sich als Gegenübertragung wahrnehme. Der Therapeut gebe dafür Realitätsprüfung, Bestehen auf dem Setting und genetische sowie Übertragungsdeutungen. Dass aber die Übertragungen des Patienten vom Therapeuten in hohem Maße mitbestimmt werden (interaktioneller Gesichtspunkt) – und zwar durch dessen Übertragungen, seine theoretischen und klinischen Auffassungen, seine besonderen Persönlichkeitszüge, seine eigene Entwicklungsgeschichte, seine aktuellen Konflikte und einen hohen Leistungsehrgeiz – war noch nicht im allgemeinen Blickfeld.

Dabei hatte bereits Sandler (1976) zum Beispiel das Modell der projektiven Identifizierung zur Erklärung der Übertragungs-/Gegenübertragungsinteraktion abgelehnt. Die Vorstellung der Kleinianer, dass es lediglich darum gehe, dass der Patient etwas in den Therapeuten hineinlege, werde der Komplexität des Geschehens nicht gerecht. Die Gegenübertragung sei eine Kompromissbildung zwischen eigenen »Tendenzen« des Therapeuten und der Rolle, die der Patient ihm aufzuerlegen versuche. Ähnlich meinen auch Porder (1987) und Berkowitz (1999), die in der Literatur mitgeteilten Beispiele von »projektiver Identifikation« (zentraler Gesichtspunkt: Induktion von Inhalten des Patienten in den Therapeuten) ließen sich besser als Kompromissbildungen verstehen, unter besonderer Mitwirkung der Abwehrmechanismen der Identifikation mit dem Aggressor und der Verkehrung vom Passivum ins Aktivum (Loevinger 1966). Berman (2001) kritisiert in diesem Zusammenhang auch die Idealisierung des Therapeuten als einen selbstlosen Behälter (Container) oder ein nahtloses Selbstobjekt, dem keine eigene Subjektivität zukomme außer der, dem Patienten zu Willen zu sein. Dabei wurde noch nicht einmal berücksichtigt, wie schwierig es sein muss, die Gegenübertragung zuverlässig wahrzunehmen. Die hierzu erforderliche Introspektion ist anspruchsvoll und muss episodisch und partiell bleiben. Der Therapeut kann nur das bei sich sehen, was ihm bewusst ist, und allenfalls vage Schlüsse auf sein Unbewusstes ziehen. Wie bei der Erfassung der Übertragung (Schafer 1982) handelt es sich bei der Erfassung der Gegenübertragung um eine Rekonstruktion. Die Gegenübertragung zum alleinigen Schlüssel des Verständnisses zu machen, erscheint daher als naiv (kritisiert auch von Thomä/Kächele 1988/1989; Jimenez 2005). Ausdrücklich von Übertragung des Therapeuten auf den Patienten ist aber auch bei diesen Autoren nicht die Rede. Entschiedener machte zum Beispiel Lee Grossman (1999) darauf aufmerksam, wie oft von der Gegenübertragung des Therapeuten, aber wie selten von seiner Übertragung auf den Patienten die Rede ist, wir also diese, obwohl uns längst bekannt, immer noch unterschätzen oder nicht wahrhaben wollen.

7.4.3 Gegenübertragungen und Gegenempathie des Patienten und Therapeuten

Auch von der Gegenübertragung des Patienten auf die Übertragung des Therapeuten ist selten etwas zu hören, wie übrigens auch nicht von seiner »Gegenempathie«. Das heutige Verständnis von Intersubjektivität und Konstruktivismus lässt hingegen keinen Raum mehr für einen Therapeuten, der »neutral« sei und nur zu registrieren habe, was der Patient in ihn hineinlege. Bereits beim Zuhören lesen Therapeut wie Patient den Text des anderen wie auch seine averbalen Äußerungen unausweichlich im Lichte ihrer eigenen mehrfachdeterminierten, komplexen Konflikte (Trop 1994; 1997).

7.4.4 Multiple Übertragungen und Gegenübertragungen

Die traditionelle Rolle des Therapeuten ist die eines objektiven, distanzierten, »neutralen«, »realistischen«, nichts entstellenden oder verändernden Beobachters (so bei Hartmann 1939a; 1939b; Eissler 1953), privilegiert-autoritativen Kenners und Entdeckers von Wahrheiten, von denen der in entstellender Übertragung befangene, ausschließlich von inneren Kräften gesteuerte, »unrealistische« Patient nichts weiß und nichts wissen kann.

Im Gegensatz hierzu handelt es sich heutigen Autoren zufolge zwischen Therapeut und Patient um multiple Übertragungs- und Gegenübertragungsinteraktionen von beiden Seiten, die nicht nur die jeweiligen Wünsche, Ängste, Schuld- und Schamgefühle, Abwehren und Symptome umfassen, sondern auch der eigenen Anpassung und dem Selbstschutz sowie dem Wunsch nach Meisterung der jeweiligen Konflikte dienen. Diese wechselseitigen Interaktionen umfassen nicht nur den verbalen Ablauf, sondern ebenso, schwerer fassbar, den nonverbalen (s. auch Kapitel 4.9 Nonverbale Kommunikation). Die Literatur hierzu ist seit Anfang der 2000er Jahre recht üppig geworden, es ist ein Modethema (so auch bei Levine, H. B./Friedman 2000).

H. B. Levine und Friedman (2000) zufolge macht der Patient neue »korrektive Erfahrungen in der therapeutischen Beziehung«, doch anders als bei Alexanders (1956) »corrective experience« wird hier nicht die Einnahme einer Elternrolle bewusst geplant und etwa die Übertragung des Patienten manipuliert (»corrective reparenting« als Versuch, verlorene, ersehnte Beziehungen wiederzubeleben). Vielmehr sei diese Rolle unausweichlich und es komme nur darauf an, dass sie gesehen und im therapeutischen Prozess berücksichtigt (analysiert) wird. Auch das »Agieren« des Patienten sei mit dem überkommenen intrapsychischen Blickwinkel allein nicht zu verstehen.

Radikale Intersubjektivisten wie Ogden (1989) und Teicholz (1999) postulieren sogar, dass der Patient erst durch die Therapie geschaffen wird. Weitere Gesichtspunkte zum Intersubjektivismus: Ob die Ansprüche nicht nur in zurechtgemachten sogenannten Fallvignetten, sondern auch in der Praxis erfüllt werden können, muss sich erst erweisen.

Neutralität und Abstinenz wurden bereits zuvor relativiert. Wenn sie aber gar nicht erst angestrebt werden sollen, stellt sich die Frage, ob sich daraus nicht Gefahren für den Patienten ergeben, wie das Aufdrängen allzu persönlicher Überzeugungen des Therapeuten, sich einschleichende Befriedigungen des Therapeuten (z. B. parasitäre Identifikation) bei konkordanter Identifikation mit infantilen Aspekten des Patienten, indem der Therapeut etwa eigene infantile Aspekte an den Patienten loswerden möchte (Manfredi Turilazzi 1994; Bolognini 2001). In diesem Zusammenhang werden wieder Erkenntnisse für sich beansprucht, die so neu nicht sind. Bereits Gill (1994) bemerkt den unwissentlichen suggestiven Einfluss auf den Patienten durch die unbewusste affektive Verwicklung mit ihm. Der Intersubjektivismus bietet also auch hier keine wirklich neuen Aspekte. Noch entschiedener erscheinen Friedman und Natterson (1999), I. Z. Hoffman (1991), H. B. Levine (1994) und Mitchell (1997): Der Therapeut bestimme die Ausdrucksweise der Übertragung des Patienten und den Fluss seiner Assoziationen.

Hintergrund der Betrachtungsweise in dieser Zeit blieb immer noch der vermeintlich vorwiegend beobachtende Status des Analytikers mit dem Ideal weitgehender Abstinenz, Anonymität und Neutralität und einer hierdurch erschlichenen unverdienten Autorität (»unearned authority«, Renik 1995). Diese Prämissen stehen im Gegensatz zu einer »Ethik der wechselseitigen Ehrlichkeit und Offenheit« (»ethic of candor«, Renik 1995; 1999a; 1999b) und zu der unvermeidlichen Tatsache, dass der Therapeut immer als ganze Person wirksam ist und sogar immer in irgendeiner Form eine Rolle spielt (im Sinne von »role-playing«, Bader 1994), auch wenn er einem anderen Konzept, in dem seine Rolle nicht vorgesehen ist, anhängen sollte. Bader (1994) verteidigt diese Ansicht gegen den zu erwartenden Einwand, mit Rollenspiel werde der Therapeut unauthentisch, mit dem Argument, dass es darauf ankomme, dass der Patient aus einem solchen Rollenspiel etwas für sich Bedeutsames extrahieren könne und dass im Übrigen der Therapeut nur das spielt, was sich ohnehin in ihm befindet, und was ohnehin jeder in seiner Art und Weise in jedem sozialen Kontakt beabsichtigt oder unbeabsichtigt einsetzt. Er verweist hierzu auch darauf, dass es schon immer als zweckmäßig und auch zwangsläufig gegolten hat, wenn der Therapeut sich dem Patienten in Ton, Stil, Wortwahl und Haltung angenähert habe – dies in Rückkopplung mit dem Patienten (der Therapeut merkt, dass der Patient ihn so besser versteht). Manches hiervon sei beispielsweise als »Sprechen in der Sprache des Patienten« oder »tact and timing« seit langer Zeit ganz offizielle analytische Empfehlung.

Wieweit der Patient erkennt, dass der Therapeut ihn in allem beeinflusst, und wie der Patient reagiert, wenn er sich dessen bewusst wird, ist meines Wissens nie untersucht worden. Aus einer Antwort ergäben sich Hinweise für das Verhältnis von Autonomie, Arbeitsbündnis und Compliance.

Auch bei der Bewertung von Erstinterviews oder Behandlungsberichten kommt der Gesichtspunkt des Einflusses des Therapeuten auf den Patienten traditionell zu kurz. Der Therapeut sollte seine Mitwirkung erkennen und auch darstellen, wenn er anderen über die Therapie berichtet (Lachmann 1994).

7.4.5 Berufsspezifische Übertragung: narzisstisch getönter Leistungsehrgeiz

Eine bestimmte selbstbezogene Übertragung auf den Patienten und ggf. zusehende Kollegen wurde in ihrem Ausmaß und ihren Folgen erkennbar. Die Rationalisierung eigener Charakterzüge oder der Weise, wie ein Therapeut sich selbst sieht (Grossman, L. 1999) oder sehen möchte (dies meist in unreflektiertem Einklang mit dem Zeitgeist), prägt diese Übertragung. Es handelt sich um einen narzisstisch getönten Leistungsehrgeiz, der sich denkbar ungünstig auswirken muss: In 50 Minuten (warum nicht 60 oder 100 Minuten, sechs oder zehn Stunden?) soll die Synthese vollbracht und der Patienten auch noch mit einigen beeindruckenden »Blattschuss-Deutungen« versorgt worden sein. Hier handelt es sich um verdeckte Kontrolle, Einschüchterung und Erzeugen von Schuld-, Scham- und Angstgefühlen, Indoktrination, Gleichsetzen von »Einsicht« mit Schlussfolgerungen durch den Therapeuten, aus dessen Bedürfnis nach Überlegenheit und Herrschaft (»control«), nach Compliance mit seinen Vorbildern und aus einem mangelnden Vertrauen in die mentalen Fähigkeiten des Patienten. Dies untergräbt das Vertrauen des Patienten in seine eigenen Fähigkeiten und muss eine passive, unproduktive, resignative Haltung nach sich ziehen (Dorpat 1996). Dorpat meint, dass die intersubjektive Haltung einen gewissen Schutz gegen diesen nach seiner Einschätzung überaus häufigen therapeutischen Fehler bietet. Zu ähnlichen Schlussfolgerungen kamen Beland, Brodbeck, Legueltel und Rupprecht-Schampera (2000, S. 14–22) bei einer Untersuchung von Erstinterviews von Bewerbern für die analytische Ausbildung um 1990: »keine bewußte Reflexion der Atmosphäre des Interviews [...] Art und Weise des Umgangs mit dem Bewerber nicht reflektiert. Agieren von unerschütterlichem Selbstbewußtsein des Interviewers [...] Gleichsetzung der Institution durch die Interviewer mit sich selbst [...] abweisendes, selbstverliebtes, leichtfertiges Verhalten der Interviewer [...] narzisstische Verletzungen«.

»Treffende« Deutungen von unbewussten Inhalten, die verdrängt sind, umgehen außerdem die Abwehr, verzichten auf die Mitwirkung des Patienten beim Entdecken solcher abgewehrter Inhalte und schließen ihn somit von der Mitarbeit aus. Sie führen schon hierdurch zur unerwünschten Passivität des Patienten, zur Idealisierung des Therapeuten und in einen Glauben an seine Allwissenheit (kritisiert von Searl 1936), oder aber sie führen zur versteiften Abwehr. Die Folgen für den Patienten erkannte man erst allmählich, obwohl sie offensichtlich waren. Man wollte sie nicht sehen, weil die Therapeuten sich von ihrem Konzept der angeblichen Abstinenz und Neutralität und den dahinterstehenden eigenen Überlegenheitsfantasien nicht lösen mochten. Die Folgen bestanden in Überraschtsein, dem Gefühl, einem wahren Riesen an unbegreiflich-überlegener Erkenntnis gegenüberzusitzen bzw. ausgeliefert zu sein, dem Gefühl der Entwertung, des Nicht-eingeweiht-Werdens in die vermutlich komplizierten und tiefgründigen Gedankengänge des Therapeuten, dem Gefühl des Missbrauchtwerdens für narzisstische Zwecke und hieraus resultierenden Abwehren wie Identifikation mit dem Aggressor. Dies musste zwangsläufig dazu führen, dass der Patient nach einer solchen Sitzung den Therapeuten entwertete: durch Vermeidung (d. h. Flucht), Resignation, Unterwerfung (Kollusion), depressive oder hilflos-wütende Stimmung. Zu solchen Reaktionen kommt es, ohne dass zuvor das auffangende Netz einer stabilen Arbeitsbeziehung, eines Sicherheitsgefühls des Patienten (Sampson/Weiss 1977) geknüpft werden konnte.

Diese Reaktionen der Patienten lassen sich nachlesen. Bereits nach der ersten Sitzung bleiben 50% fern und nach jeder weiteren weitere 10% (Jimenez 1999), vermutlich bis auf einen Rest von fast Gesunden, jedenfalls Patienten mit außerordentlicher Resistenz gegen Kränkungen, hohem Vertrauenspotenzial und Durchhaltevermögen. – Die Therapeuten hätten unterscheiden müssen zwischen einem Vorgehen, das dem Patienten nützt und einem Vorgehen aus Eigeninteresse.

7.4.6 Gruppendiskussion, »schlammige« Situation, Vignette und »Antivignette«

Auch die so beliebte kollegiale *Gruppendiskussion* von Erstinterviews trägt nicht unbedingt zur Klärung bei. Gründe hierfür sind verwickelte, schwer durchschaubare und mangels Gelegenheit auch gewiss nicht analysierbare Gruppenphänomene wie Gruppendruck (Herdentrieb, Einschüchterung), wechselseitige Beeinflussung, Bewunderung (Idealisierung) für Eloquenz, dadurch Verlust der Bandbreite von Meinungsbildern (Liepmann 1999), Eitelkeiten, möglichst elegante Formulierungen (»Spiel der Worte«) oder sogenannte tiefe Deutungen (mit der impliziten Behauptung, diese seien für sog. Frühgestörte besonders richtig und heilsam), unkontrollierbare Übertragungs- und Gegenübertragungsreaktionen, je nach eigenen Konflikten und Launen. Gegenübertragungsreaktionen werden gern pauschal als »Spiegelreaktionen« bezeichnet, ohne sich dabei festlegen zu wollen, was und gegenüber welchem Teilnehmer genau gespiegelt wird. Handelt es sich um Gegenübertragungsreaktionen nur auf den Patienten oder auch – oder sogar noch viel mehr – auf andere Gruppenteilnehmer? Und sind dies nur Gegenübertragungs-, nicht auch Übertragungsreaktionen der Teilnehmer? In der Kürze der Zeit einer solchen Gruppensitzung ist es zudem nicht möglich, die Auswahl, die Betonung einer bestimmten Gegenübertragungsreaktion und Übertragungsreaktion auf Kosten anderer zu reflektieren. Auf die ungünstige Auswirkung der Idealisierung des Leiters solcher Diskussionen und der lokalen Atmosphäre des Instituts und die damit einhergehende Furcht vor Bloßstellung hat Power (2001) hingewiesen. (Zur Idealisierung des sogenannten »Prozesses« anlässlich von Falldarstellungen, auf Kosten der Beachtung therapeutischer Ziele und Ergebnisse s. Kapitel 6.3.1 Weitere Stichwörter zum Kleinianismus.) Auffallend selten fragt jemand in Falldiskussionen danach, wie es dem Patienten geht oder gar wie es ihm voraussichtlich gehen wird.

Der Therapeut selbst neigt in der Gruppe dazu, seine eigenen Beobachtungen und Auffassungen zu unterdrücken und seine Unsicherheit oder Verwirrung auf mangelnde Erfahrung zurückzuführen. Er übersieht dabei, dass die scheinbare Klarheit und Sicherheit des Leiters bzw. Supervisors darauf beruht, dass dieser nicht mit dem Patienten selbst befasst ist. Wer den Fall vorgestellt hat, den beschleicht fast immer das Gefühl, dass eigentlich von einem anderen Patienten die Rede war. Nur selten kann er in den nächsten Sitzungen mit seinem Patienten etwas von den gehörten Ratschlägen und Auffassungen verwerten (Morgenthaler 1968–1971, mündl. Mitteilung 1970; Levenson 1982). Auch die allseits hochzufriedenen Gesichter nach solchen Gruppendiskussionen mahnen zur Vorsicht. Was nicht in die Story passte, wurde unter den Teppich gekehrt und dies gilt insbesondere für die eigenen Übertragungen des bzw. der Therapeuten. Man hat eine »Vignette« zustande gebracht und ist stolz auf dieses Gemeinschaftswerk, ein Gruppenkonglomerat

(Blechner 2001). Der grundlegende Fehler liegt in der Geringschätzung von Nichtwissen und Unsicherheit (Power 2001). Die Passagen im Erstinterview, die wir nicht wahrnehmen wollten oder konnten oder die wir, selbst wenn wir sie wahrgenommen haben, nicht verstanden haben, bleiben unberichtet und unkommentiert, absichtlich und unabsichtlich. Nicht anders wird mit ganzen Therapieverläufen verfahren, wo die Darstellung einer *Vignette* nicht die therapeutische Wirklichkeit widerspiegelt, sondern ein Artefakt, das durch die Beschränkung auf eine Szene, eine Stunde oder den Teil einer Stunde möglich wird und welches außerdem zur Idealisierung der Therapie und des Therapeuten in Richtung Allwissenheit beiträgt (Grossman, L. 1999). Es kommt zu einer Kollusion mit dem Patienten mit dem Ergebnis, dass die Passivität des Patienten und seine Idealisierung des Therapeuten verstärkt und er davon abgehalten wird, die Autorität des Therapeuten infrage zu stellen (ebd.).

Die therapeutische Wirklichkeit sieht anders aus: große Strecken von Unverständnis, Verwirrung, Angespanntsein ohne Verständnis, eine »*schlammige Situation*«, und dies Tag für Tag (ebd.). Eine »*Anti-Vignette*« (ebd.) würde das enthalten, was nicht berichtet wurde, weil es nicht bemerkt wurde (z. B. auf unbewusster Kommunikation beruhte), nicht erinnert wurde oder, falls doch, nicht verstanden wurde, aber vor allem zu unangenehm war, als dass der Berichterstatter darüber hätte berichten wollen. Einen Ausweg aus diesen Schwierigkeiten sieht Grossman (ebd.) darin, dass wir mehr berücksichtigen, dass der Patient nicht selten unbewusste Prozesse im Therapeuten besser erkennen kann als dieser selbst (Hoffman, I. Z. 1983) – ähnlich wie ja der Therapeut im Allgemeinen, da von außen kommend, einen besseren Blick für den Patienten hat als dieser für sich selbst –, und dass wir dieses Potenzial, bei allen Gefahren der Voreingenommenheit auf beiden Seiten, nutzen müssen.

7.4.7 Fallberichte immer noch allein aus Sicht des Therapeuten

Folgerichtig kritisiert Rubin (1998), dass Fallberichte immer noch einseitig aus der Perspektive des Therapeuten geschrieben werden – in einer Zeit, in der man von der Einpersonenpsychologie abgerückt ist und Therapie als einen Zweipersonenprozess auffasst. Er mahnt eine mehr »dialogische« oder »polyphone« Darstellung an. Dem wird entgegengehalten, dass Fallberichte nur für Kollegen geschrieben sind, nur die subjektive Erfahrung des Therapeuten wiedergeben sollen und auch keineswegs den Anspruch auf eine objektive Darstellung des Patienten und dessen Erfahrung vor und in der Therapie erheben (Kelly 2001).

Die subjektive Erkenntnis des Therapeuten wird durch seine eigene Übertragung, die meistens unerkannt bleibt, aber auch durch nichtverbalisierbare Abläufe zwischen ihm und dem Patienten (s. Kapitel 4.9 Nonverbale Kommunikation) getrübt. Dem Thema nonverbale Kommunikation (einschließlich der neuerdings erkannten Bedeutung der Spiegelneuronen im zerebralen Geschehen) ist ein ganzes Heft des Psychoanalytic Inquiry (2001) gewidmet. Man muss sich überhaupt darüber klar sein, dass Übertragungen und Gegenübertragungen definitionsgemäß zunächst unbewusst sind. Es besteht die grundsätzliche Schwierigkeit, dass sie, wie andere unbewusste Vorgänge auch, nicht direkt beobachtet, sondern nur aus den bewussten Abkömmlingen und nach Arbeit an der Abwehr »erschlossen« werden können. Die Behauptung, »empathisches Verstehen« ermögliche einen unverstellten Zugang (z.B. bei Kohut), ist leicht zu widerlegen (Eagle, M. N. 1988). Die Schwierigkeit oder zeitweilige Unmöglichkeit, die eigene Gegenübertragung zu erfassen, führt dazu, dass der Therapeut sich entweder an seine Theorie hält oder an die Übertragung seines Patienten. Im ersten Fall nimmt er das an, was er theoriegemäß an Gegenübertragung bei sich zu erwarten hat, und glaubt, das zu erleben, was er seiner Erwartung nach erleben sollte. Dies erscheint dann auch entsprechend lehrbuchhaft, in der Reihenfolge säuberlich geordnet (so bei Scharff, J. S. 2001). Im zweiten Fall sucht er in der Übertragung, also beim Patienten, nach Anzeichen für seine Gegenübertragung – die Übertragung als Quelle für die Erkenntnis der Gegenübertragung (Stern 2001a, S. 502). Es wird also nicht nur die Gegenübertragung benutzt, um die Übertragung zu verstehen, sondern auch umgekehrt die Übertragung, um die Gegenübertragung zu erfassen.

7.4.8 Story, Kohärenz, Glättung

Übertragung und Gegenübertragung können nur teilweise – nach Arbeit an der Abwehr – bewusst werden und schon deshalb handelt es sich um eine Story mit den Merkmalen von Plausibilität, Glättung und Einheitlichkeit.

Auch die Erfassung von Übertragungen und Gegenübertragungen kann also von unbewussten und bewussten Glättungen nicht verschont bleiben, sie ist kein Allheilmittel, das die Schwierigkeiten beseitigt. Was nicht passt, wird auch hier unter den Teppich gekehrt, unbewusst und bewusst. Ohnehin zeigt gerade die Gegenübertragung keineswegs zuverlässig an, was im Patienten vorgeht (Gedo 1995b) – entgegen verbreiteter Annahmen, besonders als Gegenübertragung in den 70er Jahren zum Renner wurde (»Man trägt Gegenübertragung«) und auch entgegen der Annahme der kleinianischen Schulen. Sie kann hingegen – wie übrigens auch die übermäßige Beachtung des interaktiven Gesichtspunkts (und wie wahrscheinlich alle anderen Gesichtspunkte auch) – vom intrapsychischen Ablauf im Patienten zu weit fortführen und selbst als Abwehr fungieren (Gedo 1995b). Schwierigkeiten in der Selbstanalyse zur Erfassung der Gegenübertragung werden naiv unterschätzt (Chessick 1990). Grundsätzlich wird auch übersehen, dass Gefühle allein keine Orientierung geben können. Auch wenn wir beispielsweise anerkennen müssen, dass das therapeutische Feld unausweichlich interaktiv (intersubjektiv) von beiden Teilnehmern gestaltet wird, enthebt uns dies nicht der Verpflichtung, so genau wie möglich das Intrapsychische, insbesondere das, was sich daran wiederholt und so Struktur anzeigt, im Patienten zu verstehen (Gedo 1995b). Der Ausweg kann nicht darin bestehen, im Antrag eine Vielzahl von genetischen und psychodynamischen Thesen aufzustellen, sondern mit der Haltung der Bescheidenheit eine Version deutlich zu machen, die sich der Begrenztheit der Vermutungen bewusst ist. Jeder Bericht über ein Erstinterview, eine Stunde oder die ersten Stunden, wie er im Gutachterverfahren verlangt wird, ist eine Neuschöpfung, eine Erfindung (»creative reconstruction«, »invention«, Smith 2003), die von den Wünschen, Ängsten und Abwehren sowie Vorurteilen des Therapeuten kräftig mitgeprägt ist. Diejenigen Therapeuten, die sich mit Vergnügen, auch unausgesprochen, in den Antrag mit einbringen, haben es leichter als diejenigen, die versuchen, sich nicht zu berücksichtigen und sich nur am Material des Patienten zu orientieren, weil dies ohnehin unmöglich ist. Gerade dieses Sich-mit-einbringen-Müssen, ähnlich einem Schriftsteller, ist einmalig in der Rechtfertigung einer therapeutischen Maßnahme.

Das Gedächtnis ist notorisch unzuverlässig; es ist beeinflussbar nicht nur von der Theorie des Berichtenden, sondern auch von nachträglichen Informationen oder Kommentaren (Singer 2000) und auch, worauf entschieden zu wenig hingewiesen wird, von seinen ganz persönlichen Wünschen, Ängsten und Abwehren und seiner Übertragung auf den Patienten. Selbst dies funktioniert nicht nur unbewusst, sondern auch bewusst, z.b. in der Suche nach Übereinstimmung mit einer bestimmten Theorie oder mit den Eindrücken aus den Stunden mit anderen Patienten, und nicht nur während des Geschehens, sondern auch danach, wie gesicherte Forschungen über Zeugenaussagen belegen (Loftus 1979; »Loftus-Effekt«). Es wundert daher nicht, dass der Unterschied zwischen dem Tatsächlichen (»clinical happening«) und dem Erinnerten bzw. Berichteten (»case report«) groß ist. Man kann ohne Übertreibung sagen: *Je kohärenter ein Bericht ist, desto unrealistischer ist er.* Konfusion, Potpourris, patchworkartige Vorgänge, Langeweile, Zufälligkeiten, Zusammenhangslosigkeiten, Sinnlosigkeiten, Brüche (»breaches«, Frankel 2000) sind in den psychotherapeutischen Stunden genauso wie im Alltagsleben vorherrschend, werden aber untergebügelt so gut es geht, können natürlich in einem Bericht höchstens am Rande, noch am ehesten wohldosiert anhand von Übertragung und Gegenübertragung, dargestellt werden. Die »nutzlosen Details« werden unterschlagen. Frankel (2000) glaubt, dass gerade die Brüche und ihre sorgfältige Bearbeitung eine Therapie voranbringen. Er erwähnt einen Patienten, welcher lacht, obwohl er sich enttäuscht fühlt. Der Therapeut versteht dies falsch, meint, dass der Patient amüsiert ist. Nur der Patient weiß von dem Bruch.

Unter den heutigen Umständen kann sich keine »Antivignette« entwickeln, die etwa aus den verschwiegenen Details bestehen bzw. gerade diese hervorheben oder wenigstens auf konträre Möglichkeiten der Interpretation hinweisen würde (s. Kapitel 7.4.6). Auch grobes Unverständnis und fehlerhafte Behandlung werden aus Schuldgefühl, Scham und Angst unterschlagen, man kann sie in Fallberichten mit der Lupe suchen. Schuld, Scham und Angst sehen wir nur bei unseren Patienten. Diese Glättungstendenzen werden auch am psychoanalytischen Umgang mit Künstlern und ihren Werken deutlich. Mit dem jeweiligen Vorrat des psychoanalytischen Zeithorizonts werden die Kunstwerke »erklärt«. Das Erratische beunruhigt zu sehr, ähnlich wie eine ungeschönte Biografie oder der tatsächliche Ablauf eines Erstinterviews. Ruhe kehrt erst durch Plausibilität ein. Man kann auch sagen: Die Feindschaft gegen das Beunruhigende tarnt sich durch eine freundliche Umarmung. Die Kunst, die Biografie, das Erstinterview sind aufgenommen in den Schoß der Psychoanalyse. Es fehlt der Respekt, um nicht zu sagen der Schreck, vor der selbstständigen, von allem Dagewesenen losgelösten künstlerischen Entwicklung und der zugrunde liegenden neuronalen Entwicklung (Rotenberg 2006).

7.4.9 Peinliche Fragen: Was wird verschwiegen?

Am Ende einer Falldarstellung, gleich ob in einem Seminar oder einer Veröffentlichung, sollten sich Autor und Zuhörer bzw. Leser fragen: Was wird verschwiegen? Welche Gesichtspunkte kommen gar nicht vor? Was scheint besonders glatt und einleuchtend zu sein? Worin stimmt der Bericht besonders harmonisch mit den Erwartungen des Publikums überein? An welchen Stellen nicken alle? Wie stark war der Drang der Beteiligten, »sich einen Reim darauf zu machen«? War die Wiedergabe des Dialogs flüssig und grammatikalisch korrekt statt mit den normalen Verzögerungen und fehlerhaften Satzbildungen in der Sprache, wie sie tatsächlich die Regel sind? Waren andere Glättungsmethoden erkennbar? – Jeder hat seine Lieblingsmethoden, das Material aufzupolieren (einem anderen würden sie gar nicht in den Sinn kommen), die ihm daher nur schwer auffallen.

Wie viel Ungewissheit (sog. »Ungereimtheiten«) hingegen konnte das Publikum ertragen? Durfte sich etwas völlig Unerwartetes im Bericht ergeben? Etwas, das nach der Theorie nicht zu erwarten war? Gab es klinische Besserungen (häufig!), die nach der Theorie gar nicht hätten eintreten dürfen und mit der das Publikum nicht gerechnet hatte? Gibt der Bericht mehr die Theorie als den Heilungsprozess wieder? Haben hier die Theorie und ein theoriegemäßer Bericht dazu geführt, dass theoriewidrige therapeutische Erfolge nicht erinnert und deshalb nicht berichtet wurden? Wurde Theorie defensiv vom Berichterstatter eingesetzt? Wo konnte er den Patienten überhaupt nicht verstehen, sich nicht in ihn einfühlen? Oder wo konnte er sich einfühlen, geriet aber dabei in Konflikt mit seiner Theorie? Wo war er verwirrt? Wo abgestoßen? Hat der Patient aus dem, was der Therapeut deutete, etwas ganz anderes herausgehört? (Aisenstein 2003; Busch 2003)

Je mehr ein Autor neben Gelungenem auch über gründlich Misslungenes, und zwar möglichst auch wörtlich anhand von Aufzeichnungen, berichten kann, desto vertrauenswürdiger ist er. Das Averbale geht ohnehin verloren. Es gibt keine Möglichkeit, den komplexen Ablauf einer Stunde zu einer einheitlichen Sprache quantitativ und qualitativ aufzusummieren.

In vielen Anträgen wird an die Diagnose noch etwas von der Genese bzw. Struktur angehängt, etwa: »mit oralen Zügen«. Dies ist meines Erachtens unangebracht, weil solches bereits in der Psychodynamik stehen sollte. Manchmal wird die gesamte analytische Lehre erneut bemüht. So hieß es in einem Antrag: »mit oralen Zügen, analer Fixierung und phallisch-narzisstischer Haltung«. Dies sagt mehr etwas aus über den Autor (i. S. eines zwangshaften Perfektionisten) als über den Patienten. Der Kürze und Prägnanz wegen sollte man sich auf einen Hauptaspekt beschränken. Nicht umsonst heißt es in den Psychotherapierichtlinien: »symptomrelevante« Konflikte.

7.5   Der Traum als diagnostisches Mittel

Träume werden nicht anders betrachtet als andere psychische Äußerungen auch, wie Einfälle, Fehlhandlungen, Handlungen, Erinnerungen, Fantasien, Übertragungen (Rothstein 2001). Träume sind nicht die »via regia« zum Unbewussten, es gibt keine »via regia«.

Blechner (2001) rückt von der bekannten Wunscherfüllungstheorie Freuds ab und ordnet dem Traum folgende Funktionen zu:
1. Der Traum bietet Kompensation für einseitige bewusste Haltungen. Wir nehmen wesentlich mehr unbewusst wahr als bewusst. Dieser unbewusste Wissensschatz wird im Traum angezapft. Nach außen hin kann dies den Eindruck erwecken, der Träumer verfüge über telepathische Fähigkeiten.
2. Der Traum teilt etwas mit, das anders nicht mitgeteilt werden kann.
3. Er entsteht nach dem Zufallsprinzip (»random firing«) und wird anschließend vom Träumer interpretiert. Der Träumer projiziert seine Bedeutungen in diese »firings« hinein, so wie beim Rorschachtest in die Tintenkleckse.
4. Der Traum versteht sich als »Hausreinigungsaktion«.
5. Er gewährt eine Festigung und Integration von Informationen.
6. Es kommt zur Erinnerung von frühen Erfahrungen und ihrer Integration mit gegenwärtigen.
7. Der Traum reguliert die Stimmung (dies dürfte Freuds Postulat von der Funktion des Traums, das Weiterschlafen zu ermöglichen, stützen).
8. Er erfüllt die Funktion einer Selbstpsychotherapie.
9. Wer träumt, denkt von einem sicheren Platz aus.
10. Der Träumer erlebt ein neues, nonlinguistisches, kreatives Denken (»a potential source of highly creative ›out-of-the-box-thinking‹«). Träumen, die zufallsgeneriert und daraufhin nach brauchbaren Ideen abgesucht

wurden, schreibt Blechner eine wichtige Rolle in der Evolution neuer Ideen und damit in der Evolution überhaupt zu (»oneiric darwinism«).
11. Träume vermitteln dem Träumer eine Einschätzung seines aktuellen und künftigen psychischen Zustands (Gesundheit/Krankheit).
12. Träume sind »ehrliche« Produktionen (»honest communications«). Lügen ist im Traum nicht möglich, erst hinterher kann der Traum durch Lügen verändert werden.
13. Träume laufen nach eigenen und einzigartigen Regeln ab. Weder verhüllen sie alles, noch decken sie alles auf eine leicht zu verstehende Weise auf. Sie haben keine leicht zu verstehende Entsprechung in der Welt des logischen Denkens und der Sprache (vgl. David Foulkes Titel *A grammar of dreams*). Trotzdem sind ihnen wichtige Informationen über unsere Persönlichkeit durch Deutung zu entnehmen. An eine Bedeutung der freien Assoziation bei der Deutung glaubt Blechner nicht.
14. Geträumte Worte und Bilder können durch Klangassoziationen, Lesen von Verdichtungen und verbalen Merkwürdigkeiten entschlüsselt werden. Als Ergebnis wird eine möglichst geeignete Idee aus der bewussten Welt erfunden.
15. Blechner ist es auch wichtig, zu erwähnen, dass jede Form von Interpretation eines Traums in die Kultur und Ära des Interpreten mit seinen Glaubenssystemen (»belief systems«) eingebettet ist.
16. Am Traum und seiner Deutung sind somit beteiligt: der Träumer, seine Biologie (»firing«), der und die Deuter des Traums, der soziale Kontext.
17. Vorgehensweisen im Verständnis können mehr schrittweise (nach der Kompromisstheorie zuerst die Deutung, *dass* abgewehrt wird, dann *warum* abgewehrt wird, zum Schluss, *was* abgewehrt wird – »Dass-wie-was-Regel«) oder mehr ganzheitlich sein.
18. Träume werden erst verstanden, wenn sie erzählt sind. Das Sprechen mit anderen über den Traum verändert die Bedeutung des Traums dramatisch, sodass es sich dann nicht mehr um den Traum des Patienten, sondern um ein Gruppenkonglomerat handelt (s. auch Kapitel 7.4.6 Gruppendiskussion …).

Im Folgenden zitiere ich den Traum eines 56-jährigen phobisch-zwanghaften Mannes, der seit Jahren von seiner Frau und seinem kleinem Sohn getrennt lebt. Vorausgegangen war, dass seine Frau nicht mehr bestritt, ein Verhältnis mit einem anderen Mann zu haben, als er ihr dies auf den Kopf zu sagte.

»Ich fühlte, dass ich sie noch liebte und wiederhaben wollte. Ich nahm sie im Stehen in den Arm, spürte irgendwie die Nähe des Busens und küsste sie zweimal auf den Mund. Die Lippen waren viel schmaler als in Wirklichkeit. Jedes Mal hielt sie die Lippen geschlossen. Da wusste ich, sie will nicht mehr. Ich wusste im Traum, dass sie mit dem Kleinen und vielleicht auch mit ihrem Freund nach Rom fahren wollte. Ich wollte nicht, dass sie den Kleinen dazu mitnimmt. Zwei große Busse kamen vorbei, wie ich sie auf einem Ausflug tags zuvor mit dem Kleinen gesehen hatte, lauter Kinder stiegen ein, es war ein Klassenausflug, und ich bewog den Kleinen, einzusteigen und mit den Kindern mitzufahren, ich würde warten, bis er zurückkommt. Meine Frau würde davon nicht begeistert sein, wenn sie von dem Ausflug erfährt [Traumende]. Nach dem Aufwachen hatte ich das Gefühl, es sei einiges klarer geworden und ich könnte endlich etwas abhaken. Jetzt wollte ich sie nicht wiederhaben. Soll sie doch fahren, wohin sie will. Mir fiel der Spruch ein: ›Laufende soll man nicht halten.‹« – Der Traum erfüllt Blechners Funktionen wie folgt (Nummerierung entsprechend der Liste oben):

1. Der Patient hatte sich zu lange in der Hoffnung gewiegt, seine Frau habe keinen Liebhaber und werde zu ihm zurückkehren. Er hatte sie freundlich behandelt, aber wenn er ehrlich zu sich gewesen wäre, hätte er bemerken müssen, dass die freundliche Gegenreaktion ausgeblieben war. Durch den Traum fiel es ihm wie Schuppen von den Augen.
2. (Ebenso wie unter 1.) Insbesondere hatte der Patient sich den Misserfolg seiner Bemühungen nicht eingestehen wollen.
3. Der Patient benutzt den zufällig erzeugten Traum dazu, seine tatsächliche Lebenssituation zu verstehen.
4. Die »Hausreinigungsaktion« wird angezeigt durch ein Gefühl von Klärung und von Abhakenkönnen. Das leidige Thema ist erledigt und aus dem Kopf entfernt wie Schmutz, der ungesund ist und das Weiterkommen behindert.
5. Es stand nun fest, dass die Frau einen Freund hatte. Der Patient musste sich neu einrichten. Er hatte seine Frau an deren Freund verloren, aber er wollte nicht auch noch den Sohn an diesen verlieren. Vielleicht konnte man sich darauf einigen, dass der Sohn eigene, altersgemäße Bindungen entwickelt (Klassenfahrt).

6. Die Mutter des Patienten war in seiner Kindheit unbegreiflich oft fortgefahren (einmal auch nach Rom), was ihn geängstigt und wütend gemacht hatte. In der Gegenwart ist es seine Frau, die ihn verlassen hat, was ihn ebenfalls ängstigt und empört.
7. Die Stimmung war nach dem Traum ausgeglichener als am Abend zuvor, an dem er sich einsam und wütend gefühlt hatte. Eine leise Sehnsucht und Trauer in der Erinnerung an bessere Zeiten mit der Frau blieben bestehen. Damit dürfte normales Affektniveau erreicht worden sein.
8. Die Selbsttherapie besteht in der Klärung und dem Suchen nach einem Ausweg für die Zukunft. Vor allem wurde die Abwehr durch Vermeidung (er hatte das Offensichtliche nicht sehen wollen) von ihm selbst bearbeitet. Die Vermeidung wurde aufgegeben.
9. Der Werbeversuch bei seiner Frau geschah in der Sicherheit des Schlafes. Die reale Gefahr, dabei brüsk herabgesetzt zu werden, wie tatsächlich bereits manches Mal geschehen, bestand nicht. Auch das Entfernen des Kindes aus dem Machtbereich seiner Frau war nicht dem tatsächlichen Risiko (Streit) wie im Wachleben ausgesetzt.
10. Neu war die Idee, den Sohn nicht seiner Frau wegzunehmen und für sich zu behalten, vielmehr herauszugehen aus diesem Entweder-Oder und ihn zu ermuntern, sich mit Gleichaltrigen normal zu entwickeln. Seine Frau sollte seinem Gesichtskreis entschwinden, am besten würde sie den Freund gleich mitnehmen, für immer, nach Rom. Soll sie dort den Papst um Vergebung bitten. Der Patient selbst möchte mit einem Bus fortfahren und ein neues Leben beginnen.
11. Der Patient sieht sich selbst als liebesfähig – dies auch für die Zukunft, denn er wünscht sich seine Frau zurück und unternimmt einen erotischen Versuch –, ferner als psychisch elastisch im Sinne von nicht-anklammernd, denn er kann seinen Sohn, der ein Teil seiner Frau ist, freigeben und seine Frau nach Rom fahren lassen. Er kann sein jetziges Alter und seine zukünftige Alterung akzeptieren, denn er bleibt zurück, wenn der Sohn in den Bus steigt. Er kann sich ferner geordnet verhalten, sogar die ödipale und präödipale Niederlage, seine Frau bzw. seine Mutter an einen Konkurrenten zu verlieren, ohne psychische Dekompensation ertragen. Er bescheinigt sich robuste psychische Gesundheit.
12. Auch in diesem Traum wird nicht gelogen.
13. Der Punkt ist auch in diesem Traum offensichtlich erfüllt.

14. Die zwei Busse lassen – klangassoziativ – an den Busen denken, den er verliert, da seine Frau wegfährt. Dass die Lippen schmal sind und sich nicht öffnen, weist auf die mangelnde Erregung der Frau hin, vielleicht auch darauf, dass die Frau tatsächlich nicht mehr ganz jung ist und bald alt wird. Die mit Kindern gefüllten Busse nehmen auch den immer wieder geäußerten Gedanken des Patienten auf, sich eine neue Frau mit weiblichen Formen zu suchen und eine neue Familie mit Kindern zu gründen. Das »Einsteigen« in einen Bus, einen Hohlraum, ist deutlich genug. Im »Ausflug«, von dem die Ehefrau nicht begeistert sein wird, können die eigenen beabsichtigten erotischen Kontakte mit anderen Frauen in der Ferne und in der Zukunft gemeint sein.

Die Ausbeute bei Anwendung des bloßen Wunscherfüllungskonzepts wäre allerdings meines Erachtens nicht wesentlich geringer. Sie betrifft die Wunsch-Abwehr-Konfiguration: Der Patient wünscht sich seine Frau zurück. Er hat Angst vor Zurückweisung (Angst vor Bloßstellung und Herabsetzung). Der Wunsch nach seiner Frau scheint ihm verboten, z.B. weil es sich um einen verbotenen ödipalen Wunsch nach Erfolg handelt oder weil er sich vor der ödipalen Konkurrenz mit einem Rivalen fürchtet. Er muss daher den Wunsch teilweise bis ins Harmlose abwehren (Verschiebung auf ein Kleinstes: sie nur küssen wollen). Er muss sich sogar auch für diesen Wunsch bestrafen (Wendung gegen sich selbst: Er verliert nicht nur seine Frau, sondern auch sein Kind). Freilich sind auch die Wünsche nach einer neuen Frau und einer neuen Familie mit Kindern deutlich. Was hingegen bei dieser Deutung scheinbar weniger vertreten ist, ist die Wahrnehmung des eigenen Selbstbildes, die Selbsteinschätzung, der Stolz, einiges ertragen zu können, ohne zu dekompensieren. Doch handelt es sich hierbei ja ebenfalls um Wünsche, nämlich danach, kraftvoll und gesund zu sein, sich im Leben zu behaupten, den Widrigkeiten und Verlusten zu trotzen etc. Blechners Funktionen 3, 7, 9, 10, 11, 12, 13, 14, 15 stellen neue Gesichtspunkte dar.

7.6 Symptomdiagnose

Es wird ferner gefragt nach der Symptomdiagnose. Auch hier handelt es sich um eine bloße Etikettierung der Symptomatik, die ja bereits unter dem Beschwerdebild dargestellt wurde und daher entbehrlich ist. Wer möchte, kann schreiben: zwangsneurotisches Bild, phobisches Bild, angstneurotisches Zustandsbild, vorwiegend somatoformes Krankheitsbild, neurotische Depression oder depressive Neurose.

7.7 Defizite, strukturelle Ich-Defekte und Behinderungen

Einzugehen ist auch auf eine eventuell vorliegende Behinderung und strukturelle Ich-Defekte (Defizite). Hier ist zu unterscheiden zwischen einem Defizit im neuropsychologischen und einem Defizit im psychoanalytischen, d.h. konfliktorientierten Sinne.

7.7.1 Neuropsychologische Defizite

Die Neuropsychologischen Defizite sind neurokortikal bedingt. Sie müssen nicht nur durch sorgfältige Tests (wie »immediate sequential memory«, »sequential concept«, »sound blending«) belegt sein. Es kommt sicher auch darauf an, wer die Tests durchführt: ungeübte Studenten nach kurzer Anleitung, preiswerte Laien (in den USA weitgehend üblich) oder aber erfahrene Fachleute. Außerdem müssen sie von erfahrenen Ärzten klinisch bestätigt sein. Hier ist große Vorsicht geboten wegen der Gefahr von Fehldiagnosen, z.B. Verwechslung mit anlagebedingter Kontaktstörung, wenn auch oft nur in der milden Form des Nicht-Mitmachens, des Sich-nicht-Anschließens, des auffallenden Desinteresses an den Vorgängen um das Kind herum, des stummselbstverständlichen Eigene-Wege-Gehens, ferner mit ödipaler Denkhemmung infolge Vergeltungsängsten, mit Intelligenzdefekten sowie Nichterkennen von Fantasien, Wünschen, Ängsten, Abwehren der Angehörigen, des Patienten selbst und des Therapeuten. Zu prüfen ist, ob es sich um Lernstörungen (»learning disabilities«), Aufmerksamkeitsstörungen (ADS = Attention Deficit Syndrome), Überaktivitätsstörungen (Hyperactivity Disorders), Störungen auf dem Gebiet der Sinnesorgane (wie Seh- und Hörstörungen) oder auf dem Gebiet der visuell-motorischen Koordination handelt. Sie werden von Therapeuten nicht selten verkannt (Rothstein 1998), besonders bei sonst hohem Intelligenz- und Sprachniveau des Patienten und wenn sich eine besonders überzeugende psychoanalytische Erklärung (eine Story) anbietet. Zu oft werden solche Störungen aber auch zu Unrecht diagnostiziert, um sich nicht mit den tatsächlich zugrunde liegenden konfliktbedingten, neurotischen Hemmungen des Kindes oder familiären Konflikten auseinandersetzen zu müssen. Eltern und Schule gehen hier nicht selten ein fatales Bündnis ein: Sie einigen sich nur zu gern auf eine derartige Krankheit, z. B. um von eigenem Versagen abzulenken.

Auch der Psychoanalytiker F. M. Levin (2003) weist darauf hin, wie wichtig es ist, Defizite, die nicht konfliktbedingt sind, zu erkennen und die Behandlungstechnik entsprechend anzupassen. Er räumt ein, dass es klinisch schwierig ist, zwischen einem kognitiven Defizit und einer konfliktgetriebenen Funktionseinbuße (Pseudodemenz, »pseudostupidity«) zu unterscheiden. Man müsse in solchen Fällen einstweilen abschätzen, ob andere Anzeichen von Konflikten im Sinne einer Beteiligung am Symptom vorliegen. Für die Zukunft erhofft er sich Aufschluss durch die bildgebenden Verfahren. Als Beispiel führt er einen Patienten mit einer Störung in der Parietalregion (nachgewiesen durch MRT) an, der eine Unfähigkeit, das Thema zu wechseln, aufwies. Ein anderer Patient mit einer zerebellaren Störung und einer hierdurch bedingten Beeinträchtigung des Gedankenflusses fiel dadurch auf, dass er zu viele Aufgaben auf einmal erledigen wollte. Es habe sich dabei also nicht um einen Masochismus oder eine Allmachtsfantasie gehandelt, wie gewöhnlich angenommen. Die therapeutische Konsequenz daraus bestand darin, diesen Patienten geduldig wieder an wichtige Gedanken der vorhergehenden Sitzung heranzuführen.

Die neuropsychologischen (neurokortikalen) Behinderungen (Defizite) bedürfen also einer speziellen Behandlung. Sie sind primär nicht konfliktbedingt, sondern führen sekundär zu Störungen der Ich-Entwicklung, der Objektbeziehungen, der Selbstachtung. Sprache, fein- und grobmotorische Koordination tragen nicht weniger als Gedächtnis, Wahrnehmungsfähigkeit und integrative Fähigkeiten entscheidend zur Objektkonstanz bei (Rothstein et al. 1988). Defekte in diesen Fähigkeiten haben entsprechende Folgen. Behinderungen (Defizite) können andererseits dazu führen, dass Konfliktbearbeitungen unterbleiben (Willick 1991). Ohnehin führen neuropsychologische (neurokortikale) Defizite zu inneren Konflikten. Genauer gesagt werden erlebte Defizite wegen der unvermeidlichen Wechselwirkung zwischen Konstitution und psychischer Entwicklung zwangsläufig in Konflikte eingebaut, und zwar in

Ausmaß und Art je nachdem, wie gut sie in eine psychodynamische Konstellation des Patienten und auch seiner Eltern passen. Mindestens formen Defizite die Kompromissbildungen (Symptome) mit (Hartmann 1950; Weil 1978).

Rothstein (1988) führt als Beispiel die Verwendung des erlebten Defizits zur Verstärkung der Abwehr in einem ödipalen Konflikt an: »Ich bin infolge meines Fehlers hilflos und will gar nicht erst rivalisieren«. Hier wird Vermeidung verstärkt. In anderen Fällen mag die Behinderung zum Beispiel als ödipale Vergeltung für seine Wünsche, seine Rivalen zu schlagen und dann den gegengeschlechtlichen Elternteil für sich zu gewinnen, erlebt werden. Ängste vor Trennung, vor dem Neuen können verstärkt werden durch Störungen des Gedächtnisses für visuelle Abfolgen, durch vermehrte Ablenkbarkeit (»distractibility«) (Rothstein 1998). Dies könnte eine spezielle Erklärung für die vermehrte Ängstlichkeit im Alter sein – wegen der Zerstreutheit, der allgemeinen psychischen Verlangsamung und oft auch wegen des Nachlassens der Sehfähigkeit im Alter. Anzunehmen ist darüber hinaus aber, dass durch Behinderungen immer auch Wünsche angeregt werden, z. B. bei einem Sehbehinderten der Wunsch, durch besondere Fähigkeiten auf anderen Gebieten doch noch seine Rivalen zu besiegen oder sie sogar für alle umso überraschender und vollständiger aus dem Felde zu schlagen, da der Gegner mit einer Bedrohung nicht rechnet. Dies sind Beispiele für eine Einwirkung von neurokortikalen Defiziten auf Wünsche, Ängste und Abwehren in einem Wunsch-Angst-Abwehr-Konflikt (Literaturübersicht bei Rothstein 1998).

Eine weitere Auswirkung sind die Fantasien der Eltern wegen eines solchen Defizits, das sie bemerken (und nicht etwa nur fürchten), und die Rückwirkungen solcher Fantasien auf das Kind.

Neurokortikale (neuropsychologische) Defizite genügen selbstverständlich nicht, einen Antrag zu stellen. Es muss immer ein aktueller neurotischer Konflikt vorliegen und dargestellt werden. So kann es nicht genügen, dass es einem Patienten psychisch schlecht geht, er also depressiv ist, weil er an einer Behinderung, etwa wegen einer multiplen Sklerose, leidet. Hier handelt es sich lediglich um eine reaktive Depression, nicht um eine Neurose im Sinne eines inneren unbewussten Konflikts. Es mag aber sein, dass die Mitteilung dieser Erkrankung an den Patienten einen unbewussten inneren Konflikt aktiviert hat, etwa alte ödipale Vergeltungsängste oder präödipale Ängste vor mangelndem Halt, die nun nicht mehr genügend abgewehrt werden können.

7.7.2 Neurosenpsychologische Defizite

Neurosenpsychologische Defizite sind verwandt mit Freuds »Ich-Schwäche« und spielen als »strukturelle Ich-Defekte« besonders bei Kohut (1971), Kernberg (1979), Fürstenau (1977) und Gedo (1979) eine große Rolle. Sie sind jedoch umstritten. »Defekt« klingt immer nach etwas Endgültigem, nicht mehr Korrigierbarem oder bestenfalls nach etwas, das fehlt und daher ersetzt werden muss. Auch »Struktur« beinhaltet definitionsgemäß das Feste, Dauerhafte, wenig Veränderbare, »von langsamer Stoffwechselrate« (Hartmann 1939a; 1939b), ähnlich wie »Charakter«. Der »strukturelle Defekt« soll einen Entwicklungsschaden, z.B. aufgrund eines Traumas oder gar einer Veranlagung, bezeichnen, der unabhängig von einem Konflikt besteht. Nach Fürstenau (1977) geht es hierbei um eine »strukturelle Abweichung des Ichs vom fiktiven Normal-Ich, einem Ich-Mangel« im Gegensatz zu bloß neurotischen, d.h. konfliktbedingten Störungen. Sie zeigten sich darin, dass der Patient über gewisse Funktionen überhaupt nicht verfügen könne (»nicht-disponible Funktionen«, »Disponibilitätsstörungen«). Diese seien daran zu erkennen, dass der Patient auf entsprechende Deutungen im Sinne »eines konfliktaufdeckenden, konfrontierend-interpretierenden Umgangs« mit einer »Ich-Dekompensation« in Form eines »regressiven Zusammenbruchs, einer psychosomatischen Krise, einer akuten Wahnproduktion, einem dissozialen oder perversen Agieren, einem intensiven narzisstischen Rückzug, einer schwereren manischen, depressiven oder aggressiven Verstimmung oder mit anderen für ihn charakteristischen Notreaktionen« antworte. Sie seien also ex non iuvantibus zu erkennen.

Ich habe allerdings niemals erlebt, dass auf Deutungen ein Patient in dieser Weise und in diesem Grade dekompensiert ist. Es dürfte sich hier um eine Überschätzung der Macht von Deutungen handeln, auch um eine unter Analytikern weit verbreitete Selbstüberschätzung mit magischen Wunschvorstellungen von der Macht des Wortes, ganze Krankheitsbilder erzeugen zu können (Berufsrisiko!). Selbst um einen bereits schizophren Erkrankten aus der Fassung zu bringen, bedürfte es mehr. Die Patienten hatten wohl schon zuvor an diesen Störungen gelitten. Sie wurden lediglich nicht diagnostiziert, etwa weil der Patient unbewusst und bewusst dissimulierte (aus Sicht des Patienten aus guten Gründen) oder auch aus Mangel an psychiatrischer Erfahrung oder wegen fehlender sorgfältiger Exploration, zum Beispiel wenn »rein zuhörend« im Sinne eines sogenannten klassischen Erstinterviews verfahren wurde. Denn warum sollte ein Patient schon am Anfang einer Therapie seine Perversion erwähnen? Muss er nicht zuvor den Therapeuten gründlich geprüft haben (Sampson/Weiss 1977; Sampson 1982; Weiss 1952; Weiss et al. 1986; Weiss 1995)? Wenn sich ein Patient so zeigen kann, wie er ist, benötigt er keine Psychotherapie. Entwickelt sich im Verlaufe einer Therapie Offenheit des Patienten, so ist dies ein Zeichen, dass der Therapeut die Prüfung bestanden hat und infolgedessen der Patient über das nötige Sicherheitsgefühl verfügt, ihm bis dahin gefährlich erscheinende Mitteilungen zu machen. Es mag dann scheinen, als ob er erst in diesem Augenblick eine Perversion entwickle.

Nach Winnicott (1959; 1963; zit. n. Loch 1977) werden Traumen zur Zeit der »absoluten Abhängigkeit« auch unbewusst nicht wahrgenommen und können deshalb auch dem Therapeuten nicht mitgeteilt werden. Sie entfalten aber dennoch die weitreichendsten Folgen – allerdings nicht in Form neurotischer Konflikte, mit späteren konfliktbedingten Regressionen, sondern in Form einer »primären Symptomatik« (Loch 1977), nach Winnicott (1959) mit Entwicklung eines falschen Selbst, Delinquenz, Psychopathie und »Psychosen« (er meint offensichtlich Schizophrenien), wobei diese aber durch Abwehrprozesse weiter geformt werden. Winnicotts (1960) »trauma by omission« (»… rather than by commission«) ist nur formal richtig, verkennt aber die aktiven (aggressiven) Abläufe in den Primärpersonen. Es handelt sich nicht einfach um ein Fehlen von normalen Elternreaktionen auf das Kind, sondern um andere Strukturen wie zum Beispiel die fest verankerte Erwartung, keine Antwort (»non-response«), keine Reaktion zu erhalten, sondern immer wieder nur die Erfahrung von Nichtgegenseitigkeit (»non-mutuality«) zu machen.

Argelander (1977; 1971–1978) hob im Gegensatz zu Fürstenau (1977) die Leistungsfähigkeit von Patienten mit struktureller Ich-Störung, z.B. »nach schweren traumatischen Erfahrungen«, hervor, die »Respekt und Bewunderung« verdienten. Diese Patienten haben nach Argelander oft »ungewöhnliche Fähigkeiten« entwickelt. Die hieraus resultierenden Strukturen seien kompliziert und differenziert und keineswegs erforscht (ähnlich Morgenthalers [1968–1971] Konzept von der Plombe statt einer Lücke). Danach gibt es keine »leeren Stellen«; es entwickelt sich an diesen »Stellen« etwas anderes. Es handle sich, so die Essenz, keineswegs nur um einen bloßen Ich-Mangel, wie von Fürstenau (1977) angenommen. Die nicht-neurotischen Patienten müssten die Aufgabe der »nicht-vollziehbaren normalen mitmenschlichen Beziehung […] kompensieren« (Argelander 1977; 1971–1978). Es ist aber die Frage, ob diese Patienten tatsächlich normale Beziehungen nicht entwickeln können und dies mit anderen Fähigkeiten lediglich kompensieren oder ob sie durchaus normale Beziehungen entwickeln, aber auf anderen Wegen. Argelander (1977) macht mit seinen oben angeführten Ausführungen jedenfalls auf die Einseitigkeit der Betrachtungsweise (Pathomorphismus) aufmerksam, immer nur »gesunde« Strukturen zum Maßstab zu nehmen und so »Defekte« zu diagnostizieren, statt die Andersartigkeit, einhergehend mit neuen Fähigkeiten, zu erkennen. Der gleiche Fehler wurde bekanntlich damit gemacht, die Frau als unvollkommenen Mann, das Kind als unvollkommenen Erwachsenen aufzufassen, statt die Andersartigkeit zu sehen. Danach sei es korrekter, von einer andersartigen, ungewöhnlichen Struktur anstatt eines Defektes (Mangels) zu sprechen. Man denke auch nur an hohe kulturelle Leistungen vieler Behinderter oder sozial weitgehend Isolierter.

Hier ergeben sich Verbindungen zu neueren Auffassungen, nach denen jede Psychopathologie ebenso unter dem Aspekt des Erwerbs komplexer, raffinierter Fähigkeiten (»skills«) zu sehen ist (Fischer/Ayoub 1994), sowie auch zu Aspekten von Autonomie oder dem weiten Feld von Gesundheit überhaupt. Gedo (1979) plädierte dafür, dass frühe, mangelhafte Interaktion mit den Primärfiguren nicht zu unbewussten inneren Konflikten führe, sondern in der betroffenen hirnorganischen Struktur verankert würde. Die Therapie müsse infolgedessen auch in einer nichtinterpretativen interpersonellen Interaktion bestehen (s. sein Buch *Beyond interpretation*). Allerdings wird ja bekanntlich alles in der Hirnstruktur niedergelegt (wo sonst?) und dies gilt auch für die frühen Konflikte. Hierin liegen die Unterschiede also nicht.

Nach der Kompromisstheorie ist zu erwarten, dass jeder versucht, an gewissen normalen Zielen (Wünschen, zwischenmenschlichen Beziehungen) festzuhalten, dass aber ein traumatischer Schaden den Patienten zwingt, sie auf etwas andere Weise zu verfolgen. Das Ergebnis muss meines Erachtens eine andere Ich-Struktur sein, weil diese Ich-Funktionen (Ängste, Schuld- und Schamgefühle, Abwehren) sich nicht weniger verfestigen als die Ich-Funktionen bei einem, der von einem solchen Trauma oder einer frühen zwischenmenschlichen Beziehungsstörung verschont blieb. Auch die negativen Rückwirkungen vonseiten der Umgebung wirken sich immer hemmender aus. Wer will noch etwas mit einem Phobiker zu tun haben, der sich jahrelang nicht aus seiner Wohnung gewagt und sich womöglich noch jede Hilfe verboten hat? Defekte, sei es im neurokortikalen, sei es im neurosenpsychologischen Sinne, haben unweigerlich innere Konflikte zur Folge und umgekehrt müssen innere Konflikte bei stärkerer Ausprägung zur Behinderung und zu Defekten im Sinne einer partiell verzögerten Entwicklung führen – man denke nur an das »biografische Defizit«, das zum Beispiel aus jeder länger bestehenden Phobie resultiert.

Auch Pine (1998) betont die Interaktion zwischen Defekt und Konflikt. Als Beispiel führt er an, dass ein innerer Konflikt ein Kind hindern könne, ein elterliches Angebot zu nutzen, sodass es trotz Angebot ein Defizit in der elterlichen Zuwendung erlebe. Interessant, allerdings sprachlich fragwürdig, erscheinen seine Bezeichnungen »Defekt« für fehlende Ich-Funktion und »Defizit« für fehlende elterliche Zuwendung. Fehlende Ich-Funktionen müssen nach Pine zu Gefühlen von Erniedrigung oder Hilflosigkeit führen (aber m. E. doch wohl ebenso fehlende elterliche Zuwendung). Er betont, Defekte wie Defizite müssten erkannt werden, sonst laufe der Therapeut Gefahr, den Patienten erneut zu traumatisieren.

Der Begriff Defekt verträgt sich in der Praxis nur scheinbar schlecht mit der Vorstellung einer Psychodynamik, die das Bewegliche des Konflikts mit seinen verschiedenen Komponenten und deren wechselnder Ausprägung und schwankendem Gleichgewicht betont. Es dürfte sich nur um zwei verschiedene Betrachtungsweisen ein und desselben Geschehens handeln: Die eine betont das statische, die andere das dynamische Element (Eagle, M. N. 1988). Vielleicht ist das Gegenteil von Konflikt nicht Defekt oder Defizit, sondern Autonomie. »Die Psychologie der Autonomie ist die Zukunft der Psychoanalyse, sie muß die Psychoanalyse des Konflikts ergänzen und mit ihr in Einklang gebracht werden« (Rangell 1998). Gegen die Nützlichkeit eines eigenständigen Begriffs von Defekt spricht vor allem die Unmöglichkeit, einen solchen zuverlässig festzustellen, es sei denn, es handelt sich um Sinnesdefekte wie Blindheit, Taubheit oder andere neurokortikale Defekte (s. o.). Zu diesen praktischen Schwierigkeiten schweigen sich die Befürworter der Defekttheorien aus. Eine Theorie kann aber für den Antrag nur so gut sein, wie sie in der Diagnostik und Therapie handhabbar ist.

7.7.3 Körperliche Behinderungen

Körperliche Behinderungen (»physical handicaps«, »physical deficits«) wirken sich nach Lussier (1980) weniger als solche aus denn über den Weg, dass dem

Kind die mütterliche Bestätigung fehlt. Die Mutter könne ihre Scham, ihre Trauer und Enttäuschung, das elementare Fehlen eines Stolzes auf das Kind, ihre Unfähigkeit, das Kind aufrichtig zu loben, nicht verbergen. Sie könne auch die notwendige Einheit mit einem Kind nicht herstellen. Ihr Kind könne ihrem Anspruch nicht genügen, eine ihr körperlich und seelisch ähnliche Person zu sein. Sie erkenne sich nicht in ihrem Kind wieder. Erschreckt durch die körperliche Unähnlichkeit und den Schlag für ihr Selbstgefühl, und um nicht ihre Ich-Integrität einzubüßen, ziehe sie sich emotional vom Kind zurück, es sei denn, sie ist psychisch ungewöhnlich stabil. Das behinderte Kind wünsche kein Mitleid, keinen Gewinn durch seine Defekte. Es wünsche von der Mutter die Bestätigung seines Körpers, so wie er ist, und nicht, wie er sein sollte, oder die Mutter ihn gern gehabt hätte.

Die Hauptabwehr von Angst vor Unterlegenheit und Bloßstellung ist die Verleugnung der Behinderung durch die Eltern und durch den Behinderten selbst (Fernando 2001), ganz ähnlich übrigens der Verleugnung bei schwer Übergewichtigen, die sich nach meiner Beobachtung oft geradezu mit tänzerischer Leichtigkeit bewegen oder zu bewegen glauben. Aber auch die Abwehr von Ängsten durch Überkompensation (Wendung vom Passivum ins Aktivum; Loevinger 1966) ist beeindruckend. Ein Kind, bei dem die Hände an den Ellbogen ansetzten, beließ es nicht bei Wunschvorstellungen, Fahrrad zu fahren und Trompete zu spielen, sondern erreichte diese Ziele tatsächlich (Lussier 1980). Hier sei auch an die erstaunlichen Leistungen im Behindertensport erinnert.

Übertriebene Umsorgung und Bewunderung durch die Mutter als Reaktion auf die Behinderung kann Anspruchlichkeit nähren (narzisstische Entwicklungen) (Freuds »Ausnahme«; Fernando 2001), mit dem Verlangen, evt. auch der Fertigkeit, sich Zuwendung auch von anderen, später auch spezielle Psychotherapien zu verschaffen, doch scheint dies eher selten zu sein (Rothstein 1977). Narzisstische Entwicklungen sind hingegen viel häufiger bei solchen Kindern zu befürchten, die wegen außergewöhnlicher Schönheit oder Begabung von allen Seiten angebetet und zu wenig eingeschränkt werden und somit in gewisser Hinsicht das Gegenteil von Behinderung aufweisen.

Nach Fernando (2001) bleibt immer ein starkes Gefühl, vom Schicksal benachteiligt zu sein. Nur der Umgang hiermit ist recht verschieden. Manche rebellieren, überkompensieren auch, wenn sie können, andere versöhnen sich mit ihrem Geschick (ebd.).

Alfred Adler (1907a; 1908e/2007) befasste sich bereits früh ausführlich mit (neurotischen) Reaktionen auf körperliche Defizite. Seine Individualpsychologie hat in der Analyse der (Über)kompensation sogenannter Organminderwertigkeiten (später Minderwertigkeitsgefühle allgemein) ihren Ursprung.

7.8 Sucht und Substanzmissbrauch

Sucht und Substanzmissbrauch sind gekennzeichnet durch Selbstdestruktion, Dranghaftigkeit (mangelnde Impulskontrolle), mangelnde Selbstregulierungsfähigkeit, Gleichgültigkeit (Indifferenz), was die Zukunft angeht, mangelnde Fähigkeit zur Selbstberuhigung, Affektintoleranz, Abhängigkeit, mangelnde Sublimierungsfähigkeit und eingefahrene Wiederholungshaftigkeit durch Mangel an Aufschubmöglichkeit. Verbreitet – wegen der oberflächlichen Analogie von »Sucht« und »oral« – ist die alleinige Ableitung aus einer frühen Mutter-Kind-Störung mit Fixierung an die Mutter. Diese zeige sich, so ein häufiges pauschales Vorurteil, zum Beispiel in archaischen Selbst-Objekt-Verschmelzungswünschen, die durch Drogen vorübergehend zu befriedigen seien. Die weit plausibleren Trennungswünsche als Ursache des Substanzmissbrauchs werden in der Literatur so gut wie nie genannt. Gerade bei Jugendlichen spielt dieses Motiv aber meines Erachtens mit Abstand die größte Rolle (s. auch Kapitel 6.7 Besonderheiten der Adoleszenz; Frankel 1998). Diesem Modell lässt sich noch hinzufügen, dass die Trennungsängste – wie jede Angst, und wie auch peinigende Schamgefühle – unmittelbar-pharmakologisch durch die Drogen besänftigt werden.

7.9 Essstörungen

Ratlosigkeit herrscht auch immer noch beim Thema Essstörungen. Sie teilt sich in einer Reihe von Thesen mit, die ebenso wenig von vorgefasster Meinung frei sind wie die These der »Oralität« bei Suchterkrankungen. So liegen nach Morrison (1996) vor: »schambedingtes Streben nach absoluter Beherrschung unannehmbarer Gefühle durch Perfektion« und »verzweifelter Versuch, sich aufzufüllen, um Gefühle von Leere und Verzweiflung zu beseitigen«. Gefühle von »Leere und Verzweiflung« werden pauschal unterstellt. Ähnlich lautende

Beschwerdeschilderungen werden wörtlich genommen (»reifiziert«). Zudem sind diese auch populärpsychologisch kontaminiert. Dazu tritt noch eine negative, unreflektierte, professionell gewordene Gegenübertragung aufgrund gespürter Feindseligkeit (wie bei der narzisstischen Persönlichkeit, Kapitel 4.19.5.1, und Borderline, Kapitel 7.10.4). Dieser Gegenübertragung folgend sprechen Therapeuten Patienten mit Essstörungen die Substanz ab und unterstellen stattdessen Hohlheit, Wertlosigkeit, bloße Luft.

Auch Sucht einschließlich Alkoholismus nur aus dem Wunsch zu erklären, »Schmerz zu ertränken oder das schamdurchtränkte Selbstbild zu zerstören« (Morrison 1996), ist einseitig nur auf eine bestimmte Konfliktkomponente gerichtet (Schamsignal). Die Vorgefasstheit ist daran zu erkennen, dass jeweils nur ein Entwicklungsstadium oder nur eine Konfliktkomponente betrachtet und herausgehoben werden. Es ist aber nicht ersichtlich, weshalb die Sucht nicht so vielseitig wie andere neurotische Symptome auch – also als ein Kompromissprodukt – aufgebaut sein sollte. Diesem kann man es zunächst nicht ansehen, aus welchen Wünschen, Ängsten, Schuldgefühlen, Schamgefühlen und aus welchen Abwehren auf welcher Konfliktebene es zusammengesetzt ist, insbesondere nicht ohne Einbeziehung von Übertragung und Gegenübertragung. Ödipale Konflikte (vorwiegend oder zusammen mit prägenitalen) sind ebenso gut als Ursache vorstellbar, so der Wunsch nach Größe und Überlegenheit, Angst und Scham vor bzw. wegen erlebter Schwäche sowie Schuldgefühle wegen ödipalem Neid und Hass. Der Abwehr dienen Verdrängung, Agieren, Regression (in Überlappung mit Vermeidung und Wendung gegen sich selbst: sich kampfunfähig machen), Vermeidung (von ödipalen Auseinandersetzungen mit den Konkurrenten) und Wendung gegen sich selbst (zur Bestrafung wegen der aggressiven Wünsche gegen die Konkurrenten). Außerdem wird durch die Wendung vom Passivum ins Aktivum das Gefühl von Machtlosigkeit, Freudlosigkeit und mangelnder Initiative ersetzt durch drogenbedingte Aktivität und drogenbedingten Ideenreichtum.

Einen entscheidenden Einfluss von Schuld- und Schamgefühlen nimmt Wurmser (1995) an. Es bestehe ein Zustand von Hilflosigkeit infolge einer Pathologie des Überichs (mit einem Übermaß an Schuld- und Schamgefühlen) und dieses Überich könne nur durch das Suchtmittel – vorübergehend – bezwungen werden. Allerdings drängt sich ein Übermaß an Schuld- und Schamgefühlen klinisch gesehen nicht gerade auf. In der täglichen Erfahrung hat man deutlich den gegenteiligen Eindruck. Es stellt sich die Frage, ob hier ein mehr theoretisches Bedürfnis (z. B. die bekanntlich besonders gründliche Beschäftigung dieses Autors mit der Pathologie des Überichs) als ein klinisches zu dieser Auffassung besteht.

Die Wunschseite der Konflikte mag bezüglich der Bedürfnisse nach Wärme, Kontakt und Nahrungszufuhr (gegen Kälte, tatsächliche oder nur behauptete Leere, Einsamkeit) bevorzugt durch Alkohol repräsentiert sein. Die Bedürfnisse nach Selbstbestätigung und Loslösung (gegen Antriebslosigkeit und Kleinheitsgefühl) dürften in erster Linie durch Weckmittel und Kokain befriedigt werden. Entscheidender für den Konsum dürften meistens allerdings Nachahmung und Zufälligkeiten sein. Vom kompromisstheoretischen Standpunkt aus sind Drogen (Sedativa, zu denen auch Alkohol gehört, Rauschmittel und Weckmittel) deshalb so gefährlich, weil sie sowohl auf der Wunschebene als auch auf der Signalebene (Angst, Schuld, Scham) und auf der Abwehrebene (so »Alkohol als Lösungsmittel des Überichs«) der Wunsch-Signal-Abwehr-Konfiguration wirksam sind. Die persönlichen Motive oder Anlässe zur Sucht bleiben davon unberührt.

7.9.1 Anorexia nervosa und Bulimie

Speziell zur Symptomatik der Anorexia nervosa (Magersucht) gehören Kalorienzählen, ritualisierte Nahrungsaufnahme, zwanghaftes Kontrollieren des Körpergewichts und exzessive körperliche Aktivität. Außerdem: Zwangssymptomatik (11–73%), auch nach Normalisierung des Gewichts, in Form von Essritualen, Ordnungs- und Säuberungszwängen, Perfektionismus und zwanghaftes Grübeln über drohendes Unheil (zum Problem des Masochismus s. Kapitel 4.18.3.2 »Regression« bei Masochismus). In der ICD-Nomenklatur werden diese Symptome als eigene Krankheiten aufgeführt, um zu Zahlen, Prozentsätzen und Kurven für Statistiken zu kommen. So werden als »Komorbiditäten« der Anorexia nervosa aufgeführt: Zwangsstörung, Depression, Persönlichkeitsstörung, Angststörung (so Müller et al. 2001; s. auch Kapitel 7.1 ICD-10).

Bei Tänzern/Tänzerinnen, Models, Schauspielerinnen ist Magersucht eine verbreitete Berufskrankheit. Anorexia nervosa tritt – selten – auch bei Männern auf. In der Gegenübertragung männlicher Therapeuten auf Patientinnen finden sich häufig: Fasziniertsein von der Schönheit, speziell auch von den abmagerungsbedingt großen, ausdrucksvollen Augen (durch Atrophie des periorbitalen Fettgewebes) und der Hilflosigkeit im Gesichtsausdruck, die reflexhaft Rettungsfantasien auslösen und auslösen sollen. Typisch ist auch die Abwehr seitens des Therapeuten durch Distanziertheit, Intellektualisieren, einseitiges Eingehen auf die Biografie, dann Erschrecktsein von harter Feindseligkeit und Unbeweglichkeit, Enttäuschtsein von der Enge, Sprödigkeit und Trockenheit des Innenlebens, wenn diese auch abwehrbedingt sind, schließlich Angst, hier therapeutisch nichts ausrichten zu können oder gar zur Verschlimmerung beizutragen, und Selbstschutz durch emotionalen Rückzug.

Gesellschaftlicher und modischer Einfluss ist bei der Anorexia nervosa viel bedeutsamer als bei anderen Neurosen (»Schönheitsterror«, misogyne Aspekte des herrschenden Weiblichkeitsbildes, »Modeterror«). Justinian, römischer Kaiser von 527 bis 565, konnte eine massenhaft tödliche Anorexia-nervosa-Epidemie durch öffentliche Ausstellung der nackten Toten sofort beenden – ebenfalls ein Beweis für das Ausmaß der gesellschaftlichen Beeinflussbarkeit.

7.10 Borderline

»Borderline-Störungen«, »Borderline-Persönlichkeitsstörung«, »Borderline-Syndrom«, »Borderline« (Stern 1938!), »Borderline-Struktur, Borderline-Persönlichkeitsorganisation« (Kernberg), »Borderline-Neurose«, »Borderline-Schizophrenie« (Kety et al. 1968), »pseudoneurotische Schizophrenie« (Hoch/Polatin 1949), »latente Schizophrenie« im deutschsprachigen Raum, »nonregressive Schizophrenie« (Nyman 1975) im skandinavischen Raum etc. werden recht unterschiedlich diagnostisch gefasst und genetisch verstanden. Dies betrifft sowohl die spezifischen Persönlichkeitszüge als auch Komorbidität und Verlauf.

7.10.1 Spezifische Persönlichkeitszüge

Unter den diagnostischen Merkmalen werden besonders hervorgehoben: Instabilität, Impulsivität, selbstschädigende Handlungen, unangemessene Wut, brutalisierte frühe Umwelt, schwere Verhaltensstörungen bereits in der

Kindheit, antisoziale bis kriminelle Merkmale, Süchte, mangelnde Schuldgefühle (diese Patienten können ihr Verhalten nicht als krankhaft auffassen), narzisstische Züge im Sinne von Unbelehrbarkeit, Unbeeinflussbarkeit, hochmütigem Herabblicken auf den Therapeuten, einhergehend mit überhaupt simplifizierendem, übermäßig dichotomisierendem Denkstil – eine angeblich oder wirklich bunt schillernde Psychopathologie.

Die Entwicklung des Begriffs Borderline steht »unter der doppelten Elternschaft von Psychiatrie und Psychoanalyse« (Rohde-Dachser 1986, S. 127; s. auch Fiedler 1995; Frommer/Reißer 1997) und ging von der Vorstellung einer subschizophrenen Störung (z.B. Hoch/Polatin 1949; Kety et al. 1968) über eine unabhängige diagnostische Entität (so Grinker et al. 1968; Gunderson/Kolb 1978) und ein Modell der Persönlichkeitsstörung, das Merkmale der »Hysterie« und der »Soziopathie« verband (so Kernberg 1967; 1978), hin zur subaffektiven Störung (so Stone 1980; Akiskal 1981; Davis/Akiskal 1986, zit. n. und Lit. bei Rothenhäusler/Kapfhammer 1999).

Eine allgemein akzeptierte Definition oder Theorie über die Genese ist bis heute nicht gelungen, wenn auch eine gewisse Angleichung in den modernen internationalen Klassifikationssystemen erreicht wurde. So sind in der ICD-10 unter Borderline-Persönlichkeitsstörung (F 60.3) folgende Merkmale aufgelistet, von denen wenigstens drei erfüllt sein sollen: Neigung zu unerwartetem Handeln ohne Rücksicht auf die Konsequenzen; Neigung zu Streitereien, vor allem, wenn impulsive Handlungen unterbunden oder getadelt werden; Wut und Gewalt mit Unfähigkeit zur Kontrolle; Angewiesensein auf sofortige Belohnungen; unberechenbare Stimmungsumschwünge. Dazu müssen noch kommen: Störungen und Unsicherheit bezüglich Selbstbild, Zielen und »inneren Präferenzen« (einschließlich sexueller); Neigung, sich in intensive, aber instabile Beziehungen einzulassen, oft mit der Folge von emotionalen Krisen; übertriebene Bemühungen, das Verlassenwerden zu vermeiden; Drohungen oder Handlungen mit Selbstbeschädigung; anhaltende Gefühle von Leere.

7.10.2 Borderline nach Kernberg

Auf einer deskriptiv-symptomatologischen Ebene sind nach Kernbergs Auffassung (1967; 1978) maßgebend: chronische diffuse, frei flottierende Ängste, polymorph-perverse Sexualität, multiple Phobien, bizarre Konversionssymptome, dissoziative Reaktionen aller Art, Zwangssymptome mit fließendem Übergang hin zu ichsyntonen wahnhaften Ausgestaltungen, pseudohalluzinatorische Erlebnisse, »mikropsychotische« Episoden mit flüchtigem Charakter und Wiederherstellung der Realitätsprüfung nach Stunden oder Tagen. Es ist vielleicht interessant zu wissen, dass diese Symptomatik (großenteils wörtlich) identisch ist mit der, die bereits 1949 (!) von Hoch und Polatin genannt wurde, ohne aber von Kernberg zitiert zu sein.

Auf einer strukturellen, also interpretierten Ebene gibt Kernberg ein Syndrom der Identitätsdiffusion an. Klinisch zeige sich diese in dem Gefühl von Leere, Vagheit der Selbst- und Objektwahrnehmungen sowie in chaotischen Objektbeziehungen. »Primitive Abwehrmechanismen« seien vorherrschend, vor allem Spaltung und projektive Identifikation. Die Realitätsprüfung bleibt erhalten. Verinnerlichte Objekte neigen zur Polarisierung und geben so die Grundlage zu inneren Konflikten.

Hier ist anzumerken, dass Kernberg zwischen der Angabe des Patienten, Leere zu empfinden, und einem tatsächlich eingetretenen Leeregefühl keinen Unterschied macht (s. hierzu Kapitel 1.4 »Leere«). Störungen der Selbst- oder Objektwahrnehmungen werden in seinen Falldarstellungen nicht beschrieben, erst recht nicht abgegrenzt gegen entsprechende Alltagsphänomene. Wer kann von sich behaupten, sich selbst und seine Mitmenschen richtig wahrzunehmen? Wer entscheidet, nach welchen Kriterien, ob die Objektbeziehungen chaotisch sind? Wie werden solche Objektbeziehungen gegen den heutigen Lebensstil abgegrenzt? Auch die behaupteten Abwehrmechanismen werden in den Fallberichten nicht dargestellt, und ein Unterschied zu Verdrängung, Verleugnung und Projektion ist nicht auszumachen. Ein Versuch, die »Primitivität« der Abwehrmechanismen nachzuweisen, ist nirgends erkennbar. Wie erklärt sich dieser Autor, dass solche Patienten immerhin in der Lage sind, einen hoch qualifizierten Beruf auszuüben (sonst könnten sie das Honorar nicht bezahlen), eine Familie zu haben und zu halten, pünktlich zu den mehrfachen Sitzungen pro Woche zu erscheinen und das Honorar zuverlässig zu entrichten? Klinische Beschreibung und behauptete Schwere der Störung klaffen hier wie oft bei den Kleinianern zu weit auseinander.

Kernberg (1981) versuchte, mittels seines sogenannten strukturellen Interviews die »Hier-und-Jetzt«-Interaktion bezüglich Ich-Funktionen, Abwehrmechanismen und Realitätsprüfung auszuwerten. Er kommt darin zu Aussagen über Integrationsniveau und Reifegrad einer Persönlichkeitsorganisation (psychotisch, borderline, neurotisch). Bedeutsame psychometrische Mängel wurden aber von Dahl et al. (1988) sowie Frommer und Reißer (1997) nachgewiesen. Rothstein (2002) vermerkt zudem kritisch, Kernberg habe durch Ankurbelung der Druckerpresse, ständige Wiederholungen (Recycling älterer Aufsätze und m. E. auch bloße Satzumstellungen) bei nur kümmerlichen Falldarstellungen den Borderline-Begriff populär gemacht, dabei immer unterstützt von einflussreichen Befürwortern und auflageninteressierten Verlagen.

7.10.3 Borderline als »wastebasket diagnosis«

Schon Knight (1953!, zit. n. Rothenhäusler/Kapfhammer 1999) wies darauf hin, dass der Borderline-Begriff als »wastebasket diagnosis« für Patienten, die weder als neurotisch noch als psychotisch einzuordnen waren, diene. Auch Modestin (1980, zit. n. Rothenhäusler/Kapfhammer 1999) rief mahnend ins Bewusstsein, dass die einheitliche oder fast einheitliche Bezeichnung Borderline nicht über die Heterogenität seines Inhaltes hinwegtäuschen dürfe, dass die Diagnose Borderline auch weiterhin »als Papierkorb für unklare Fälle benutzt wird« sowie dass offenbar die Verschwommenheit des so plausibel erscheinenden Begriffes ihn so anziehend macht. Dieser Hinweis entspricht meiner Vermutung, dass auch der Begriff ›projektive Identifikation‹ – ohnehin ein sprachliches Ungetüm (denn ›projektiv‹ ist als Eigenschaftswort adjektivisch gebraucht, ist aber gerade nicht eine Eigenschaft der Identifikation, sondern geht ihr voraus) und neben ›Spaltung‹ grundlegend für die psychoanalytische Auffassung von Borderline – nur deshalb so beliebt ist, weil er betont rätselhaft-irrational wirkt. Bedenklich daran ist übrigens weniger das In-sich-Widersprüchliche des Begriffs (so etwas kommt öfter vor und könnte noch als Unaufmerksamkeit, Nachlässigkeit oder mangelndes Sprachgefühl durchgehen) als vielmehr die Tatsache, dass niemand daran Anstoß nimmt. Dies kann denen Recht geben, die hier verbreitete ideologische Blindheit und unreflektierten publikumswirksamen Leerlauf diagnostizieren.

Von einem kompromisstheoretisch-analytischen Standpunkt aus betrachtet, ist die Diagnose Borderline ohnehin nicht erforderlich. Sie bietet keine neuen Gesichtspunkte, sondern nur eine andere Bezeichnung für das, was man früher unter »Psychopathie, abnorme Persönlichkeit« (… »worunter vor allem andere leiden«, Kurt Schneider 1939; 1950) verstand oder unter Alkoholismus, Kriminalität, Asozialität, Dissozialität oder undiszipliniertem Verhalten subsummierte. Wo sind die notorischen Lügner und Betrüger, die Denunzianten, die Heuchler, die Verleumder, die Verbreiter von üblen Gerüchten geblieben? – Dort, in der Diagnose Borderline! Gemeinsam ist diesen Patienten, dass nicht ein innerer unbewusster Konflikt im Sinne von Wünschen, die Ängste, Schuld- und Schamgefühle erzeugen und deshalb abgewehrt werden, im Vordergrund steht und die Symptomatik verursacht (also »symptomrelevant« ist), sondern dass die innere Steuerung durch Schuld- und Schamgefühle sowie Abwehren strukturell, d. h. nicht nur vorübergehend, sondern dauerhaft minderentwickelt oder zumindest nicht im Sinne einer Neurose entwickelt ist. Es kommt daher laufend zu unkontrollierten, wunschbestimmten und stark emotional gefärbten Handlungen.

Überwiesene Patienten mit der Diagnose Borderline konnte ich zu einem geringen Prozentsatz (ca. 5%) als eindeutig Schizophrene erkennen. Diese Patienten waren schlicht ungenügend untersucht worden, und zwar ausschließlich von Nichtpsychiatern. Die übrigen ließen sich durchaus als Neurotiker einordnen, soweit es sich nicht um Kriminelle, Verwahrloste oder Suchtkranke handelte. Die von Kernberg u. a. dargestellte Symptomkombination habe ich in meiner jahrzehntelangen psychiatrisch-psychoanalytischen Praxis noch nie beobachten können. Sie erweckt den Eindruck einer willkürlich zusammengewürfelten Kombination von Symptomen, und zwar ausschließlich von sozial unerwünschten. Eine Symptomkombination, die am Schreibtisch ausgedacht wurde, und zwar unter Anwendung kleinianischer Nomenklatur auf den Begriff der Soziopathie. So ist es zu einer Art Gruselrhetorik gekommen, die die erforderliche Nähe zum Gegenstand verloren hat.

Der tatsächliche Gebrauch der Diagnose Borderline läuft weiterhin auf den eines Papierkorbs hinaus, aber hier möchte ich im Gegensatz zu den erwähnten Autoren präzisieren: Nur solche Patienten fallen in diesen Papierkorb, die den Betrieb einer Arztpraxis oder Klinik stören, namentlich rücksichtslos und evt. laut sind, undiszipliniertes, forderndes Auftreten mit oder ohne Alkoholismus oder einen anderen Substanzmissbrauch zeigen, kurzum begreiflicherweise eine irgendwie geartete negative Gegenübertragung erzeugen (Verärgerung, Ratlosigkeit, Hilflosigkeit, Erschöpfung). Sie scheinen die Nachfolge der Psychopathen angetreten zu haben. Es ist daher die Frage, ob hier wirklich neue Erkenntnisse errungen worden sind oder nur Wohlbekanntes mit anderen Worten bezeichnet und anderen Mechanismen

»erklärt« wird. Dementsprechend findet sich auch nirgends ein Hinweis auf ein diagnostisches Dilemma, das zwingend zum Konzept Borderline führen würde. Diese Bedenken sind umso ernster zu nehmen, als offenbar nur wenige der Autoren über eigene Fälle schreiben. Auch die üblichen hermetischen Abschließungen sogenannter erfolgreicher Kongresse bergen immer die Gefahr quasi-religiöser »Glaubenswahrheiten« mit den Merkmalen der Einigkeit, der Meinungsverschiedenheiten in Nebensächlichkeiten, der gegenseitigen Beteuerung und suggestiven »Vergewisserung«, mit wechselseitigem Genuss des hohen Bildungsstandes und gleichzeitiger Verschlechterung der Außenbeziehungen. Kritik erfolgt dann nicht mehr von innen, sondern kommt von Außenstehenden, was z. B. Klüwer (1999) beklagt.

Zur Diagnostik von Borderlines wird übereinstimmend in besonderer Weise die Gegenübertragung herangezogen oder sogar zum allein bestimmenden Kriterium gemacht. An den Gegenübertragungserlebnissen selbst ist nicht zu zweifeln, auch bei Berücksichtigung der intersubjektiven wechselseitigen Beeinflussung, die in etwa durch die Selbstbeobachtung bei anderen Patienten abgeschätzt werden kann.

7.10.4 Borderline als unerkannte Gegenübertragung

Die Gegenübertragung bei Borderlines wird übereinstimmend als katastrophal beschrieben, so insbesondere gedankliche und gefühlsmäßige Verwirrung, Gleichzeitigkeit von Lähmung und situativem Druck, dem der Therapeut sich ausgesetzt fühlt (z. B. etwas sagen zu müssen), Überflutetsein, Erinnerungsstörungen, Auffassungsstörungen, diffuse Unruhe, hilflose Ohnmacht, Wut, plötzliche Kontaktabbrüche, ständiges Beschäftigtsein mit dem Patienten oder völliges Vergessen, Entfremdungserlebnisse (z. B. dass der Therapeut sich reden hört und selbst nicht glaubt, was er sagt – gerade dies erscheint mir aber wenig spezifisch), ungewohnte technische Fehler (oft in Richtung eines gewaltsamen Vorgehens), Unverdaulichkeit der Probleme des Patienten, Nicht-Finden einer angemessenen Antwort, Gefühl von etwas Gewaltsamem in der Luft, im Patienten und in sich sowie ungewöhnlich starke Abwehrprozesse im Therapeuten, wie »Verleugnung« (gemeint ist Verdrängung) der eigenen Verunsicherung (Scharff, J. M. 1996) – diese Vorgänge in ungewöhnlich intensivem Ausmaß und ständigem Wechsel.

Nachdenklich muss stimmen, dass nur unangenehme Gegenübertragungen zur Diagnose eines Borderline führen. Über überwiegend angenehme Gegenübertragungen mit Borderlines berichtet, obwohl theoretisch durchaus zu erwarten, niemand, vor allem nicht, dass diese es wären, die zur Diagnose eines Borderline führen würden. Auch werden Vergleiche mit den Gegenübertragungen bei schizophrenen Psychosen vermieden. Diese Einseitigkeit kann zum Widerspruch reizen und die Autoren bestärken, die immer schon vermutet haben, dass es sich hier um eine bloße »wastebasket«-Diagnose mit Abwertungscharakter handelt. Alles, was eine katastrophale Gegenübertragung hervorruft, kommt in diesen Abfalleimer. Kein Wunder also, dass auch Kollegen einander nicht selten als Borderline bezeichnen. Die Patienten, die eine »bessere«, angenehmere Gegenübertragung erzeugen, erhalten die »besseren« Diagnosen, bezeichnet etwa als »higher leveled«, »reifer« oder »von genitalem Niveau«.

Es mag auch auffallen, dass Verwirrung im Therapeuten als das pathognomonische Hauptmerkmal unter den Gegenübertragungsreaktionen gilt. Für einen Therapeuten, der gerne Ordnung in seinem Kopf hat und das Erlernte anwenden möchte, zumal wenn er einen Antrag zu schreiben hat, muss diese unangenehm sein (s. Kapitel 7.4 Erstinterview): Der Patient lässt sich nicht in einer Story fassen, sondern bietet so etwas wie eine »Antistory«. Nichts ist betriebsstörender als diese. Die Vereinfachung durch die Reduzierung auf projektive Identifikation (s. Kapitel 4.18.9 und 7.4.2), nach welcher der Therapeut einfach das erlebt, was der Patient in ihn hineinverlegt (der Therapeut ist verwirrt, also soll der Patient auch verwirrt sein), verhindert aber gerade die Einsicht in diesen Zusammenhang. Richtig muss es heißen: Der Therapeut ist verwirrt, der Patient nicht; er möchte nur, dass der Therapeut verwirrt ist, und dies erreicht er mit Leichtigkeit durch Manipulation und Beobachtung des Therapeuten (er bemerkt sofort, was den Therapeuten irritiert). Soll der Therapeut doch denken, er, der Patient, sei verwirrt. Aus der Sicht des Patienten mag das Vorteile versprechen (Aussicht auf mehr Zuwendung, mehr Stunden). – Dies kommt davon, dass viele Therapeuten immer noch glauben, Beobachtung sei eine Einbahnstraße.

Es wird sich doch nicht etwa um eine der in unserem Fach nicht seltenen Verbalinjurien handeln? Und zwar infolge unbewussten, professionell gewordenen und deshalb kaum noch reflektierbaren Gegenübertragungsagierens in Form von Projektion, Intellektualisierung, jedenfalls Abwertung von Patienten, die nicht die erwünschte Compliance zeigen? Wird sich durch Zuweisung einer üblen Diagnose am Patienten gerächt? Borderlines werden noch schlechtere Prognosen gestellt als Patienten mit schizophrener Psychose. Letzteren ordnet man übrigens nicht so unangenehme Gegenübertragungsphänomene zu wie den Borderlines, obwohl sie nach der Objektbeziehungstheorie noch mehr von Mechanismen der Spaltung und projektiven Identifizierung sowie von durchbrechenden aggressiven Regungen geprägt sein sollen. Besonders beliebt sind Abwertungen durch Infantilisierung und entschlossene spiegelbildliche Selbsterhöhung bis zur Arroganz, so wenn es heißt, solche Patienten verfügten nur über eine »geringe Ich-Funktion«, man müsse ihnen helfen, dass »Gedanken denkbar werden, die sich erst viel später mit anderen Gedanken verbinden können« (Alvarez 2001, S. 496). Dass diese Patienten oft seit Jahren ihr Berufsleben bestanden haben, eine Familie gründeten, Kinder großziehen, einen Freundeskreis besitzen, drei oder vier Mal in der Woche pünktlich zur Therapie erscheinen und ihr Honorar entrichten können, stört anscheinend nicht.

Solche Abwertungen wurden auch von Rothstein (2002, S. 321) beschrieben: »Diagnosen wie borderline, narzisstisch, pervers, psychopathisch und narzisstisches Verhalten sind nicht beabsichtigt, um Patienten zu helfen, sondern sind ein Ausfluß destruktiver Gegenübertragungen. […] von Verärgerung […] Diagnosen sind Ko-Konstruktionen«. Er fügt an (ebd., S. 324), dass sich der Therapeut mit solchen Abwertungen nur die Erkenntnis ersparen möchte, dass seine Therapie gescheitert sei, er also hier nur Selbstschutz betreibe. Er führt anhand ausführlicher Beispiele (ebd.) weiter aus, wie Kernberg die Patienten, mit denen er keine guten Therapien zustande brachte, mit wenig schmeichelhaften Diagnosen belegte. Auch anderen Autoren konnte er dies nachweisen, so Kohut mit seiner Einteilung in Patienten mit »narcistic behavior disorder«, mit denen er therapeutisch nicht zurechtkam, und ihm angenehme, gehemmte Patienten mit »narcistic personality disorder«, die ihm willkommen waren. Die einen hatten ein für den Therapeuten schlechtes Benehmen (»behavior«), die anderen nicht. Unangenehme Patienten wurden nicht nur von Kernberg, sondern auch von anderen Autoren wie Shengold (2000) durch entprechende Adjektiva gebrandmarkt: severe, primitive, malignant, dystonic (vs. syntonic), unanalyzable, lacking, defective, defectuous, vacuous, frühe Störung, tiefe Störung, psychosenah, schizophren, ichschwach. Die beste Eigenschaft eines Patienten ist es zweifellos, von einem Therapeuten mit Rang und Namen gemocht, verstanden und erfolgreich behandelt werden zu können.

Einen gewissen Schutz vor herabsetzenden Klassifizierungen durch den Therapeuten bietet die sorgfältige klinische Beschreibung. Umgekehrt lässt sich beobachten, dass die klinische Beschreibung umso nachlässiger wird und bedenkenloser mit Theorie vermischt wird, je verärgerter die Gegenübertragung wird und je unguter die Diagnosen werden. Die Ich-Bezogenheit, um nicht zu sagen Selbstherrlichkeit dieser Autoren und ihrer Diagnosen ist verblüffend (besonders wenn man deren Bildungshintergrund zu schätzen weiß); sie liegt auf dem Niveau von Aussagen wie: Engländer sind notorische Linksfahrer, die sich auf unbegreifliche (unanalysierbare) Weise den Führerschein erworben haben und am Verkehr nicht teilnehmen sollten. Affekte setzen sich eben auch gegen profunde Bildung (und lebenslange sorgfältige Schulung) immer wieder durch.

Des ungeachtet haben sich diese Begriffe einen bedeutenden Platz in der Literatur verschafft. Wegen ihrer Irrationalität sind sie nicht mehr zu beseitigen und werden weiter an Bedeutung zunehmen, indem sie sich immer mehr selbstfördernd reproduzieren. Viele Patienten treten beim Therapeuten heute schon mit dieser Diagnose auf (Bollas 2000), wie zuvor mit der Diagnose narzisstische Störung oder jetzt mit den Diagnosen posttraumatische Belastungsstörung, Missbrauch und Persönlichkeitsstörung. Dass ein Begriff irrational ist, hat ihn noch nie daran gehindert, Anhänger zu finden, wenn er nur genügend von Ideologie gestützt war. Gewichtige Einwände, so bereits von Calef und Weinshel (1979), Milton Klein und Tribich (1981), verhallten wirkungslos.

Nach Kernberg (1991b) können Borderlines auf Deutungen, die sie als gefährlich erleben, von plötzlich einsetzenden »Übertragungsregressionen« befallen werden, die in weiterer Fragmentation bestünden (ähnlich Fürstenau 1975; 1977). Inderbitzin/Levy (2000) (und ich) hingegen halten solche »Dekompensationen« für einen komplexen Abwehrvorgang, wie er nicht nur bei Borderlines, sondern auch bei Neurosen zu beobachten ist und welcher der Auflösung bedarf. Die Bezeichnung »Übertragungsregression« sei pseudoerklärend und könne analytisches Verstehen nicht ersetzen. Psychopathologie werde besser verstanden, wenn Ich-Funktionen, Objektbeziehungen, die multiple Funktion, Überdeterminierung und Kompromissbildung betrachtet würden. Heute ist es zudem grundsätzlich fraglich geworden, ob Regression überhaupt möglich oder therapeutisch erstrebenswert ist. So hält Renik (2002) Vorgänge, die für manche, die es so wünschen, so aussehen wie eine Regression, für einen

Kunstfehler und für »childish«. Ich selbst habe unter einer Behandlung »Fragmentation«, was auch immer damit gemeint sein mag, nie gesehen. Es dürfte sich hier um eine Übertragung des Therapeuten handeln (Wunschdenken, Überschätzung der Macht des Wortes und des eigenen Einflusses überhaupt, im Verein mit traditioneller Unterschätzung der komplexen Psychodynamik, mit Hängenbleiben an geliebten mechanistischen Vorstellungen, als ob es sich um einen Festkörper handele, der wieder in seine Einzelbestandteile zerfallen kann, wie angeblich auch die Erwachsenensexualität in ihre angeblichen oder tatsächlichen kindlichen Vorstufen.

Die für Borderlines behaupteten grundlegenden, angeblich sogar pathognomonischen Abwehrmechanismen der Spaltung und der projektiven Identifikation sind in den Falldarstellungen der oben angeführten Autoren nicht zwingend zu erkennen. Auch fällt auf, dass bei den Falldarstellungen, in denen Spaltung und projektive Identifikation wirksam sein sollen, Verdrängung und Projektion sowie auch andere Abwehrmechanismen so gut wie nicht mehr erwähnt werden. Dies muss den Verdacht mehren, dass Spaltung und projektive Identifikation nicht eine Erweiterung der »konservativen« Sichtweise darstellen, sondern an deren Stelle getreten sind, also offenbar nur ein Austausch von Wörtern oder eines anderen Begriffssystems stattgefunden hat. Ein zusätzlicher Erklärungswert ist nicht erkennbar.

7.11 Bisexualität

Eine gute Charakterisierung des bisexuellen Menschen, die sich allerdings nur auf die Wahl des Partners bezieht, findet sich bei Roughton (2001): »fühlt sich sexuell angezogen [...] hat erotische Phantasien über beide Geschlechter [...] findet sexuelles Vergnügen an beiden Geschlechtern [...] ohne hiermit etwas abzuwehren oder einen Konflikt zu vermeiden oder diesen zu kompensieren«. Sogar hier ist aber noch etwas vom Rechtfertigungszwang (gegen die gängigen Pathologisierungsversuche) zu spüren.

Bisexuelle wurden nicht nur von Heterosexuellen, sondern auch von Homosexuellen geringschätzig behandelt oder ins Abseits gestellt. Von fachlicher Seite wurde ihnen sogar eine »Identität« aberkannt und eine angebliche Identitätsdiffusion zuerkannt (Erikson 1959). Inzwischen ist »Bisexualität« fast zu einem postmodernen Ideal geworden. Bei diesem geht es aber mehr um eine oberflächliche Anpassung an gewisse modische Strömungen, die mit Sexualität nichts zu tun haben, etwa Haartracht, Piercing und Tätowierungen. Auch die Behauptung in manchen Therapeutenkreisen, jeder sei bisexuell, ist beim genauen Nachlesen dürftig begründet und dürftig beschrieben. Ohne klinische Hinweise wird gern »argumentiert«, der männliche Patient habe eine Abneigung, sich anderen Männern zu ergeben (»the fear of passive surrender to other men«), zeige »passive Sehnsüchte« (»passive longings«), erscheine nach solchen Deutungen zugänglicher für seine Ehefrau, habe nach solchen Deutungen mehr Angst vor ihr und ihren sexuellen Wünschen, fürchte, nicht genügend potent zu sein und daher von ihr verlassen zu werden, zeige in der Übertragung den Wunsch, dem männlichen Therapeuten nahe zu sein, worin eine homosexuelle »Position« erkannt wird (Smith 2003). Zur »Erklärung« soll hier zum Beispiel ausreichen, dass sich der Patient seinem Therapeuten unterworfen und das geäußert hat, was dieser gern höre. Tatsächlich aber hat hier der Therapeut die Macht seiner eigenen Übertragung auf den Patienten nicht gesehen. Er hat seine theoretische Vorgefasstheit, alle menschlichen Bedürfnisse und Ängste als »sexuell« zu bezeichnen, ausgelebt.

7.12 Pädophilie

Es wird häufig unterstellt, dass der pädophile Mann aus Angst vor der Macht der präödipalen und ödipalen (ihn sexuell mysteriös anziehenden und zugleich wegen der angeborenen Inzestschranke abstoßenden) Mutter auf Kinder ausweicht, denen er sich schon aufgrund des Altersunterschiedes überlegen weiß. Entscheidender jedoch dürfte die zwischenzeitliche Entwicklung zum Erwachsenen sein. Die Ursprungsfantasie mag der Anfang sein, entscheidender für die Untaten dürfte aber die über Jahrzehnte gehende intensive Beschäftigung mit sexuellen Aspekten von Kindern werden, die sich von anderen Interessen abkoppelt und von Jahr zu Jahr mehr an Eigendynamik gewinnt. Die neuen medialen Möglichkeiten heizen zweifellos die Fantasiewelt bis in bizarre Einzelheiten hinein an (»kindling«), zumal sie die Fantasien anderer Personen hinzufügen, die der Einzelne wahrscheinlich so nie entwickelt hätte. Die sexuellen Fantasien wuchern umso ungehemmter, als sie durch ihre Geheimhaltung von sozialen Kontakten nahezu ausgeschlossen und somit durch andere Gedanken und andere Personen nicht wandelbar sind. Es handelt sich bei Pädophilie nicht einfach um eine Veranlagung, sondern um einen lebenslangen, sich ständig intensivierenden Prozess, den der Patient nicht mehr stoppen oder gar umkehren kann. Die Gewalt dieses Prozesses setzt sich auch über schwere Bestrafung hinweg. Auch eine Familie mit Kindern zu haben, schützt davor, wie bekannt, in keiner Weise.

Ich würde einen solchen Patienten nur in Behandlung nehmen, wenn er sich freiwillig allen Kontrollen unterwirft, darunter mindestens lebenslange Abgabe des Führerscheins und Verzicht auf einen PC oder ständige Kontrolle seines PC. Dies sind für mich die Mindestvoraussetzungen für Compliance und Arbeitsbündnis.

8. »Behandlungsplan und Zielsetzung der Therapie«

Die Punkte 8 und 9 sind so eng miteinander verflochten, dass sie, auch der Kürze wegen, durchaus zusammen abgehandelt werden sollten.

9. »Prognose der Psychotherapie« – Kriterien für die Prognose

9.1 Meisterung der Konflikte

Was ist überhaupt grundsätzlich anzustreben? – Zunächst die Meisterung (Sampson/Weiss 1977; Weiss et al. 1986) unbewusster, symptomrelevanter Konflikte. Aber was heißt Meisterung? Nach Sampson und Weiss ist das Aufgeben falscher Überzeugungen (Befürchtungen) gemeint. Diese Autoren betonen also die Auflösung von Ängsten, Schuld- und Schamgefühlen – eigentlich nichts Neues (neu war aber der experimentelle Nachweis durch diese Autorengruppe). Sampson und Weiss meinen, dass der Patient, wenn er sich beim Therapeuten sicher fühlt, von selbst, also auch ohne Deutung, die Abwehr aufgeben kann. Dies unterscheidet sie von der traditionellen Sichtweise, nach der die Abwehr gedeutet werden muss. Dies heißt aber nicht, dass der Therapeut mit seinem Expertenwissen und seiner Persönlichkeit ihm dabei nicht behilflich sein kann.

9.2 Einübung in neue Muster

Wahrscheinlich gehört aber zur Meisterung mehr. Das Verstehen, die Einsicht allein und Neugier auf sich selbst zu wecken, wie es noch Greenberg (2001) meint, reichen nicht, um einen Konflikt zu meistern. Vielmehr muss der Patient auch neues Fühlen, Denken und Handeln mühsam einüben und vielfältig im Alltag anwenden, damit sich etwas dauerhaftes Neues bilden kann: »Struktur«, »Ausweitung psychischer Möglichkeiten […] größere

Freiheit in der Wahl […] vermehrte Flexibilität […] ein erweitertes Spektrum möglicher Antworten auf innere oder äußere Veränderungen« (Abend 2001). Er muss in seinem Therapeuten ein neues Objekt finden, der Therapeut aber auch im Patienten (Stern 2001a). Dies benötigt Zeit – und einen Therapeuten. Der Terminus Meisterung hat sich in der analytischen Literatur noch nicht durchgesetzt (bemerkt von Thomä 1994). Die lange Zeit in der analytischen Literatur vorherrschende Haltung von Misstrauen gegenüber therapeutischen Ambitionen – verstärkt noch durch Bions Rat (1967), »frei von irgendeiner Erinnerung und irgendeiner Absicht« zu sein, was von Abend (2001) als eine »romantische Fiktion« bezeichnet wurde – sind überwunden (s. Kapitel 6.3.1 Weitere Stichwörter zum Kleinianismus).

9.3 Auseinanderlaufende Ziele

Inhaltliche Ziele sind verschieden, der Patient hat andere als der Therapeut, und daher müssen sie intersubjektiv während der gesamten Therapie zwischen beiden verhandelt werden. Auf beiden Seiten sind die Ziele in sich wiederum uneinheitlich und konfliktbedingt und ändern sich im Verlauf der Therapie (Berman 2001). Als Beispiel führt Berman an, dass ein männlicher Patient sein Behandlungsziel darin sah, Schuldgefühle und Ängste und die daraus entspringenden Hemmungen zu überwinden, um besser außereheliche Affären eingehen zu können. Sein unbewusstes Ziel mag dabei gewesen sein, Ängste vor seiner Frau zu überwinden, etwa Angst vor Abweisung, die seinem Wunsch, seiner Frau wieder näher zu kommen, im Wege standen, oder Sehnsucht nach sexueller Intimität mit anderen Frauen. Der Therapeut mag diese Ziele und Motive interessiert begleiten und näher erforschen, sogar unbewusst fördern mit dem unbewussten Ziel, außereheliche Beziehungen über den Patienten für sich zu proben. Oder er mag versuchen, die Ehe des Patienten zu heilen, weil in ihm selbst noch der Kindheitswunsch lebt, die Ehe seiner Eltern zu retten. Solche Motive könne er nach Berman zum Beispiel in unausgesprochener Ermutigung oder Entmutigung zeigen. Das Ziel des Therapeuten, dem Patienten zur Autonomie und zur Beendigung der Therapie zu verhelfen, mag mit seinem anderen, unbewussten Ziel, ihn in ewiger, dankbarer Abhängigkeit zu halten, im Widerstreit liegen. Dieser Autor erwähnt auch das Scheitern einer Therapie, weil die Ziele von Patient und Therapeut zu weit auseinanderliegen. Beispielsweise bei einem Interesse des Therapeuten an wechselnden sexuellen Beziehungen des Patienten, weil er dies als für den Patienten günstig einschätzte, während der Patient Wert auf eine feste Beziehung legte.

9.4 Ziellosigkeit

Ein weiterer Konflikt kann im Therapeuten selbst liegen: Verzicht auf Ziele einerseits, Verfolgung eines bestimmten Behandlungszieles andererseits. Mit Ersterem ist Freuds »freischwebende Aufmerksamkeit« gemeint oder auch Bions »ohne Erinnerung und ohne Wunsch«. Letzteres birgt hingegen die Gefahr, das Komplexe, Unvollkommene, nicht Linearhafte, das Spielelement in der psychischen Realität zu übersehen. Das Programm der Ziellosigkeit (»goallessness«) von Analysen hat Vorteile (geduldiges Abwarten, was der Patient bringt), aber auch Nachteile: Bei Nichterreichen der Ziele oder auch in jedem Falle bei endlos erscheinenden Analysen schadet die Therapie dem Patienten und dem Ruf des Therapeuten selbst und bringt ferner die analytische Psychotherapie in Misskredit, was dem Therapeuten ebenfalls nicht recht sein kann. Der Verzicht auf Ziele kann außerdem im Therapeuten wie im Patienten Schuldgefühle auslösen – durch zu viel Genuss von Nähe wie in einer intimen Freundschaft, in einer dauerhaften romantischen Beziehung oder in einer sehr emotionalen Eltern-Kind-Beziehung, ohne sich Gedanken über ein Ergebnis zu machen (Lit. bei Berman 2001). Auch dürften auf beiden Seiten störende, analytisch nicht mehr auflösbare, wohl vorwiegend ödipale Schuldgefühle entstehen wegen des Missvergnügens eines Dritten, des Kostenträgers. In beiden Fällen (betonte Ziellosigkeit, betonte Zielgerichtetheit) besteht die Gefahr, dass der Patient sich zu sehr eingeengt fühlt.

9.5 Therapeutischer Übereifer

Ein übertrieben starkes Verfolgen von therapeutischen Zielen (»therapeutischer Übereifer«) führt paradoxerweise oft zu einer sogenannten negativen therapeutischen Reaktion (NTR). Ähnlich wird von Busch (1999) ein Zuviel an Deutungen (z. B. bei den »Interventionisten«) als systematische Traumatisierung der autonomen Ich-Funktionen kritisiert, die letztlich über das psychische

Wachstum entscheiden. Der Patient wehrt sich gegen die ihm auferlegten Aufgaben und gegen den ihn bedrängenden Therapeuten, erledigt keine der Aufgaben und erreicht so ein »winning by losing« gegen den Therapeuten. Es sollte daher eine gesunde Balance zwischen dem Verfolgen therapeutischer Ziele und dem Sich-Erlauben einer gewissen Ziellosigkeit angestrebt werden (Gabbard 2001c). Unklar ist auch, welche Patienten den Therapeuten in der einen oder anderen Richtung beeinflussen und für welche Patienten Ziellosigkeit oder striktes Verfolgen von bestimmten Zielen vorteilhafter ist.

9.6   Perfektionismus des Therapeuten

Perfektionismus beim Patienten ist nach Blatt und Auerbach (2003) prognostisch ungünstig, sowohl im Therapieverlauf als auch im Endergebnis. Ich meine aber, dass dies auch für den Perfektionismus des Therapeuten gilt, da er den Patienten unbewusst unter Druck setzt, in der Therapie Leistungen zu erbringen. Auch die schlechteren sozialen Beziehungen eines solchen Patienten oder Therapeuten wirken sich für die Therapie verheerend aus (zu Perfektionismus des Therapeuten bei Zwangsneurosen s. Kapitel 6.11).

Bei Angstneurosen (»Panikstörungen«) wirkt tiefenpsychologisch fundierte bzw. analytische Psychotherapie nicht langsamer, sondern ebenso schnell wie Verhaltenstherapie oder Medikation (nach ca. 24 Sitzungen), aber darüber hinaus wird hier die Rückfallrate vermindert (Klein, C. et al. 2003).

9.7   Übertragungsdeutungen schon zu Anfang

Übertragungsdeutungen zu Anfang der Therapie, vor Etablierung einer stabilen Arbeitsbeziehung, wirken sich bei Angstneurosen ungünstig aus: Sie verstärken die Angst und behindern soziale Fähigkeiten am Ende der Behandlung. Der Therapeut spricht zu viel von sich und der Patient sieht sich an den Rand gedrängt, verlassen, nicht mit der vollen Aufmerksamkeit und Zuwendung bedacht – für ihn ein Horrorszenario.

9.8 Allgemein formulierte, multiple Ziele

Allgemein formulierte, multiple Ziele für analytische Psychotherapie, aber nicht weniger auch für tiefenpsychologisch fundierte Psychotherapie, sind: besseres Selbstverständnis, Erleichterung von Beschwerden und dauerhafter Wandel (Goldberg, A. 2001).

9.9 Individuell angepasste Ziele

Individuell angepasste Ziele sind nach A. Goldberg (2001) einerseits ein lebbares Selbstkonzept, erreichbar eher durch Einsicht und Interpretation, und andererseits Intimität mit anderen, erreichbar eher durch eine besondere Qualität der therapeutischen Beziehung. Das heißt nicht, dass Einsicht/Interpretation und eine gute therapeutische Beziehung Gegensätze wären, sondern nur, dass Patienten nicht in gleicher Weise von diesen profitieren. Andere Autoren betonen als Hauptziel die Freiheit von Fesseln im Denken und Fühlen, also eine größere Freiheit der Wahl (Abend 2001; Berman 2001; Widlöcher 2001), aber welche therapeutische Schule fordert dies nicht?

9.10 Besserung der Symptomatik

Besserung der Symptomatik ist immer ein Ziel – konträren, antitherapeutischen Richtungen, die zeitweilig in der analytischen Literatur vorherrschten, zum Trotz. Die Erfolge der analytischen Therapie gerade in dieser Hinsicht können sich sehen lassen (Sandell et al. 2000: Stockholm Outcome of Psychoanalysis and Psychotherapy Project; Leuzinger-Bohleber 2002, dort auch ausführliche Literaturübersicht). Patienten haben meist gar kein anderes Ziel (Friedman 1988), aber manche doch.

9.11 Das Ziel »etwas mehr«

Manche Patienten wünschen sich speziell eine analytische Langzeittherapie (Gabbard 2001b) und erhoffen von ihr »etwas mehr« als nur Symptombesserung. Nach Grinberg (1980) geht es bei dem »etwas mehr« um die Wahrheit über sich selbst, ähnlich nach Young-Eisendrath (2001), um die Motivation, von den Fertigkeiten im Selbstverstehen Nutzen zu ziehen. Nach Steiner (1989) wollen diese Patienten die durch projektive Identifikation verlorenen Selbst-Aspekte wieder reintegrieren, ähnlich liegt ihnen nach Gabbard (1996) daran, »innerhalb ihrer eigenen Haut zu leben« (»to live within their own skin«). Nach Greenberg (zit. n. Gabbard 2001b) geht es bei dem »etwas mehr« um eine ethische und ästhetische Dimension sowie um einen Verzicht auf jede Form von Reduktionismus. Das heißt, Patient und Therapeut geben sich nicht mit einer Erklärung zufrieden, sondern sehen nach unzähligen Determinanten und sind sich dabei bewusst, dass uns viele entgehen. Nach Gabbard (ebd.) ist dabei das Ertragen unvollständigen Wissens über uns selbst ebenfalls ein Ziel (im Gegensatz etwa zum Perfektionismus).

9.12 Gutes Arbeitsbündnis

Förderlich ist ein gutes Arbeitsbündnis (Zetzel 1956: therapeutische Allianz, »therapeutic alliance«; Greenson 1965: Arbeitsbündnis, »working alliance« s. Kapitel 4.15 Arbeitsbündnis). Nach manchen Autoren hat die therapeutische Allianz einen nur geringen Einfluss auf den Ausgang der Therapie, nach anderen gar keinen – was aber auch an falsch positiven oder falsch negativen Befunden gelegen haben kann. So neigen Patienten mit einem guten Therapieverlauf zwangsläufig dazu, die Arbeitsbeziehung zum Therapeuten zu loben und bis zu einem guten Ende durchzuhalten. Hier wird eine enge Beziehung zwischen Allianz und Therapieausgang vielleicht nur vorgetäuscht.

Die Frage, ob die Allianz wirksam ist, rührt an die grundsätzlichere Ungewissheit, ob mehr die Deutungen oder die Art und Tiefe der Beziehung zwischen Patient und Therapeut für Einsicht und Veränderung maßgebend sind (Lit. bei Wallerstein 2003). Von verschiedenen Autoren wird das Konzept des Arbeitsbündnisses überhaupt infrage gestellt (Deserno 1990, der es für nichts als Übertragung hält) oder sogar für antitherapeutisch (widerstandsfördernd) gehalten (Brenner 1979; Curtis 1979; Stein 1981). Für die Kleinianer und die British object-relational school bedurfte es nie des Begriffs eines Arbeitsbündnisses (Wallerstein 2003). Schätzungen (»Messungen«) eines Arbeitsbündnisses sind mit dem Helping Alliance Questionaire (HAQ) möglich (Luborsky et al., zit. n. Wallerstein 2003)

Nach Weiss (1995; 1998), Sampson/Weiss (1977) und Sampson (1982) bringen die Patienten Abgewehrtes von selbst, auch ohne Deutung auf den Tisch, wenn sie unbewusst zum Schluss kommen, dies ohne Gefahr tun zu können (»control-mastery theory«, »cognitive relational theory«). Das Arbeitsbündnis besteht hier darin, dass dies dem Patienten ermöglicht wird und der Patient diese Möglichkeit ergreifen kann. Die Patienten möchten ihre krankmachenden Überzeugungen (»pathogenetic beliefs«), die sie an der Erfüllung ihre Wünsche hindern, in allen Verzweigungen und Ursachen ans Licht bringen, d. h. sich und dem Therapeuten mitteilen, und sie dann selbst widerlegen und durch den Therapeuten widerlegt sehen, damit sie sie aufgeben können. Endziel ist, sich dadurch die Wünsche erfüllen zu können. Aber Patienten können dies nur, wenn sie sich überzeugt haben, dass dem Therapeuten Autorität und Verlässlichkeit zukommen, dass also, anders als von den entscheidenden Personen in der Kindheit, vom Therapeuten keine Gefahr für sie ausgeht, wenn sie ihre Geheimnisse preisgeben (Weiss 1995; 1998; 2005; Sampson/Weiss 1977; Sampson 1982). Die Gefahr ist, wie erwähnt, die Konfrontation mit Schuldgefühlen, Schamgefühlen (Verletzung des Selbstwertgefühls) und Ängsten durch Vorwürfe oder Missbilligung. Der Patient bringt somit nicht nur den Therapeuten, sondern auch seine krankmachenden Überzeugungen auf den Prüfstand, immer wieder, so lange, bis diese endlich widerlegt sind. Erfüllen sich diese Hoffnungen nicht, macht der Patient keine Fortschritte, sondern sogar noch Rückschritte. Er versucht dann immer wieder, auch auf anderen Wegen, den Therapeuten dazu zu bringen, seine schädlichen Überzeugungen zu widerlegen und so den Konflikt zu bewältigen (»mastery of conflict«). Patienten gehen bei der Revision ihrer pathogenen Überzeugungen erstaunlich planmäßig vor, indem sie die Abfolge der zu bewältigenden Ängste planen. Der Plan ist bereits in den ersten zehn Sitzungen erkennbar. Er setzt unbewusste, genau arbeitende kognitive Fähigkeiten voraus. Aufgabe des Therapeuten ist es, dem Patienten bei der Ausführung dieser Pläne behilflich zu sein, ihn insbesondere dabei gewähren zu lassen (durch Deutungen, durch Bestehen der Prüfungen des Patienten, durch seine Haltung).

9.13 »pro-plan intervention«

Die Richtigkeit der beschriebenen Annahmen zum planmäßigen Vorgehen von Patienten bei der Revision ihrer pathogenen Überzeugungen erwies sich durch treffsichere Voraussagen über den weiteren Therapieverlauf (Weiss 2003). Hierzu dienten die Messung der Angst vor und nach einer Sicherheit gebenden, dem Plan folgenden Intervention (»pro-plan intervention«, ebd.) durch die Pulsfrequenz, Voraussagen durch Dritte sowie die Produktion weiteren Widersprechens in anderen Punkten nach einer Deutung, welche die Angst vor Widersprechen minderte. Dabei wurden regelmäßig nicht nur kurzfristige, sondern auch langfristige, noch sechs Monate nach Beendigung der Therapie nachweisbare Erfolge erreicht. Weiss (2003) bringt hierzu das Beispiel, dass eine Patientin die Befürchtung hatte, der Therapeut werde sie, wie ihre Mutter es getan hatte, als belastend und langweilig erleben und sie deshalb genauso ablehnen. Dies hätte sie in ihren krankmachenden Überzeugungen nur bestärkt. Um diese Befürchtung zu widerlegen, schlug sie vor, die Therapie zu beenden, da sie genug profitiert habe. Der Therapeut hätte ohne Schuldgefühle darauf eingehen können, da es ja die Patientin war, die den Vorschlag gemacht hatte. Er ging nicht auf diesen Vorschlag ein und die Patientin nahm wahr, dass er die Therapie fortsetzen wollte, und sah ihre krankmachenden Befürchtungen widerlegt. Sie hatte erfahren wollen, dass er an ihr festhielt und sie auch dann nicht aufgab, wenn sie ihn hierzu in Versuchung führte. Sie selbst hatte also diese Gelegenheit inszeniert. Ein anderes Beispiel ist das einer Patientin, die wiederholt den Deutungen des Therapeuten betont widersprach, um zu sehen, dass sie ihn hierdurch nicht verletzt (wie früher ihren Vater). Die diesbezügliche Deutung konnte die Patientin verwerten.

In dieser Weise sei auch, so diese Autorengruppe, zu verstehen, dass Menschen oft erst weinen können, wenn die Gefahr vorüber sei. In Sicherheit können sie sich die Trauer, die Erinnerung an das Trauma erlauben, ohne von Schmerz überwältigt zu werden. Aus gleichem Grund ist meines Erachtens auch das Ansehen von ängstigenden Kriminalfilmen so beliebt. Der Zuschauer leistet sich hier Ängste vom sicheren Sessel aus, um sie zu überwinden.

Bei der Überlebensschuld (»survivor guilt«), die vor allem gegenüber Familienmitgliedern oder engen Freunden empfunden wird, handelt es sich um die unbewusste pathogenetische Überzeugung, im Vergleich zu anderen zu viel Erfolg gehabt zu haben (Sampson/Weiss 1999). Kompromisstheoretisch kommt es hier aus Schuldgefühl zur Wendung gegen sich selbst. Die Weiss'sche Auffassung lässt die genaue frühkindliche bzw. kindliche Genese der unbewussten Überzeugung offen. Diese Genese ist ihm offenbar unwichtig oder nur beiläufig von Interesse. Es reicht, wenn der Patient die Unsinnigkeit seiner »false beliefs« begreift und emotional im Kontext der Übertragung erfährt, den er selbst inszeniert. Die Verbindung mit der Biografie besorgt bei diesem Vorgehen ebenfalls im Wesentlichen der Patient selbst, sobald es ihn von Ängsten befreit. Hingegen werden nach Sampson und Weiss (1999) durch »Neutralität« und »Abstinenz« die günstigen Möglichkeiten, die »false beliefs« aufzugeben, vertan. Die traditionelle Idee, Frustration durch den Therapeuten bringe den Konflikt ans Licht des Bewusstseins, weil er dadurch angeregt werde, konnte mit dieser Methode widerlegt werden (Weiss 2003).

10. Zur Unterscheidung von Psychoanalyse, psychoanalytischer Psychotherapie und tiefenpsychologisch fundierter Psychotherapie

»Reine« Psychoanalyse (»psychoanalysis proper«) wird von den Kassen nicht bezahlt oder nur zur Behandlung sehr schwerer Charakterstörungen. Sie ist hochfrequent und hat primär Selbsterkenntnis, nicht Krankenbehandlung, zum Ziel. Therapie erscheint nur als Nebeneffekt. Als ihre Merkmale gelten nach Kutter (2002): gleichschwebende Aufmerksamkeit des Analytikers, Tendenzlosigkeit und psychoanalytischer Prozess. Andere Autoren geben außerdem als Ziele an: Aufhebung der kindlichen Amnesie sowie Rekonstruktion und Konstruktion der inneren Vorgeschichte durch Deutungen (Loch 1979; zit. n. Kutter 2002). Cooper (2005) nennt als Charakteristika die konsequente Beachtung folgender Fragen:

➤ Auf welchen Wegen beeinflussen Gefühle und Fantasien des Patienten und des Therapeuten die Interaktion zwischen beiden und im Verhältnis zu anderen?

➤ Wie haben sich Fantasien im Laufe des Lebens entwickelt, welchen Zwecken dienten sie und welche Zwecke (meist weniger nützliche) erfüllen sie zurzeit? – Das heißt meines Erachtens auch, welche Wünsche, Ängste, Schuld- und Schamgefühle, Abwehren sind entbehrlich und können durch Durcharbeiten und Einübung anderer ersetzt werden?

➤ Wie ist sein Leben hierdurch beeinflusst worden (narrativer Gesichtspunkt, Story und »Antistory«)?

➤ Welche neuen Erfahrungen kann der Patient mit seinem Therapeuten machen, also solche, die er nie zuvor gehabt hat? – Ich halte dies für übertrieben, denn wahrscheinlich ist die Art der Beziehung zum Therapeuten so einmalig nicht. Bescheidener und richtiger ist es zu sagen, dass der Patient hier eine konstantere Erfahrung machen und sich in sie einleben kann.

➤ Was hat der Patient davon dauerhaft verstanden (Cooper 2005; s. auch Kapitel 4.4 Fähigkeit zur Einsicht in den neurotischen Konflikt), verinnerlicht und im Alltagsleben eingeübt? Ähnlich: Wird der Kontakt mit Außenpersonen in gleicher Weise tiefer? – Gerade dieser Punkt wird meines Erachtens oft vernachlässigt, so durch Konzentration auf den Mikroprozess mit dem – tatsächlichen oder vermeintlichen – Aufspüren feinster Übertragungs- und Gegenübertragungsoszillationen des Patienten wie des Therapeuten und den daraus gezogenen Folgerungen für Diagnostik, Verstehen, Therapie. Erfolge in der Therapie allein sind noch keine Erfolge.

Worin der spezifisch mutative Faktor der analytischen Therapie besteht, ist umstritten (Cooper 2005). Psychoanalytische Psychotherapie zielt im Gegensatz zur tiefenpsychologisch fundierten Psychotherapie nicht nur auf die unbewusste Psychodynamik wirksamer Konflikte, sondern auch auf die Veränderung der »Persönlichkeitsstruktur« (Charakter, die schwerer veränderbaren Anteile der Persönlichkeit), und zwar unter Nutzung von Übertragung, Gegenübertragung, Widerstandsanalyse und regressiver Prozesse (Kutter 2002). Tiefenpsychologisch fundierte Psychotherapie befasst sich angeblich nur mit aktuell wirksamen Konflikten, ebenfalls unter Nutzung von Übertragung, Gegenübertragung und Widerstand, aber (fast) ohne Nutzung, sogar unter Verhinderung regressiver Prozesse. Rekonstruktion der Vergangenheit tritt zurück. Die Übergänge müssen notwendigerweise fließend sein, die Abgrenzungen erscheinen willkürlich. Woher will man wissen, dass sich bei einer tiefenpsychologisch fundierten Psychotherapie keine Strukturveränderungen einstellen? Es handelt sich um bloße Absichtserklärungen.

Zusätzlich zum psychoanalytischen Verstehen setzt Fürstenau (2001) systemtheoretische und speziell zugeschnittene problemorientierte Mittel, sogar suggestive Elemente, ein (zit. n. Kutter 2002), um in kürzerer Zeit als bei »rein« analytischen Psychotherapien ein genau definiertes Therapieziel zu erreichen. Angegebene Spezifika der psychoanalytischen Psychotherapie bzw. Psychoanalyse wurden immer wieder – nach Diskussionen, die sich über Jahrzehnte erstreckten – verworfen, so auch der Gebrauch der Couch, die freie Assoziation, die Prüfung der Übertragung und Gegenübertragung und die Deutung von Widerständen/Abwehren. Ebenso als Unterscheidungskriterium verworfen wurden Konzepte wie das der kindlichen Sexualität, der unbewussten Fantasien und des intrapsychischen Konflikts (Kris 1951). Außerdem wurde darauf verzichtet, dem Patienten eigene Wertvorstellungen aufzudrängen oder auch nur therapeutische Ziele zu verfolgen. Zu beobachten ist eine antitherapeutische Neigung vieler analytischer Autoren bis in die neueste Zeit (s. auch Kapitel 6.3 zu M. Klein, Kleinianismus). Andere (so Bader 1994) sehen im Abgrenzungsbedürfnis Psychoanalyse – Psychotherapie ein schadenbringendes institutionelles und Gruppenphänomen aus Profilierungsbedürfnis, nach dem Motto: »Meine Arbeit ist tief, deine flach« (zit. von Berman [2001], der die Polemik und die Neigung zur Glorifizierung mancher Gesichtspunkte beklagt). Historisch interessant ist dazu, dass Franz Alexanders Therapie der »corrective experience« nicht etwa abgelehnt wurde, weil man an seinem therapeutischen Erfolg zweifelte, sondern weil er diesen bewusst anstrebte. So verurteilte dies noch Wallerstein (1990), weil es damals als »unanalytisch« verpönt war.

Die genannten Merkmale (natürlich außer der antitherapeutischen Neigung) werden auch von anderen Psychotherapieformen beansprucht, darunter auch solche, die ihre Nichtübereinstimmung mit analytischen Richtungen betonen (Lit. bei Weinshel/Renik 1991). Andererseits sind sie auch in analytischen Behandlungen nicht immer gewährleistet und bei genauerem Hinsehen – so bei der teilweise unbewussten, auch nonverbalen Vermittlung eigener Wertvorstellungen – nirgendwo verlässlich gegeben, vielmehr leicht gegenteilig nachweisbar. Der Behauptung, eine gut geführte analytische Therapie sei gegen Vermittlung eigener Wertvorstellungen des Therapeuten gefeit, lagen gewisse naive Annahmen zugrunde: Als müssten eigene Wertvorstellungen expressis verbis und mit bewusster Absicht vermittelt werden, um wirksam zu werden. Wahrscheinlicher ist es, dass der Therapeut ganz zwangsläufig und absichtslos seine Wertvorstellungen auf den Patienten überträgt und die Gefahr nicht darin liegt, dass er dies tut, sondern darin, dass er dies nicht wahrhaben möchte, weil nicht sein darf, was nicht sein soll.

Auch der »analytische Prozess« kann schwerlich als Unterscheidungsmerkmal gelten, schon deshalb nicht, weil nicht alle Analytiker von der Notwendigkeit oder Nützlichkeit dieses Begriffes überzeugt sind (wie z.B. Bader 1994; Weinshel/Renik 1991) und weil dieser Begriff nie das Stadium des

Nebulösen verlassen hat. Anders sehen dies die Kleinianer (s. Kapitel 6.3 zu M. Klein, Kleinianismus). Nach Bader (1994) ist es gerade die verbreitete Verliebtheit in den »analytischen Prozess« bzw. »Mikroprozess«, die das Blickfeld einengt. Therapeutische Ergebnisse seien zu lange auf einen mehr sekundären, zufälligen Status verwiesen, oft sogar mit Gleichgültigkeit, Misstrauen, gar Ablehnung betrachtet worden. Auch Renik (2001) möchte keine Unterscheidung zwischen sogenannten analytischen und therapeutischen Zielen gelten lassen. Die Patienten wünschten eindeutig Entlastung von ihrem Leiden und mehr Befriedigung in ihrem Leben, und zwar durch Symptomerleichterung. Der therapeutische Nutzen sei der einzige Maßstab für die Gültigkeit einer Einsicht und für den Erfolg einer Therapie überhaupt. Der Therapeut könne nicht mit »privilegierter Stimme« seine Anhänglichkeit an gewisse Überzeugungen – namentlich vom Wert einer freischwebenden, ziellosen Erforschung des psychischen Lebens eines Patienten – über die Bedürfnisse des Patienten stellen. Auch wenn die Patienten ihre Selbstwahrnehmung verbessern möchten, geschehe dies nur aus dem Wunsch, Symptomerleichterung zu erfahren, ihre Lebensführung zu ändern und sich besser zu fühlen.

Die eine Zeit lang scheinbar tragfähige, kristallklare Unterscheidung zwischen psychoanalytischer und tiefenpsychologisch fundierter Therapie musste auch deshalb aufgegeben werden, weil sich die Vorstellungen von einer perfekt geführten Analyse mit einem perfekten analytischen Ergebnis als haltlos erwiesen und anderen Vorstellungen wichen, die weniger endgültig und gewiss sind (Weinshel/Renik 1991). Üblich behaupteter »struktureller Wandel« bei analytischen Langzeittherapien konnte anhand einer Untersuchung von 42 Fällen nicht von bloßem »therapeutischem Wandel« unterschieden werden (Wallerstein 1989). Dies hat aber nicht verhindert, dass immer wieder Versuche der Unterscheidung gemacht werden, so nunmehr von Weinshel und Renik (1991). Nach diesen Autoren soll sich Psychoanalyse dadurch auszeichnen, dass der Patient den »analytischen Prozess« soweit verinnerlicht, dass er Selbstbeobachtung, Selbsterforschung und Selbständerung dauerhaft auch ohne therapeutische Begleitung betreiben kann (»lebenslange gewohnheitsmäßige Selbstanalyse«). Dieses therapeutische Ziel hat zweifellos etwas Bestechendes. Der Therapeut wird nach getaner Arbeit endlich überflüssig, der Patient wird endlich, dem Zeittrend entsprechend, selbstständig, indem er die Therapie allein weiterführt. Es ist allerdings die Frage, ob eine derartig anspruchsvolle ewige Selbstreflexion noch mit psychischer Gesundheit, speziell auch mit einem ständigen Mitschwingen mit anderen vereinbar ist. Programme sind gut, die Details aber oft anders als beabsichtigt. Weitere Literatur zum Thema findet sich bei Rangell (1981b), Wallerstein (1968; 1979; beide zit. n. Klüwer 1999) und im Bericht über ein Panel (1987) der American Psychoanalytic Association.

Speziellere Kriterien für analytische Psychotherapie hat Quinodoz (2004) gefunden: bewusster oder unbewusster Wunsch des Patienten nach Integration; Fähigkeit, ein Übertragungsobjekt konstruktiv zu nutzen; Wunsch nach Wiedergutmachung trotz destruktiver Wünsche; das ganz subjektive Moment des Therapeuten, »ob ich mich in der Lage fühle, meine Funktion als Analytiker diesem Patienten gegenüber gut wahrzunehmen, was einschließt, daß seine innere Geschichte für mich Sinn macht und ich mir seine innere Welt anschaulich vorstellen kann«. Die Fähigkeit zur Versprachlichung und Einsicht (s. Kapitel 4.4) hat bei diesem Autor nicht den gängigen Stellenwert. Man kann aber auch durchaus der Ansicht sein, dass diese Kriterien auch für tiefenpsychologisch fundierte Psychotherapie gültig sind. Vielleicht ist in einer solchen Therapie nie von Übertragung o. Ä. die Rede oder dies steht scheinbar nicht im Mittelpunkt. Aber warum soll hier ein Patient nicht trotzdem intensiv damit beschäftigt sein und die Übertragung für sich – vielleicht auf verschlungenen Wegen – nutzen? Nutzen ist immer konstruktiv, das heißt, irgendetwas muss aufgebaut worden sein, um den Nutzen zu erreichen; wir wissen nur nicht, wie der Patient welche neue inneren Strukturen bildet, in die wir keinen direkten Einblick haben können. Jedenfalls wünscht ein Patient einen besseren Ausgleich (»Integration«) seiner Konfliktkomponenten (so aggressiver Wünsche und deren Abwehr) und dürfte schon selbst durch eigene Anstrengung einen gewissen Erfolg damit gehabt haben. Der Patient hat in gewissen Grenzen bereits eine Integration zustande gebracht, die es ermöglicht, dass seine Geschichte einem Wildfremden einen anschaulichen Sinn macht. Einen Patienten mit einer »Antistory« würde Quinodoz daher nicht in Behandlung nehmen, er verlangt eine gehörige Portion Gesundheit. Man kann sich nicht des Eindrucks erwehren, dass hier die klinische Schwere der Erkrankung nur scheinbar bei der Indikationsstellung als nicht störend angesehen wird, aber durch die Hintertür genauerer Betrachtung doch wieder hereinkommt und nur anders bezeichnet wird.

Ähnliches gilt auch für die Indikationsstellung zur analytischen Psychotherapie nach der repräsentativen, multiperspektivischen Katamnesestudie psychoanalytischer Langzeitbehandlungen (Leuzinger-Bohleber 2002; Leuzinger-Bohleber et al. 2002): Zwar waren hier »Diagnose und Schweregrad bei der Indikation weniger entscheidend«. Wichtiger waren »Potentialitäten des Patienten, z. B. Kern von guten Objektbeziehungserfahrungen trotz schwerer Traumatisierungen, partielle selbstreflexive Fähigkeiten oder ein ansatzweises positives Reagieren auf Probedeutungen«. Aber wer schwere Traumatisierungen so gut überstanden hat und über die genannten Fähigkeiten verfügt, bringt eben auch ein gutes Stück Gesundheit, hier »Potentialitäten« genannt, mit. Diese sind unter »Diagnose und Schweregrad« nicht berücksichtigt worden. Richtig müsste es heißen: Die Potentialitäten, also die gesunden Fähigkeiten, sind für die Prognose entscheidend. – Dies entspricht der Lebenserfahrung, dass Gesunde oder fast Gesunde immer die bessere Prognose haben. Je besser in seiner Konstitution ausgestattet ein Patient ist, desto mehr kann er von Psychotherapie profitieren. Offensichtlich ist gemeint, dass die Kombination »gute, widerstandsfähige psychische Konstitution mit guten Fähigkeiten zur Bewältigung von Belastungen« trotz »schwerer Belastungen von außen« eine günstige Prognose bei analytischer Behandlung darstellt und dass demgegenüber die üblichen Etikettierungen (womöglich nach ICD-10) unsachgemäß bzw. wenig aussagekräftig sind.

Gut verlaufende analytische Psychotherapien unterschieden sich von gut verlaufenden tiefenpsychologisch fundierten Psychotherapien zunächst nicht, wohl aber im posttherapeutischen Verlauf: Die analytisch Behandelten konnten den analytisch-therapeutischen Prozess nach Beendigung der Therapie produktiv selbstständig fortsetzen und bezüglich »Selbstreflexion und Arbeitsfähigkeit/Kreativität« bessere Ergebnisse erzielen (breiteres kognitives und affektives Spektrum bei Selbstreflexion und innerem Problemlösen und Fantasieren). Sie hatten einen kreativeren »inneren Analytiker« entwickelt (Zwiebel 2002; zit. n. Leuzinger-Bohleber 2002). Die Unterschiede zeigen sich also erst später. Voraussetzung war in jedem Falle, dass es zu einem »resonanten Dialog« mit dem Patienten kam. Übersehen wird allerdings hierbei, dass schon das lange Durchhalten einer hochfrequenten analytischen Psychotherapie eine gute Konstitution erfordert, die wiederum in das Endergebnis einfließen muss. Auch rückt hier der Therapeut selbst bzw. die Notwendigkeit, dass Therapeut und Patient zusammenpassen müssen, mehr ins Blickfeld. Man kann sich durch diese Verlaufsschilderungen durchaus an das Bibelwort erinnert fühlen: Wer hat, dem wird gegeben werden. Oder an die Lebenserfahrung: Wer sich die genetisch vorteilhaften Eltern ausgesucht hat, darf auf Gesundheit und langes Leben hoffen.

In den Jahren zuvor war es um dieses Thema stiller geworden. Bekannt wurde die selbstironisierend-resignative Feststellung: »Analyse ist das, was Analytiker betreiben«. Nun aber wurde die Katze selbstkritisch aus dem Sack gelassen: Es geht immer auch um Selbstprofilierung als institutionelles und Gruppenphänomen (Bader 1994 S. 266; Jimenez 2005) aus Furcht, mit allen möglichen therapeutischen Richtungen in einen Topf geworfen zu werden, wie auch aus Eitelkeit und Selbstglorifizierung. Es geht aber ebenso um die Abwehr der Furcht vor ungelösten Validierungsfragen (deren Lösung nicht zuletzt durch eine lange Zeit vorherrschende antitherapeutische Neigung erschwert wurde) durch Vermeidung dieses Themas und Verschiebung auf ein Kleinstes (Streit um Worte). Auch sollte angeblich nur zur analytischen Tätigkeit befähigt sein, wer eine Lehranalyse über Jahre hinweg absolviert hat. Hingegen werden Homosexuelle erst seit den 1990er Jahren überhaupt zur Ausbildung zugelassen.

Die Idealisierung von analytischer Psychotherapie hat ebenso wie die traditionelle Überschätzung (Anspruchshaltung) der Lehranalyse nur zu einer »splendid isolation« analytischer Richtungen geführt (Jimenez 2005). Keine der analytischen Gruppierungen beansprucht heute noch das Wahrheitsmonopol. Über sehr fundamentale Fragen bestehen gegensätzliche Auffassungen nebeneinander, ohne dass eine der anderen noch »antianalytisches Denken« vorhält. Seit Mitte der 1980er Jahre hat sich ein gewisser Pluralismus durchgesetzt. Hinzu tritt das erst zögerlich erkannte Phänomen, dass außer Verbalisierung, Übertragung und Gegenübertragung offenbar auch noch andere, einstweilen nicht fassbare Vorgänge in der Therapie wirksam sind, die im Augenblick nur vage als »averbale Kommunikation« angedeutet werden. So berichtet Jimenez (2005) über seine guten Therapieergebnisse bei deutschen Patienten, obwohl er deren Sprache kaum mächtig war. Ähnlich ist es für mich sehr beeindruckend zu sehen, wie unproblematisch Kinder, die verschiedene Sprachen sprechen, wo keiner ein Wort des anderen versteht, miteinander umgehen können. Vielleicht ist der ganze verbale Überbau nur die Kruste vom Kuchen. Hierdurch kommt man wieder zu dem Punkt, dass jede menschliche Zuwendung therapeutisch wirksam ist. Wir haben aber auch gute Gründe, anzunehmen, dass die hier in Rede stehenden Therapien noch wirksamer sind.

Besonders bei der tiefenpsychologisch fundierten Psychotherapie (bis 80 Stunden), aber im Prinzip ebenso bei der analytischen Psychotherapie (bis 300 Stunden) ist die außerordentlich begrenzte Zeit, also die Stundenanzahl, die zur Verfügung steht, zu beachten. Schon mancher Therapeut hat einen sehr ausführlichen und in sich stimmigen Antrag gestellt, musste dann aber erfahren, dass sein Antrag mit der Begründung abgelehnt wurde, 80 Stunden einer tiefenpsychologisch fundierten Psychotherapie reichten nicht aus, die beschriebenen Konflikte ausreichend zu behandeln; hier sei vielmehr eine analytische Langzeitbehandlung erforderlich. Der Therapeut hätte sich besser auf einen Konflikt beschränkt.

Übereinstimmung herrscht heute wohl darüber, dass der lange Zeit verbreitete Satz: »Das ist keine Psychoanalyse«, ein schrecklicher Satz war (Zimerman 2005). Es war das Totschlag-»Argument« für alles, was nicht in das Prokrustesbett gewisser Auffassungen passte. Berman (2004) beklagt, dass veraltete Vorstellungen über das, was Analyse und Lehranalyse zu sein habe, von Generation zu Generation unverändert weitergegeben worden sei. Statt endloser Diskussionen, was Psychoanalyse sei und was sie nicht sei, wäre es fruchtbarer, genau zu beschreiben, was abläuft.

Was die Lehranalyse (»training analysis«) betrifft, beklagt der mexikanische Psychoanalytiker Vives (2005) – wie schon zahlreiche andere Autoren – den »communicational noise« und die »Kontamination« in den Ausbildungsinstituten. Gemeint sind Störungen durch Gerede über den Lehranalytiker, Rivalitäten der Lehranalytiker untereinander, die Bewertung des Lehranalysanden durch das Institut und durch den Lehranalytiker sowie den Druck des Ausbildungsinstituts auf den Lehranalytiker und seinen Analysanden. Reeder (2004) spricht von »psychoanalytic superego«, »psychoanalytic superego complex« und »institutional superego system«, die endlos von Institutionen weitervererbt würden, einen Verrat am analytischen Geist darstellten und schöpferisches, authentisches und immer höchst persönliches Experimentieren, aus dem doch jede analytische Therapie bestehe, nur behinderten. Unkritische Identifizierungen mit den Lehrern (Identifikation mit dem Aggressor) seien belohnt worden und hätten zu einer ewigen Schülermentalität geführt. Er beklagt auch die Psychopathologisierung unter Kollegen, sobald einer auffällt. Ich selbst habe nicht nur einmal gehört, wie Kollegen leichthin als »borderline«, »scizzy« oder, etwas liebevoller, »pathy« bezeichnet wurden – was freilich nicht heißen soll, dass es solche an Instituten nicht ebenso gibt wie woanders auch. Bei Ausbildungsbewerbern wurde lange Zeit nach Fehlern gesucht, die sie angeblich disqualifizierten, statt auf Talent und Motivation zu achten (ebd.). Aus meiner Sicht war es aber nicht überall und nicht immer so, und ich habe auch viel ehrliches Bemühen gesehen, solchen Entwicklungen Einhalt zu gebieten. Allerdings hatte ich das seltene – sogar von niemandem streitig gemachte – Glück, meine Analysen vor Beginn der Ausbildung abzuschließen, wie es auch das Modell der Pariser Psychoanalytischen Gesellschaft vorsieht.

Berman (2004, da auch Lit.) weist wie schon viele andere vor ihm auf solche quasi-inzestuöse Verstrickungen in den Ausbildungsinstituten hin. Er hebt aber auch hervor, wie diese äußeren Verstrickungen ihn zu nützlichen Entwicklungen anregten, mit dem Ziel, diesen zu entkommen oder ihnen entgegenzuwirken. Der Lerneffekt der Lehranalysen für die Behandlung von Patienten ist nach Jimenez (2005) nicht groß und erreicht nicht den Wert von Supervisionen. Die blinden Flecken (»blind spots«) des Therapeuten würden durch Lehranalysen entgegen Absicht und Anspruch nicht beseitigt. Supervision kann nicht nur helfen, den Patienten besser zu verstehen, sondern auch sich selbst, und sie wird auch tatsächlich als Ersatz für eine benötigte eigene Therapie des Therapeuten genommen (Berman 2004).

11. Gruppentherapie und Paargruppentherapie

Eine bestimmte Indikation für Gruppentherapie und Paargruppentherapie im Gegensatz zur Einzeltherapie ist nicht entwickelt worden, obwohl dies immer wieder versucht wurde und eigentlich auch in Punkt 8 des Antrags gefordert wird. Auch die geforderte Darstellung der »Erfahrung des Patienten in natürlichen und sozialen Gruppen« hilft hier nicht weiter, denn diese können Patienten, die für eine Einzeltherapie vorgesehen sind, ebenfalls haben. Man könnte sogar argumentieren, gerade die Patienten, die über wenig solche Gruppenerfahrung verfügen, hätten diese nunmehr besonders nötig, um über die Beseitigung eines biografisch-emotionalen Defizits eine neue Entwicklung nehmen zu können.

Ein Vorteil der Gruppentherapien ist die Möglichkeit, hier den Patienten (und sein jeweiliges Gegenüber) in vivo in seinem Verhalten in einem Netzwerk unbewusster Beziehungen (zu anderen, zu mehreren, statt nur zum Therapeuten) zu erleben und daraus Konsequenzen für die Behandlung zu ziehen (Kutter 1976; Moeller 1986; 1991; 1996a; 1996b; Berman 2001).

Bei Gruppentherapie zeigen sich Übertragungen und Gegenübertragungen an den Beziehungen zur Gruppe insgesamt ebenso wie zu einzelnen Gruppenmitgliedern.

12. Partnerschaftskonflikte und deren Behandlung

Auf eine Systematik will ich wegen der Komplexität bewusst verzichten. Kategorisierung und Katalogisierung sind schon wegen der Beteiligung mehrerer Personen unangebracht. Hier gilt das, was ich an anderer Stelle (s. Kapitel 4.9 Nonverbale Kommunikation) über die »Antistory« und »Antivignette« geschrieben habe und was von Cole (2005) in anderem Zusammenhang als »terrific specifity« und »gorgeous incongruities« hervorgehoben wurde. Jeder Anspruch auf ausschließliche Gültigkeit ist nicht nur illusorisch, sondern für die Betroffenen auch nachteilig. Der Leser tut gut daran, sich im Folgenden auf durchaus Widersprüchliches und Haarsträubendes, ihm auch gewiss willkürlich Erscheinendes einzustellen.

Wegen der Intensität der Hoffnungen (Wünsche), Enttäuschungen, Ängste, Schuld- und Schamgefühle und der nahezu totalen psychischen Verwicklung in ein kompliziertes, wenig durchschaubares Beziehungsgeflecht mitsamt den jeweiligen Lebensgeschichten und deren Prägungen stehen für die Buntheit der Erscheinungsbilder die gesamte Psychopathologie, aber auch alle Normvarianten Pate. Psychoanalytische Literatur über Paarbeziehungen und deren Therapie ist nicht immer frei von mechanistischen, eigenartig leblos anmutenden Modellen, die zudem in lehrerhaft-überlegenem Ton vorgetragen werden. Für beides dürften unreflektierte Gegenübertragungen durch die zugewiesene und angenommene Richterfunktion zugrunde liegen, mit dem unbewussten Anspruch, »Recht und Unrecht«, Ursache und Auswirkung auf beide Parteien weise und gleichmäßig verteilen zu können und zu sollen – ein verbreitetes Berufsrisiko.

Häufig wird zudem auf die emotionalen Motive der Auseinandersetzungen nicht eingegangen, so, wenn zum Beispiel lediglich dargelegt wird, wer was auf den anderen projiziert, welche Funktion der andere für den einen erfüllen soll oder wie ein Streit nach diesem oder jenem Modell zu verstehen ist. Die ausführlichen Darstellungen von Mikroprozessen zwischen den Beteiligten spiegeln mehr Ratlosigkeit und Flucht in eine intellektualisierende Distanz wider als Interesse an den zugrunde liegenden Emotionen und verfestigten Übertragungen. Der Blick für das Wesentliche geht verloren.

12.1 Die saubere Welt der Ehestrategen

Auch die therapeutischen Optionen sind fast durchwegs von einer Vollmundigkeit, die stutzig machen muss. Insgesamt ist die Welt der Ehestrategen eine überaus vornehme, saubere und gerechte. Wörter wie Frechheit, Dreistigkeit, Egoismus, Rücksichtslosigkeit, Brutalität, Keifen, Nörgeln, Ausbeutung, Hinterlist, bewusste Täuschung oder Betrug wird man vergeblich suchen. Auch hier dürfte es sich um eine chronisch unreflektierte, »professionelle« bzw. richtiger unprofessionelle Gegenübertragung handeln: Vermeidung (Nichtanfassen) und Verleugnung von Schmutz sowie Reaktionsbildung (gegen eigene Wut über das sehr wohl Wahrgenommene). Man glaubt sich oft beim Lesen der Eheliteratur in einem feinen Büro, in dem mit sauberem Computerpapier geraschelt wird, in Wirklichkeit hält man gebrauchtes Toilettenpapier in Händen. Die klinischen Beschreibungen sind oft dürftig und schon deshalb mehrdeutig, was aber viele Autoren nicht hindert, aus ihnen äußerst scharfsinnige und sehr ins Einzelne gehende Einteilungen und Schematisierungen abzuleiten, die klinisch so nicht in Erscheinung treten. Hier fehlt die Lebensnähe. Intellektualisierte Glasperlenspiele sind auch ein Berufsrisiko.

Im Folgenden werden Beobachtungen und Thesen gemäß psychoanalytischer Kompromisstheorie (und evolutionsbiologischen Überlegungen) frei nebeneinander gestellt. So wird die Chance eröffnet, dass Therapeuten hier selbst ein Konzept finden, das ihnen in ihrer bestimmten Situation weiterhilft.

Die starke Zunahme von Scheidungen und Trennungen, besonders wenn man die inneren Trennungen hinzurechnet, lässt sich nicht mehr allein mit individuellen Konflikten, Fehlverhaltensweisen oder Krankheiten erklären. Hier stößt auch die Psychoanalyse an ihre Grenzen, nämlich an die Grenzen zu gesellschaftlichen Umwälzungen. Sie übernimmt sich, wenn sie auf falsche Fragestellungen Antworten geben will (Roiphe 2005). Die Umstände bestehen jetzt darin, dass sich zunehmend der – präödipale, ödipale und reife – Wunsch der Frau, ein eigenständiges Leben zu führen, ohne für einen Mann sorgen zu müssen (Izenberg 2006), gesellschaftlich auf breiter Front durchgesetzt hat, dass der gesellschaftliche Zwang, zusammen zu bleiben, nachgelassen hat, dass der wirtschaftlich Schwächere gesetzlich (auf Kosten des wirtschaftlich Stärkeren) abgesichert ist und dass die früher unvorstellbare Vermehrung der Kontaktmöglichkeiten bis hin zur Cyberkommunikation (mit Partnern in aller Welt ohne Zeitverlust, ohne Mühe und ohne wesentliche Kosten) der polygamen Veranlagung zum Durchbruch verhilft.

12.2 Polygame Veranlagung

Wir müssen wahrscheinlich akzeptieren (aber wir möchten es wegen unserer Wertvorstellungen nicht akzeptieren), dass beide Geschlechter – wegen der unbezweifelbaren Fortpflanzungsvorteile – genetisch bedingt polygam und auf ständiger Suche nach neuen Kontakten sind. Dies auch bereits im Rahmen der angeborenen Neugier und Lernfähigkeit des Menschen, namentlich der effektiven Nutzung der Einflüsse der Umgebung und der ebenfalls angeborenen Suche nach Beherrschung der Umwelt. Vor allem kommen hier zum Zuge die Fähigkeit zur intensiven sozialen Interaktion einschließlich der Komplexität der Sprache und der Mehrsprachigkeit sowie der Plastizität des Gehirns, d. h. der Fähigkeit, sich selbst zu modifizieren, also einer angeborenen, software-artigen Veränderbarkeit (Marcus 2004). Diese Grundveranlagung wird lediglich von der Notwendigkeit der Kinderaufzucht, durch das damit meist verbundene Leben mit dem »Lebensabschnittspartner« und durch gesellschaftlichen, einschließlich religiösen Druck modifiziert, aber offenbar immer weniger.

12.3 Zusatzfaktoren

Zusätzlich nagen die Anzahl der Intimpartner, die ständige Verfügbarkeit anderer Partner (auch virtuell, ohne Kontaktaufnahme) durch die Medienangebote und die moderne physische Beweglichkeit sowie das allgemeine Älterwerden an der Bindungswilligkeit und Bindungsfähigkeit.

12.4 Das »Ausknipsphänomen«

Das Erkalten der Liebe ist fast immer endgültig. Viele Frauen bezeichnen das endgültige und auch für sie selbst oft plötzliche Erkalten als »Ausknipsen« und genauso wird dies auch von dem verlassenen Mann empfunden und mit großem Erstaunen erfahren. Viele Männer reagieren mit Sprachlosigkeit. Von Männern hingegen sind mir entsprechende Beschreibungen und auch das Phänomen selbst nicht bekannt.

Das »Ausknipsphänomen« dürfte auch vom heutigen Lebensstil mitgeprägt sein: In nie dagewesener Weise werden heute auch sonst ständig Beziehungen plötzlich abgebrochen, so beim Telefonieren, im Internet, beim Autofahren, beim Abflug. Zwischen den Menschen nehmen auch räumlich die Entfernungen immer mehr zu. Hier dürfte »kindling« wirksam sein. Mit Handschlag und Fußmarsch ging Verabschiedung früher gemächlicher vonstatten.

Psychodynamisch gesehen, handelt es sich beim »Ausknipsphänomen« um eine wasserdichte Abwehr von Bindung und Bindungswünschen an den Mann. Er ist emotional einfach nicht mehr da, also kann seine Abwesenheit sie auch nicht mehr stören. Sie vermisst ihn nicht.

Dass es meistens kein Zurück gibt, lässt sich am treffendsten veranschaulichen mit der Merkwürdigkeit, dass niemand, und sei er noch so glücklich und erfolgreich gewesen, wünscht, die gelebten, sozusagen abgelebten Lebensabschnitte, etwa den Kindergarten, die Schulzeit oder das Studium, die Berufszeit, die aufschießende Liebe, die Heirat noch einmal zu durchleben – keinesfalls noch einmal mit derselben Person, auch wenn die Ehe sehr gut war, aber auch nicht mit einer anderen.

12.5 Plausibilitätsversionen

Das Erkalten der Liebe ist den Betroffenen und Betreffenden letztlich selbst unerklärlich. Wegen der – wenigstens ehemaligen – hohen emotionalen Beteiligung besteht aber durchgängig ein starkes Bedürfnis, das Ende einer tiefen und langen Beziehung in Plausibilität einzubinden und so sich selbst, den Bekannten, Verwandten und den Kindern eine geglättete Story anbieten zu können (s. Kapitel 7.4 Erstinterview). Es handelt sich hier oft um nachträgliche Rationalisierungen. Sie sind schon an ihrer Stereotypie erkennbar: Psychologisieren, Beschuldigen, Verweisen ins das Reich der Krankheit dienen nicht nur der Wahrheitssuche, sondern immer auch der Entwicklung einer plausiblen Story, der Abwehr von Schuldgefühlen, den Partner verlassen zu haben, der Abwehr (Verleugnung) der Angst vor der menschlichen Veranlagung und der Angst vor Verlassenwerden von der Mutter.

12.6 Das Suchen der Schuld bei sich

Häufig – nach meinen Beobachtungen sogar ziemlich regelmäßig – sucht der verlassene Teil die Schuld bei sich, wie bei anderen Traumaopfern auch. Dies ist oft als Versuch zu verstehen, das Trauma im Gedankenspiel rückgängig zu machen, d. h. es zu vermeiden (Näheres s. Kapitel 4.19.4 Posttraumatische Belastungsstörung). Vermieden wird so die Erkenntnis des passiven Ausgeliefertseins, speziell des Faktums, nicht mehr geliebt zu sein.

12.7 »communication gap«

Die Paargruppentherapie bzw. Mehrfamilientherapie, auch in Kombination mit Zweipersonen-Selbsthilfegruppen (»Zwiegespräche«), mag wohl zu einer Überwindung der Sprachlosigkeit moderner Paare, des »communication gap«, führen. Sie hat – scheinbar oder anscheinend – sofortige Auswirkungen auf das bestehende und künftige Familienmilieu und daher gesundheitsbildende Funktion für die kommende Generation (Moeller 1986; 1991; 1996a; 1996b). Paarberatungen (Fürstenau 1975; Hoffmann, S. O. 1992; Moeller 1996b) seien auch im Falle von Einzelbehandlungen eigentlich immer angezeigt. Sie seien geeignet, in einer bestehenden Beziehung den beschleunigten Entwicklungsprozess des einen mit dem anderen auszubalancieren und so den hohen Erkrankungsraten des Partners (angeblich in 16% der Fälle Suizidversuche [Moeller 1996b] – was ich sehr bezweifle) vorzubeugen.

12.8 Falscher Optimismus

In allzu optimistischen Aussagen über die Behandelbarkeit von Beziehungskrisen kann man oft missionarische Vollmundigkeit entdecken. Ein derartiger Optimismus ist schwer erträglich und mutet nach Abwehr der Ängste an, nur ohnmächtiger Zuschauer zu sein. Naives Wunschdenken, insbesondere der Wunsch nach der Allmacht des Wortes (der Deutung, der Erklärung, der Aufklärung) und der Allmacht desjenigen, der über die rechten Worte verfügt, steht hier Pate.

12.9 Typische Übertragungen des Therapeuten

Die Therapie ist durch Übertragungen des Therapeuten ungewöhnlich beschwert. Insbesondere eine professionell eingefahrene Übertragung, »neutral« sein und die Verursachung einer Partnerkrise routinemäßig symmetrisch verteilen zu können, entbehrt nicht einer Gutsherrenmentalität und uneingestandener Eitelkeit. Es ist zu verführerisch, sich als überlegener Richter über die Streitenden zu erheben und die Konfliktursachen in scheinbarer Weisheit gleichmäßig auf zwei zu verteilen. Durch unreflektierte Imitation dieses Zeittrends kann er sich so auch noch der Meinung der Öffentlichkeit und der sogenannten Fachwelt gewiss sein.

Das Verfestigte in Ehekrisen beruht sehr oft darauf, dass eine Seite zu viel Befriedigung daraus zieht, den anderen zu erniedrigen, und der andere zu lange in harmoniebedürftigen Hoffnungen, daran noch etwas ändern zu können, verbleibt.

12.9.1 Symmetriebedürfnis des Therapeuten

Sofern die Bezeichnung Sadist (jemand mit Lust am Quälen, an der Demütigung des anderen) für die eine Seite eines Paares passt, bezweifle ich, dass der Partner deshalb ein Masochist sein muss (der definitionsgemäß Freude am Leiden hätte). Eine solche Auffassung geht auf ein Symmetriebedürfnis des Therapeuten zurück. Vielmehr sieht der vermeintliche Masochist sich nur außerstande, das Leiden zu beenden, z. B. durch Aufgeben seines umwerbenden

Verhaltens und Wechsel zu einem anderen Partner. Die Formulierung »sadomasochistisch« ist zu einem bloßen Formalismus geworden. Zudem kommt hier auch wieder die suggestive Wirkung von Doppelbezeichnungen mit Bindestrich zum Tragen (ähnlich »anal-sadistisch«, »phallisch-narzisstisch«; siehe hierzu auch die Beliebtheit von Doppel-Eigennamen, die oft Bedeutsamkeit suggerieren sollen).

Die Asymmetrie kommt dadurch zustande, dass nicht alle Menschen in gleicher Weise ein autonomes, d.h. von Einflüssen und Zufälligkeiten des Moments oder des Partners wirklich unabhängiges Überich entwickelt haben (»stabile Umformung von Fremdzwängen in Selbstzwänge«, Elias 1969/1976, Bd. II, S. 342).

Welche Kraft rein emotionale Bedürfnisse gerade in Partnerbeziehungen entfalten können, ist schon daraus ersichtlich, dass im Spätstadium einer Ehekrise rationale Argumentationen (»eheliche Diskussionen«) zu nichts führen, die Lage nur noch verschlimmern. Die ewigen Versuche, unlösbare Probleme durch Diskussionen »zu klären und zu erledigen«, wirken sich dann weit schlimmer aus als die Probleme selbst und bilden oft erst den Boden für die Katastrophe. Sie dienen der Abwehr von Angst vor Verlassenwerden und gleichzeitig auch der Wunschbefriedigung (Hass, Rache, Neid, Triumph, Rechthaberei, Aufrechterhaltung des Kontakts durch Diskutieren). Diese Mehrfachfunktion des Diskutierens ist es, die zur suchtartigen Endlosigkeit verführt, wobei sich oft die Rollen abwechselnd verteilen – innerhalb einer Person und zwischen beiden.

12.10 Befindlichkeits- und Benennungskultur

Die Befindlichkeits- und Benennungskultur in der Paartherapie der letzten Jahrzehnte hat zu nichts Gutem geführt. Die Sprache ist nämlich dem Menschen auch gegeben, um seine Gedanken zu verbergen (Talleyrand n. Orieux 1970; Asserate 2003: sie zu bekleiden). Die entsprechenden Bücher werden in Massen gekauft, sie werden auch gelesen, aber dann zur Seite gelegt.

Ein pikanter Sadismus besteht gerade darin, den Partner mit seinen Argumentationen auflaufen zu lassen, indem man sich weigert, beispielsweise auf rationale Argumente und zeitliche Rekonstruktionen überhaupt einzugehen – worauf der Partner unweigerlich noch genauer und ausführlicher, zeitlich noch rückgreifender argumentieren möchte. In einer tieferen Betrachtungsweise ist speziell das Beharren des Mannes auf (tatsächlich oder vermeintlich) sachlicher Diskussion eine Kompromissbildung zwischen seinem Wunsch, die Harmonie mit seiner Partnerin wieder herzustellen, und der Abwehr dieses Wunsches durch Rationalisierung und Intellektualisierung. Wenigstens auf sachlich-logischer Ebene möchte er Übereinstimmung und Harmonie erzielen. Kein Wunder, dass seine Frau solche Bemühungen scheitern lässt, sich sogar schon längst auf diese vorbereitet hat, vielleicht indem sie immer weiter zeitlich zurückgreift. Gerade die Harmonie, die er zu erreichen bzw. wieder zu erreichen sucht, wünscht sie nicht. Sie macht ihr Angst, weil sie für sie Einengung bedeutet, der sie ja gerade entrinnen möchte. Auf der Konkurrenzebene der Logik kann sie ihm ebenfalls nicht den Sieg erlauben. Selbst wenn jeder dem anderen Recht geben würde, würde dies ihr und auch dem Partner nicht helfen. Denn die Emotionen bleiben und suchen sich dann eben andere Rechtfertigungswege.

12.11 Vorwürfe

Analoges gilt für Vorwürfe. Der Verlassende ist hierauf bestens vorbereitet, hat er sich doch, wenn auch nach außen hin nicht sichtbar, mit seinen Vorwürfen gegen sich selbst auseinandergesetzt. Er ist auch bereits geübt darin, denn er hat bereits Verwandten, Bekannten, Freuden, den eigenen Kindern seine Antwort – seine Story – erteilt. Im Gegenteil führen die gewohnten, »berechtigten« Vorwürfe nur dazu, restliche Schuldgefühle zu beseitigen, da sich der »Schuldige« angegriffen fühlt und sich verteidigt.

12.12 Gegenseitige Übertragungen und Rollenverteilungen

Abgesehen davon, dass Trennungen durch den Zeitgeist (Individualismus) ermöglicht und erleichtert werden, ist der psychodynamische Grund für Trennungen letztlich darin zu sehen, dass Partnerschaften durch das enge Zusammenleben gegenseitige Übertragungen (somit auch Rollenverteilungen, Sandler 2003) mit Wünschen (Erwartungen, Aggressionsvergnügen, oft in Form von

Erniedrigungen des anderen) sowie Ängsten, Schuld- und Schamgefühlen und heftigem Neid anregen. Der Partner wird beneidet um sein Entgegenkommen, seine Großzügigkeit, seine Aufheiterungsversuche, ebenso um seine berufliche Leistung, sein Ansehen oder seinen Bildungsvorsprung. Wenn der Beneidete eindeutig dominant ist (wozu auch die Fähigkeit gehört, den Neid völlig zu ignorieren), kann Neid keinen Schaden anrichten. Dominanz eines Partners kann Beziehungen stabilisieren. Erniedrigung meint hier nicht nur offene Beleidigungen und Herabsetzungen, sondern mehr noch die diskreteren, undramatischen, deshalb gefährlicheren Formen durch tagtäglichen Negativismus, nicht Mitschwingen, stilles Leiden, betrüblichen Gesichtsausdruck, Obstruktion der Gemeinsamkeiten, Missmut, Bedenkenträgerei, Verderben der Stimmung, stille Opposition, Unzugänglichkeit, Fortlaufen, Launenhaftigkeit, durch die der Partner ständig auf Trab gehalten wird. Häufig ist auch Nachspionieren, insbesondere ständige Nachforschung nach außerehelichen Beziehungen. Dem Partner soll so deutlich gemacht werden, dass er den anderen nicht glücklich machen kann. Die Wünsche des Partners sind durch das lange Zusammenleben bekannt, also ist es ein Leichtes, sie zu durchkreuzen.

12.13 Kritische Anmerkungen zu Masochismus und Kollusion

Nicht nur mit dem Begriff Masochismus, sondern auch mit dem Begriff der Kollusion wird zu großzügig umgegangen. Verteidigung (Rechtfertigung) ist nachteilig. Wer sich verteidigt, klagt sich an, das heißt, er nimmt seine Rolle als Angeklagter an und bestätigt die des Anklägers. Der Ankläger wiederholt und verschärft daraufhin nur seine Anklagen. Die Ehepatts kommen in aller Regel an diesem Punkt zustande. Oft möchte der Quäler dem Gequälten zeigen, wie er selbst von diesem behandelt werden will, und ihn zu sadistischen Akten provozieren.

12.14 Partner aus verschiedenen Kulturen

Bei aus verschiedenen Kulturbereichen stammenden Partnern treten nicht selten Schwierigkeiten hinzu. Jeder Partner hängt an den »Üblichkeiten«, den

Konventionen seiner Herkunft. Frauen wird nicht überall so begegnet wie bei uns. Andere Völker reiben sich die Augen angesichts dessen, was sie bei uns als Frauenverehrung wahrnehmen und was Asserate (2003) zum Teil auf die Marienverehrung zurückführt. Frauen aus anderen Kulturen neigen nicht selten dazu, die neuen Konventionen vor ihrem gewohnten Hintergrund zu interpretieren. So sehen sie häufig in der Gleichberechtigung eine Schwäche des Mannes. Durch die veränderten Umstände können unbewusste Neidgefühle gegenüber dem Mann, die zuvor verdrängt waren, bewusst und aggressiv ausgelebt werden. Hier dürfte es sich um Identifikation mit dem Aggressor (dem Mann in der Herkunftskultur) handeln.

Die Gleichberechtigung der Geschlechter, in jeder demokratischen Gesellschaft selbstverständlich, hat noch nicht zur friedlichen Konstanz in den Beziehungen geführt, sondern zur Instabilität. Sie wird zudem mit Gleichheit verwechselt. Es gibt viele Menschen, die mit dem hierdurch entstandenen Machtvakuum und mit der Verleugnung wichtiger, angelegter Geschlechtsunterschiede, einschließlich gewisser biologischer Gegebenheiten, nicht in der vorgesehenen Weise umgehen können, weil dieses ihre inneren Konflikte mobilisiert. Alles hat einstweilen seinen Preis. Die Gefühle stimmen nicht mit der Gedankenwelt der Gleichberechtigung überein. So kommt es den meisten Frauen nicht in den Sinn, dass ihr Kind zur Hälfte von ihrem Partner abstammt. Sie halten es für selbstverständlich, bei Trennung ihre Kinder in weit entfernte Orte mitnehmen zu können, unter Verleugnung (Ignorierung) der ihnen unangenehmen Interessen des Partners und der Rechtslage. Hier wirkt eine archaisch-feste, letztlich zugleich biologisch-somatische Bindung ungeachtet aller Gleichberechtigung weiter. Beim Mann wirkt hingegen das evolutionär entstandene Machtgefühl weiter, auch wenn er es noch so sehr abwehrt (besonders durch Reaktionsbildung in Form von Unterwerfung). Dementsprechend ist er höchst erstaunt, wenn er plötzlich nichts mehr in seiner Familie zu sagen hat.

Insgesamt fällt in der Literatur über Partnerschwierigkeiten auf, dass die grundlegende Unterschiedlichkeit der Geschlechterentwicklung vernachlässigt wurde. Dies erleichtert die Verleugnung gewisser biologischer Tatsachen und eine Kollusion in Form einer Symmetrisierung aller Vorgänge.

12.15 Das Erschrecken des Mannes bei der Trennung

Trennung stößt beim Mann oft auf tiefes Erschrecken, völliges Unverständnis und Entrüstung wegen der scheinbaren oder tatsächlichen Rücksichtslosigkeit und des oben erwähnten »Ausknipsphänomens«. Statt der gebenden, ewige Harmonie und Zukunft schenkenden Mutter erlebt er – anscheinend oder scheinbar ohne Vorwarnung – die »fressende Mutter« (Melanie Klein), die ihm, statt Fürsorge und Aufmerksamkeit zu schenken, alles wegnimmt, Unterhalt und Vermögensausgleich fordert, ihm die Kinder, die Wohnung, die gewohnte Umgebung, den Hund entzieht. Er hat nach seinem Erleben mit der Ehefrau auch ihre deutlich mütterlichen Funktionen verloren (Haushalt, Kinderversorgung, Kontakte zu anderen, frauliche Atmosphäre in der Wohnung, der Rock, die andere Gangakustik, die andere, jugendlichere, zukunftsverheißende, hoffnungsvollere Stimme, der verlockende Geruch, das Parfum) und sieht zudem sein Lebenswerk zerstört.

Viele Männer kommen nur zu einer autonomen Entwicklung aufgrund einer guten Beziehung zur Ehefrau/Mutterfigur im Rücken, die ihm größer und umfassender erscheint als er selbst (»Mutter Natur«, »Mutter Erde«, nicht zufällig weiblichen Geschlechts, Izenberg 2006). Die Angst des Mannes vor Fallengelassenwerden durch seine Frau thematisierte auch Strindberg (1887: *Der Vater*). Alte Ängste vor der Macht der präödipalen Mutter werden wiedererweckt (Glick 2002), ohne dass ein Vater rettend zur Seite stehen könnte. Vielmehr hilft der Vater Staat nicht nur nicht, sondern er zwingt ihn zur Anerkennung der Rechtslage und oft zum Erdulden finanzieller Ausbeutung.

Die Abhängigkeit von der Macht und dem Wohlwollen seiner Frau wird von dieser genau gespürt und kann sie dazu reizen, ihre Macht auszuspielen und ihn psychisch zu ruinieren. Ihre sich allmählich einstellende Unzufriedenheit mit einem Mann, der so abhängig von ihr ist, und ihr Wunsch nach einem starken, innerlich unabhängigen Mann (Typ »Jäger«) kann der Anlass sein, sich von ihm zu trennen. Ebenso können aber auch seine Versuche, sich aus dieser Abhängigkeit zu lösen, zu diesem Ergebnis führen; allerdings verliert sie dabei ihre Vormachtstellung (Izenberg 2006).

In seiner Frau sieht der Mann auch oft – wie Eltern – sein Kind, für das zu sorgen er sich entschlossen hat, und das nun seiner Obhut entrinnt und einem ungewissen Schicksal entgegengeht. Die gängige Deutung, er wolle nur seine Machtstellung aufrechterhalten, greift zu kurz.

Der Mann vermisst bei der sich trennenden Frau vor allem auch jegliche Schuldgefühle oder Angst, was ihn fassungslos macht. Nur bei genauerem Hinsehen lassen sich Angst und Schuldgefühle oft doch erkennen: Sie sind abhängig von der äußeren Situation und der inneren Verfassung der Frau. Versucht er zum Beispiel, ihre Schuldgefühle anzusprechen oder ihr gar Vorwürfe zu machen, erntet er nur das Gegenteil, nämlich ihre Demonstration von Schuldfreiheit und Gegenangriffe. Aus ihrer Sicht möchte sie sich gegen jede Manipulation, oder was sie als solche empfindet, wehren. Aus Schuldgefühlen suchen Frauen aber in nicht wenigen Fällen ihrem Mann eine andere, auch jüngere Frau ins Bett zu legen. Oft hält sie nur die Sorge um ihr finanzielles Auskommen davon ab. Schuldgefühle sind es auch, die viele Frauen bewegen, ihren Männern eine kameradschaftliche Freundschaft anzubieten (und sich damit gleichsam loszukaufen). Nicht selten erkundigt sich die Frau nach seinem Befinden, oft unter einem anderen Vorwand. Allein die Häufigkeit von Anrufen, auch ohne Frage nach seinem Befinden, kann hierfür ein Anzeichen sein. Sie vergewissert sich so unauffällig, ob er noch lebt. Kleine Besorgungen werden ungebeten gemacht. Häufig wird dies vom Mann dahingehend fehlinterpretiert, die Frau komme wieder auf ihn zu. In Wirklichkeit dürfte es sich bei der Frau oft um die »unbewusste pathogenetische Überzeugung« (»unconscious pathogenetic belief«, Weiss/Sampson 1986) handeln, wenn sie ein zu erfolgreiches, zu fröhliches und zu unabhängiges Leben führe, schade dies – über Vergeltungsangst – ihr selbst, oder sie könne Freiheit nur erlangen, wenn sie dem Verlassenen (wie früher ihrer Mutter) einen Ersatz biete.

12.16 Die Kälte der verlassenden Frau gegen Restbindungen

Die häufigen aggressiven Äußerungen der Frau gegenüber dem Mann *vor* der Trennung (insbesondere in Form von Spott, Hohn, Demütigung) lassen sich als Versuch verstehen, ihn wegen ihrer Angst vor Rache und wegen ihrer Schuldgefühle loszuwerden, indem sie sich denkbar unattraktiv macht (»Beißzange«, »Vergrätzen«, außerdem Gewichtszunahme bis zur Unattraktivität, ungepflegtes Äußeres, unvorteilhafte Haartracht, Abschneiden der langen Haare, Plattdrücken der Brüste, »omahafte« Unterwäsche). Zugleich handelt es sich hier um Wendung gegen sich selbst – aus Schuldgefühlen, so aggressiv und kalt sein zu müssen. Ist die Trennung vollzogen, kann sie es sich erlauben, sich wieder attraktiver zu machen und freundlicher zu ihm zu sein.

Bis dahin arbeitet sie durch Kälte, Aggressivität und Entstellung des Partners auch eigenen restlichen Bindungen entgegen (Reaktionsbildung). Dass dies bei der Frau mit innerer Motivation (Abwehr von Restbindungen) zu tun hat, ist daran erkennbar, dass diese Entstellungen auch dann nicht aufgegeben werden, wenn sich der Mann endgültig aus ihrem Gesichtskreis entfernt hat. Das Entsprechende bei einem Mann habe ich noch nie gesehen. Offenbar kann der Mann seine Restbindungen leichter tolerieren.

Die Zuschauer wirken aus ihren eigenen Motivationen mit, insbesondere aus Neid auf die bislang gute Beziehung und aus ihrem Wunsch, ihre Ideologie zu verbreiten und Anhänger zu gewinnen. Besonders geschiedene Frauen legen nicht selten missionarischen Eifer an den Tag und überreden Freundinnen, sich ebenfalls zu trennen. Weil Trennung im Zeittrend liegt, fällt dies vielen nicht auf. Immerhin vermeiden viele Ehepaare aus diesem Grund nähere Kontakte mit alleinstehenden Frauen. Dass Frauen nur darauf warten, den Platz der sich trennenden Frau, der sie zuvor zur Trennung geraten haben, einzunehmen, ist eine Komplikation und erklärt nicht das Massenphänomen.

12.17 Der Stolz der Frau auf die erreichte Selbstständigkeit

Auffallend ist der Stolz der Frau auf das Erreichen eines »selbstständigen Lebens« und ebenso, wie sehr sie auch hierfür von Freundinnen bewundert wird und diese Bewunderung auch genießt. Dies lässt auf eine tiefsitzende, in der Kindheit verwurzelte, nicht pathologische (weil zur normalen Entwicklung gehörende) Sehnsucht nach Loslösung von der Mutter und nach Eigenständigkeit (die sie auch auf ihre Beziehung zu ihrem Mann *überträgt*) schließen. Gerade bei Frauen (s. auch Kapitel 6.5 Primäre Weiblichkeit, weibliche Identität) bleibt diese Tendenz bestehen, nur unterbrochen von einer kurzen Fortpflanzungsphase, in der sie sich dem Schutz eines Mannes unterstellt. Auch unter evolutionsbiologischem Gesichtspunkt ist dieser Ablauf plausibel. Die Selbstständigkeit war und ist schon deshalb von Vorteil, weil sie die Überlebenschancen ihrer Nachkommen verbessert, neben ihren eigenen.

Oft liegt aber außerdem ein präödipaler Konflikt zugrunde, dessen Wurzeln in der frühen Kindheit zu suchen sind, mit dem Wunsch nach Abtrennung, Eigenständigkeit und Angst, diese Ziele nicht erreichen zu können.

Häufig handelt es sich zugleich um die Ablösung von einem überprotektiven Mann, von dem sie sich zu dem gleichen fürsorglichen, liebenden Verhalten gezwungen fühlt und der sie wohl zu sehr an ihre Mutter erinnert. Die oft zu hörende Klage, sie sei von ihrem Mann tyrannisiert worden, erhält hierdurch, wenn nicht gestützt durch den üblichen Sinn, eine tiefere Bedeutung.

12.18 Angst vor Ungehorsam gegenüber den Eltern

Auch die Angst, den Eltern ungehorsam zu sein, dürfte oft dafür verantwortlich sein, eine Beziehung aufzulösen oder sich gar nicht erst auf eine tiefere Bindung einzulassen. Denn die Eltern in unserer Zeit, wie die gesamte Gesellschaft, haben die Frauen von Kindheit an indoktriniert, selbstständig sein zu müssen, und die Frauen haben nichts weiter getan, als ihnen zu gehorchen, indem sie Karriere machten und auf eigene Kinder (zu denen ihnen niemand, auch nicht die eigenen Eltern, geraten hat) verzichteten. Hier handelt es sich um das Gegenteil von Emanzipation im Sinne einer innerlich freien Entscheidung, nämlich um ein Verharren in einer infantilen Gehorsamkeitsposition gegenüber Eltern und Gesellschaft. Dies erklärt das massenhafte Erscheinen einer abgelösten Selbstständigkeitsideologie auf allen Ebenen der Gesellschaft, auf Kosten von Gemeinschaftssinn, Kooperation und Verantwortung für andere. Es fehlt einstweilen die Emanzipation von der letztlich elterlichen und gesellschaftlichen Emanzipationsideologie.

12.19 Selbstständigkeitsdrang, »matrimoniale Klaustrophobie«

Durch seine Verbreitung fällt der Selbstständigkeitsdrang nicht als pathologisch auf. Übersteigerter Individualismus ist in der westlichen Welt die Regel. Von außen gesehen wirkt dies oft als Überheblichkeit, Egozentrismus, Lust an Willkür und Erniedrigung des anderen, Verantwortungslosigkeit, Rücksichtslosigkeit, Bedenkenlosigkeit, Leichtsinn und gleichsam schlafwandlerische Sicherheit bei der Durchführung der Trennung. Der Eindruck des

Trancehaften wird noch verstärkt durch das auffällige Ausblenden (Abwehr durch Verleugnung) der zwangsläufigen Trennungsfolgen, der Belange des Partners und der Möglichkeit, dass es sich bei einem neuen Partner nur um ein Strohfeuer handelt. Man hat oft den Eindruck, dass der Optimismus, auch ohne neuen Partner, der absoluten Zuversicht des Jugendlichen ähnelt, der das Elternhaus verlässt.

Aus vielen Gesprächen gewann ich den Eindruck, dass Frauen in dieser Situation nicht das Gefühl haben, hier selbst etwas ins Werk zu setzen. Sie sind höchst erstaunt, wenn sie darauf hingewiesen werden, dass die Trennung ihre Entscheidung ist, obwohl ihnen hiermit nichts Neues gesagt wird. Das Hingewiesenwerden auf ihre Autorschaft löst bei ihnen neben Erstaunen auch Unbehagen aus. Von außen gesehen, wirken sie mehr als Getriebene denn als Treibende und fühlen sich auch zweifellos so, als ob sie selbst es nicht gewesen seien. Die Trennung erleben sie mehr als etwas, das früher oder später einfach sein muss, und nicht als selbst zu verantwortende Entscheidung. Nur die Wahl des Zeitpunktes wird als eigene Entscheidung erlebt.

Ähnlich hat auch der Jugendliche bei seinem Auszug aus dem Elternhaus nicht das Gefühl der persönlichen Entscheidung, die etwa diskutiert werden müsste oder könnte. Auch er zieht unter dem Eindruck der Selbstverständlichkeit aus und hat das Gefühl der persönlichen Entscheidung nur, was den speziellen Zeitpunkt betrifft. Es herrscht das Gefühl vor, dass es an der Zeit ist, auszuziehen, und auch die beispielsweise von den Eltern angebotene kostenlose Einliegerwohnung kann nichts daran ändern. Hier entsteht der Eindruck, dass es um die Erfüllung eines evolutionär vorgegebenen Programms geht (wie bei den Tieren, die ja auch zu einem bestimmten, vorgegebenen Zeitpunkt das Nest verlassen), hinter dem das Individuelle und Konflikthafte zurücktritt.

Offensichtlich wird auch sehr oft der Streit nur gesucht, um die Trennung vollziehen zu können, ebenfalls ganz ähnlich dem Jugendlichen, der auszieht. Auch er sucht allenfalls nach einem Anlass, der Entschluss selbst steht längst fest. Oft äußern Jugendliche, sie könnten sich wegen Streitigkeiten mit ihren Eltern nicht auf ihre Ausbildung konzentrieren oder sie wollten nun mit ihrem Partner zusammenziehen. So werden Gründe geliefert und Schuldgefühle vermindert, den anderen bzw. die Eltern allein zu lassen, aber auch der Entschluss selbst durch Kappung von Bindungen, die noch bestehen, gefestigt. Auch während der Trennung von Paaren bestehen ja noch Bindungen und es werden Gelegenheiten gesucht und geschaffen, diese zu lösen, damit die Fahrt losgehen kann.

Vor diesem Hintergrund sind auch die Gegenübertragungsreaktionen des verlassenen Ehemannes zu verstehen: Ratlosigkeit, maßloses Erstaunen, Verzweiflung und Entsetzen über die Folgen und über den Verlust jeglichen Einflusses auf seine Frau, wenn diese einmal zur Trennung entschlossen ist. Sie mag ihm wie plötzlich unansprechbar, »wie verhext«, erscheinen. Offenbar reagiert der Mann hier auf etwas, von dem er spürt oder ahnt, dass es sich um ein unvorhersehbares und unabänderliches Naturereignis handelt, gegen das er mit noch so geeignet erscheinenden Argumenten, Beteuerungen, Handlungen oder Gefühlen nichts ausrichten kann. Es muss ihm scheinen, als laufe plötzlich sein Lebensplan nach anderen, kafkaesk-unbegreiflichen Gesetzen ab, die zudem seltsam mit den Gesetzen des Staates (Unterhalt, Verlust der Kinder) übereinstimmen. Vielleicht sind es Naturgesetze, die hier zum Tragen kommen, nachdem gesellschaftliche und religiöse Tabus ihre Gültigkeit eingebüßt haben, und von denen wir in Schule und Studium nie etwas hörten.

Ursächlich beteiligt mag auch sein, dass die Frau trotz aller Verleugnung und Fitnessbestrebungen weiß, dass sie von der biologischen Uhr härter getroffen wird als der Mann. Diese schließt ein, dass es sich um die letzte Gelegenheit handelt, von einem anderen Mann zu empfangen. Zusätzlich dürften hormonelle Umstellungen bewirken, dass die Frau um 40 zur Unruhe neigt. Der häufig in diesem Zeitabschnitt zu hörende Ausspruch, es sei die letzte Gelegenheit, sich von seinem Mann zu befreien und zur Selbstständigkeit zu finden, wird zudem nicht zu Unrecht mit der umgangssprachlichen »Torschlusspanik« gleichgesetzt. »Torschluss« verweist auf das Gefühl des Eingesperrtseins. Es kann damit die letzte Gelegenheit gemeint sein, sich von der Mutter oder ihrem eigenen Sog in eine symbiotische Mutterbeziehung, nach Übertragung auf den Partner, zu befreien. Man könnte das klinische Bild dann als »matrimoniale Klaustrophobie« bezeichnen. Aber auch hier, wie bei den üblichen Phobien vor Spinnen und Schlangen, steht die Angst nicht im luftleeren Raum, sondern knüpft an gewisse Realitäten an, hier an das tatsächlich Gefängnishafte der Ehe, wie es jedenfalls in weiten Kreisen empfunden wird und sich auch oft einstellen mag. In meiner Jugend spielten Schulkinder gerne ein Spiel, bei dem aus einigen wenigen Streichhölzern ein anderes Wort für »Gefängnis« gelegt werden sollte. Warum war es so beliebt?

12.20 Angst gegenüber anderen Frauen

Zu den Ängsten von Frauen, die ihren Partner verlassen, gehört auch die Angst, gegenüber anderen Frauen, die schon getrennt oder geschieden leben, ins Hintertreffen zu geraten. Über die Konkurrenz der Frauen untereinander wird heute kaum gesprochen. Diese blüht aber ungeachtet des Emanzipationsthemas, verdeckt durch dieses, mehr denn je. Die Frau von heute sieht sich in ihrem weiblichen Bekanntenkreis nach Vorbildern um, »die schon weiter sind« und hinter die sie nicht zurückfallen möchte.

Insgesamt habe ich den Eindruck, dass sich Erwachsene in Sachen Zusammenbleiben oder Trennung oft wie Kinder verhalten. Kopflos laufen sie auseinander. Dabei ist es der Frau oft weniger möglich, eine emotional unbefriedigende Situation auszuhalten, als dem Mann.

12.21 Auffassungen von Ehe vs. Liebesaffäre

Deutlich ist auch, dass die Auffassungen von Ehe verschieden sind: Handelt es sich um eine ganze Lebensplanung mit Liebe, Erotik, Zusammengehörigkeitsgefühl und gegenseitiger Verpflichtung oder nur um eine vorübergehende emotionale Neigung, die von einer anderen beliebig abgelöst (»ausgeknipst«) werden kann? Von vielen wird der Unterschied der Ehe zu einer Liebesaffäre nicht mehr gesehen. Hierzu die Äußerung einer Patientin: »Ich liebe ihn nicht mehr – warum soll ich bei ihm bleiben«?

Ein weiterer Eindruck ist der, dass sich viele Frauen nur den Kindern gegenüber verpflichtet fühlen. Hierbei ist auch an Gesichtspunkte der Evolution zu denken (Weitergabe der eigenen Gene, Schutzbedürftigkeit). Der Mann, so wird erwartet, kann für sich selbst sorgen. Dass ein Mann zur Monogamie erzogen wird und unglücklich ist, die Liebe seiner Frau zu verlieren, war vielleicht in der Evolution nicht vorgesehen, das heißt, solches hätte nur seine Fortpflanzungschancen eingeschränkt. Es gab genügend jüngere Frauen. Einschränkungen wie heute gesetzlich festgelegt (Verarmung durch Unterhalt und Vermögensteilung) gab es dabei nicht, sie waren ebenfalls in der Evolution nicht vorgesehen. Noch nie war einseitiges Verlassen der Lebensgemeinschaft finanziell und sozial so abgesichert, ja für den wirtschaftlich Schwächeren sogar belohnt, wie heute. Evolution und gesellschaftliche Entwicklungen dürften Rahmenbedingungen setzen, unter denen sich individuell-psychisches Leben entfaltet.

Es gibt übrigens auch zahlreiche Paare, die bestens wieder miteinander auskommen, manchmal sogar mit Sexualität, wenn sie erst einmal getrennt leben und die Disziplin haben, den Disput auch telefonisch nicht fortzusetzen.

12.22 Trennungen und Scheidungen nach Niederkunft

Trennungen und Scheidungen nach Niederkunft sind unverhältnismäßig häufig. Deshalb können auch hier individuelle Erklärungen allein nicht ausreichend sein. Das Kind ruft in der Mutter Fantasien von Einheit und Vollkommenheit hervor (»Selbstobjekt«, »Symbiose«, »one-body-fantasy«, »cornucopia fantasy« [Füllhorn-Fantasie], »fantasy of parthenogenesis«). Gleichzeitig soll die Mutter aber auch die Eigenständigkeit des Kindes anerkennen, sogar fördern. Dies führt zu entsprechenden Verlustängsten (Mendell/Turrini 2003, s. auch Kapitel 6.6 Schwangerschaft, Mutterschaft).

Während einer Schwangerschaft kommt es zur Entwicklung des Selbst und der Ich-Funktionen, mit Ich-Wachstum und dauerhaften charakterologischen Veränderungen – dies auch in Zusammenhang mit der Antworthaltung und Anpassung gegenüber dem Kind, mit der Unterbrechung des sexuellen Kontaktes und auch mit einer veränderten Einstellung zur Gesellschaft. Deren Idealisierung der Mutterschaft kann die Frau genießen, gegen deren Feindseligkeit (Neid, finanzielle Nöte, fehlende soziale Unterstützung) hat sie sich aber auch zu wehren (Mendell/Turrini 2003).

Parallel zur Hinwendung zum Kind muss die Frau auch ihre eigenen Bedürfnisse und Entwicklungslinien verfolgen, was Schuldgefühle gegenüber dem Kind auslösen kann (Mendell/Turrini 2003).

Die anerkannt stärkere Bindung der Frau an ihre Mutter wirkt sich gewiss auf die Ehe und die Zeit nach der Trennung aus. Nach Balsam und Fischer (2006) wird diese Bindung nicht durch die an den Mann ersetzt.

Dies alles muss auf die Beziehung zum Mann Auswirkungen haben. Er fällt in seiner psychischen Bedeutung für sie zurück. Bei einer Trennung kann sie darüber hinaus alles mitnehmen, was ihr wesentlich ist: sich selbst und ihre Mutterschaft, die weibliche Atmosphäre, ihre Jugend (wenn sie, wie häufig, jünger ist) und damit die Atmosphäre von Zukunft, ihre Kinder, deren Freundeskreis und die Mütter der Freunde, den Hund (der ebenfalls ein Mutter-Kind-Verhältnis repräsentiert) und fast alle sozialen Beziehungen. Oft kann sie auch die Wohnung behalten. Sie verliert weit weniger als der Mann. Auch aus diesen Gründen fällt ihr Trennung/Scheidung in der Regel leichter, und daher geht auch die weitaus größere Anzahl von Trennungen/Scheidungen von Frauen aus.

Oft machen sich Frauen in solchen Situationen keine Gedanken um den Mann. Von außen sieht dies wie Verantwortungslosigkeit aus und wird auch oft so bezeichnet. Wahrscheinlich aber spielen die oben erwähnten Vollkommenheitsgefühle eine größere Rolle. Obwohl sie die Alltagsschwierigkeiten nun allein bewältigen muss, lebt sie subjektiv behaglich in einer Art Kokon. Für den ehemaligen Partner ist einfach kein Platz mehr in ihrem Fantasieleben, nicht einmal ein Gefühl, dass ein Bruch stattgefunden hat. Neue Beziehungen spielen oft nur eine beiläufige Rolle, jedenfalls zunächst. Sie haben – ähnlich wie beim Jugendlichen, der auszieht – die Trennung in der Regel nur erleichtert, aber nicht verursacht.

12.23 Nachahmung

Auch Nachahmung (»imitation«) spielt bei Partnerschaftskonflikten eine sehr große Rolle. Die meisten verheirateten Frauen sind heute von einem Kranz getrennt lebender oder geschiedener Freundinnen und Kolleginnen umgeben. Der Kontakt mit diesen ist in der Regel weit intensiver als der Kontakt unter Männern.

Der therapeutische Raum bei Paartherapien ist stets von sehr beteiligten, ständig Stellung nehmenden Zuschauern gefüllt und der Therapeut arbeitet in einem Sextett oder einem Oktett mit entsprechenden Übertragungen und Gegenübertragungen. Eine Entrümpelung von diesen Außenpersonen (»progressive depopulation of the room«, gefordert von D. Cooper 1971, S. 7) ist selbstverständlich unmöglich und das Beste ist immer noch, sie in Gedanken und Deutungen mit einzubeziehen. Nicht selten ist zudem auch bereits der Partner in Psychotherapie. Diese Umstände komplizieren die Behandlung so sehr, dass es manche Therapeuten aufgeben oder es mit der Zeit tief bereuen, sich auf eine Behandlung überhaupt eingelassen zu haben. Denn man hat es hier nicht nur mit seinen eigenen Übertragungen und Gegenübertragungen und denen des Patienten zu tun, sondern auch mit denen des anderen Therapeuten – ob dieser sich nun verbal äußert oder nicht.

Die Zuschauer vertreten oft die These, der neue Mann sei ausschlaggebend für die Trennung gewesen. Sie greifen zu solchen Rationalisierungen, weil auch ihnen der ganze Vorgang unheimlich ist, nicht zuletzt auch im Hinblick auf ihre eigene Beziehung/Ehe. Um dieser Angst vor dem Unheimlichen auszuweichen, machen sie sich den Vorgang »plausibel«, indem sie das Ängstigende in eine banale Alltagsstory einbinden.

12.24 Erneute Bindungen

Die Wiederheirat oder erneute Bindung des Verlassenen, evt. mit erneuter Elternschaft, ist auch eine Demonstration nicht nur für sich selbst, sondern auch für die Zuschauer, dass der Verlassene überlebt und in der Lage ist, andere Partner zu finden. Er möchte darüber hinaus den Partner, der ihn verlassen hat, zum passiven Zuschauer machen (ihn demütigen), so, wie er selbst vielleicht zuvor passiv ausgeliefert war und sich erniedrigt gefühlt hat. Rachewünsche bis hin zu mehr oder weniger regelhaft auftretenden Todeswünschen verstecken sich hinter der üblichen Fassade von »Toleranz und Verständnis«. Sie sind als Kompensation für Niederlagen, besonders auch ödipale, zu verstehen. Die Niederlage ist vor dem Anblick anderer (mindestens zweier anderer in der ödipalen Situation) geschehen; nun soll sie durch Erniedrigung des Täters vor anderen ausgeglichen werden.

Die Demonstration der Rache ist nach Lafarge (2006) dem Rächer genauso wichtig wie die Rache selbst, dient sie doch auch gegenüber Außenpersonen als Wiederherstellung der Achtung. Rachewünsche werden oft unbewusst abgewehrt und auch bewusst aus Schamgefühl, Schuldgefühl, Angst vor Geringschätzung durch andere und Angst vor Vergeltung geheim gehalten. Dies weist auf tiefere eigene Skepsis gegenüber der Berechtigung solcher Rachewünsche hin (Schuld- und Schamgefühle).

Von Therapeuten wird leicht übersehen, dass sich aggressive Regungen des Patienten auch gegen den Therapeuten richten und in Verschiebung auf den Partner dargestellt werden. In beiderseitiger Kollusion werden die bidirektionalen aggressiven Emotionen gern nach außen, auf den Partner gelenkt.

12.25 Folgebeziehungen nach Trennung

Nach dem Verlassenwerden, das nahezu stets als ungerecht und unbegreiflich erlebt wird, ist weiterhin die Angst groß, noch einmal erniedrigt zu werden, etwa dem ehemaligen Partner nunmehr in dessen neuer Partnerschaft oder gar mit einem neuen Nachkommen zu begegnen, womöglich allein und in depressivem Zustand, häufig auch für alle sichtbar finanziell durch den Aderlass der Vermögensteilung und der nicht enden wollenden Unterhaltszahlungen erkennbar verarmt. Diese Gefahr ist durchaus nicht unrealistisch, besonders bei Familienfeiern der Kinder, zu denen beide Elternteile geladen sind. Hiergegen schützt eine neue stabile, »gut aussehende« Partnerschaft des Verlassenen. Jedoch spürt auch der neue Partner, dass er hierzu benutzt wird.

Viele Partner, die an einer tiefen Bindung an ihre Mutter festhalten, sind gar nicht mehr in der Lage, sich in erneute Abhängigkeit zu begeben. Die geographische Distanz zur Mutter hilft hier nicht weiter, sondern dient allenfalls der Selbsttäuschung (Negation der Abhängigkeit). Die neue Beziehung kann in solchen Fällen nicht von der gleichen Qualität sein wie die vergangene. Dies ist gewiss eine der Ursachen für das häufige Auseinanderbrechen von Folgebeziehungen.

Ein verlassener Mann möchte häufig auch gegenüber den Kindern nicht als endgültiger Verlierer dastehen. Er tritt unter Umständen sogar in eine ödipal anmutende Konkurrenz zu diesen, indem er sich mit einer ganz jungen, »beeindruckenden« Frau verbindet oder sogar noch mit ihr Kinder hat oder indem er demonstrativ mehr als eine Freundin gleichzeitig in natura oder anhand von Fotos vorweist.

12.26 Reaktionen der Kinder auf erneute Beziehungen

Negative Reaktionen der Kinder sind vorgezeichnet, besonders wenn sie das an sie Gerichtete, die ihnen zugewiesene Zuschauerrolle spüren, wenn also das Demonstrative, Konkurrierende im Vordergrund steht. Dem verlassenen Elternteil möchten sie nach meiner Erfahrung oft eine neue glückliche Beziehung »nicht erlauben« (Identifizierung mit dem Aggressor, dem Verlassenden), wohl aber dem verlassenden Elternteil. Insbesondere ist eindrucksvoll, wie wütend Kinder werden können, wenn der verlassene Vater noch einmal heiratet.

Ich habe nicht den Eindruck, dass hier lediglich Ängste vor materieller Benachteiligung im Erbfall (und zu Lebzeiten) wirken. Diese Ängste liegen zwar vor, werden aber als Deckängste eingesetzt, um die eigentliche Angst zu verdecken (zu verdrängen), nämlich die vor der Umkehrung des Eltern-Kind-Verhältnisses.

12.26.1 Umkehrung der Eltern-Kind-Verhältnisse

Es geht hier um ödipale Ängste und Schamgefühle, den Vater doch nicht ödipal überwunden zu haben bzw. nach dem Ausscheiden der Mutter doch nicht sein »ewiger Liebling« zu sein, also auch um alte Verlustängste auf präödipalem und ödipalem Niveau. Der verlassene Vater hat wider Erwarten plötzlich eine eigene hoffnungsvolle Zukunft, statt diese allein seinen Kindern zu überlassen oder sogar – in ersehnter Umkehrung der Verhältnisse in deren Kindheit – von ihnen abhängig zu werden. Statt der erwarteten Entwicklung tritt eine Umkehrung der ödipalen Verhältnisse ein: Der Vater, auf dem Absterbeast gesehen, sieht – was nimmt er sich heraus? – womöglich neuen Vaterfreuden entgegen. Seine neuen Kinder sind unter Umständen entschieden jünger als die Kinder seiner Kinder.

Auch bei den Kindern seiner neuen Partnerin hat der Vater keine guten Karten. Er wird mitleidig, allenfalls gönnerhaft behandelt und muss sich einer strengen Prüfung unterziehen, ob er die Mutter wirklich wert ist und ob er ihnen Mutter und Erbteil wegnimmt. Die neue Partnerin versteckt ihn meist zunächst vor ihren Kindern, auch wenn sie erwachsen sind und schon das Haus verlassen haben, weil sie deren Einwände fürchtet. Auch sie muss sich von ihnen ermahnen lassen, Warnungen entgegennehmen, Verbote anhören, und sie kann froh sein, wenn sie schließlich deren »Einverständnis« erlangt, nachdem sie versprochen hat, »vorsichtig« zu sein.

Die Eltern werden zu Schützlingen (Kindern), die man daran hindern muss, ins Unglück zu rennen (»Vater, sei vorsichtig, bleib bei den Pferden hinten und bei den Frauen vorne weg, komme nicht mit einem Kind nach Hause«).

12.26.2 Verleugnung des eigenen Verlustes, Idealisierung, Selbstbeschuldigung des Kindes

Hierbei spielt auch eine Rolle, dass sich die Kinder eine Story zurechtgelegt haben. Der Verlassene ist in dieser Story der Verlierer und er soll der Verlierer bleiben – sonst müssten sie ihre Story umschreiben und dies ist nur unter Anstrengungen, insbesondere unter Entwicklung von Scham, dass man sich geirrt hat, möglich. Der verlassende Elternteil hingegen ist der Sieger und soll (darf) es auch bleiben, weil die Story hierzu nicht geändert werden muss.

Die neu zueinander gefundenen Partner haben nach der Trennung von ihren alten Partnern die schwierige Aufgabe, sowohl ihren eigenen Bedürfnissen als auch denen ihrer Kinder gerecht zu werden.

12.26.3 Patchwork-Familien: Stiefeltern, Stiefgeschwister

In Patchwork-Familien tritt noch die Schwierigkeit hinzu, Stiefkindern gegenüber elterliche Funktionen zu erlernen. Angetrieben von intensiven Rettungsfantasien vernachlässigen Stiefeltern bisweilen ihre eigenen Erwachsenenbeziehungen. Sie können blind sein gegen die Fehler ihrer Partner, wenn sie sich zu sehr darauf konzentrieren, für die eigenen und für die Stiefkinder alles richtig zu machen, beispielsweise Vater und Mutter zugleich sein wollen (Cath et al. 2001).

Stiefvater, Stiefmutter, aber auch Stiefgeschwister sind oft Gegenstand von Anfeindungen oder raffinierten Listen mit dem Ziel, sie zu entfernen, um so die ursprünglichen Bindungen zu erhalten. Hier sind die Loyalitätskonflikte noch vielfältiger, denn das Kind kann sich plötzlich mit einer Unzahl von neuen, meist wohlmeinenden »Verwandten« wie Onkeln, Tanten, Cousinen konfrontiert sehen, die es emotional überfordern (Cath et al. 2001).

Nach der Trennung der Eltern nimmt das Kind eine anklammernde Haltung ein. Dabei vermeidet es – von einem gewissen Alter an – nach Möglichkeit, zu offen seine Anhänglichkeit an den einen Elternteil zu zeigen, wenn der andere anwesend ist. Es kann sich nicht leisten, einen Elternteil zu verprellen. Aus demselben Grund redet jedes Kind dem Elternteil nach dem Mund, der es momentan betreut, und bleibt diesem auch demonstrativ zugewandt, wenn der andere Elternteil abwesend ist. Solche Verhaltensweisen sind für das Kind lebensnotwendige Anpassungsleistungen und keineswegs das Zeichen von Krankheit und auch nicht krankheitsweisend. Hingegen ist es für das Kind nicht erreichbar, sich beiden Eltern gleichzeitig voll zuzuwenden.

Eine weitere mögliche Reaktionen des Kindes ist die Annahme elterlichen Rollenverhaltens, mit Erteilen von altklugen Ratschlägen an andere Erwachsene (vorzugsweise, wie sie Verluste vermeiden sollen), bei gleichzeitiger Verdrängung (Verleugnung) ihres eigenen Verlustes und Idealisierung ihrer Kindheit (Cath et al. 2001).

Die Trennung der Eltern ist immer eine Belastung für das Kind und hinterlässt in ihm zunächst einen Riss in den Loyalitäten, in der Beurteilung der Streitigkeiten und in vielen Sichtweisen, die anderes betreffen. Das Kind ist in seiner Selbstachtung betroffen, und zwar bis in sein Erwachsenenleben hinein. Meiner Beobachtung nach hat sich auch jedes Kind – wie die Eltern selbst – mit Selbstbeschuldigungen auseinanderzusetzen (und diese schließlich aufzugeben!). Es meint, irgendwie an den schweren Auseinandersetzungen der Eltern und deren plötzlicher Veränderung und somit auch an der Trennung der Eltern schuld zu sein oder wenigstens mit anderem Verhalten in der Lage gewesen zu sein, die Trennung zu verhindern. Hierbei ist wieder wie bei den posttraumatischen Belastungsstörungen und wie bei den sich trennenden Eltern selbst zu beachten, dass in dieser Interpretation auch etwas Tröstliches, Heilendes liegt: Denn ihr zufolge ist das Kind nicht nur passives Opfer, sondern kann sich als selbst aktiv Beteiligten sehen (s. Kapitel 4.19.4 Posttraumatische Belastungsstörung). Dies bedeutet, dass es nicht schicksalhaft ausgeliefert war, sondern das Unheil hätte verhüten können, und dass es in Zukunft nicht ausgeliefert sein wird und das Unheil wird verhüten können, wenn es nur nicht den »gleichen Fehler« wieder begeht.

12.26.4 Falsche Katastrophenszenarien

Das Kind hat nach der Trennung der Eltern wohl den einen, dann den anderen Elternteil, aber nicht mehr beide zugleich. Nach Herzog (2001) und anderen Autoren entbehrt das Kind der »self-with-father-and-mother-together-representations« und ist dadurch behindert, ein Gefühl für »triadische Realität« (»triadic reality«) zu entwickeln. Die Beziehung zwischen den Eltern mache die Welt des Kindes einheitlich. Es werde so ein Dreiecksraum (»triangular space«)

geschaffen, in welchem das Kind sich entfalten könne. Es sei in diesem Dreieck ein aktiver Teilnehmer, könne die Beziehung zwischen den Eltern beobachten und lasse sich von jedem der Eltern und von beiden Eltern beobachten. Das Fehlen einer triadischen Realität führe zu Schwierigkeiten in der Selbstrepräsentation, der Objektwahl und zu einer verminderten Liebesfähigkeit.

Es ist leicht, derartige vollmundige Katastrophenszenarien und entsprechend hoffnungsvolle Therapieszenarien zu entwerfen und sie mit zurechtgemachten Fall-»Vignetten« zu schmücken. Die klinischen Beschreibungen sind aber dürftig. Eine Abgrenzung gegen andere Ursachen solch schwerer Fehlentwicklungen wird nicht versucht. Vor allem sind solche Behauptungen schon wegen ihrer Pauschalität unglaubwürdig. Sie wirken mehr wie für eine Publikation oder einen Vortrag geschrieben – sozusagen am grünen Tisch entworfen – und entsprechen in keiner Weise der klinischen Wirklichkeit. Man stelle sich doch einmal konkret einen Menschen vor, der Störungen in der Selbstrepräsentation, in der Objektwahl und in seiner Liebesfähigkeit hat – ein wahres Monstrum. Nicht einmal ein an einer schizophrenen Psychose Erkrankter weist solche Störungen auf, oder höchstens nur andeutungsweise im winzigen Wahnbereich, und auch hier höchstens zeitweise. Hier wurde aus Konstruktionslust und aus einer unreflektierten Übertragung des Therapeuten (Rettungsfantasien, Selbsterhöhungsfantasien) pathologisiert und dramatisiert.

Außerdem besteht hier der gleiche Widerspruch zwischen der behaupteten Schwere der psychischen Fehlentwicklung und der Eleganz, mit der diese laut Behandlungsbericht analytisch behoben wird, wie im Kleinianismus.

12.26.5 Kompensationsmechanismen

Es wird übersehen, über welche Kompensationsmechanismen, über welchen Erfindungsreichtum jedes Kind verfügt, um seine naturgegebenen Anlagen zu verwirklichen. Diese sind gewiss nicht darauf angewiesen, dass beide Eltern dem Kind gleichzeitig zur Verfügung stehen.

Die Kompensationsmechanismen sind schwer zu beschreiben und in ihrem Verlauf zu verfolgen, weil sie auf leisen Sohlen gehen und weil diese Kinder bis auf Ausnahmen nie in Psychotherapie kommen. Das Kind wird sich auf andere Weise das beschaffen, was es zu seiner gesunden Entwicklung benötigt. Insgesamt dürfte das Kind speziell auch die Geborgenheit, die es benötigt, sehr wohl erreichen. Dazu kommt, dass es auch noch im Erwachsenenleben Gelegenheiten dazu hat und sie wahrnimmt. Die Entwicklung ist keineswegs mit der Kindheit abgeschlossen. So kann das Kind Selbstrepräsentation auch auf andere Weise erwerben und tut dies zweifellos auch. Warum soll nur Psychoanalyse hilfreich sein? Eine solche Sichtweise ist statisch, undynamisch, von der Annahme des endgültig Defektuösen geprägt und erkennt im Kind nur ein passives Opfer. Auch dass ein Kind aus einem Trauma seelischen Gewinn und Wachstum entwickeln kann, kommt nicht in die Diskussion (meines Wissens nur bei Argelander 1971–1978).

Eine gewisse Distanzierung (räumlich, zeitlich) vom Vater ist nach meinem Eindruck eher von Nutzen. Der Vater erscheint so besser konturiert gegenüber der stets anwesenden und umsorgenden Mutter, und er erweckt im idealen Fall nicht den Eindruck, sein Kind zu benötigen. Dies macht ihn in den Augen des Kindes eher unabhängiger und größer (die sprichwörtliche Macht des Abwesenden) und deshalb zur Identifikation geeigneter als die Mutter. Besonders für den Sohn ist diese Identifikation eminent wichtig. Hier ist auch an evolutionäre Niederschläge in der Psyche des Kindes zu denken (der Vater als häufig abwesender Jäger). Auch kann das Kind gewiss Gewinn daraus ziehen, dass sich nun beide Eltern getrennt voneinander mit ihm befassen können. Es hat jeweils über Tage einen Elternteil ganz für sich.

12.26.6 Bemühungen des Kindes

Bemühungen des Kindes, die Eltern wieder zusammenzubringen, sind – wenn überhaupt – nur anfangs zu beobachten. Sie sind nach meinen Beobachtungen nicht sehr intensiv und werden meistens früh wieder aufgegeben, weil die Kinder das komplizierte Beziehungsgeflecht nicht erkennen können, wohl aber spüren, dass sie nichts ausrichten können. Je nach Entwicklungsstand sehen sie außerdem die Situation in Teilen oft realistischer als die Eltern selbst. Denn auch wenn die Kinder nicht alles verstehen, haben sie ein untrügliches Gefühl für die nicht überbrückbaren emotionalen Dissonanzen der Eltern und sie sind gar nicht in der Lage, Intellektualisierung, Verleugnung und andere Abwehren anzuwenden.

12.26.7 Die einheitliche Geschichte, Story des Kindes

Liegt die Trennung der Eltern schon etwas zurück, dienen die Bemühungen des Kindes dazu, den psychischen Belastungen innerlich nicht nur standzuhalten, sondern aus ihnen sogar Gewinn zu ziehen und zu einer eigenständigen, gesunden Entwicklung zu kommen.

Dabei versuchen sie, sich aus den ihm inkohärent erscheinenden, fragmentarischen Äußerungen und Verhaltensweisen der Eltern eine in sich stimmige, einheitliche Story (s. auch Kapitel 7.4 Das Erstinterview) zu schaffen, in der sie einen gesicherten oder sogar bevorzugten Platz einnehmen, und nicht nur eine Story, die ihre eigene Entwicklung möglichst wenig behindert. Mit dieser positiven und gewinnbringenden Sichtweise können sie auch die Zuschauer, Freunde, ihre späteren Ehepartner und Psychotherapeuten zufriedenstellen und ruhigstellen.

12.26.8 Aufgesetztes Verständnis

Oft wird vom Kind auch »tiefes Verständnis« für den einen Elternteil geäußert und bedauert, dass dieser sich nicht eher getrennt habe. Nur zu oft handelt es sich hier um aufgesetztes Verständnis im Sinne einer Abwehr von Enttäuschung und Hass auf präödipaler und ödipaler Ebene. Abgewehrt werden auch eigene Schuldgefühle, so nicht selten darüber, den Konflikt zwischen den Eltern in der Rolle des Zuschauers noch mit Vergnügen angeheizt zu haben.

12.26.9 Parteiergreifen für einen Elternteil, Eigenentwicklung des Kindes

Tatsächliches Parteiergreifen für einen Elternteil und gegen den anderen ist nämlich die Regel und nicht die Ausnahme. Nicht selten werden sogar, aus den verschiedensten Motiven, begeisterte, anmaßende (d.h. unter emotional bedingtem, situativem Realitätsverlust) und erstaunliche Zustimmungen geäußert, so zum Beispiel: Jetzt habe der sich trennende Elternteil »endlich erkannt, was Leben und Lieben heißt«. Mit dem anderen Elternteil wolle man nichts mehr zu tun haben, er gehöre nicht mehr zur Familie, und man wolle nicht mehr mit ihm sprechen. Nicht selten folgt dem auch feindseliges Verhalten, so jahrelanges Nichts-mehr-von-sich-hören-Lassen und demonstratives Nichtgrüßen auf der Straße. Häufig ist dieses Verhalten nicht von dem Elternteil direkt veranlasst, dem sich die Kinder zugewandt haben, aber stillschweigend geduldet oder untergründig (nonverbal) gutgeheißen.

In vielen Fällen habe ich auch den Eindruck, dass sich gewisse Eigenentwicklungen im Kind ohne Zutun anderer aufschaukeln (»kindling«). Es handelt sich dabei um ein komplexes Motivationsgeflecht – man denke nur daran, dass das Kind mit dem Sich-Hineinsteigern in den Hass auch versucht, den gehassten Elternteil zu liebevollen oder ebenfalls aggressiven Gegenreaktionen zu bewegen (Kleinianer würden hier sagen: mittels projektiver Identifikation) und mit beidem eigene Schuldgefühle abzuwehren. Motivation ist also der Wunsch, nicht bloß passiver Zuschauer und Opfer zu bleiben, sondern aktiv mitzuwirken, aber auch der Wunsch, alte Rechnungen zu begleichen, etwa für vermeintliche oder tatsächliche Benachteiligungen.

Kinder und Jugendliche sind sehr leicht, tiefgehend und dauerhaft von einem Elternteil suggestiv zu beeinflussen, aber auch von Verwandten oder von Gleichaltrigen, vor allem aber durch parteiliche Therapeuten, Sozialarbeiter und Jugendämter. Aus Mangel an Lebenserfahrung sind sie einfach nicht in der Lage, Intrigen, Lügen und vorgefasste Meinungen zu durchschauen. Hinzu tritt, dass diese Außeneinflüsse mit den eigenen emotionalen Fehleinstellungen des Kindes oder des Jugendlichen oft eine unreflektierte Allianz (Kollusion) eingehen, die von dem anderen Elterteil nicht mehr aufzulösen ist.

12.26.10 Angst, nicht geliebt worden zu sein

Niemals habe ich gefunden, dass ein Patient nach der Scheidung der Eltern die Ansicht vertritt, er selbst oder der verlassene Elternteil sei nicht genug geliebt worden. Daraus schließe ich, dass genau dies die eigentliche Angst ist, die verdrängt bleiben muss. Denn diese Angst ist die größte für ein Kind und späteren Erwachsenen.

Das Gleiche gilt für die sich trennenden Eltern. Diese stellen Hypothesen auf, warum es zur Trennung gekommen ist und beschuldigen sich lieber selbst und lassen sich auch von anderen lieber selbst beschuldigen, als dass sie auf die Idee kommen, sie könnten vom Partner nicht mehr oder nie geliebt worden sein. Dies wäre einfach zu schmerzlich; es wird daher verleugnet.

12.26.11 »Freundliche Distanz« als Verleugnung

Stiefeltern können einen günstigen Einfluss auf die Entwicklung des Kindes haben (Cath et al. 2001). In nur 15% der Scheidungen bleibt es bei »freundlicher Distanz« der leiblichen Eltern untereinander und einem »unabhängigen Leben mit guten Kontakten des Kindes zu beiden Elternteilen«. In weiteren 50% gibt es bleibende Feindseligkeit, aber Rücksichtnahme auf die Kinder. In immerhin 30% jedoch verfestigen sich privatkriegsähnliche Zustände, die über viele Jahre andauern und die Kinder in Mitleidenschaft ziehen.

Diese statistischen Aufstellungen bewegen sich allerdings an der Oberfläche, und die tiefer liegenden Emotionen werden geflissentlich übersehen (Abwehr durch Verleugnung). Was heißt schon »unabhängiges Leben mit guten Kontakten zu beiden Elternteilen«? In den USA erheben durchwegs fachunkundige Hilfskräfte anhand von Fragebögen nach der Ankreuzmethode solche »Befunde«. In wie vielen Fällen handelt es sich nur um äußere Anpassung an Gegebenheiten, die ein Kind nicht ändern kann? Wenn freundliche Distanz bestünde, hätten die Eltern sich nicht zu trennen brauchen. Zweifellos spürt das Kind genau – und es leitet es auch aus den Umständen ab –, dass die Eltern zutiefst zerstritten sein müssen. Die Verharmlosung liegt im Zeittrend und fällt deshalb nicht auf. Patchwork-Familien werden zum Beispiel in günstigem Licht dargestellt, wenn suggeriert wird: »Das Kind hat zwei Väter und zwei Mütter und ist damit besser gestellt als andere« (entnommen einem deutschen Schulbuch für Siebenjährige, 2005).

12.27 Gegenübertragungsstörungen des Therapeuten oder Gutachters bei Entscheidungen über Sorgerecht und Aufenthaltsbestimmung

Bei der Beurteilung der psychischen Lage des Kindes sind massive Gegenübertragungsstörungen und eigene Übertragungen (Vorurteile) beim Beurteiler (Jugendamt, Psychologen, Ärzte, Richter) häufig, wahrscheinlich sogar unvermeidlich. Hier können sich persönliche Ansichten über Sozialpolitik, Moral, Wertesysteme, Verteilung der Geschlechterrollen unter dem Deckmantel der angeblichen oder auch tatsächlichen beruflichen Erfahrung und der gutachterlichen »Neutralität« ziemlich ungehemmt und unerkannt ausleben.

Es ist erstaunlich, wie oft unqualifizierte Personen über das Schicksal einer Familie oder Restfamilie entscheiden dürfen, auch wenn formell der Richter das letzte Wort hat (Perlin 2000). Aber auch Qualifikation, auch die Richterfunktion und sogenannte erfahrene Zeugen schützen nicht sicher vor Vorurteilen (ebd.). Auch ausgewiesene Fachleute können sich massiv in der Beurteilung irren und großen Schaden anrichten, weil man ihnen aufgrund ihrer schlüssig erscheinenden Argumentation, ihrer oft gewaltigen Suggestionskraft, ihrer Redegewandtheit, ihrer Prozesserfahrung – d. h. ihrer Fähigkeit, für den Richter die »richtigen« Worte zu finden – und ihres Renommees voll vertraut.

Trotzdem ist ein Qualifikationsnachweis immer zu fordern. Ein Studium der Sozialpädagogik, der Psychologie, der Medizin reicht nicht. Gerade aus diesem einflussreichen Personenkreis kommen Indoktrinationen, die im Zeittrend liegen, die zum Beispiel ziemlich häufig zur unreflektierten Identifikation mit dem Elternteil führen, auf den zuvor eine Benachteiligung, eine Schwäche, eine besondere Hilfsbedürftigkeit projiziert wurde. Solche Projektionen werden vom Beurteiler selbst vorgenommen, meist aber auch von Teilen der Gesellschaft, und zwar aus eigenem Bedürfnis: Der Projektion einer Opferrolle auf einen der Partner und folgt die Überidentifikation mit dem vermeintlichen Opfer.

Die Gefühle der Beurteiler und der Parteien stimmen nicht immer mit der Gedankenwelt der Gleichberechtigung überein. Von diesen archaischen, gefühlsbetonten Sichtweisen sind auch die Entscheider nicht frei. Speziell Verbände nehmen starken Einfluss. Mangelnde Schulung und Vorurteile führen fast regelhaft zur Verwechslung von materieller mit emotionaler Benachteiligung, Verwechslung von Klagsamkeit mit tatsächlichen psychischen Verhältnissen, Unterschätzung und glatter Verleugnung von Heuchelei, Intrigen, Verstellungen, Verleumdungen, einhergehend mit unreflektierter Idealisierung, groben Verleugnungen von Gegebenheiten, die man nicht sehen will, weil sie das Weltbild, die eigene Vorgefasstheit, stören würden.

12.27.1 Kindeswohl

Insbesondere das Kindeswohl ist nicht objektiv bestimmbar. Gerade hier wirken sich Gegenübertragungsstörungen, die aber mangels Schulung nicht erkannt werden können, oft verheerend aus. ›Kindeswohl‹ ist ein sehr dehnbarer Begriff, und er ist mit Leichtigkeit als Instrument benutzbar, einen missliebigen Elternteil zu benachteiligen. Hier können sich Affekte, die zudem auch noch oft ideologisch, nicht selten sogar parteipolitisch gestützt sind, unerkannt tarnen, ohne dass an diese Möglichkeit gedacht wird.

Diese Gesichtspunkte können für einen Antrag wichtig werden. Ungerechtigkeiten (vermeintliche oder tatsächliche, besonders natürlich tatsächliche, somit in ihrem Abwehrcharakter schwer erkennbare und schwer bearbeitbare) können tiefgreifend verunsichern und sehr ungünstige psychische Entwicklungen, Gewalttaten aus Verzweiflung eingeschlossen, einleiten. Es kommt fast regelhaft zu psychischen Dekompensationen mit dem Gefühl, jeden Halt, jedes Vertrauen zu verlieren. Die Beziehungen auch zu Freunden und Bekannten gehen nicht selten in die Brüche, weil auch von diesen die erwartete Unterstützung ausbleibt. Sowohl auf präödipaler Ebene (Verlust des mütterlichen und väterlichen Halts) als auch auf ödipaler Ebene (Verbündung der Frau oder des Mannes mit Rechtsanwälten, Richtern, Instanzen, Staat) stehen schwere Niederlagen an, die geeignet sind, alte neurotische Konflikte wiederzubeleben. Zu der real-traumatischen Seite zitiere ich aus der Zeitschrift für das gesamte Familienrecht:

> »Wenn ein Sorgeberechtigter unter Beeinträchtigung des Sorgerechts des Partners das Kind mitnimmt, fehlt es am Straftatbestand. Der Frau wird deshalb meist geraten, im Falle eines Auszugs aus der Ehewohnung die Kinder mitzunehmen. Dies auch schon deshalb, weil andernfalls vermutet würde, sie stelle ihr eigenes Trennungsinteresse über das Wohl der Kinder (im Stich lassen)« (Gutdeutsch 1998, S. 1488f.).

Zum Verständnis des psychischen Zustandes einer weiblichen oder männlichen Person, die ihre Kinder auf solche Weise verloren hat, ist die Kenntnis dieses Hintergrundes notwendig. Es gibt nicht nur in der Vorstellung eines Patienten ein Interessenkartell der professionellen Scheidungsbegleiter.

Gerade Kindesentzug wirkt auf den betroffenen Elternteil verstörend. Er gerät in eine Situation der Hilf- und Ratlosigkeit, muss sich auch von den

Behörden und vom Staat im Stich gelassen fühlen – gleichsam nachträglich von seinen Eltern. Letztlich geht es für den verlassenen Elternteil und ebenso für die Kinder – wie bei Erbstreitigkeiten, die aus den gleichen Gründen so unerbittlich ablaufen – auch immer um Wiederholungen von Ungerechtigkeiten der Eltern oder ehemaligen Befürchtungen solcher Ungerechtigkeiten, also vor allem um präödipale Enttäuschungen und Ängste.

Aber auch auf ödipalem Niveau bleibt eine Verunsicherung nicht aus. Schließlich gehen aktive Lebensplanung und ödipaler Erfolg in Form von Partnerbindung und von Kindern wieder verloren und passives Ausgeliefertsein tritt an deren Stelle. Ödipale Ängste vor Niederlagen gegenüber dem Konkurrenten werden wiederbelebt, ebenso ohnmächtige Wut. Wünsche nach Sieg werden enttäuscht, Schuldgefühle, irgendwo versagt zu haben, können wuchern und sind meines Erachtens sogar ein Trost, denn sie binden die böse Überraschung in einen Verständniszusammenhang ein und helfen die eigentliche Angst, nicht mehr geliebt zu sein, niederzuhalten. Abwehr der Wünsche, der Aggression, der Ängste und der Schuldgefühle in Form von Regression zu Inaktivität, Wendung gegen sich selbst (selbstschädigendes Verhalten, Suizidgedanken, Suizid), Vermeidungen (von neuen Bindungen oder Freundschaften, um erneute Misserfolge zu vermeiden) führen zu einem wenig erfreulichen Bild.

Übrigens wird die Bindung des Kindes an die Mutter naturgemäß immer schwächer, die Bindung der Mutter an das Kind tritt aber nicht in gleichem Tempo zurück. Auch dies wäre bei Scheidungen/Trennungen besser zu beachten – wenn man schon das Kindeswohl so sehr betont.

Scheidungen/Trennungen sind wegen ihrer Häufigkeit und wegen der heftigen emotionalen Inanspruchnahme ein dankbares Thema, wenn es gilt, die verschiedenen psychoanalytischen Theorien anzuwenden. Von der umgekehrten Möglichkeit, aus diesen menschlichen Verwerfungen neue Perspektiven zu entwickeln, sie also als Fundgrube zu sehen und in einer Haltung der Bescheidenheit aus ihnen zu lernen, wurde weniger Gebrauch gemacht.

12.28 »kindling«

Nützlich erscheint bei Partnerschaftskonflikten auch das Konzept des »kindling« (= anzünden), demzufolge die zugefügten Kränkungen (Ehestreitigkeiten) immer höhere Empfindlichkeit nach sich ziehen (Segal et al. 1996, zit. n. Twemlow 2003). In einem Antrag auf Psychotherapie reicht es natürlich nicht, diese Belastungen darzustellen. Gezeigt werden muss, welche neurotischen Konflikte diese Belastungen im Patienten ausgelöst bzw. wiedererweckt haben.

13. Sitzungsfrequenz

Bei der Sitzungsfrequenz ist zu überlegen, nach welcher Zeitdauer bei einer bestimmten Stundenzahl pro Woche die Therapie beendet werden muss. Bei zwei Stunden pro Woche sind 80 Stunden in weniger als einem Jahr »verbraucht«. Hat der Patient innerhalb dieser kurzen Zeitspanne eine reale Chance, seine symptomrelevanten Konflikte zu meistern und diese Meisterung dauerhaft zu verinnerlichen und gewisse eingefahrene Gefühls-, Denk- und Verhaltensgewohnheiten zugunsten neuer aufzugeben? – Wohl kaum. Zumindest sollte sich bei tiefenpsychologisch fundierter Psychotherapie der Therapeut bewusst auf ein umschriebenes Therapieziel im Sinne der Bearbeitung nur eines Konfliktes, den er als besonders symptomrelevant ansieht, beschränken.

Bei der analytischen Psychotherapie sieht es nur scheinbar besser aus. 300 Stunden sind bei drei Wochenstunden in 100 Behandlungswochen, also nach ca. zwei bis zweieinhalb Jahren, aufgebraucht. Dies ist zu kurz, um die ehrgeizigen Ziele dieser Behandlungsform zu erreichen: wenigstens geringe Änderungen an der Struktur, Entwicklung und Aufarbeitung einer Übertragungsneurose und – obgleich umstritten (Renik 1999a; 1999b) – auch einer tiefer gehenden therapeutischen Regression sowie die Bearbeitung sowohl präödipaler als auch ödipaler Konflikte. Glaubhafter ist es, die anfänglich höhere Stundenfrequenz zu reduzieren, um das Wachstum des Patienten über Jahre fördern zu können.

Damit, dass der Patient anschließend bereit sein wird, selbst zu bezahlen, sollte man nicht argumentieren. Denn dies kann dahingehend ausgelegt werden, dass der Therapeut von vorneherein nicht glaubt, die Behandlung im kassenärztlichen oder auch privatärztlichen Rahmen abschließen zu können. In einem solchen Fall kann der Gutachter schwerlich ein positives Votum abgeben – schon um naheliegenden Druck vonseiten des Patienten auf die Versicherung oder sogar Schadensersatzansprüche zu vermeiden.

Die Sitzungsfrequenz bestimmt sich auch nach dem Eindruck der Verlässlichkeit und der partiellen Lebensbewältigung, wie er im Antragsformular gefordert wird. Hierzu lässt sich kurz auf die Biografie und den psychischen Befund verweisen.

Auch die »Fähigkeit oder Tendenz zur Regression« ist für die Sitzungsfrequenz von Belang. Der Patient soll zu einer gewissen therapeutischen Regression in der Lage sein (wird, wie erwähnt, heftig bestritten), anderseits aber keine Neigung haben, in eine Regression endlos abzutauchen. Dies wäre eine sogenannte maligne Regression in Richtung angeblicher oder tatsächlicher Verschmelzung und totaler Abhängigkeit oder, wie ich eher annehmen möchte, in bloße Passivität, und zwar in die Passivität eines Erwachsenen und nicht in die eines Kindes. Dort würde der Patient womöglich verharren. Lange Zeit galt dies als wesentlich für den analytischen Prozess. Heute wird es von vielen Analytikern eher als ein therapeutisches Artefakt, als Kunstfehler angesehen. Es dürfte sich meistens um Abwehr unvertrauterer, beängstigenderer ödipaler Gefahren handeln (so Moser 1997). Diesen Gefahren kann eine niederfrequente Therapie vorbeugen.

»Flexibilität und Entwicklungsmöglichkeiten« (s. Kapitel 4.16 Flexibilität) sollen ebenfalls beurteilt werden. Nicht zu jedem Punkt des Informationsblatts ist Stellung zu beziehen. Der Therapeut soll aber an gewisse Gefahren erinnert werden.

14. Umwandlung von Kurztherapie in Langzeittherapie

Wenn der Therapeut nicht wirklich glaubt, die Behandlung mit einer Kurztherapie erfolgreich beenden zu können, handelt er sich mit dem Antrag auf Kurztherapie nur Schwierigkeiten ein. Denn nun muss er auch noch Auskunft geben über den bisherigen Verlauf.

15. Berichte zum Fortführungsantrag

Ist die Psychodynamik im Erstantrag ausführlich und klar genug gefasst worden und hat der Gutachter keine Einwände oder Fragen (auf diese sollte man immer ausführlich eingehen) vorgebracht, dürfen und sollten die Folgeanträge umso kürzer gehalten werden, um den Gesamtaufwand in Grenzen zu halten.

Es ist zweckmäßig, zunächst nach und nach aus dem emotionalen Gedächtnis einiges über den bisherigen Verlauf zu notieren. Anhand der folgenden Punkte lässt sich dieses dann leicht ergänzen und ausformulieren, und ein großer Zeitaufwand erübrigt sich.

15.1 Ergänzungen zum Erstantrag

1. Wichtige Ergänzungen zu den *Angaben in den Abschnitten 1–4* des Erstantrags: Selten wird es vorkommen, dass man eine wichtige Symptomatik nicht gesehen hat – am ehesten noch bei einer Zwangsneurose.
Neue Daten zur lebensgeschichtlichen Entwicklung und Entwicklung der Neurose haben sich in Hülle und Fülle ergeben, aber diese Daten sind im Zusammenhang der Psychodynamik, insbesondere des Übertragungs-/Gegenübertragungsspiels, interessant. Also keine Aufzählung von bloßen Fakten wie Ortswechsel, Heirat, Geburten. Vielmehr ist deren innerpsychische Bedeutung zu zeigen.
2. Ergänzungen zur *Psychodynamik*, so insbesondere die Entwicklung der

Übertragung; geschildert werden könnte der Umgang mit der schließlichen Trennung vom Therapeuten, z. B. Anzeichen von Verleugnung, um den Trennungsschmerz abzuwehren.
3. Ergänzungen zur *Diagnose*
4. Zusammenfassung des bisherigen *Therapieverlaufs:* Entwicklung der Übertragung, evt. auch der Gegenübertragung, Mitarbeit (»Arbeitsbündnis« s. Kapitel 4.15), Regressionsfähigkeit bzw. -tendenz, Fixierungen, Flexibilität. Welche Konfliktkomponenten (Wünsche, Ängste, Schuldgefühle, Schamgefühle, Abwehren) konnten erfolgreich bearbeitet werden, welche noch nicht und warum nicht? Was gab es im bisherigen Verlauf an beiderseits besonders emotional Überzeugendem von Bedeutung: wichtige Fragestellungen, Verknüpfungen, Erklärungen (Abend 2005)?

15.2 Dauerhafte Veränderung, Therapieplan, Prognose

1. Zeigten sich Hinweise für sogenannte strukturelle, d. h. dauerhafte, nicht nur momentan-reaktive Änderungen, z. B. in Form von geringerer Verwundbarkeit durch ungünstige äußere Einflüsse, in Beruf oder Ehe? Gab es Hinweise auf größere Elastizität und größeren Erfindungsreichtum im Umgang mit anderen, abschätzbar z. B. mit dem AAI (= Adult Attachment Interview, Lit. bei Fonagy 2001), aber auch mit anderen Schätzskalen (Lit. bei Wallerstein 2003) einschließlich neuer Beziehungen, tieferer Selbstwahrnehmung? Gab es Verbesserungen, Erleichterungen, Verschiebungen in der Symptomatik?
2. Änderung des Therapieplans und Begründung
3. Prognose: Warum waren welche erreichten Verbesserungen noch nicht genügend? Wozu genau benötigt der Patient noch weitere Sitzungen: zur Aufarbeitung von Übertragung (präödipal, ödipal oder beides?), der Abwehr, der Ängste, der Schuldgefühle, der Schamgefühle? Ist der Patient neugierig auf sich selbst geworden? Ist er für neue, ihm bislang unbekannte Auffassungen aufgeschlossener?

15.3 Konkrete Verbesserungen außerhalb der Therapie

Einige sogenannte harte, quasiobjektivierbare (also nicht nur der therapeutischen Innensituation entnommene) Daten sollten dargestellt sein, also konkrete Verbesserungen außerhalb der Therapiesitzungen in Beruf, Partnerschaft und anderen Außenbeziehungen. Berman (2001) merkt an, dass, wenn die Umgebung keine tatsächliche Besserung des Patienten bemerken könne bzw. der Patient die entsprechende negative Meinung von Angehörigen zitiert (mit der er oft genug nur seine eigene Meinung zugleich wiedergibt und verhüllt), dies Anlass zur Besorgnis geben muss.

Das Beschwerdebild mag sich gebessert haben, muss aber auch noch das Ausmaß einer Krankheit im Sinne der RVO haben.

15.4 Wertigkeit von Empathie und Übertragung/Gegenübertragung

Von einer einseitigen Konzentration auf das Übertragungs-/Gegenübertragungspaar ist abzuraten (s. Kapitel 7.4 Erstinterview; 6.3.1 Weitere Stichwörter zum Kleinianismus). Dass gegen Ende der Therapie die Übertragung aufgelöst sein sollte bzw. bald aufgelöst werden könne, behauptet heute wohl niemand mehr. Als »festsitzendes Organisationsschema« (Davies 1999) sind Übertragungen grundsätzlich nicht auflösbar, sondern höchstens dehnbar, formbar, in neuen Zusammenhängen veränderbar, bleiben aber fest verwurzelt in ihren alten Bindungen (ebd.).

15.5 Besserer Zugang zu sich selbst und Fähigkeit zur Selbstanalyse

Hat der Patient einen besseren Zugang zu sich und seinen abgewehrten Regungen gefunden, zu Neid, Hass, Ehrgeiz, Eitelkeit, Schuld, Angst?

Inwieweit ist der Patient in die Lage gekommen, seine sich immer wiederholenden Konflikte rechtzeitig oder wenigstens im Nachhinein zu erkennen und sich selbst zu analysieren, d. h. die beteiligten Konfliktbestandteile zu erkennen (»Selbstanalyse«, so u. a. Searl 1936; Calef 1982; s. auch Kapitel 4.4 Fähigkeit zur Einsicht ...)? Nicht das Verschwinden eines Konflikts ist das Ziel – es kann wohl nicht erreicht werden –, sondern ein besserer Umgang mit diesem (Schlessinger/Robbins 1983).

15.6 Wendepunkte in der Behandlung

Höhere Ansprüche werden erfüllt, wenn es gelingt, wichtige Wendepunkte in der Sicht der Story, der pathogenetischen Vorstellungen und der Übertragungs-/Gegenübertragungsebene kurz zu beschreiben. Ein ausführliches Beispiel für die Veränderungen der Sichtweisen während und sogar noch nach der Therapie liefert St. H. Goldberg (1994). Folgende Fragen sind wegweisend:

➢ Konnte eine wachsende Offenheit für neue Sichtweisen (Bereitschaft zu, Bedürfnis nach diesen) und Reintegration der Vergangenheit und der Pathogenese erreicht werden, anstatt an ein und derselben Version starr festzuhalten?
➢ Wurde ein Gefühl für die Begrenztheit der bisherigen und zukünftigen Auffassungen entwickelt?
➢ Konnte der Mut, auch gegenwärtige Ereignisse oder Verhaltensweisen neu zu interpretieren oder nach neuen Interpretationen zu suchen, entwickelt werden (Identifikation mit der Methode des Therapeuten)? Kann der Patient seine Wünsche jetzt eindeutiger bestimmen und ihnen folgen und seine Abwehren mildern und modifizieren? (Beispiele könnten der Entschluss sein, eine Familie mit Kindern zu gründen oder nicht mehr aus einer Beziehung zu flüchten.)
➢ Hat der Patient ein besseres Gefühl für seine Eigenverantwortlichkeit an seinen inneren Konflikten und gestörten Beziehungen entwickelt, das heißt, muss er nicht mehr so viel externalisieren, projizieren, anklagen?
➢ Wurde vom Therapeuten die Kollaboration bei der Entwicklung von Erklärungen mit dem Patienten erkannt und verstanden, welchen Anteil er, welchen der Patient an diesen hatte?
➢ Ist ein tieferes Gefühl für sich selbst entstanden (für den eigenen Körper, für die eigenen Gefühle, die eigenen Gedanken)?
➢ Wurde die Fähigkeit entwickelt, im anderen sich und in sich den anderen zu erkennen?

- Haben Idealisierungen von sich selbst oder von anderen nachgelassen?
- Haben Beweglichkeit und das Ertragen-Können von Zweifeln und gegensätzlichen Beurteilungen zugenommen?
- Wie steht es um die Fähigkeit zur tieferen Wahrnehmung der wechselseitigen Interaktion mit anderen und zwischen anderen? Gelingt eine bessere Kooperation mit anderen? Ein besseres Verständnis der Sicht des anderen? Gelingt die Aufrechterhaltung einer einheitlichen, integrierten Sicht des anderen auch dann, wenn die Beziehung akut belastet wird (Lit. bei Blatt/Auerbach 2003)?
- Entwickelte der Patient Wünsche nach gleichzeitigen anderen Therapieformen? War dies als Zeichen von Unzufriedenheit oder als eine progressive Entwicklung zu mehr Autonomie zu verstehen? War die Haltung des Therapeuten dazu – nach Klärung der Bedeutung – verbietend, argwöhnisch, neidisch usw. oder interessiert (Balint 1937)?
- Wie haben sich Unterbrechungen ausgewirkt? Ängstigend, schmerzlich oder für den Patienten fruchtbar, da er »in Ruhe«, d.h. einmal ohne den zusehenden Therapeuten und ohne hypertrophiertes ständiges Nachdenken, Verbalisieren und Aufschieben von Aktionen, experimentieren konnte (Rose 1974)? Konnte der Patient davon profitieren, dass sich der Therapeut die Freiheit längerer Auszeiten nahm?

Angesichts dieser großen Schwierigkeiten und nie erfüllbaren Anforderungen mag es ein Trost sein, zu wissen, dass auch nachweisbar falsche Interpretationen gute therapeutische Ergebnisse zeitigen können (Glover 1931) und dass manche analytische Autoren überhaupt einen Zusammenhang bezweifeln (Strenger 1991) sowie dass Einsichten auch ohne Deutung kommen (Sampson/Weiss 1977 und später; Weiss 2003).

Unbestritten ist, dass gute therapeutische Ergebnisse auch erzielt werden, wenn der Konflikt nur unvollkommen verstanden wird. Dabei erweisen sich nach St. H. Goldberg (1994) diejenigen Versionen als therapeutisch besonders wirksam, die der aktuellen Übertragungs-/Gegenübertragungssituation entsprechen. Andere bezweifeln dies. Dass unbedingt Übertragungsdeutungen notwendig sind, um Erfolge zu erzielen, behauptet heute niemand mehr.

15.7 Antizipationsfähigkeit und -willigkeit bezüglich zukünftiger Konflikte

Entwickelte der Patient Fähigkeit und Interesse, zukunftsbezogene Wünsche und deren Abwehren fantasievoll vorwegzunehmen und sich mit ihnen so schon jetzt und mit dem Ziel einer guten Konfliktlösung auseinanderzusetzen? – Dies meint Antizipationsfähigkeit und -willigkeit bezüglich zukünftiger Konflikte.

Viele Fragen zur Pathogenese und zum Verständnis der Lebensgeschichte bleiben endgültig unbeantwortet. Fortschritte in der Therapie erfolgen eventuell nur sehr langsam. Fallberichte geben hier regelmäßig ein falsches (geschöntes) Bild. Der therapeutische Prozess verläuft in kleinsten Schritten und unter häufigen Wiederholungen (Abend 2005). Lange Strecken von Stillstand und Langeweile werden gewöhnlich in den Berichten nicht dargestellt – welcher Therapeut möchte sich zu diesen bekennen?

16. Ergänzungsberichte

Ergänzungsberichte werden notwendig, wenn die Ausschöpfung der kassenrechtlichen Möglichkeiten beabsichtigt ist. Dabei sind folgende Fragen zu beantworten:

1. Welche Erwartungen knüpft der Patient an die Fortführung der Behandlung? Was möchte er noch erreichen? Hier ist also ausdrücklich nach der Meinung des Patienten gefragt.
2. Welche Zielvorstellungen verbindet der Therapeut mit der im Bericht zum Fortführungsantrag dargestellten Therapie?
3. Kann die Beendigung der psychotherapeutischen Behandlung durch Reduzierung der Behandlungsfrequenz ermöglicht oder erleichtert werden?
4. Welche Stundenzahl wird für die Abschlussphase der psychotherapeutischen Behandlung unbedingt noch für erforderlich gehalten? Welche Sitzungsfrequenz und welche Behandlungsdauer sind bis zur Beendigung der Therapie vorgesehen?

Unter 3. und 4. wird im Grunde danach gefragt, ob der Therapeut die Gefahr erkennt, die Trennung endlos aufzuschieben, aber auch die Gefahr, den Patienten nach einer so langen Therapie zu plötzlich sich selbst zu überlassen, ohne bei dann auftretenden Krisen noch helfen zu können.

Das Trennungsthema wird mit dem nahenden Ende der Therapie mehr als bei den vorherigen Trennungen (an jedem Stundenende, vor dem Wochenende,

Urlaub, bei Krankheit) intensiver bearbeitet. Insbesondere die kindliche Angst vor Verlassenwerden durch die Eltern wird wieder aktualisiert, jetzt in der Übertragung auf den Therapeuten. Aber auch spätere und jüngste verlorene Beziehungen werden wieder lebendig (Shengold 2006).

17. Erfahrungen mit dem Gutachterverfahren

17.1 Die vollständige Vorinformation des Gutachters durch die Krankenkasse

Dem Gutachter werden alle Informationen über den Patienten von den Kassen zugestellt. Über bisherige Erkrankungen und Therapien ist der Gutachter umfassender informiert als der Therapeut, mindestens für zehn Jahre zurück. Mein Rat: Verlangen Sie über den Patienten die gleichen vollständigen Informationen. Die Kassen drehen und wenden sich, aber letztlich hat der Patient Anspruch darauf (informative Selbstbestimmung). In einem mir bekannten Fall stellte sich eine sehr üble psychiatrische Fehldiagnose heraus und der Patient verlangte mit Erfolg Streichung. Die Kassen sind nicht persönlich beteiligt, können also nicht die Auskunft mit der Begründung verweigern, sie würden so über »ihre Persönlichkeit« Auskunft geben müssen. Es muss Informationsgleichstand herrschen und es kann nicht angehen, dass der Gutachter von vorneherein über den Patienten mehr weiß als der Therapeut.

Der neuerlich stark in den Vordergrund gerückte intersubjektive Gesichtspunkt (s. Kapitel 6.4), der nicht verwechselt werden darf mit der traditionellen Berücksichtigung von Übertragung und Gegenübertragung, ist im Fragenkatalog des Antragsformulars nicht enthalten. Es erscheint fraglich, ob sich daran etwas ändern wird oder sollte. Es geht schließlich um eine Krankheit des Patienten im traditionellen nosologischen Verständnis der RVO, und eine – letztlich konsequente – Neudefinition von Krankheit und deren Behandlung als einem intersubjektiven Geschehen würden und dürfen die Leistungsträger gar nicht mitmachen. Neurosen würden in eine gefährliche Nähe zu Krankheiten gerückt, die erst durch die Behandlung entstehen, also zu iatrogenen Krankheiten. Sie sind sogar bereits als solche deklariert worden (Ogden 1989; Teicholz 1999).

17.2 Obergutachten

Schwierigkeiten im Gutachterverfahren treten bei Fortgeschrittenen eher selten auf. Durch Obergutachten werden zudem über 70% der strittigen Fälle »geheilt«. Der Umgangston in den Gutachten ist respektvoll und sachlich.

Wenn ein Antrag unterschiedslos, ohne auf einzelne Punkte einzugehen, sozusagen pauschal, etwa lediglich als »zu dürftig« unbefürwortet bleibt oder herabsetzende Äußerungen getan werden, sind immer Affekte im Spiel. Der Therapeut hat ein Recht darauf, zu erfahren, was der Gutachter im Einzelnen vermisst, und er erfährt es auch auf Nachfrage, spätestens vom Obergutachter. (Abwertende) Affekte des Gutachters sind auch manchmal über mündliche Rückfragen bei der Kasse unaufgefordert oder unbeabsichtigt zu erfahren, wenn hier bereits jemand mit dem Gutachter telefoniert hat, was häufig zu sein scheint.

Nach einer Ablehnung durch den Gutachter enthielten die zustimmenden Obergutachten, die ich gesehen habe, die »Begründung«, nun könne man auf neue, ergänzende Informationen zurückgreifen und so doch befürworten. Zweifel seien anfangs begründet gewesen, aber nun »relativiert«. Eine Bloßstellung des Gutachters wird so vermieden.

Ein vereinfachtes Verfahren, auf das mich eine Patientin in einem Fall von Supervision brachte, bestand darin, dass sie selbst (ohnehin richtig!) den Antrag auf ein Obergutachten stellte und der Obergutachter dann, nach Anforderung der Unterlagen, nur noch seine Fragen vorbrachte, die zu beantworten waren. Der Therapeut hatte sich dadurch die Arbeit erspart, von sich aus eine Gegendarstellung zum Gutachten zu geben (und dann trotzdem noch die Fragen des Obergutachters beantworten zu müssen).

Selten auch behaupteten in Fällen von Ablehnung Gutachter, es sei kein Konflikt dargestellt, wo doch eindeutig ein solcher sehr genau unter dem Punkt Psychodynamik beschrieben war, was dann auch vom Obergutachter stillschweigend oder auch ausdrücklich anerkannt wurde.

Forderungen eines Gutachters nach erschöpfender Beantwortung der im

Merkblatt der Antragsformulare aufgeführten Fragen, wie sie gelegentlich vorkamen, sind sachlich unbegründet. Es handelt sich vielmehr um einen Katalog von Fragen, an die man denken kann.

17.3 Ertragen von Ungewissheit

Ich möchte an die Warnungen von Lee Grossman (1999) erinnern: Allzu viel wissen oder verstehen zu wollen, bedeutet Kollusion mit der Passivität des Patienten und seiner Idealisierung des Therapeuten. Der Patient wird entmutigt, die Autorität des Therapeuten zugunsten seiner eigenen infrage zu stellen. Zwischen Therapeut und Gutachter dürfte sich in solchen Fällen Ähnliches abspielen. Letztlich setzen sich hier unreflektierte Charakterzüge (Grossman, L. 1999) durch, wie Nichtertragenkönnen von Ungewissheit, zwangshafter Sammeleifer, Verschiebung auf inhaltliche Details auf Kosten des Verständnisses für den Konflikt, Sehnsucht nach eigener Vollkommenheit und deren Darstellung (hierzu auch Renik 1993; 1995: notwendige »Demystifizierung« des Therapeuten).

Der Zwang, schon nach fünf Sitzungen entgegen besserem Wissen wesentliche Zusammenhänge als erkannt darzustellen, bewirkt das Förmliche, Unlebendige, Wagnislose, sich ans Schulmäßige Anklammernde in fast allen Anträgen. Die eigene Stimme des Therapeuten ist kaum zu hören, der persönliche Stil nicht erkennbar (Jones 2005). Der Therapeut ist in seinen Ausführungen auch von Ängsten eingeengt, sein Psychotherapieantrag werde womöglich nicht genehmigt und er müsse dies dem Patienten mitteilen und begründen.

17.4 »Theoriegeleiteter« Antrag

Gelegentlich wurde eingewandt, der Antrag sei »theoriegeleitet«. Dies ist eine unglückliche Formulierung, denn all unsere Diagnostik und unser Handeln in der Therapie sind theoriegeleitet. Ohne Theorie können wir nicht einmal eine Anamnese aufnehmen, geschweige denn einen Befund erheben oder einen Konflikt formulieren. Erst recht werden wir von unseren Theorien in unserer Auffassung von einem psychischen Konflikt bestimmt und je nach Schule müssen wir zu einer anderen Formulierung der Konflikte kommen. In noch so »klinisch und erlebnisnah« formulierten Darstellungen ist Metapsychologisches zwangsläufig offen oder versteckt enthalten. Nein, mit dem Einwand des Theoriegeleitetseins ist gemeint, dass der Antrag zu allgemein gehalten ist (zudem meist gespickt mit analytischen Leerformeln wie Kastrationsangst, narzisstisch, oral, anal, phallisch). Der konkrete Bezug zum Patienten einschließlich seiner Beziehungen in Vergangenheit und Gegenwart wurden ungenügend dargestellt.

17.5 Abschreiben von sich selbst

In einem Fall hatte eine Therapeutin zwei Anträge mit einem ähnlichen Neurosenbild zugleich geschrieben und dabei von sich selbst abgeschrieben. Der Zufall wollte es, dass beide Anträge demselben Gutachter vorgelegt wurden. Für den ersten befürwortete dieser die beantragte Stundenanzahl, den zweiten lehnte er ab mit der Begründung, die Therapeutin habe lediglich die persönlichen Daten ausgewechselt. Letztendlich konnte es jedoch nur darauf ankommen, ob auch der zweite Antrag individuell genug war, das heißt, ob die darin dargestellten unbewussten inneren Konflikte mit Merkmalen nur der Person des Patienten verknüpft waren.

17.6 Verknüpfung von Theorie und persönlichen Daten

Die im medizinischen Bereich zweifellos einmalige Notwendigkeit, derart umfangreiche Anträge zu stellen, und zwar auf einem Gebiet, auf dem naturgemäß harte, nachprüfbare Kriterien nicht in ausreichendem Maße zur Verfügung stehen, und bei Ablehnung Existenzbedrohung erleben zu müssen, wurde von zahlreichen Therapeuten als Ungerechtigkeit erlebt. Sie können sich diese nur aus der bekannten Verachtung und Angst der Medizin gegenüber der Psychiatrie und wiederum der Verachtung und Angst der Psychiatrie gegenüber jeder Form von Psychotherapie erklären. Historisch gewachsenes Misstrauen habe hier einen einmaligen Kontrollapparat ins Kraut schießen lassen und zwar mehr als ein Vierteljahrhundert, bevor für andere Disziplinen Qualitätskontrolle auch nur diskutiert wurde.

Der Unmut rührt auch daher, dass es bei einem Antrag nicht mit der Darstellung objektiver Daten getan ist, sondern sich der Therapeut gezwungen sieht, über sich und seine Überzeugungen Bekenntnis abzulegen, und zwar gegenüber einem Unbekannten (wäre es aber bei einem Bekannten angenehmer?). Mehr oder weniger begründete Vermutungen des Gutachters über das unbewusste und bewusste Zwischenspiel zwischen Patient und Therapeut, aber auch über den Therapeuten selbst, sind zwangsläufig. Der Therapeut steht mit seiner ganzen Person auf dem Prüfstand.

17.7 Befangenheit des Gutachters

Auch bei Ablehnung durch einen Obergutachter ist noch nicht alles verloren. Es kann ein erneuter Antrag gestellt werden, mit einem anderen Gutachter und evt. Obergutachter. Bei offensichtlicher Befangenheit, so bei nachweislich (d. h. der Kasse gegenüber nachweisbaren) falschen Tatsachenbehauptungen, kann auch sogleich ein zweiter Obergutachter bestellt werden.

17.8 Gespür des Gutachters

Es handelt es sich um ein korrektes Verfahren auf hohem fachlichem Niveau in einer anerkannt schwierigen Materie. Durchaus nützlich kann auch das Gespür vieler Gutachter für Schwachstellen sein. Oft nehmen Gutachter die Gelegenheit wahr, dem Therapeuten einen diskreten Wink zu geben, ohne ihm nahetreten oder belehrend sein zu wollen und ohne sich in die Therapie einmischen zu wollen. Es lohnt sich daher, die Begründungen genau zu lesen und nach Andeutungen zu suchen, natürlich auch offene Kritik sorgfältig auf Verwertbarkeit zu prüfen.

17.9 Dialog Gutachter – Therapeut

Manchmal kommen auch kleine Dialoge zustande, etwa wenn ein Therapeut auf Einwände des Gutachters kritische Gegenfragen stellt. Dies muss dem Gutachter zwar mehr Arbeit machen, kommt ihm aber vermutlich trotzdem gelegen, da er so teilweise im Dialog mit den Therapeuten bleibt und ebenfalls dazulernen kann. Meist möchte er das auch und ist froh, sein Wissen weitergeben zu können, besonders wenn er bereits pensioniert ist oder sonst wenig Gelegenheit zur Weitergabe hat. Nicht selten gibt es interessante Antworten, etwa in Form neuartiger guter Definitionen.

17.10 Vorab-Wirtschaftlichkeitsprüfung, Qualitätssicherung

Das Gutachterverfahren stellt insgesamt eine Vorab-Wirtschaftlichkeitsprüfung (Honorarkürzungen aufgrund Unwirtschaftlichkeit sind dann nicht mehr möglich) und eine gut funktionierende Qualitätssicherung dar, die gegenüber den Kostenträgern immer notwendiger werden wird.

Sachkunde hat ein Gutachter, gleich ob es sich um einen medizinischen oder einen psychologischen Gutachter handelt, im Gegensatz zu anderen Wissenschaftsgebieten bisher nicht nachweisen müssen, etwa in Form einer sonst üblicherweise erforderlichen Prüfung für Sachverständigentätigkeit. Auch Diskussion in der Fachöffentlichkeit muss ein Gutachter nicht fürchten (Oehler 2000). Der Aufstieg zum Gutachter erfolgt mit Karrieren in gewissen therapeutischen Vereinen oder im Wissenschaftsbetrieb aufgrund von Reputation und Glaubwürdigkeit. Letztlich werden so die Gutachter nach Vertrauen, nicht nach »objektiver« Kontrolle ausgewählt (ebd.), was aber gewiss besser ist, als einer anderen Instanz die Kontrolle hierüber zu überlassen. Solche Instanzen wären mit Sicherheit bürokratisch und sachunkundig, wenn nicht sogar gänzlich fachfremd und psychotherapiefeindlich.

Die erforderliche Qualitätskontrolle ist durch das bestehende Obergutachter-Verfahren auf einem hohen Niveau gewährleistet. Erreicht wurde damit auch, dass die Argumente des Therapeuten und des Gutachters besser als bisher einander gegenübergestellt werden. Auch die Krankenkassen und privaten Krankenversicherungen werden durch das Gutachterverfahren vor ungerechtfertigten Ansprüchen geschützt. Damit meine ich weniger die endgültig abgelehnten Anträge als die Vielzahl solcher, die von Unqualifizierten oder von Qualifizierten für ungeeignete Patienten gar nicht erst gestellt werden (Abschreckungswirkung). Denn auch die Ablehnung von Anträgen, womöglich noch mit Obergutachten oder Gerichtsverfahren, kostet die Kassen eine

Menge Geld. Ziel ist, dass Ungeeignetes gar nicht erst ins Gutachterverfahren gelangt. Wegen der Deckelung der zur Verfügung stehenden Beträge wäre zudem ohne das Gutachterverfahren das finanzielle Aus für eine auskömmliche Honorierung vorprogrammiert.

Den Anträgen ist eine Neigung zu förmlich-defensiver oder sogar zwanghaft-schulmäßiger Darstellung anzumerken, was ihnen zweifellos etwas Künstliches, Blutarmes verleiht. Die Primärfiguren sind oft schlecht miteinander verbunden, sie wanken mehr umeinander, als dass sie sich in einem Kontext bewegen. Dies ist bedauerlich, spiegelt aber die existenzielle Angst der Therapeuten wider, ihr Antrag könnte abgelehnt werden. Niemand möchte sich daher zu weit aus dem Fenster lehnen, etwa mutig neue Thesen verfechten oder überhaupt persönliche Ideen oder gewagte Neuformulierungen vorbringen oder etwa mit einer anschaulich-impressionistischen Darstellungsweise das Thema verfehlen, d. h. den Fragenkatalog nicht ausreichend beantworten.

Der Therapeut stellt sich im Gutachterverfahren traditionell als objektiven, distanzierten, »neutralen«, »realistischen«, nichts entstellenden oder verändernden Beobachter, privilegiert-autoritativen Kenner und Entdecker von Wahrheiten dar, von denen der in entstellender Übertragung befangene, ausschließlich von inneren Kräften gesteuerte Patient nichts weiß und nichts wissen kann.

18. Ausblick

Beim Lesen analytischer Literatur von vor den 1990er Jahren setzt oft Erschrecken über die Einfalt ein, wenn nicht gähnende Langeweile infolge des Schulmäßigen und Formalistischen – ein gutes Zeichen für die Entwicklung der Psychoanalyse in der Zwischenzeit. Die nachfreudianische Entwicklung hat zu einer Fülle von neuen Ideen und Behandlungstechniken geführt. Dies hat die Möglichkeit eröffnet, die verschiedenen psychiatrischen Krankheitsbilder differenziert zu sehen und zu behandeln. Die Behandlungen sind außerordentlich effektiv, oft bereits mit wenigen Sitzungen. Auch in der Nachweisbarkeit der Effektivität sind große Fortschritte erzielt worden (Milrod/Busch 2003; Leuzinger-Bohleber 2002).

Die Weiterentwicklung der analytisch ausgerichteten Psychotherapien wird wohl davon abhängen, inwieweit es gelingt, sich einerseits mit Freuds Haltung (Mut, Beharrlichkeit, Neugier) zu identifizieren und sich andererseits von gewissen Akzentuierungen zu lösen. Zu diesen gehören:

➢ die mangelnde Unterscheidung der einzigartigen Bedeutsamkeit von Sexualität für das gefühlte Alltagsleben des Jugendlichen und Erwachsenen von der – meines Erachtens geringeren – Bedeutung der Sexualität (und ihrer Abwehr) als Auslöser von psychischen Krankheiten,
➢ die mangelnde Unterscheidung zwischen der Sexualität des Kindes von der Erwachsenensexualität sowie
➢ die Vernachlässigung der eigenständigen Bedeutung von Objektbeziehungen.

Zu der Überschätzung der Sexualität und ihrer Abwehr als krankmachende Agentien mag die besondere Situation in Langzeitbehandlungen beigetragen haben. Diese muss – wie immer, wenn zwei Personen sich psychisch auf so lange Zeit und auf so engem Raum nahekommen – sexuelle Fantasien stark anregen. Eine bestimmte Technik der Psychotherapie hat so die Theorie einseitig geformt.

Nachteilig ist auch die einseitige Konzentration auf die Übertragung des Patienten auf den Therapeuten. Dass der Therapeut selbst massiv seine eigenen Konflikte auf den Patienten überträgt und ihn auch aufgrund von vorgefassten Meinungen, namentlich der Tendenz zur Pathologisierung und Dramatisierung, interpretiert und steuert, wird künftig stärker berücksichtigt werden müssen.

Wünschenswert ist auch ein Abrücken von der traditionellen Form des Autorenkults – nicht weil die Autoren die Ehre nicht verdient hätten, sondern weil uns Namen nicht von der schwierigen Aufgabe entbinden können, eigenständig zu verschiedenen Hypothesen und Begriffen sachlich-argumentativ Stellung zu nehmen.

Anhang

I Allgemeine Gesichtspunkte, die Sprache im Antrag

Man fasse sich kurz, wobei das Wesentliche aber nicht fehlen darf. Der Antrag sollte nur zwei, höchstens drei Seiten umfassen.

Man vermeide unnötiges Fachchinesisch (»er regredierte zu einem Zustand von fragmentierten Ich-Kernen«, »die Verwandlung ursprünglich bedrohlicher Urszenenfantasien in libidinöse Vorstellungen verändert die emotionale Qualität des eigenen Penis«, »paranoid-schizoide Vorstellung vom Penis als Waffe«. Die Frage ist hier, wie so etwas klinisch und in der Übertragung/Gegenübertragung aussehen soll.

Gewisse Jargons, besonders in lokalen und nationalen Gruppierungen, wirken auf Therapeuten mit soziokulturell und sprachlich anderer Herkunft – und erst recht auf Außenstehende – wie schwer verständliche »Neusprachen« (Moser 1997). Es ist disziplinierend für den Therapeuten, wenn er möglichst in seiner Muttersprache spricht und schreibt. Dies zwingt ihn zur Genauigkeit. Er wird sich dann bewusst, dass Fachwörter wie »Kastrationsangst«, »psychosenah« oder »psychotischer Kern« nur zu oft leere Worthülsen darstellen, die weiteres Nachdenken verhindern und verhindern sollen. »Tief« fällt ebenfalls in diese Kategorie. Es ist nur scheinbar sachlich und orientierend, tatsächlich aber anspruchlich, da wie ›wertvoll‹ oder ›gründlich‹ gebraucht: entwertend für andere Richtungen oder Meinungen. Diese sollen somit oberflächlich und damit wertlos sein. »Psychosexuelle Entwicklungsstufen«, deren Darstellung in den Anträgen verlangt wird, ist oft ebenfalls nicht viel mehr als eine reichlich abgenutzte, gedankenlos gebrauchte, gebetsmühlenhaft vorgetragene Leerformel. Ähnlich das Wort »narzisstisch«: Wer es gebraucht, mag dazu sagen, was er damit meint – etwa ›übermäßig stolz, arrogant, auf andere herabblickend‹ oder ›egozentrisch mit sich selbst beschäftigt‹, ›selbstgenügsam zurückgezogen‹, ›tief regrediert‹, ›zwischen Selbst und anderen mangelhaft unterscheidungsfähig‹ oder ›Selbstliebe und Selbstwertgefühl betreffend‹. Auch die übliche Formulierung »passive Wünsche« ist nicht sinnvoll (so kritisiert von Brenneis 1994). Ein Wunsch ist ein aktiver Vorgang – jeder Vorgang ist eine Aktivität. Gewöhnlich wird damit gemeint, dass der Patient etwas erhalten möchte.

Aus anderen Fachgebieten übernommene Sprache zeigt an, dass der Therapeut nicht ausreichend mit seinem Metier identifiziert ist und seinen Mangel an fachlichen Argumenten nicht wahrhaben möchte. Daher bedient er sich Formulierungen aus anderen Bereichen, die dann seine Auffassungen und seinen Umgangsstil mit dem Patienten unbemerkt mitprägen können. Dies bedarf der (Selbst-)Analyse.

➢ *Juristenjargon, Kanzleistil:* Missbrauch, Misshandlung, Übergriff, sexuelle Belästigung, Verletzung, Opfer, Feststellung.
Sind wir Ankläger, Rechtsanwälte, Richter, Kriminologen? Was hat sich innerpsychisch und in den zwischenmenschlichen Beziehungen zugetragen? Wir müssen von uns selbst Abstand halten, speziell von unserem eigenen Überich, abstinent bleiben, uns um Neutralität bemühen, auch wenn wir nicht völlig abstinent oder neutral sein können oder müssen.

➢ *Politikerjargon:* Problematik (statt Problem), Thematik (statt Thema), unter Beweis stellen (statt beweisen, angeben, behaupten, mitteilen), davon ausgehen (statt annehmen, meinen), in den Raum stellen (statt vorschlagen), denken (statt meinen), ich würde denken (ein Anglizismus aufgrund falscher Übersetzung, gibt besondere Nachdenklichkeit oder tiefschürfendes Denken vor), ich denke mal (gibt tiefschürfendes Denken zugleich mit genialer Anstrengungslosigkeit und natürlicher Lockerheit, dabei Vorläufigkeit und Unverbindlichkeit, Toleranz, Bereitschaft zur Korrektur vor), Widerspruch (hegelianisch) statt Gegensatz.
Das Aufgeblasene, Großspurige, Vollmundige, Vage, Wichtigtuerische, Prätentiöse, Eindruck Schindende, Populistische ist immer Anzeichen

einer narzisstischen Störung des Therapeuten (i. S. eines aufgeblähten Selbst auf Kosten anderer).
➤ *Populärpsychologischer Jargon:* Depressionen (welche?), Psychose (welche?), psychotisch, Probleme, Problematik, Stress, Restrisiko, Perspektive, Sinn des Lebens, Selbstfindung, gezielt behandeln, konstruktiv, positiv, negativ, dringend, Tiefe, Abgleiten, Grenzüberschreitung, pervers, polymoph-pervers, sadistisch (das Wort ›gewalttätig‹ wird nie benutzt, obwohl es den Sachverhalt ausreichend wiedergibt), masochistisch, sadomasochistisch, analsadistisch, oralsadistisch, traumatisch, traumatisierend, traumatisiert (inzwischen inflationärer Gebrauch, als feste Eigenschaft, als Defekt gesehen), homosexuell, ambivalent (welcher Konflikt ist eigentlich gemeint; welche Wünsche, Ängste, Schuldgefühle, Schamgefühle, Abwehren sind daran beteiligt?), sexuelle Identität, Identität (wenn nicht genau gesagt wird, was damit fallbezogen gemeint ist), Komplex, zerstörend, destruktiv.

Ähnlich verhält es mit dem Ausdruck »Spannungsfeld«. Dieser ist eine Entlehnung aus der Elektrophysik, dramatisierend, hochtrabend. Seit 2002 befindet sich fast jedes Thema in irgendeinem »Spannungsfeld«. In der angloamerikanischen Literatur bleibt man dagegen sachlich.

Solche Jargons werden eingesetzt, um eine nahe Beziehung zum Patienten und zum eigenen Gefühlsleben zu vermeiden. Das Marktschreierische daran stellt einen unguten Versuch der Aufwertung der eigenen Person und der Manipulation des Zuhörers oder Lesers dar.

Vorsicht vor psychiatrischen Bezeichnungen, die Sie (Psychologe oder Arzt ohne psychiatrische Facharztausbildung?) nicht richtig intus haben: Psychose (welche, wieso?), Borderline, periodische Depressionen, Depression (welche?).

Die ICD-10 klammert jede ätiologische Vorstellung aus und bleibt deshalb oberflächlich. Sie ist pseudoexakt.

Auch eine moralisierende Sprache oder Betrachtungsweise (verurteilend, verächtlich, mitleidig, entrüstet) sollte unterlassen werden, da sie Vorurteile signalisiert und diese auch weiterhin fördert. Gegenüber dem Gutachter handelt es sich bei einer solchen Sprache um Manipulationsversuche, denen dieser entsprechend entgegnen wird.

Zurückhaltung ist geboten bei zwar sicher vorkommenden, aber trend- und sensationsbedingt in Ausmaß und Häufigkeit übertriebenen Belastungen durch Mobbing, sexuelle Belästigung, sexuellen Missbrauch.

Der Therapeut sollte auch nicht die oft dramatisierenden Beschwerdeschilderungen oder gar Suiziddrohungen des Patienten ungeprüft für seinen Antrag übernehmen. Beide, der Therapeut wie der Patient, versuchen auf diese Weise nicht selten kollusiv, den Gutachter und die Krankenkasse unter Druck zu setzen, eine lange Therapie zu genehmigen. Beide unterschätzen dabei den Gutachter. Dieser macht ein solches Spiel gewiss nicht mit. Der Gutachter könnte sogar aus eigener Gegenübertragung heraus (sich manipuliert fühlend) zum Gegenteil des Gewünschten neigen und den Antrag ablehnen.

Wenn sich der Therapeut in dieser Weise vom Patienten beeinflussen lässt, verliert er außerdem die therapeutische Distanz und erweist dem Patienten einen Bärendienst.

Dramatisierungen sind z.B.: »dringender Notfall«, »die Eltern sind total verständnislos, brutal, haben nie [!] Gefühle oder Zärtlichkeiten gezeigt« (»parent-blaming«), »der Patient war ständiger Misshandlung ausgesetzt«, »der Patient befindet sich nahe der [welcher?] Psychose [!]«, »bei Ablehnung des Antrags besteht höchste Selbstmordgefahr […] müsste er Rente beantragen […] müsste er stationär aufgenommen werden, wodurch die Kosten höher lägen«.

Nicht selten klagt der Patient aufs Bitterste, um den Therapeuten zu prüfen, wie er auf solchen Druck reagiert: ängstlich, beschwichtigend, nachgebend, verärgert, abweisend, ratlos? Dies würde den Patienten nur verunsichern. Oder verhält er sich untersuchend?

Wehrt der Therapeut durch unkritische Übernahme solcher Dramatisierungen aggressive Regungen gegen den Patienten ab? Lässt er gleichsam den Patienten gewähren, weil er sich nicht wirklich mit ihm befassen will? Möchte der Therapeut zweckgerichtet Druck des Patienten an den Gutachter weiterleiten und so diesen manipulieren? Dies sollte nicht und wird nicht gelingen.

II Genehmigte Anträge

Beispielhaft angeführt seien im Folgenden zwei genehmigte Anträge (dechiffriert). Das Geschlecht der Therapeuten wird aus Diskretionsgründen nicht mitgeteilt.

Erstantrag auf analytische Psychotherapie für einen 26-jährigen Patienten mit Störung auf präödipalem und ödipalem Niveau

1. Spontanangaben des Patienten
Depressive Verstimmung, insbesondere mit dem Gedanken an eigene Unfähigkeit, eine dauerhafte Beziehung zu einer Frau zustande zu bringen, aber auch wegen Zweifeln, wie er sich beruflich entwickeln solle, Müdigkeit, Schreckhaftigkeit und Angstzuständen (»Beklemmungen«), Angst bei dem Gedanken, allein zu sein (er sucht dann Freunde auf), Hemmungen, mangelndem Selbstvertrauen, Angst vor Menschen, deren Kritik er fürchtet und sich ausmalt, Konzentrationsschwierigkeiten, auch beim Studium, Schlafstörungen.
Zu den auslösenden Umständen s. Punkt 4.

2. Kurze Darstellung der lebensgeschichtlichen Entwicklung
Die Mutter, eine [...], wird von ihm als dominant, egozentrisch, ständig nörgelnd, auch am Vater, beschrieben.

Auch habe sie sich an ihn, den Patienten, ein Einzelkind, geklammert, sei überbesorgt um ihn gewesen, habe ihm keine Selbstständigkeit zugebilligt, ihm gegenüber zu sehr ihren Willen durchsetzen wollen und gekränkt-vorwurfsvoll wochenlang mit ihm nicht gesprochen oder sich eingeschlossen, sodass sie für ihn gänzlich unerreichbar blieb, wenn er sich von ihr nicht lenken ließ. Dies auch, als er begann, sich für Mädchen zu interessieren. Anklagend fügt er hinzu, sie habe doch gewusst, welche Angst und Scheu er vor Mädchen hatte, und hätte ihn ermuntern müssen. – Die Mutter habe vor allem mit Schuldgefühlen versucht, ihn zu dirigieren.

Der Vater, ein [...], habe sich »meisterhaft« (! – hier mag eine heimliche Bewunderung für den Vater hinter der Abwertung durchscheinen) allen Konflikten entzogen, habe ihn voll der Mutter überlassen und nicht der Mutter widersprochen oder sich irgendwie behauptet, wenn diese ihn, den Vater, mehr oder weniger ständig herabgesetzt habe. Der Vater habe »nichts Gutes und nichts Böses getan – einfach gar nichts«. Er habe für den Vater daher noch nie Achtung empfinden können. Er habe fast keinen Kontakt mit ihm, obwohl er im gleichen Haus wohne.

Auch an den Wochenenden habe er sich nicht für den Patienten interessiert, ihn zu nichts ermuntert und ihn z. B. auch nicht zu gemeinsamen Unternehmungen aufgefordert. Auch schulisch sei er vom Vater nicht ermutigt oder gefördert worden.

In einem gewissen Gegensatz zum o. A. steht, dass der Patient gleichzeitig angibt, die Eltern seien von Anfang an zerstritten gewesen (also hat sich der Vater doch gewehrt, zum Streiten war er immerhin kraftvoll genug).

Die Mutter trennte sich vom Vater, als der Patient 17 Jahre alt war.

Normale Entwicklung als Kleinkind. Im Kindergartenalter sehr ängstlich, weigerte sich – mithilfe morgendlicher Brechanfälle –, den Kindergarten zu besuchen. Auch in der Schule ängstlich, sowohl Angst vor den Lehrern, mit Prüfungsangst, als auch vor den Mitschülern, deren körperliche Überlegenheit er fürchtete (er war klein und schmächtig). War lange Klassenbester, hatte aber – vielleicht auch deshalb – anfangs keine Freunde, fühlte sich einsam, ausgeschlossen. Sei sogar unbeliebt gewesen, oft auch, wohl deshalb, in der Schule fehlend unter dem Vorwand von Bagatellkrankheiten (Vermeidungen).

Erst in der Pubertät fand er zu einem besseren Verhältnis zu seinen Altersgenossen, zugleich mit starker Auflehnung gegen seine Eltern.

Nach dem Abitur, das er gut bestand, Studium von je einigen Semestern Philosophie, Informatik, Jura, jetzt Design. Dieses Studium hat er jetzt abgeschlossen, fühlt sich aber bei dem Gedanken, diesen Beruf auszuüben, nicht wohl, weil er sich ohne Kontakte in einem Büro zeichnen sieht (möchte nicht wieder einsam sein wie in der Schule), sondern lieber ein freier Unternehmer, jedenfalls nicht abhängig von einer Firma oder einem Chef, und mit vielen selbst hergestellten Kontakten.

Fühlt sich seit seinem Auszug mit 19 Jahren »enorm erleichtert«.

Der Patient knüpfte verschiedentlich Freundschaften mit Frauen in seinem Alter oder jünger an, ohne eine konstante Beziehung zustande bringen zu können. Er habe seitdem entsprechende Ängste, dazu unfähig zu sein.

3. Krankheitsanamnese

Nach erkennbarer Prüfung, mit wenig Skepsis und einem deutlichen Vertrauensvorschuss für mich, den ich als wohltuend empfinde, und der bald in eine hoffnungsvolle, wenn auch zurückhaltende Erwartung an mich übergeht, guter emotionaler Kontakt und freundliche Zusammenarbeit, intelligente und differenzierte Persönlichkeit mit Einsichtsfähigkeit, Krankheitseinsicht und Motivation zu Psychotherapie, insbesondere in Form des Wunsches, seine Ängste und inneren Konflikte zu meistern, nachdem er mit eigenen Bemühungen

(Nachdenken, mit Freunden darüber sprechen) nicht weitergekommen ist. Auffallend ist, wie genau er mich beobachtet (prüft!). Ich vermute einstweilen, dass er mich prüft, ob ich anders («besser«, d. h. im Gegensatz zu seinem Vater an seinem Fortkommen wirklich interessiert) bin und ihn auch nicht wie seine Mutter mit Kontaktabbruch bestrafen oder ihn entmutigen werde. Nach diesen Deutungen entwickelte sich rasch eine gute Arbeitsbeziehung.

Bevorzugte Abwehrmechanismen sind Verdrängung, Vermeidung, Konversion, Idealisierung, erkennbar in Form eines zu sehr »gewinnenden Wesens« und zu sehr vertrauenschenkenden Blickkontakts zu Beginn der Behandlung.

Phobische Persönlichkeitsstruktur.

Kein Hinweis auf eine hirnorganische Veränderung, etwa mit Verlangsamung, Affektlabilität, Merkfähigkeitsstörungen, somatisch-neurologischer Befund normal.

Keine Hinweise für eine endogene Psychose oder ein sog. Borderline-Syndrom, etwa mit Realitätsverkennungen oder Schwierigkeiten in der Selbst-Objekt-Abgrenzung.

Keine suizidalen Tendenzen.

4. Psychischer Befund zum Zeitpunkt der Antragstellung

Aus seiner bisherigen Entwicklung behielt der Patient folgende Fehleinstellungen:

In der Beziehung zur Mutter einen präödipalen Abhängigkeitskonflikt mit besonderer Betonung auf Schuldgefühlen und Ängsten bei Trennungswünschen.

Der Patient hatte es ferner schwer, zu einer gesunden männlichen Identität zu finden, da für ihn sein Vater nicht als Vorbild präsent genug war, ihm insbesondere dadurch nicht ermöglichte, mit seinen aggressiven ödipalen Fantasien ohne Abwehr umzugehen. Die Beziehung zum Vater ist vielmehr von gegenseitiger Vermeidung und Abwertung (vom Patienten im Gleichklang mit seiner Mutter) gekennzeichnet. Dahinter, unbewusst für beide, dürfte aber doch gegenseitiger Respekt, sogar Angst, gestanden haben. So bezeichnet der Patient ihn als »meisterhaft«, zumindest im Umgang mit seiner ihn abwertenden Frau, und hierin erkennt er den Vater an und hierin kann er sich mit ihm identifizieren, zumal er selbst erlebt hat, wie expansiv die Mutter war. Es schwingt Trauer mit, dass der Vater sich nicht mehr mit ihm befasst hat.

Wahrscheinlich bewundert er den Vater uneingestanden. Er wirft ihm im Grunde vor, dass er ihm nicht zur Seite stand, wenn es galt, sich gegen die Mutter zu behaupten. Der Patient dürfte den mangelnden Einsatz des Vaters für ihn aber auch als Vertrauen in die selbstständige Entwicklung des Patienten verstanden haben, was in wohltuendem Gegensatz zu der wohl invasiven, ihm zu wenig Raum gebenden Mutter stand. Es blieb bei zwei Einzelkämpfern, die sich beobachteten und wahrscheinlich heimlich bewunderten, aber nicht einander halfen, jedenfalls nicht offen. Dementsprechend isoliert fühlte er sich auch lange Zeit in der Schule.

Der fehlende Halt der Mutter und die mangelnde Konfrontation mit ödipalen Anforderungen bei gleichzeitig fehlender Unterstützung durch den Vater zog eine vermehrte Unsicherheit und Angstbereitschaft nach sich. Auch in der Schule führte die Ungeübtheit im Konkurrenzverhalten und das Gefühl, von der Mutter festgehalten und beherrscht zu werden, zu Ängstlichkeit und Zurückgezogenheit. Dies besserte sich erst, als er zu den Eltern, besonders zur Mutter, trotzige Distanz gewann (Pubertät). Hierdurch konnte er sich endlich Gleichaltrigen zuwenden.

Die jetzige Symptomatik wurde vor vier Monaten dadurch ausgelöst dass sich seine letzte Freundin schon nach kurzer Freundschaft von ihm trennte. Es war ihm zugleich bewusst geworden, dass er etwas in sich tragen musste, was länger dauernde Freundschaften mit Frauen erschwerte. Besonders der präödipale Konflikt mit der Mutter, namentlich Schuldgefühle und die Angst, dann wieder eingefangen zu sein und kujoniert zu werden, stört seine Fähigkeit, sich auf eine Beziehung »einzulassen«.

Jede sich intensivierende Beziehung zu einer Partnerin (bis zur Frage des Zusammenziehens und der Heirat) regte den präödipalen Konflikt mit der Mutter an. Der Konflikt ging von den gleichzeitigen Wünschen nach Trennung und Verselbstständigung und nach Harmonie mit der Mutter – jetzt in Übertragung auf die Partnerin – aus.

Diese Wünsche riefen Ängste hervor, nicht allein sein zu können, nicht allein lebensfähig zu sein, aber auch Ängste, mit der Mutter – wiederum in Übertragung auf die Partnerin – erneut vereinigt zu sein und so die erlangte Selbstständigkeit wieder einzubüßen, insbesondere nunmehr von der Partnerin abhängig und von ihr »beherrscht« (so der Patient über seine letzte Beziehung) zu werden, aber auch, die Harmonie, jetzt mit der Partnerin, nicht zu erreichen.

Die Wünsche lösten auch Schuldgefühle aus, etwa bei dem Gedanken, die Freundin wieder zu verlassen (so, wie er seinerzeit die Mutter verlassen hatte oder sich dies gewünscht hatte), und Schamgefühle, dass er es im Gegensatz zu seinen Freunden weder zu einer dauerhaften Partnerschaft und noch zu einer genügenden Trennung von der Mutter gebracht hatte.

Die Abwehr der Wünsche erfolgte mittels Verdrängung, Vermeidung einer dauerhaften Beziehung wie bereits bisher, Konversion (Schlafstörung), Wendung gegen sich selbst mit dem Ergebnis, dass er ratlos, unentschieden, depressiv, angstvoll, müde und im Studium arbeitsgestört wurde.

Zu seiner Symptomatik gehört auch ein Verhalten, das erst herausgearbeitet werden musste. Er prüft seine jeweilige Partnerin auf Gutmütigkeit und Zuverlässigkeit, indem er sich zu ihr unfreundlich verhält. So gibt er sich zeitweise uninteressiert und lässt sie sogar immer wieder fallen. Dabei überfordert er sie aber – so, wie er früher von seiner Mutter überfordert wurde. Er handelt hier um Identifikation mit dem Aggressor Mutter, zugleich um Wendung vom Passivum ins Aktivum und Rollenumkehr. Die Partnerinnen geben auf. In der Übertragung ist dies bisher nicht zu spüren, sondern nur ein genaues Mich-Beobachten, ob ich zuverlässigen Halt geben kann. In mir sieht er zurzeit wahrscheinlich mehr den »besseren« Vater, der sich – hoffentlich – ernsthaft für sein Fortkommen interessiere. Mit der o. a. Prüfung seiner Partnerinnen prüft er aber mehr sich selbst, ob er innerlich noch frei ist. Er möchte sich vergewissern, dass er sich nicht ausgeliefert fühlt wie früher seiner Mutter, genauer: ob er nicht mehr so wie früher seinen Ängsten, gefangen zu sein, und seinen Schuldgefühlen bei seinen Fluchtwünschen ausgeliefert ist.

Ödipale Konflikte liegen ebenfalls vor, und zwar mit den
- Wünschen, nicht das Schicksal des Vaters bei dessen Frau zu erleiden, ihn sogar darin zu übertreffen, z. B. eine besonders schöne Frau zu heiraten, und auch beruflich vielseitiger zu sein,
- Ängsten (hierin zu versagen, sodass womöglich am Ende sich doch der Vater als der bessere »Meister« erweisen werde),
- Schuldgefühlen wegen dieser verbotenen Wünsche,
- Abwehren, vor allem Vermeidung von konkurrenzhaften Auseinandersetzungen mit Männern (Selbstisolierung in der anfänglichen Schulzeit, Ausweichen in wechselnde Studien), Wendung gegen sich selbst (Langsamkeit im Studium), mit Größenfantasien von ödipaler Überlegenheit zur Abwehr seiner ödipalen Unterlegenheitsängste, Symptom-(Kom-

promiss-)bildungen (vor allem einer ödipal-depressiven Hemmung und Angstsymptomatik, wobei er gleichzeitig an Fantasien von Überlegenheit festhalten muss).

Im bevorstehenden Therapieabschnitt scheint es zunächst mehr um die Beziehung zur Mutter zu gehen. Nach der freundlichen Übertragung auf mich, die nicht den Eindruck von Abwehr (namentlich keine Stimmung von Unterwürfigkeit, sondern mehr eine von einem endlich erfüllten Kontaktwunsch) hinterlässt, kann seine Beziehung zu seinem Vater nicht so schlecht sein, zumal er auch später zu Lehrern und Professoren ein gutes Verhältnis hatte. Unklar ist einstweilen, warum er den Vater so negativ darstellt. Eine Erklärung wäre, dass er sich in diesem Punkt noch immer nicht von der negativen Einstellung seiner Mutter freigemacht hat. Es mag sich zugleich um eine Abwehr von Schuld- und Schamgefühlen, dass er dem Vater nicht gegen die Mutter half, sondern sich über die Kindheit hinaus auf die Seite der Mutter stellte, handeln (»parent-blaming«). Vor allem Schamgefühle versperren ihm bis heute den Weg zum Vater, bei mir muss er sie nicht haben, fühlt er. Ich habe den Eindruck, er schätzt und bewundert seinen Vater und die Mutter darf dies nicht sehen. Aber ich darf es sehen.

5. Somatischer Befund bzw. Konsiliarbericht
Neurose auf präödipalem und ödipalem Konfliktniveau.

6. Psychodynamik der neurotischen Erkrankung
und
7. Neurosenpsychologische Diagnose zum Zeitpunkt der Antragstellung
Eine analytische Therapie mit systematischer Nutzung von Regression, Übertragung, Gegenübertragung und Widerstand sowie mit Bearbeitung der Struktur und dem Anstreben fundamentaler Ziele eines analytischen Prozesses ist hier notwendig und Erfolg versprechend, da die Psychodynamik in Umrissen erkennbar ist, die symptomrelevanten unbewussten Konflikte eng mit der Struktur verflochten sind und der Patient fähig und motiviert ist, eine Übertragung und ein tragfähiges Arbeitsbündnis auch unter den Bedingungen von Regression auszubilden und eine therapeutische Ich-Spaltung vorzunehmen sowie auf analytische Deutungen mit emotionaler Einsicht zu antworten.

Eine tiefenpsychologisch fundierte Psychotherapie könnte diese Ziele nicht erreichen.

Auch die bisherige Ich-Entwicklung weist auf gute weitere Entwicklungsmöglichkeiten hin und macht daher ausreichende Bewältigungsmöglichkeiten im Sinne einer Fähigkeit zu subjektivem, selbstreflektierendem Wachstum wahrscheinlich.

Die innere Flexibilität, um Fixierungen, Regressionen und die Struktur im für analytische Psychotherapie vorgesehenen Zeitrahmen (160 Std. bei 2 Std./W.) bearbeitbar erscheinen zu lassen, ist genügend gegeben.

Ergänzungsbericht zu analytischer Psychotherapie für eine 33-jährige Patientin mit vorwiegend präödipaler Problematik

Das Arbeitsbündnis war wie bisher tragfähig, die innere Verarbeitung weiterhin tiefgehend und nachhaltig.

Nach 240 Stunden lässt sich sagen, dass sich die angeführten präödipalen Konflikte, auch in der Übertragung, gut durcharbeiten ließen.

Dies versetzte die Patientin in die Lage, ihre Beziehungen zu ihren Eltern, zu ihrem fünf Jahre jüngeren Bruder und zu ihrem Ehemann zu vertiefen und zugleich eigene Interessen zu verfolgen. Ihre Ängste, sie müsse sich immer noch vor der Mutter für alles, was sie unternehme, rechtfertigen, haben deutlich nachgelassen. Das Verhältnis hat sich weitgehend entspannt. Manchmal findet sie Fragen der Mutter, wie es ihr gehe, noch aufdringlich, obwohl sie einsehe, dass solche Fragen völlig normal sind. Sie sage dann etwa humorvoll, es gehe ihr bestens, nur wisse sie dies manchmal nicht. Sie telefoniert jetzt häufig mit ihren Eltern und mit dem Bruder, ohne sich hierzu gedrängt zu fühlen. Es kommt auch vor, dass sie wochenlang keinen Kontakt mit diesen hat, dann wieder mehrfach in der Woche. Sie hat also auch hierin Flexibilität erreicht, je nach den Umständen oder Bedürfnissen, von ihr selbst oder von anderen. An ihrer Arbeitsstelle ist sie weniger verwundbar durch die üblichen Konkurrenzkämpfe geworden, besonders mit ihren Kolleginnen. Als sie neulich bemerkte, dass eine Kollegin es darauf anlegte, mehr und mehr ihre Arbeit an sich zu reißen, nahm sie dies gelassen, gab ihr noch einiges hinzu und verschaffte sich eine interessantere Betätigung dort. Sie kaufte sich ein Buch über ihren Beruf und fand darin sowie bei einigem Nachdenken in sich selbst einige Verbesserungsvorschläge für ihre Tätigkeit. Ihr Ehemann hat ihr beiläufig gesagt, dass sie jetzt, auch nach Angaben von Bekannten, viel umgänglicher geworden sei, insbesondere habe sie das »Zickig-Launische« an sich aufgeben können (dies hatten wir als eine Selbstvergewisserung verstanden, dass sie selbst eine Entscheidung treffen könne, und sie gleichzeitig andere prüfte, ob diese ihr solches übel nähmen). Ihre Grundangst, von anderen eingeengt zu werden wie früher von ihrer Mutter, sei noch spürbar, habe aber deutlich nachgelassen, und vor allem komme sie durch ihren Galgenhumor, den sie nie ganz verloren habe, damit bestens zurecht. Als ihr neulich wegen einer Renovierung ein kleineres Zimmer mit einem winzigen Schreibtisch zugewiesen wurde, konterte sie, sie benötige nicht soviel Platz wie andere, weil sie konzentrierter arbeite, und dies müsse wohl bemerkt worden sein. Notfalls reiche ihr auch das Notebook auf dem Schoß. Als ihr einmal vorgeworfen wurde, sie gehe zu früh nach Hause, bemerkte sie in sich ein Aufwallen von Angst, fand aber die Antwort, nachdem sie demonstrativ auf ihre Uhr geschaut hatte, es treffe zu, dass sie heute früher nach Hause gehe, aber sie arbeite eben schneller. In ihre Erotik, deren Ablauf nie gestört war, hat sie eigene Ideen eingebracht, kann aber auch ihrem Ehemann die Initiative überlassen.

Seit einiger Zeit steht das Thema einer Schwangerschaft an. In der Zwischenzeit konnten wir die Vermeidung einer endgültigen Bindung soweit bearbeiten, dass sie ihren langjährigen Freund heiraten konnte. Ihre Grundangst ist die vor Einengung, und Schwangerschaft bedeutet für sie Auslieferung an ihren Mann wie früher an ihre Mutter.

Die Bearbeitung der Vermeidung steht auch jetzt noch im Vordergrund. Sie vermeidet immer noch eine Schwangerschaft, obwohl sie ihren Kinderwunsch inzwischen zulassen konnte. Sie nimmt zur Unterstützung der Vermeidung noch Rationalisierungen in Anspruch, wie, ihr Ehemann habe jetzt erst sein Studium abgeschlossen und sei jetzt erst in das Berufsleben eingetreten, wie auch, in ihrem Beruf habe sie soeben neue Aufgaben übernommen.

Sie hat gelernt, darauf zu achten, wann diese Abwehren bei ihr selbst auch außerhalb der Stunden auftauchen. Es sind immer Situationen, die sie als einengend versteht.

Die präödipal getönten Aufopferungen für andere, die fast einem Helfersyndrom gleichkamen, dienten vor allem dazu, Situationen des Eingeengtseins dadurch zu entkommen, dass sie die Initiative an sich riss und andere zu Hilfsempfängern machte.

Außerdem dienten sie ihr auch als Abwehr gegen ihre ödipalen Wünsche nach einem Mann und nach Kindern. Hinter der Abwehr dieser ödipalen Wünsche stehen Ängste und Schuldgefühle, sie dürfe ihre Mutter nicht übertreffen und nicht in ödipaler Hinsicht erfolgreich sein, weil sie dann der Mutter überlegen sei, wie bereits durch ihren gehobenen Beruf und durch Heirat eines Mitgliedes einer alten Akademikerfamilie (elterlicherseits Handwerkerfamilien), und sie müsse dann Vergeltung fürchten.

Ein Verkehrsunfall des Vaters brachte insofern einen Rückschlag, als sie dieses Ereignis zum Vorwand nahm, den Vater sehr oft zu besuchen und darüber ihre Wünsche nach Gründung einer eigenen Familie wiederum durch Vermeidung und Rationalisierung (es sei doch wichtig, den eigenen Vater zu pflegen) aufzuschieben.

Teilweise verwirklicht sie aber auch hiermit ödipale Wünsche, möchte sie doch so für sich und ihre künftige Familie Erbansprüche geltend machen, sich zumindest so in Erinnerung halten, da der Großteil der Familie in Übersee lebt. Durch einen gewissen Besitz empfiehlt sie sich zugleich der Familie ihres Mannes an, ebenfalls zum Nutzen ihrer künftigen Familie.

In der Übertragung war ich überwiegend die ermutigende Mutterfigur, die ihr den Erfolg gönnen und Mut machen soll. Jetzt bin ich in ihrer Übertragung mehr eine begleitende, erfahrene Freundin. Dies ist auch in meiner Gegenübertragung deutlich spürbar.

Die Symptomatik hat sich deutlich gemildert, hat aber noch das Ausmaß einer Krankheit (Neurose), sodass auch dieser Gesichtspunkt eine weitere Behandlung wie bisher als notwendig erscheinen lässt. Das Trennungsthema ist seit Monaten intensiv in Bearbeitung. Dabei stellten sich auch Ängste ein, ich würde sie nicht loslassen können, aber auch Befürchtungen, sie werde in ein psychisches Loch fallen, würde die Therapie zu plötzlich beendet. Diese Ängste hat sie nicht nur durch Bearbeitung mit mir, sondern auch durch eine intensivere Bindung an ihren Lebenspartner [inzwischen Ehemann] mindern können. Aus der Nebenübertragung zum Ehemann wurde eine Ehe.

Das schlechte Verhältnis zu der früheren Freundin konnte nicht verstanden werden. Die gesamte Freundschaftsperiode mit dieser blieb ebenfalls unklar. Unwichtig ist diese Figur gewiss nicht, denn sie taucht immer wieder, z. T. als Nebenfigur, in Träumen auf, ohne dass ein Zusammenhang mit der Patientin oder mit anderen Figuren herzustellen wäre. Auch ihre Bedeutung für die Übertragung blieb im Dunkeln.

Wir benötigen noch 60 Stunden, damit diese Vermeidungen und Rationalisierungen noch gründlich bearbeitet werden können und sie endlich zu sich kommt, d. h. zu ihren gesunden ödipalen Wünschen im Sinne der Gründung einer eigenen Familie. Geheiratet hat sie immerhin schon – nachdem sie sich überzeugt hat, dass er sie nicht einengt und vor allem, dass sie die Fähigkeit erworben hat, ihre Bedürfnisse und Absichten auch ihrem Mann gegenüber klar auszudrücken, und sich nicht einengen lässt.

Die Patientin erwartet, dass ich sie noch bis nach Einsetzen einer Schwangerschaft oder bis zur Niederkunft begleite, um aufkommende Ängste noch mit ihr bearbeiten zu können. Dies ist mit einer Reduzierung der Stundenfrequenz auf eine Stunde pro Woche, später auf zwei Sitzungen monatlich vorgesehen. Die Patientin befasst sich bereits in Gedanken mit dem Kind und entwickelt mütterliche Fantasien. Das Kind wird von ihr gestreichelt, an die Brust gelegt und hin und her gefahren. Sie überlegt, wie sie es dann mit ihrem Beruf halten soll.

Die Prognose ist dann weiterhin im vorgesehenen Rahmen (insgesamt 300 Std., also noch 60) gut.

Erstantrag auf tiefenpsychologisch fundierte Psychotherapie für einen 55-jährigen Patienten auf vorwiegend präödipalem Niveau

1. Spontanangaben des Patienten
Depressive Verstimmung, insbes. mit dem Gedanken an eigene Unfähigkeit einhergehend, Müdigkeit, Schreckhaftigkeit und Angstzustände bei dem Gedanken, die nötigen Leistungen in seinem Beruf nicht erbringen zu können oder bei Fehlern ertappt zu werden, mit Herzklopfen, Schwindel, Schweißausbruch, Angst vor anderen, insbesondere Untergebenen, aber auch vor der Bankdirektion, Rückzug von Freunden und von Mitarbeitern, aus Angst, diesen nicht gewachsen zu sein.
Zu den auslösenden Umständen s. Punkt 4.

2. Kurze Darstellung der lebensgeschichtlichen Entwicklung
Die Mutter, eine Angestellte, habe »etwas aus ihm machen wollen«. Sie habe immer wieder von »Erfolg, Glanz und Reichtum« als Ziel gesprochen. Im Gegensatz zu seinem Vater solle er diese Ziele erreichen.

Die Mutter versuchte auch, den Vater, einen Kleinlandwirt, dazu zu bewegen, den Sohn zu bestrafen, wenn er nicht genügend Fortschritte machte, – der Vater habe sich aber nicht darum gekümmert. Im Gegenteil habe ihn der Vater nicht gefördert, ihm nichts zugetraut, ihn auch nicht für gute Schulleistungen belohnt. Beim Anfertigen seines Testaments habe der Vater ihn zunächst vergessen.

Ebensolche Skepsis hätten seine zwei Brüder, von denen er der mittlere war, an den Tag gelegt. Sie hätten wegen Geldmangel früh in einen Beruf gehen müssen. Man sei sich weitgehend aus dem Wege gegangen. Der Patient habe nachmittags seine Schulaufgaben erledigt und dann erst dem Vater bei der Arbeit geholfen, im Gegensatz zu den Brüdern, die mehr Zeit mit dem Vater bei der Arbeit verbrachten. Der Patient fühlte sich vom Vater und den zwei Brüdern isoliert, weil er als Einziger die höhere Schule besuchen durfte, wofür er – außer von der Mutter – scheel angesehen worden sei. Er sei mehr der Mutter, seine beiden Brüder mehr dem Vater zugeordnet gewesen, so hätten es alle empfunden. Heute sei aber das Verhältnis zu allen »gut«. Die Brüder hätten gute Berufe erlernt, seien mit sich zufrieden und nähmen ihm seine Karriere nicht mehr übel.

In der Ehe der Eltern gab es viel Streit, die Eltern sprachen tagelang nicht miteinander, es verschwand auch schon mal ein Elternteil für einige Tage aus dem Haus.

Verächtlich habe der Vater durchblicken lassen, die »Kunststückchen auf der Schule« seien »noch längst keine Leistung«. Der Patient habe immer sein Lob, seine Anerkennung gesucht (m. E., um durch Kontakthalten Ängste vor dessen Neid und Vergeltung zu mindern).

Normale Entwicklung als Kleinkind. – In der Schulzeit etwas schüchtern gegenüber anderen Kindern, die auf ihn zukommen mussten, wenn Freundschaften zustande kommen sollten.

Nur auf Betreiben der Mutter Besuch der höheren Schule. Abitur, das er mit guten Leistungen bestand, Banklehre, gute Karriere bis in Führungsposition. 30-jährige Firmenzugehörigkeit. Hier immer unauffällig, fleißig, vermied jede Auseinandersetzung mit Konkurrenten, trat immer zwanghaft-bescheiden auf »mit Entschuldigungen auf den Lippen«, arbeitete auch gern bis in die späten Abendstunden (m. E. weil ihn dann seine Konkurrenten nicht beobachten oder kritisieren konnten, aber auch, um heimlich mehr Leistung zu erbringen als diese – der Vater und die Brüder dürfen es nicht sehen), immer mit einem

Hang zur Perfektion, was ihm aber in seiner Karriere zugute kam (Vater und Brüder hätten nur zu gerne Fehler bei ihm gesehen, so seine Angst). Er darf nur heimlich leisten und muss Vergeltung, Rache, Neid der anderen durch Unterwürfigkeit und Vermeidung von Auseinandersetzungen den Wind aus den Segeln nehmen.

Vor 22 Jahren Heirat einer gleichaltrigen, warmherzigen Bankangestellten, ein Sohn 20 Jahre, eine Tochter 18 Jahre, die beide studieren. Harmonische Ehe.

3. Krankheitsanamnese

Nach anfänglichem Misstrauen (mein Gefühl, dass er Angst vor mir hat und sich erst vergewissern will, wie ich zu ihm bin, und dann erleichtert feststellt, dass er von mir nichts zu befürchten hat) im emotionalen Kontakt etwas förmlich-unterwürfig und zu glatt, auch etwas anklammernd, in der Gegenübertragung Gefühle von Vorsicht und Gedanken, dass auch ich mich sehr korrekt verhalten müsse, dass ich sonst aber von ihm nichts zu befürchten habe.

Auch in der Kleidung überkorrekt, sich bereits nach der ersten Sitzung meinem Kleidungsstil anpassend, aber noch ausreichend selbstständig schwingungsfähig, intelligente und differenzierte Persönlichkeit mit Einsichtsfähigkeit, die nicht immer von übereilter Zustimmung zu trennen, aber doch genügend emotional begleitet ist. Im Auftreten nicht an eine Führungsposition erinnernd, vermeidet offensichtlich einen solchen Eindruck. Krankheitseinsicht und Motivation zu Psychotherapie, insbesondere mit dem Wunsch, seine Ängste und inneren Konflikte zusammen mit einem Therapeuten zu meistern, nachdem er selbst versucht hat, sich zu beruhigen, mit Selbstappell an seine Vernunft und mit Aussprachen mit seiner Ehefrau, auch durch Lesen eines Buches über Angst und durch Nachsehen im Internet über dieses Thema, aber »ohne damit viel weiter gekommen« zu sein.

Bevorzugte Abwehrmechanismen sind Verdrängung, Vermeidung, Reaktionsbildung. Phobisch-zwangshafte Persönlichkeitsstruktur.

Kein Hinweis auf eine hirnorganische ... [s. o., wie im Erstantrag für den 26-jährigen Patienten].

4. Psychischer Befund zum Zeitpunkt der Antragstellung

Der Patient hatte es schwer, zu einer gesunden männlichen Identität zu finden, da in seinem Erleben sein Vater von der Mutter des Patienten abgewertet wurde. Dadurch war es dem Patienten nicht möglich, mit seinen aggressiven ödipalen Fantasien gegen den Vater ohne Reaktionsbildung umzugehen. Er musste seine aggressiven Regungen aus Schuldgefühl abwehren, da der Vater ihm schwach erschien und somit seinen Angriffen womöglich nicht hätte standhalten können. Auch Angst vor der Rache des Vaters, falls der Patient allzu gute Leistungen zeige, ist für die Kindheit und Jugendzeit wahrscheinlich. Solche Schuldgefühle und Ängste müssen durch die kaum verhüllte Konkurrenzsituation zum Vater, die auch der Vater so empfunden haben muss, angeregt worden sein. Die Mutter setzte aus eigenem Antrieb (Unzufriedenheit mit dem Vater, Gefallen an Herabsetzung des Vaters, vermutlich auch gestörtes Selbstwertgefühl mit dem Drang, den Partner herabzusetzen) mit dem Patienten wie mit einer Fortsetzung von sich selbst dem Vater einen zukunftsträchtigen Konkurrenten vor, in den sie hoffnungsvoll ihre eigenen Macht- und Größenideen projizierte und der den Vater überholen sollte und spätestens mit dem Abitur auch tatsächlich äußerlich überholte, erst recht später in seiner steilen Karriere.

Der Vater hütete sich, den Patienten auch noch zu fördern oder zu ermuntern, sondern versuchte, den Patienten niederzuhalten (»Kunststückchen«, »Vergessen« des Erbteils des Patienten im Testament). Dabei konnte er sich auf ein Bündnis mit den beiden Brüdern des Patienten, denen wohl ähnlich zumute gewesen sein dürfte wie dem Vater, stützen. Der Vater wie auch die Brüder dürften zu diesem Zweck negative Selbst-Anteile in den Patienten projiziert haben. Der Patient zog sich auf gute Schulleistungen zurück und vermied direkte ödipal-konkurrierende Konfrontationen mit dieser ödipalen männlichen Dreierfigur, und dies blieb auch so während seines gesamten Berufslebens im Verhältnis zu Kollegen, Untergebenen und Vorgesetzten.

Die schulische Leistung war gefährlich, offensichtlich wegen des Neides, den diese nach Ansicht des Patienten, wahrscheinlich auch real, hervorrief, und wegen der Schuldgefühle, die der Patient empfinden musste, weil er als einziger die höhere Schule besuchen durfte. Die guten Schulleistungen allein waren eine zu schmale Basis für ein gesundes Männlichkeitsgefühl und offenes Durchsetzungsvermögen, dürften sogar an verbotenen, ödipalen Überlegenheitsfantasien beteiligt sein und waren ein Weg, diese wenigstens teilweise zu verwirklichen.

Die jetzige Symptomatik wurde vor sechs Monaten dadurch ausgelöst dass die Bank ihn plötzlich drängte, in vorzeitigen Ruhestand zu gehen bzw.

ihm die Kündigung wegen Rationalisierungsmaßnahmen in Aussicht stellte, zumal auch jüngere Kollegen nachdrängten und in seine Position eintreten möchten.

Zugleich setzte ein Erbstreit mit einem Neffen ein, der mit einem für den Patienten ungünstigen Vergleich endete.

Hierdurch hat er ödipale Niederlagen erlitten. Diese regten die ödipalen Konflikte des Patienten an, mit den

➤ Wünschen, der Mutter ein besserer, verständnisvollerer, von ihr mehr geachteter Mann zu sein, weil der Vater durch seine emotionale Abwesenheit solchen Fantasien Vorschub leistete, statt dem Sohn durch bessere Selbstdarstellung und Selbstdurchsetzung zu helfen, sie zu verdrängen, und weil die Streiche der Eltern solche Fantasien anregen musste, ferner mit den Wünschen, den Vater und die Brüder, später seine beruflichen Konkurrenten, beruflich zu überrunden und angesehener als diese zu werden,

➤ Ängsten, hierin zu versagen oder nicht anerkannt oder sogar beneidet und gehasst und ausgegrenzt zu werden, wie früher vom Vater und von den Brüdern jetzt Vergeltung von der Bank und den Konkurrenten dort zu erfahren,

➤ Schuldgefühlen wegen der verbotenen Wünsche, insbesondere des Wunsches, den Vater durch Leistung bei der Mutter auszustechen,

➤ Abwehren (vor allem Vermeidung von konkurrenzhaften Auseinandersetzungen mit Männern durch Unterwürfigkeit (hier zugleich Reaktionsbildung), Verdrängung (und Verstecken vor anderen) eigener Erfolge und Symptom-(Kompromiss-)bildungen (vor allem einer ödipal-depressiven Hemmung und Angstentwicklung).

Insbesondere geht es um die Abwehr seiner Aggressivität und der durch sie hervorgerufenen Ängste und Schuldgefühle. Die depressive Stimmung ist durch die berufliche Niederlage bedingt (der angstvoll erwartete Schaden ist bereits eingetreten – ödipale Depression).

In der Übertragung bin ich vermutlich der Vater, mit dem er endlich ins Gespräch kommen möchte. Die Gelegenheit scheint ihm günstig: Er hat soeben zwei schwere ödipale Niederlagen einstecken müssen und dies kann den Groll des Vaters mindern, sodass der Patient jetzt wenig zu befürchten hat. Wir haben uns gegenseitig vergewissert, dass wir nichts voneinander zu befürchten haben, und jetzt kann die Aussprache mit dem Vater beginnen.

5. *Somatischer Befund bzw. Konsiliarbericht*
Neurose auf vorwiegend ödipalem Konfliktniveau.
Symptomdiagnose: zwangshaft-depressiv-phobisch

6. *Psychodynamik der neurotischen Erkrankung*
Eine tiefenpsychologisch fundierte Therapie ist hier notwendig und zweckmäßig, zumal der Patient in der Lage ist, Übertragung und ein tragfähiges Arbeitsbündnis auszubilden und eine therapeutische Ich-Spaltung vorzunehmen sowie auf Deutungen in diesem Konfliktbereich mit emotionaler Einsicht zu antworten.

Auch die bisherige Ich-Entwicklung und der bisherige Therapieverlauf weisen auf ausreichende Bewältigungsmöglichkeiten hin.

In 80 Sitzungen kann der ödipale Konflikt genügend bearbeitet werden, um dem Patienten zu besseren Kompromissbildungen zu verhelfen.

Die Flexibilität ist genügend gegeben, um die Neurose im für tiefenpsychologisch fundierte Psychotherapie vorgesehenen Zeitrahmen bearbeitbar erscheinen zu lassen, ohne dass die Gefahr tieferer Regression besteht.

Literatur

Abend, S. M. (2001): Expanding psychoanalytic possibilities. Psa Qarterly, 70, 1, 3–14.
Abend, S. M. (2005): Analyzing intrapsychic conflict: Compromise formation as an organizing principle. Psa Q, LXXIV, 1, 5–26.
Abraham, K. (1921): Klinische Beiträge zur Psychoanalyse Psychoanalyse aus den Jahren 1907–1920. Leipzig u. a. (Internationaler Psychoanalytischer Verlag).
Abraham, K. (1925): Psychoanalytische Studien zur Charakterbildung. Wien (Internationaler Psychoanalytischer Verlag).
Adler, A. (1907a): Studie über Minderwertigkeit von Organen. Wien (Urban & Schwarzenberg).
Adler, A. (1912a/1997): Über den nervösen Charakter: Grundzüge einer vergleichenden Individualpsychologie und Psychotherapie: Kommentierte textkritische Ausgabe. Hg.: K. H. Witte, A. Bruder-Bezzel, R. Kühn. Göttingen (Vandenhoek & Ruprecht).
Adler, A. (1928): Kurze Bemerkungen über Vernunft, Intelligenz und Schwachsinn. Internationale Zeitschrift für Individualpsychologie, 6, 271. [Neudruck in: Ders.: Studienausgabe, Bd. 3, in Vorbereitung].
Adler, A. (1931b/2008): What life should mean to you. Hg.: A. Porter. Boston (Little & Brown). Dt. (1979b): Der Sinn des Lebens. Neudruck in: Ders.: Studienausgabe, Bd. 6. Hg. (Teil): R. Brunner. Göttingen (Vandenhoek & Ruprecht).
Adler, A. (1908e/2007): Die Theorie der Organminderwertigkeit und ihre Bedeutung für Philosophie und Psychologie. In: Ders.: Studienausgabe, Bd. 1: Persönlichkeit und neurotische Entwicklung. Frühe Schriften (1904–1912). Hg.: A. Bruder-Bezzel. Göttingen (Vandenhoeck & Ruprecht).
Ainsworth, M. D. S. et al. (1978): Patterns of attachment: A psychological study of the strange situation. Hillsdale NJ (Lawrence Erlbaum).
Aisenstein, M. (2003): Does the cure come as a byproduct of psychoanalytic treatment? Psa Q, LXXII, 1, 263–274.
Akhtar, S. (2002): Forgiveness: Origins, dynamics, psychopathology and technical relevance. Psa Q, LXXI, 2, 175–212.
Akiskal, H. S. (1981): Subaffective disorders: Dysthymic, cyclothymic and bipolar II disorders in the borderline realm. Psychiatr Clinic North Am, 4, 25–46.
Alexander, F. (1956): Psychoanalysis and Psychotherapy: Developments in theory, technique and training. New York (Norton).

Allport, G. (1937): Personality. New York (Henry Holt).
Altman, L. L. (1977): Some vicissitudes of love. J Am Psa Assn, 25, 35–52.
Altschul, V. A. (2001): Supervision as Subversion. In: Balsam, R.: Psychodynamic Psychotherapy: The supervisory process. Madison CT (International Universities Press).
Alvarez, A. (2001): Comment on Jill Scharff's clinical case. Psa Inq, 21, 4, 489–482.
Ammaniti, M. (1999): How attachment theory can contribute to the understanding of affective functioning in psychoanalysis. Psa Inq, 19, 5, 784–796.
Argelander, H. (1970a): Das Erstinterview in der Psychotherapie. Darmstadt (Wissenschaftliche Buchgesellschaft).
Argelander, H. (1970b): Die szenische Funktion des Ich und ihr Anteil an der Symptom- und Charakterbildung. Psyche, 24, 325–345.
Argelander, H. (1971–1978): Mündliche Mitteilungen in seinen kasuistischen Seminaren im Sigmund-Freud-Institut Frankfurt.
Argelander, H. (1977): Diskussionsbeitrag zu P. Fürstenaus Arbeit: Die beiden Dimensionen des psychoanalytischen Umgangs mit strukturell Ich-gestörten Patienten. Psyche, 31, 3, 208–215.
Arlow, J. A.; Brenner, C. (1964): Psychoanalytic concepts and the Structural Theory. New York (International Universities Press).
Arlow, J. A. (1980): Object concept and objective choice. Psa Q, 49, 104–133.
Arlow, J. A. (1991): Conflict, trauma and deficit. In: Conflict and compromise, therapeutic implications. Hg.: S. Dowling. Madison CT (International Universities Press), S. 3–14.
Arlow, J. A. (1995): Stilted listening: Psychoanalysis as discourse. Psa Q, LXIV, 2, 215–233.
Asserate, A.-W. (2003): Manieren. Frankfurt a. M. (Eichborn Verlag).
Bacal, H. E. (1981): Notes on some therapeutic challenges in the analysis of severely regressed patients. Psa Inq, 1, 29–56.
Bader, M. J. (1993): Adaptive sadomasochism and psychological growth. Psychoanal. Dialogues, 3, 2, 279–300.
Bader, M. J. (1994): The tendency to neglect therapeutic aims in psychoanalysis. Psa Q, LXIII, 2, 246–270.
Balint, M. (1937): Die Urformen der Liebe und die Technik der Psychoanalyse. Frankfurt a. M. 1969 (Fischer).
Balsam, R. H.; Fischer, R. S. (2006): Prologue. Psa Inq, 26, 1, 1–6.
Bassler, M. (1994): Mündliche Mitteilung auf dem Symposion über Angstneurosen und Phobie, Mainz.
Beland, H. (1999): Die leise Stimme des Intellekts. Psychoanalytische Gewaltforschung und die Öffentlichkeit. In: Psychoanalyse in Europa. Europäische Psychoanalytische Föderation, Bulletin, 52, S. 6–23.
Beland, H.; Brodbeck, H.; Legueltel, Cl.; Rupprecht-Schampera, U. (2000): DPV-Transparenzkommission, Befragung zum Bewerbungsverfahren. DPV-Informationen Nr. 28, S. 14–23, Geschäftsstelle der DPV, Körnerstraße 11, 10785 Berlin.
Benjamin, J. (1988): The bonds of love: Psychoanalysis, feminisms and the problem of domination. New York (Pantheon).
Benjamin, J. (1994): What angel would hear me? The erotics of transference. Psa Inq, 14, 4, 535–555.
Berkowitz, D. (1984): An overview of the psychodynamics of couples: Bridging concepts. In: Marriage and divorce. Hg.: C. Nadelson, D. Polonsky. New York (Guilford), S. 117–126.
Berkowitz, D. (1999): Reversing the negative cycle: Interpreting the mutual influence of adaptive, self-protective measures in the couple. Psa Q, LXVIII, 4, 559–583.

Berman, E. (2001): Psychoanalysis and life. Psa Q, LXX, 1, 35–66.
Berman, E. (2004): Impossible training: A relational view of psychoanalytic education. Hillsdale NJ (Analytic Press).
Bernfeld, S. (1941): The facts of observation in psychoanalysis. Int Rev Psa 1985, 12, 341–351.
Bernstein, P. (2004): Mothers and daughters from today's psychoanalytic perspective. Psa Inq, 24, 601–628.
Bibring, G.; Dwyer, T. F.; Huntington, D. S.; Valenstein, A. F. (1961): A study of the psychological processes in pregnancy and of the earliest mother-child relationship. The Psa Study of the child, 16, 9–24.
Bion, W. R. (1967): Notes on memory and desires. Psa Forum, 2, 272–275.
Bird, B. (1972): Notes on transference. J Am Psa Assn, 20, 267–301.
Blankenburg, W. (1981): Der »Leidensdruck« des Patienten in seiner Bedeutung für Psychotherapie und Psychopathologie. Nervenarzt, 52, 635–642.
Blatt, S. J.; Auerbach, J. S. (2003): Psychodynamic measures of therapeutic changes. Psa Inq, 23, 2, 268–307.
Blechner, M. J. (2001): The dream frontier. Hillsdale NJ (Analytic Press).
Bloch, H. Sp. (1995): Adolescent development, psychopathology, and treatment. Madison (International Universities Press).
Blos, P. (1991): Sadomasochism and the defense against recall of painful affect. J Am Psa Assn, 39, 2, 417–430.
Blum, H. (1983): The psychoanalytic process and analytic inference: A clinical study of a loss and a lie. Int J Psychoanal 64, 17–34.
Blum, H. (1999): Antworten auf Diskussionsbeiträge zu seinem Artikel »Ichpsychologie und Strukturtheorie von heute«. International Psychoanalysis, IPA Newsletter, 8, 1, 40.
Böker, W. (1999): Störungswahrnehmung und Krankheitseinsicht schizophrener Patienten. Fortschr Neurol Psychiat, 67, 237–248.
Boesky, D. (1990): The psychoanalytic process and its components. Psa Q, 59, 550–584.
Boerner, R. J. (1999): Die Bedeutung psychotherapeutischer Ansätze im Rahmen multimodaler Therapiekonzepte in der Behandlung von Angststörungen. III. Psychotherapiekongreß der DGPPN. Fortschr Neurol Psychiat 1999, Sonderheft 1, S. 4.
Bohleber, W. (1997): Trauma, Identifizierung und historischer Kontext. Psyche, 9/10, 958–995.
Bollas, C. (2000): Hysteria. London/New York (Routledge).
Bolognini, St. (2001): Empathy and the unconscious. Psa Q, LXX, 2, 447–471.
Bowlby, J. (1988): A secure base: Parent-child attachment and healthy human development. New York (Basic Books).
Brandchaft, B. (2001): Obsessional disorders: A developmental systems perspective. Psa Inquiry, 21, 253–288.
Brenman, E. (1980): The value of reconstruction in adult psychoanalysis. Int J Psa, 61, Teil 1, 53–60.
Brenneis, C. B. (1994): Observations on psychoanalytic listening. Psa Q, LXIII, 1, 29–53.
Brenneis, C. B. (1997): Recovered memories of trauma: Transferring the present to the past. Madison CT (International Universities Press).
Brenner, Ch. (1979): Working alliance, therapeutic alliance, and transference. J Amer Psychoanal Assn, 27, 137–157.
Brenner, Ch. (1979): The components of psychic conflict and its consequences in mental life. Psa Q, 48, 547–567.
Brenner, Ch. (1982): The mind in conflict. New York (International Universities Press).

Brenner, Ch. (2000): Observations on some aspects of current psychoanalytic theories. Psa Q, LXIX, 4, 597–632.
Brenner, Ch. (2002): Conflict, compromise formation and structural theory. Psa Q, LXXI, 3, 397–418.
Brenner, Ch. (2003): Commentary on Ilany Kogan's »On beeing a dead, beloved child«. Psa Q, LXXII, 3, 767–776.
Bromberg, Ph. M. (1995): Resistance, object-usage, and human relatedness. Cont Psychoanal, 31, 173–191.
Bromberg, Ph. M. (2001): Hope when there is no hope: Discussion of Jill Scharff's case presentation. In: Perspectives on an object relations clinical presentation: The process of change. Psa Inq, 21, 4, 519–529.
Brooks, P. (1982): Freud's Masterplot. Questions of narrative. In: Literature and Psychoanalysis. The Question of Reading: Otherwise. Hg.: S. Felman. Baltimore (John Hopkins University Press), S. 280–300.
Bruns, G. (2000): Das System der Qualitätssicherung in der Psychotherapie. In: DPV-Informationen Nr. 28, S. 26–29, Geschäftsstelle der DPV, Körnerstraße 11, 10785 Berlin.
Busch, F. (1995): Neglected classics, M. N. Searl's »Some queries on principles of technique«. Psa Q, LXIV, 326–344.
Busch, F. (1999): Rethinking clinical technique. Northvale NJ/London (Aronson).
Busch, F. (2003): Back to the future. Psa Q, LXXII, 1, 201–216.
Busch, F. (2005): Conflict theory/Trauma theory. Psa Q, LXXIV, 1, 27–46.
Calef, V.; Weinshel, E. M. (1979): The new psychoanalysis and psychoanalytic revisionism. Psa Q, 48, 470–491.
Calef, V. (1982): An introspective on training and nontraining analysis. Annual Psa, 10, 93–114.
Canestri, J. (2005): Some reflections on the use and meaning of conflict in contemporary psychoanalysis. Psa Q, LXXIV, 1, 295–326.
Carpenter, W. T. et al. (1976): Another view of schizophrenia subtypes. Arch Gen Psychiatry, 33, 508–516.
Cath, St. H. et al. (2001): Stepparenting: Creating and recreating families in America today. Hillsdale NJ (Analytic Press).
Celenza, A. (2000): Sadomasochistic relating: What's sex got to do with it? Psa Q, LXIX, 3, 527–544.
Cesio, F. (2001): Ödipale Tragödie im psychoanalytischen Prozeß; die Übertragungsliebe. In: Freud heute, Wendepunkte in Streitfragen. Bd. 3: Über Freuds Bemerkungen über die Übertragungsliebe. Stuttgart/Bad Cannstatt (frommann-holzboog), S. 163–182.
Charles, M. (2001): Nonphysical touch: Modes of containment and communication within the analytic process. Psa Q, Bd. LXX, 2, 387–416.
Chasseguet-Smirgel, J. (1983): Perversion and the universal law. Int Rev Psychoanal, 10, 293–301.
Chasseguet-Smirgel, J. (1991): Sadomasochism in the perversions. Some thoughts on the destruction of reality. J Am Psychoanal Assn, 39, 2, 399–415.
Chessick, R. D. (1990): Self-Analysis: A fool for a patient? The Psa Review, LXXVII, 311–340.
Chessick, R. D. (2001): OCD, OCPD: Acronyms do not make a disease. Psa Inquiry, 21, 2, 183–207.
Cicchetti, D.; Cohen, D. (1995): Perspectives on developmental psychopathology. In: Manual of Developmental Psychopathology. New York (John Wiley), 3–20.
Chodoff, P. (1966): A critique of Freud's theory of infantile sexuality, Am J Psychiat, 123, 507–518.

Chodorow, N. J. (1999): The power of feelings: Personal meaning in psychoanalysis, gender, and culture. New Haven/London (Yale University Press).
Coen, S. (1992): The exitement of sadomasochism. In: The misuse of persons. Analyzing pathological dependency. Hillsdale NJ (Analytic Press), S. 190–208.
Cohler, B.; Galatzer-Levy, R. (2000): The course of gay and lesbian lives: social and psychoanalytic perspectives. Chicago (University of Chicago Press).
Cole, G. W. (2005): Categories as symptoms: Conceptions of love in the psychoanalytic relationship. Psa Q, LXXIV, 977–988.
Cooper, D. (1971): The death of the family. London (Penguin).
Cooper, A. M. (1984): The unusually painful analysis: A group of narcistic-masochistic characters, in psychoanalysis, the vital issues. Bd. II. Hg.: G. H. Pollock, E. Gedo. New York (International Universities Press), S. 45–67.
Cooper, A. M. (1988): The narcissistic-masochistic character, in Masochism: Current psychoanalytic perspectives. Hg.: R. A. Glick, D. I. Meyers. Hillsdale NJ (Analytic Press), S. 117–138.
Cooper, A. M. (2005): The quiet revolution in american psychoanalysis: Selected papers of Arnold M. Cooper. East Sussex NY (Brunner-Routledge).
Curtis, H. C. (1979): The concept of therapeutic alliance: Implications for the »widening scope«. J Amer Psychoanal Assn, 27, 159–192.
Dahl, H.; Kächele, H.; Thomä, H. (1988): Psychoanalytic process research strategies. Berlin/Heidelberg/New York (Springer).
Davies, J. M. (2001): Erotic overstimulation and the co-construction of sexual meanings in transference-countertransference experience. Psa Q, LXX, 4, 757–788.
Davies, J. M. (1999): Getting cold feet, defining »safe-enough« borders: Dissociation, multiplicity and integration in the analyst's experience. Psa Q, LXVIII, 2, 184–208.
Davis, G. C.; Akiskal, H. S. (1986): Descriptive, biological and theoretical aspects of borderline personality disorder. Hosp. Comm Psychiatry, 37, 685–692.
de Boor, C. (1965): Über psychosomatische Aspekte der Allergie. Psyche, 19, 365–378.
Deserno, H. (1990): Die Analyse und das Arbeitsbündnis, eine Kritik des Arbeitsbündniskonzepts. München u. a. (Verlag Internationale Psychoanalyse). [Ders.: Zur Kritik des Arbeitsbündniskonzepts. Inaugural-Dissertation, Frankfurt a. M.].
Dewald, P. A. (1980): The handling of resistances in adult psychoanalysis. Int J Psa, 61, 1, 61–70.
Dimen, M. (2003): Sexuality, intimacy, power. Hillsdale NY (Analytic Press).
Dorpat, Theo. L. (1979): Is splitting a defence? Int Rev Psa, 6, 1, 105–114.
Dorpat, T. L. (1995): Book Review: Affect in psychoanalysis, a clinical synthesis, by Charles Spezzano. Hillsdale NJ/London 1993 (The Analytic Press). Psa Q, LXIV, 4, 759–762.
Dorpat, T. L. (1996): Gaslighting, the double whammy, interrogation and other methods of covert control in: Psychotherapy and analysis, Northvale NJ/London (Aronson).
Draper, P., Harpending, H. (1982): Father absence and reproductive strategy: An evolutionary perspective. J Anthrop Res, 38, 255–273.
Dreßling, H. et al. (2004): Stalking, Ärzte als Ansprechpartner. Deutsches Ärzteblatt, 101, 43, A 2862ff.
Eagle, G.; Watts, J. (2002): When objects attack in reality: Psychodynamic contributions to formulations of the impact and treatment of traumatic stress incidences. Zit. in: Psa Q, LXXV (2006), 2, abstr. by Walker, S. C., 668–673.
Eagle, M. N. (1988): Neuere Entwicklungen in der Psychoanalyse. Eine kritische Würdigung. München (Verlag Internationale Psychoanalyse). [Amerik. Orig. 1984].
Eagle, M. N. (2003): Clinical implications of attachment theory. Psa Inq, 23, 1, 27–53.

Eckardt, M.-E. (2001): DPV-Informationen Nr. 30, Febr. 2001, DPV Körnerstraße 11, 10785 Berlin.
Ehlert-Balzer, M. (1996): Das Trauma als Objektbeziehung. Forum der Psychoanalyse, 12, 291–314.
Ehrenberg, D. B. (2005): Working at the »intimate edge«: Intersubjective considerations – Comment a case study of power and eroticized transference-countertransference. Psa Inq, 25, 3, 342–358.
Eickhoff, F.-W. (2001): Sigmund Freuds »Bemerkungen über die Übertragungsliebe«, wiedergelesen im Jahre 1992. In: Freud heute, Wendepunkte in Streitfragen. Bd. 3: Über Freuds Bemerkungen über die Übertragungsliebe. Stuttgart/Bad Cannstatt (frommann-holzboog), S. 43–72.
Eissler. K. R. (1953): The effect of the structure of the ego in psychoanalytic technique. J Am Psa Assn, 1, 104–143.
Elias, N. (1969/1976): Über den Prozeß der Zivilisation. Bd. I/Bd. II, Frankfurt a.M. (Suhrkamp).
Erickson, M. T. (1993): Rethinking Oedipus: An evolutionary perspective of incest avoidance. Am J Psychiat, 150, 411–416.
Erikson, E. H. (1959): Identity and the life cycle. Selected Papers. (Psychological Issues; 1, 1), New York (International Universities Press).
Esman, A. (2001): Obsessive-Compulsive Disorder: current views. Psa Inq, 21, 2, 145–156.
Etchegoyen, R. H. (1986): The fundamentals of psychoanalytic technique. London 1991 (Karnac).
Etchegoyen, R. H. (1998): International Psychoanalysis, Newsletter IPA, 7, 1, S. 47.
Fairbairn, W. R. D. (1952): Psychoanalytic studies of the personality. London (Routledge/Kegan).
Feldman, M. (1999): The defensive use of compliance. In: Psa Inq, 19, 1, 22–39.
Fernando, J. (2001): On the connection between physical defects and the character type of the »exception«. Psa Q, LXX, 3, 549–578.
Fiedler, P. (1995): Borderline-Persönlichkeitsstörung. In: Fiedler, P.: Persönlichkeitsstörungen. Weinheim (Beltz), S. 215–237.
Fischer, K. (1980): A theory of cognitive development. The control and construction of hierarchies of skills. Psycholog Rev, 87, 6, 477–531.
Fischer, K., Ayoub, C. (1994): Affective splitting and dissociation in normal and maltreated children: Developmental pathways for self in relationships. In: Rochester Symposium on developmental psychopathology, Bd. 5: Disorders and dysfunctions of the self. Hg.: D. Cicchetti, Sh. L. Toth. Rochester (University of Rochester Press), S. 149–221.
Fischer, K., Ayoub, C. (1997): Psychopathology as adaptive development along distinctive pathways. In: Development and Psychopathology. Cambridge (Cambridge University Press), S. 749–779.
Fish-Murray, C. C. et. al. (1987): Evolving ideas: The effect of abuse on childrens thought. In: Psychological Trauma. Hg.: B. A. van der Kolk. Washington DC (American Psychiatric Press), S. 89–110.
Fonagy, P. (1991): Thinking about thinking: Some clinical and theoretical considerations in the treatment of a borderline patient. Int J Psa, 72, 639–656.
Fonagy, P.; Moran, G. S. (1991): Understanding psychic change in child psychoanalysis. Int J Psychoanal, 72, 15–22.
Fonagy, P.; Steele, M.; Moran, G.; Steele, H.; Higgitt, H. (1993): Measuring the ghost in the nursery: An empirical study of the relations between parents mental representations of childhood experiences and their infants security of attachment. J Am Psa Assn, 41, 957–989.

Fonagy, P. et. al. (1997): The development of violence as it relates to security of attachment. In: Children in a violent society. Hg.: J. Osofsky. New York (Guilford), S. 150–177.
Fonagy, P. (2001): Attachment theory and psychoanalysis. New York (Other Press).
Foulkes, D. (1978): A grammar of dreams. New York (Basic Books).
Frank, A. (1969): The unrememberable and the unforgetable: Passive primal repression. Psa study child, 24, 48–77.
Frankel, R. (1998): The adolescent psyche. New York (Routledge).
Freud, A. (1936): Das Ich und die Abwehrmechanismen. Wien (Internationaler psychoanalytischer Verlag). 12. Aufl. München 1980 (Kindler).
Freud, A. (1958): Adolescence. In: The writings of Anna Freud. Bd. 5, New York 1969 (International Universities Press), S. 23–47.
Freud, S. (1899): Deckerinnerungen. S. E., Bd. 3, S. 301–322.
Freud, S. (1919): Ein Kind wird geschlagen. In: Gesammelte Werke, Frankfurt a.M. 1947 (Fischer), S. 197–226.
Freud, S. (1937): Constructions in analysis. S. E., Bd. 23, S. 255–269.
Freud, S. (1940): An outline on psychoanalysis. S. E., Bd. 23.
Freud heute, Wendepunkte in Streitfragen. (2001), Bd. 3: Über Freuds Bemerkungen über die Übertragungsliebe. Stuttgart/Bad Cannstadt (fromm-holzboog)
Friedman, L. (1988): The anatomy of psychotherapy. Hillsdale NJ (Analytic Press).
Friedman, R. C.; Downey, J. I. (1995): Biology and the Oedipus complex. Psa Q, LXIV, 2, 234–264.
Friedman, R. J.; Natterson, J. (1999): Enactments: An intersubjective perspective. Psa Q, 68, 220–247.
Frommberger, U. (2004): Akute und chronische posttraumatische Belastungsstörung. Fortschr Neurol Psychiat, 72, 411–424.
Frommer, J.; Reißer, V. (1997): Neuere Ansätze zum Verständnis der Borderline-Persönlichkeitsstörung. Fortschr Neurol Psychiat 65, 34–40.
Fürstenau, P. (1975): Mündliche Mitteilung.
Fürstenau, P. (1977): Psychoanalytische Technik bei strukturellen Ich-Störungen. Psyche, 31, 3, 197–207.
Fürstenau, P. (1990): Entwicklungsförderung oder Defizienzorientierung? In: Herausforderungen der Psychoanalyse. Hg.: U. Streeck, H. V. Werthmann. München (Pfeiffer).
Fürstenau, P. (2001): Psychoanalytisch verstehen, systemisch denken, suggestiv intervenieren. Stuttgart (Pfeiffer).
Gabbard, G. O. (1994): Psychodynamic psychiatry in clinical practice. Washington DC (American Psychiatric Press).
Gabbard, G. O. (1996): Love and hate in psychoanalytic setting. Northwale NJ (Aronson).
Gabbard, G. O. (2001a): Psychoanalytically informed approaches to the treatment of obsessive-compulsive disorder. Psa Inq, 21, 2, 208–221.
Gabbard, G. O. (2001b): Overview and commentary. Psa Q, LXX, 1, 287–296.
Gabbard, G. O. (2001c): Cyberpassion: Erotic transference on the internet. Psa Q, XX, 4, 719–738.
Gartner, R. B. (1999): Psychodynamic treatment of sexually abused men. New York (Guilford).
Garza-Guerrero, C. (2000): Idealization and mourning in love relationships: Normal and pathological spectra. Psa Q, LXIX, 1, 121–150.
Gassner, S.; Sampson, H.; Weiss, J.; Brumer, S. (1982): The emergence of warded-off contents. Psa Contemp, 5, 55–76.

Gassner, S.; Sampson, H.; Weiss, J.; Brumer, S. (1986): The emergence of warded-off contents. In: The Psychoanalytic Process: Theory, clinical observation and empirical research. Hg.: J. Weiss, H. Sampson und der Mount Zion Psychotherapy Research Group. New York (Guilford), S. 171–186.

Gediman, H. K. (1983): Annihilation anxiety: The experience of deficit in neurotic compromise formation. Int J Psa, 64, Teil 1, 59–70.

Gedo, J. E. (1979): Beyond interpretation: Toward a revised theory for psychoanalysis. New York (International Universities Press).

Gedo, J. E. (1991): The biology of clinical encounters. Psychoanalysis as a science of mind. Hillsdale NJ/London (The Analytic Press).

Gedo, J. E.; Wilson, A. (1993): Hierarchical concepts in psychoanalysis. Theory, research and clinical practice. New York (Guilford).

Gedo, J. E. (1995a): Book Reviews: Tähkä, V. (1993): Mind and its treatment, a psychoanalytic approach. New York (International Universities Press), in: Psa Q, LXIV, 4, 803.

Gedo, J. E. (1995b): Book Reviews: Ehrenberg, D. B. (1992): The intimate edge. New York/London (Norton), in: Psa Q, LXIV, 2, 367–369.

Ghent, E. (1990): Masochism, submission, surrender. Contemp Psa, 26, 108–136.

Gill, M. M. (1982): Analysis of transference. Bd 1: Theory and technique. New York (International Universities Press).

Gill, M. (1984): Psychoanalysis and Psychotherapy: A revision. Int Rev Psychoanal, 2, 161–179.

Gill, M. (1994): Conflict and deficit. The Psa Q, LXIII, 4, 756–778.

Gill, M. M. (2001): Ein- und Zweipersonenperspektive in Freuds »Bemerkungen über die Übertragungsliebe«. In: Freud heute, Wendepunkte in Streitfragen. Bd. 3: Über Freuds Bemerkungen über die Übertragungsliebe. Stuttgart/Bad Cannstadt (frommann-holzboog), S. 143–162.

Gillespie, W. (1980): Book review: Klein. By Hanna Segal. Brighton 1979 (Harvester Press). Int J Psa, 61, 1, 85–98.

Gilligan C.; Ward, J. T.; Taylor, J. M. (1988): Mapping the moral domain. Cambridge (Harvard University Press).

Giovacchini, P. L. (2000): Impact of narcicism: The errant therapist on a chaotic quest. Northvale NJ (Aronson).

Glick, R. (2002): Looking at women: What do man see? In: Constructing and deconstructing woman's power. Hg.: B. J. Seelig, R. A. Paul, C. B. Levy. London/New York (Karnac).

Glover, E. (1931): The therapeutic effect of inexact interpretation: A contribution to the theory of suggestion. Int J Psa, 12, 397–411.

Goldberg, A. (2001): Me and Max: A misalliance of goals. Psa Q, LXX, 1, 117–130.

Goldberg, A. (2004): Misunderstanding Freud. New York (Other Press).

Goldberg, A. (2005): I wish the hour were over: Elements of an moral dilemma. Psa Q, LXXIV, 1, 253–266.

Goldberg, St. H. (1994): The evolution of patient's theories of pathogenesis. Psa Q, LXIII, 1, 54–83.

Goldberger, M. (1999): Obsolete terminology constricts imaginative thinking. Psa Q, LXVIII, 462–466.

Gonsiorek, J. (1991): The empirical basis for the demise of the illness model of homosexuality. In: Homosexuality, Research implications for public policy. Newbury CT (Sage Publications), S. 115–136.

Good, M. I. (2006): Perverse dreams and dreams of perversion. Psa Q, LXXV, 4, 1005–1044.

Grand, S. (2000): The reproduction of evil: A clinical and culturel perspective. New York (Analytic Press).

Gray, P. (1973): Psychoanalytic technique and the ego's capacity for viewing intrapsychic activity. J Am Psa Assn, 21, 474–494.
Gray, P. (1982): Developmental lag in the evolution of technique for psychoanalysis of neurotic conflict. J Am Psa Assn, 30, 621–655.
Gray, P. (1986): On helping analysands observe intrapsychic activity. In: Psychoanalysis: The science of mental conflict: Essays in honour of Charles Brenner. Hg.: A. D. Richards, M. S. Willick. Hillsdale NJ (Analytic Press), S. 245–262.
Gray, P. (1987): On the technique of analysis of the superego: An introduction. Psa Q, 56, 130–154.
Gray, P. (1991): On transferred permissive or approving superego functions: The analysis of the ego's activities. Teil II, Psa Q, 60, 1–21.
Gray, P. (1992): Memory as resistance, and the telling of dream. J Am Psa Assn, 40, 307–326.
Grefe, J.; Reich, G. (1996): Ein kritischer Rückblick auf das Konzept der projektiven Identifikation und seine klinische Bedeutung. Forum der Psychoanalyse, XII, 1, 57–77.
Green, A. (1997): Hysterie und Borderline-Fälle. Psychoanalyse in Europa. Europäische Psychoanalytische Föderation, Bulletin, 49, S. 30–51.
Greenberg, J. (2005): Conflict in the middle voice. Psa Q, LXXIV, 1, 105–120.
Greenacre, P. (1958): The relation of the impostor to the artist. In: Emotional Growth, Bd. 2, New York 1971 (International Universities Press).
Greenberg, J. (1991): Oedipus and beyond: A clinical theory. Cambridge MA/London (Harvard University Press).
Greenberg, J. (2001): Thinking, talking, playing: The peculiar goals of psychoanalysis. Psa Q, LXX, 1, 131–148.
Greenberg, J. (2005): Conflict in the middle voice. In: Psa Q, LXXIV, 1, 105–120.
Greenson, R. (1965): The working alliance and the transference neurosis. Psa Q, 34, 155–181.
Greenson, R. (1967): The technique and practice of psychoanalsis. Bd. 1, New York (International Universities Press).
Grinberg, L. et al. (1971): Introduction to the work of Bion. New York 1977 (Aronson).
Grinberg, L. (1980): The closing phase of the psychoanalytic treatment of adults and the goals of psychoanalysis: »The search for truth about oneself«. Int J Psa, 61, 25–37.
Grinker, R. R.; Werble, Beatrice; Drye, Robert C. (1968): The borderline syndrome. A behavioral study of ego-functions. New York (Basic Books).
Grossman, L. (1999): What the analyst does not hear. Psa Q, 68, 84–98.
Grossman, W. I. (1991): Pain, aggression, fantasy, and concepts of sadomasochism. Psa Q, 60, 22–52.
Grubrich-Simitis, I. (1984): Vom Konkretismus zur Metaphorik. Psyche, 38, 1–28.
Grunert, U. (1979): Die negative therapeutische Reaktion als Ausdruck einer Störung im Loslösungs- und Individuationsprozess. Psyche, 33, 1, 1–28.
Grunes, J. (1984): Parenthood issues in the aging process. In: Parenthood: A psychodynamic perspective. Hg.: R. S. Cohen, B. J. Cohler, S. H. Weissman. New York (Guilford Press).
Gu, M. D. (2006): The filial piety complex: Variations on the Oedipus theme in the chinese literature and culture. Psa Q, LXXV, 1, 163–196.
Gunderson, J. G.; Kolb, J. (1978): Discriminating features of borderline patients. Am J Psychiat 135, 792–796.
Gunderson, J. G.; Zanarini, M. C.; Kisiel, C.-L. (1991): Borderline personality disorder: A review of data on DSM-III-R descriptions. J personal disorders, 5, 340–352.
Guntrip, H. (1969): Schizoid phenomena, object relations and the self. New York (International Universities Press).

Gutdeutsch, W. (1998): Kindesentführung: im Ausland verboten, im Inland erlaubt? In: Zeitschrift für das gesamte Familienrecht, 1998, S. 1488–1489.
Haesler, L. (1994): Psychoanalyse. Stuttgart (Kohlhammer).
Harlow, H. F. (1958): The nature of love. Am Psychol, 13, 673ff.
Hartmann, H. (1939a): Ichpsychologie und Anpassungsproblem. Int Z Psa, 24.
Hartmann, H. (1939b): The effect of the structure of the Ego on psychoanalytic technique. In: J Am Psa Assn, 1, 104–143.
Hartmann, H. (1950): Comments on the psychoanalytic theory of the ego. In: Ders. (1964): Essays on ego psychology. Selected problems in psychoanalytic theory. New York (International Universities Press), S. 113–141.
Hartmann, H. (1952): The mutual influences in the development of ego and id. In: Ders. (1964): Essays on ego psychology. Selected problems in psychoanalytic theory. New York (International Universities Press), S. 155–181.
Hartmann, H. (1964): Essays on ego psychology. Selected problems in psychoanalytic theory. New York (International Universities Press).
Hartocollis, P.; Graham, J. D. (1991): The Personal Myth in Psychoanalytic Theory. Madison (International Universities Press).
Heinrich, K. (2004): Kritisches über posttraumatische Belastungsstörungen. Fortschr Neurol Psychiat, 72, 373–374.
Heinz, Th. W. (1999): Symposion: Psychotherapie bei Belastungsstörungen. Fortschr Neurol Psychiat, Sonderheft 1 (3. Psychotherapiekongress der DGPPN), 8.
Herzog, J. M. (1983): A neonatal intensive care syndrome: A pain complex involving neuroplasticity and psychic trauma. In: Frontiers of Infant Psychiatry. Hg.: J. D. Call et al. New York (Basic books), S. 291–300.
Herzog, J. M. (2001): Father hunger. Explorations with adults and children. Hillsdale NJ/London (Analytic Press).
Hirsch, M. (1985): Zur Psychodynamik und Familiendynamik realen Inzests. In: Forum der Psychoanalyse 1, 3/4, 223–238.
Hoch, P. H.; Polatin, P. (1949): Pseudoneurotic forms of schizophrenia. Psychiatric Quarterly, 23, 248–276.
Hoffmann, S. O. (1992): Mündliche Mitteilung.
Hoffman, I. Z. (1983): The patient as interpreter of the analyst's experience. Contemp Psa, 19, 389–422.
Hoffman, I. Z. (1991): Discussion: Toward a social constructivist view of the psychoanalytic situation. Psa Dialogues, 1, 74–105.
Hohage, R. (2000): Analytisch orientierte Psychotherapie in der Praxis. 3., neubearb. Aufl., Stuttgart (Schattauer).
Holt, R. R. (1976): Drive or wish? A reconsideration of the psychoanalytic theory of motivation. In: Gill, M., Holzman, P. S.: Essays in memory of George S. Klein, New York (International Universities Press).
Huber, G. (2002): Psychopathologie – eine versiegende Quelle? In: Fortschr Neurol Psychiat, 70, 8, 393–402.
Huber, G.; Gross, G.; Schüttler, R. (1979): Schizophrenie. Berlin/Heidelberg/New York (Springer).
Inderbitzin, L. B. (1986): Patient's sleep on the analytic couch. J Am Psa Assn, 36, 3, 673–695.
Inderbitzin, L. B.; Levy, St. T. (1998): Repetition compulsion revisited. Psa Q, LXVII, 32–53.
Inderbitzin, L. B.; Levy, St. T. (2000): Regression and psychoanalytic technique. Psa Q, LXIX, 2, 195–224.

Izenberg, G. N. (2006): Egon Schiele: Expressionist art and masculine crisis. Psa Inq, 26, 3, 462–483.
Ivey, G. (2004): Critiques of projective identification: A critical evaluation. In: Psycho-analytic Psychotherapy in South Africa, Bd. IX: 13–31; zit. n.: Walker, Sandra C.: Trauma in South Africa. In: Psa Q, LXXV (2006), 2: 675–678.
Jacobs, Th. J. (1999): Self-Disclosure, error or advance in technique? Psa Q, LXVIII, 2, 159–183.
Jacobs, Th. J. (2001): Reflections on the goals of psychoanalysis, the psychoanalytic process and the process of change. Psa Q, 70, 1, 149–182.
Jabobson, E. (1964): The self and the object world. New York (International Universities Press).
Jimenez, Juan Pablo (1999): Entwicklungsbereiche der psychoanalytischen Therapien. International Psychoanalysis, IPA Newsletter, 8, 1, 19.
Jimenez, Juan Pablo (2005): The search for integration or how to work as a pluralist psychoanalyst. Psa Inq, 25, 5, 602–634.
Jones, Alice (2005): Generating words, one approach to teaching clinical writings. Psa Q, LXXIV, 3, 835–852.
Jung, Carl G. (1912): Wandlungen und Symbole der Libido. Beiträge zur Entwicklungsgeschichte des Denkens. Leipzig/Wien (Deuticke).
Kagan, J. (1984): The nature of the child. New York (Basic books).
Kantrowitz, J. L. (1996): The patient's impact on the analyst. Hillsdale NJ (Analytic Press).
Kantrowitz, J. L. (2005): Patients reading about themselves: A stimulus to psychoanalytic work. Psa Q, LXXIV, 2, 365–396.
Kelly, K. (2001): Book reviews. Psa Q, LXX, 2, 510–511.
Kendell, R. E. (1978): Die Diagnose in der Psychiatrie. Stuttgart (Enke). [Engl. Orig. 1975: The role of diagnosis in psychiatry. Osney Mead/Oxford (Blackwell Scientific Publications).]
Kennedy, H. (1979): The role of insight in child psychoanalysis: A developmental viewpoint. J Am Psychoanal Assn, 190–221.
Kernberg, O. F. (1967): Borderline personality organization. J Am Psychoanal Assn, 15, 641–685.
Kernberg, O. F. (1976): Object relations theory and clinical psychoanalysis. New York (Aronson).
Kernberg, O. F. (1978): Borderline-Störungen und pathologischer Narzißmus. Frankfurt (Suhrkamp). [Amerik. Orig. 1975: Borderline conditions and pathological narcissism. New York (Aronson).]
Kernberg, O. F. (1979): Some implicatons of object relations theory for technique. J Am Psychanal, 27, 207–239.
Kernberg, O. F. (1980): Internal world and external reality-object relationstheory applied. New-York/London (Aronson).
Kernberg, O. F. (1991a): Aggression and love in the relationship of the couple. J Am Psa Assn, 39, 1, 45–70.
Kernberg, O. F. (1991b): Sadomasochism, sexual exitement and perversion. J Am Psa Assn, 39, 2, 333–362.
Kernberg, O. F. (1995): Omipotence in the transference and in the countertransference. Scand Psa Rev, 18, 2–21.
Kety, S. S.; Rosenthal, D.; Wender, P. H.; Schulsinger, F. (1968): The types and prevalences of mental illness in the biological and adoptive families of adopted schizophrenics. In: The transmission of schizophrenia. Hg.: D. S. Rosenthal, S. S. Kety. Oxford/New York (Pergamon), S. 73–82.

Killingmo, B. (1989): Conflict and deficit: Implications for technique. Int J Psa, 70, 65–79.
Kirshner, L. A. (2001): Narcissistic couples. Psa Q, LXX, 4, 789–806.
Klein, C.; Milrod, B. L.; Busch, F.; Levy, K. N.; Shapiro, Th. (2003): A preliminary study of clinical process in relation to outcome in psychodynamic psychotherapy for panic disorder. Psa Inq, 23, 2, 308–331.
Klein, M. (1937/1974): Love, hate and reparation. London (The Hogarth Press and the institute of psychoanalysis). [Dt.: M. Klein/Joan Riviere (1974): Seelische Urkonflikte. Berlin (Kindler).]
Klein, M. (1946): Bemerkungen über einige schizoide Mechanismen. In: Das Seelenleben des Kleinkindes und andere Beiträge zur Psychoanalyse. Stuttgart 1962 (Klett).
Klein, M.; Tribich, D. (1981): Kernberg's object relations theory: A critical evaluation. Int J Psa, 62, 1, 27–44.
Klein, G. S. (1976): Psychoanalytic Theory, an exploration of essentials. New York (International Universities Press).
Klosterkötter, J. (1998): Zur definitorischen Neufassung der schizophrenen Störungen in ICD-10 und DSM-IV. Fortschr Neurol und Psychiatrie, 66, 373.
Klüwer, R. (1999): Psychoanalyse-Psychotherapie und die Psychoanalytiker. Beitrag auf der Lehranalytikerkonferenz der DPV 1999, DPV-Informationen der Deutschen Psychoanalytischen Vereinigung (DPV), Körnerstraße 11, 10785 Berlin, Nr. 26, S. 5–8.
Knight, R. P. (1953): Borderline states. Bulletin Menninger Clinic, 17, 1–12.
Kohlberg, L. (1976): Moral stages and moralization: The cognitive-developmental. In: Moral development and behaviour: Theory, research and social issues. Hg.: Th. Lickona. New York (Holt, Rinehart & Winston), S. 31–53.
Kohlberg, J. (1981): The philosophy of moral development. Moral states and the idea of future. Essays on moral development. New York (Harper & Row).
Kohut, H. (1971): Narzissmus. Frankfurt a. M. (Suhrkamp Verlag).
Kohut, H. (1977): Die Heilung des Selbst (Suhrkamp Verlag) [Original: The restoration of the self. New York 1977 (International Universities Press)].
Kohut, H. (1984): How does analysis cure? Chicago/London (University of Chicago Press).
Kolb, L. C. (1987): A neuropsychological hypothesis explaining posttraumatic stress disorders. Am J Psychiat, 144, 989–995.
Kramer, S.; Akhtar, S. (1991): The trauma of transgression, psychotherapy of incest victims. Northvale NJ/London (Jason Aronson).
Krill, M. (1994): Analytische Übungstherapie. unveröffentl. Manuskript.
Krill, M. (1996): Der Beamte kann sich wehren. In: Deutsche Polizei, Zeitschrift der deutschen Polizeigewerkschaft, 9/96, 31–33.
Krill, M. (2001): Kompromißtheoretische Deutung der Posttraumatischen Belastungsstörung. In: DPV-Informationen, Nr. 31, S. 21–23.
Krill, M. (2003a): Borderline-Störungen – Sammelbecken für unklare Fälle? In: Neurotransmitter 9, 61–64.
Krill, M. (2003b): Erfahrungen mit dem Gutachterverfahren. Neurotransmitter 11, 33–37.
Krill, M. (2005): Erotische Übertragung – Cybersex mit dem Therapeuten. In: Neurotransmitter, 2005, 11, 46–48.
Kris, E. (1950): On preconscious mental processes. In: Selected Papers of Ernst Kris. New Haven 1975 (Yale University Press), S. 217–236.
Kris, E. (1951): Ego Psychology and Interpretation in Psychoanalytic Therapy. In: Selected Papers of Ernst Kris. New Haven 1975 (Yale University Press), S. 237–251.
Kris, E. (1956): The Recovery of Childhood Memories in Psychoanalysis. In: Psa Study Child, 11, 54–88.

Kulish, N. (1998): First loves and prime adventures: Adolescent expressions in adult analysis. Psa Q, LXVII, 4, 539–565.
Kumar, M. (2005): In a bid to restate the culture-psyche problematic: Revisiting the essential writings of Sudhir Kakar. Psa Q, LXXIV, 2, 561–588.
Kutter, P. (1976): Elemente der Gruppentherapie. Göttingen (Vandenhoek & Ruprecht).
Kutter, P. (2002): Niederfrequente Psychotherapie – einige (provokative) Thesen zu Methode, Weiterbildung und Berufspolitik. FPI-Forum, S. 2–7.
Lachmann, F. M. (1994): How can I eroticize thee? Psa Inq, 14, 4, 604–621.
Lachmann, F. M. (2006): Violations of expectations in creativity and perversion. Psa Inq, 26, 3, 362–385.
Lafarge, L. (2006): The wish for revenge. Psa Q, LXXV, 2, 447–501.
Laing, R. D. (1961): Self and Others. New York (Pantheon).
Lampl-de-Groot, J. (1960): On adolescence. Psa Study Child 15, 95–103.
Lansky, M. R.; Bley, C. R. (1995): Postraumatic Nightmares. Hillsdale NJ/London (The Analytic Press).
Laplanche, J. (1997): Le primat de l'autre en psychanalyse. In: Traveaux 1967–1992. Paris (Flammarion).
Laplanche, J.; Pontalis, J.-B. (1967): Vocabulaire de la psychanalyse Paris (Presses Universitaires de France). [Dt. (1973): Das Vokabular der Psychoanalyse. Aus dem Französischen von Emma Moersch. Frankfurt a. M. (Suhrkamp).]
Leib, P. (1995): The omnipotent mother and the tyrant mother: Experiences of feminine power. Unveröffentl. Manuskript, zit. n. Leib 2001.
Leib, P. (2001): Integrating behavior modification and pharmacotherapy with the psychoanalytic treatment of obsessive-compulsive disorder: A case study. Psa Inq, 21, 2, 222–241.
Leuzinger-Bohleber, M. (2002): Psychoanalytische Forschung und die Pluralität der Wissenschaften. In: Psychoanalyse in Europa. Europäische Psychoanalytische Föderation, Bulletin, 56, S. 194–220.
Leuzinger-Bohleber, M.; Stuhr, U.; Rüger, B.; Beutel, M. (2002): Forschen und Heilen in der Psychoanalyse. Berichte und Ergebnisse aus einer repräsentativen, multiperspektivischen Katamnesestudie psychoanalytischer Langzeitbehandlungen. Stuttgart (Kohlhammer).
Levenson, E. (1982): Follow the fox. Contemp Psa, 18, 2–15.
Levenson, L. N. (2007): Paul Gray's innovations in psychoanalytic technique. Psa Q, LXXVI, 1, 257–274.
Levin, F. M. (2003): Psyche and brain: The biology of talking cures. Madison CT (International Universities Press).
Levin, F. M. (2006): Recent findings in neuroscience and their relevance to psychoanalysis. Psa Q, LXXV, 4, 1227–1244.
Levine, F. J. (1977): Review of »Restoration of the Self«. J Phil Assn f Psa, 4, 238ff.
Levine, H. B. (1994): The analyst's participation in the analytic process. Int J Psa, 75, 665–676.
Levine, H. B. (1999): The ambiguity of influence. Suggestion and compliance in the analytic process. Psa Inq, 19, 1, 40–60.
Levine, H. B.; Reed, G. S. (1999): Prologue in Psa Inq, 19, 1, 1–4.
Levine, H. B.; Friedman, R. J. (2000): Intersubjectivity and interaction in the analytic relationship: A mainstream view. Psa Q, LXIX, 1, 63–92.
Lewin, B. (1950): The psychoanalysis of elation. New York (Norton).
Lichtenberg, J. D. (1999): Compliance as cooperation, compliance as defensive: One example of dialectic tension in the clinical exchange. Psa Inq, 19, 1, 61–81.
Liebermann, C. (1997): Toddlers internalizations of material attributions as a factor in quality

in attachment. In: Attachment and Psychopathology. Hg.: L. Atkinson, K. Zucker. New York (Guilford Publications).
Liepmann, M. (1999): Braucht die DPV einen Ethikkodex oder eine Ethikkommission? Hg.: Deutsche Psychoanalytische Vereinigung, DPV-Informationen, 7, 16–20.
Lisak, D.; Hopper, J.; Song, P. (1996): The relationship between child abuse, gender adjustment, and perpetration in men. J traumatic Stress, 9, 721–743.
Loch, W. (1977): Anmerkungen zum Thema Ichveränderungen, Ich-Defekte und psychoanalytische Technik. In: Psyche, 31, 3, 216–226.
Loch, W. (1979): Tiefenpsychologisch fundierte Psychotherapie – Analytische Psychotherapie. Ziele, Methoden, Grenzen. Wege zum Menschen, 31, 177–193.
Loevinger, J. (1966): Three principles for a psychoanalytic psychology. J of Abnormal Psychology, 71, 432ff.
Loewald, H. (1970): Psychoanalysic theory and the psychoanalytic process. Psa Study Child, 25, 45–68.
Loftus, E. (1979): Eyewitness testimony. Cambridge MA (Harvard University Press).
Lorenzer, A. (2002): Die Sprache, der Sinn, das Unbewusste. Stuttgart (Klett-Cotta).
Low, B. S. (1989): Cross-cultural patterns in the training of children: An evolutionary perspective. Psa Contemp, 103, 311–319.
Lubbe, T. (1993): Two forms of mindlessness in the borderline child. Psychoanalysis and Psychotherapy in South Africa, II. S. 33–57.
Lussier, A. (1980): The physical body and the body ego. Int J Psa, 61, 2, 179–186.
Mahler, M. S. (1968): Symbiose und Individuation. Stuttgart 1979 (Klett-Cotta).
Mahler, M. S.; Pine, F.; Bergmann, A. (1975): Die psychische Geburt des Menschen. Frankfurt a. M. (Fischer).
Mahler, M. S.; Furer, M. (1968): On human symbiosis and the vicissitudes of individuation. Bd. I, New York (International Universities Press). [Dt.: Symbiose und Individuation. Bd. 1., Stuttgart 1972 (Klett).]
Maiello, S. (2001): On the transgenerational transmission of trauma and violence. In: Psychoanalytic Psychotherapy in South Africa, Bd. IX, 13–31. Zit. n.: Walker, S. C.: Trauma in South Africa. In: Psa Q, LXXV (2006), 2, 675–678.
Main, M.; Kaplan, N.; Cassidy, J. (1985): Security in infancy, childhood and adulthood: A move to the level of representation. In: Growing points of attachment theory and research. Hg.: I. Bretherton, E. Waters. Monographs of the society for research in child development, 50, 66–104.
Main, M. (1991): Metacognitive knowledge, metacognitive monitoring and singular (coherent) vs. multiple (incoherent) model of attachment: Findings and directions for future research. In: Attachment across the life cycle. Hg.: C. Parkes, J. Stevenson-Hinde, P. Marris. London (Routledge), S. 127–160.
Manfredi Turilazzi, S. (1994): Le certezze perdute della psicoanalisi clinica. Milano (Raffaello Cortina). Zit. n. Bolognini, St. (2001): Empathy and the unconscious. Psa Q, LXX, 2, 447–471.
Margulies, A. (1999): The talking cure. The science behind psychotherapy. By Susan Vaughan, New York (G. P. Putnam's Sons), 1997. In: Book reviews. Psa Q, LXVIII, 1, 135.
Marcus, G. (2004): The birth of the mind: How a tiny number of genes creates the complexities of human thoughts. New York (Basic Books).
Mayer-Gross, W. (1920): Über die Stellungsnahme zur abgelaufenen akuten Psychose. Zeitschr Ges Neurol Psychiat, 60, 160–212.
McLaughlin, J. T. (1981): Transference, psychic reality, and countertransference. Psa Q, 50, 639–664.

Mc Laughlin, J. (1991): Clinical and theoretical aspects of enactment. J Am Psa Assn, 39, 595–614.
Meares, R. (2001): A specific developmental deficit in obsessive-compulsive disorder: The example of the Wolf Man. Psa Inq, 21, 2, 289–319.
Meissner, W. W. (1981): Internalization in psychoanalysis. New York (International Universities Press).
Meissner, W. W. (1991): A decade of pschoanalytic praxis. Psa Inq, 11, 2, 30–64.
Meissner, W. W. (2000): On analytic listening. Psa Q, LXIX, 2, 317–368.
Mendell, D.; Turrini, P. (2003): The inner world of the mother. Madison CT (Psychosocial Press).
Menninger, K. (1958): Theory of psychoanalytic technique. Menninger Clinic Monograph Series No. 12. New York (Basic Books).
Mentzos, St. (1980): Hysterie. München (Kindler-Verlag Taschenbücher).
Mentzos, St. (1982): Neurotische Konfliktverarbeitung. München (Kindler-Verlag Taschenbücher).
Milrod, B. L.; Busch, F. N. (2003): Prologue. Psa Inqiriy, 23, 2, 211–217.
Mitchell, S. (1997): Influence and autonomy in psychoanalysis. Hillsdale NY (Analytic Press).
Modestin, J. (1980): Über den Borderline. Fortschr Neurol Psychiatr, 48, 140–163.
Moeller, M. L. (1986): Die Liebe ist das Kind der Freiheit. Reinbek 1990 (Rowohlt).
Moeller, M. L. (1991): Psychosomatik und Gesundheitsbewegung. Konflikt oder Aktionsgemeinschaft. In: Neues Denken in der Psychosomatik. Hg.: H. E. Richter, M. Wirsching. Frankfurt a. M. (Fischer).
Moeller, M. L. (1996a): Wie behebt die Psychoanalyse ihre bedeutendsten Nebenwirkungen? Gießen (Psychosozial-Verlag).
Moeller, M. L. (1996b): Gold und Kupfer. Die Psychoanalyse in der Medizinpsychologie. In: Psychoanalyse in Frankfurt am Main. Hg.: Th. Plänkers, M. Laier, H. H. Otto, H. J. Rothe, H. Siefert. Tübingen (edition diskord), S. 576–595.
Morgenthaler, F. (1968–1971): Mündliche Mitteilungen in seinen kasuistischen Seminaren in Basel.
Morehead, D. (1999): Oedipus, Darwin and Freud: One big, happy family? Psa Q, LXVIII, 3, 347–375.
Morrison, A. P. (1996): The culture of shame. New York (Ballantine Books).
Moser, A. (1970): Mündliche Mitteilung, Vorlesung über Abwehrmechanismen, Universität Freiburg i. Br.
Moser, A. (1997): Ein oder mehrere Psychoanalysen zum Verständnis der Hysterie und der Borderline-Zustände. In: Psychoanalyse in Europa. Europäische Psychoanalytische Föderation, Bulletin, 48, S. 79–83ff.
Müller, B. et al. (2001): Persönlichkeitsstörungen und psychiatrische Komorbidität im Verlauf der Zwangsstörung und der Anorexia nervosa. Fortschr Neurol Psychiat, 69, 8, 379–365.
M'Uzan, M. de (1976): Contre-transfert et systeme paradoxal. Rev franc de Psychoanal, 40, 575–590
Notman, M. T. (2006): Mothers and daughters as adults. Psa Inq, 26, 1, 137–153.
Novick, J.; Novick, K. K. (1991): Some comments on masochism and the delusion of omnipotence from a developmental perspective. J Am Psa Assn, 39, 2, 307–331.
Nyman, G. E. (1975): The clinical picture of non-regressive schizophrenia. Nord Psykiat Tidskr, 29, 249–258.
Ogden, T. H. (1989): The primitive edge of experience. Northvale NJ (Aronson).
Oehler, K. (2000): Sachverständige Kontrolle, auch ein medizinisches Problem. Dt Ärztebl, 97, 5, S. A 235.

Oliner, M. M. (2000): The unsolved puzzle oft trauma. Psa Q, LXIX, 1, 41–62.
Orieux, J. (1970): Talleyrand. Aus dem Französischen von Gerhard Heller. Frankfurt a. M. (Societätsverlag) [Lizenzausgabe Frankfurt a. M. 1991 (Fischer Taschenbuch Verlag)].
Ornstein, A.; Ornstein, P. H. (2005): Conflict in contemporary clinical work: A self psychological perspective. Psa Q, LXXIV, 1, 219–252.
Palley, R. (1997): Memory: Brain systems that link past, present and future. Int J Psa, 78, 1223–1234.
Panel (1987): Conversion of psychotherapy to psychoanalysis. C. P. Fisher (Berichterstatter). In: J Am Psychoanal Assn, 35, 713–726.
Perlin, M. L. (2000): The hidden prejudice. The mental disability on trial. Washington DC (American Psychological Association).
Peterfreund, E. (1978): Some critical comments on psychoanalytic conceptualizations of infancy. Int J Psa, 59, 427–441.
Phillips, S. H. (2006): Paul Gray's narrowing scope: A »developmental lag« in his theory and technique. J Am Psa Assn, 54, 137–170.
Piers, G.; Singer, M. B. (1971): Shame and guilt: A psychoanalytic and cultural study. New York (Norton).
Pine, F. (1998): Diversity and direction in psychoanalytic technique. New Haven CT/London (Yale University Press).
Pohlen, M. (1968): Über die Psychose einer Familie. Z Psychosom Med Psychoanal, 14, 257–274.
Podoll, K.; Kunert, H. J.; Saß, H. (2000): Posttraumatische Belastungsstörung bei neurogener Amnesie für das traumatische Ereignis. Fortschr der Neurol Psychiat, 68, 10, 458–467.
Poland, W. S. (1984): On the analyst's neutrality. J Amer Psa Assn, 32, 283–299.
Porder, M. (1987): Projective identification: An alternative hypothesis. Psa Q, 56, 431–451.
Poundstone, W. (1992): Prisoner's Dilemma: John Von Neumann, Game Theory. New York (Doubleday).
Power, D. (2001): A consideration of knowledge and authority in the case seminar. Psa Q, LXX, 3, 625–654.
Prager, J. (1998): Presenting the past: Psychoanalysis and the sociology of misremembering. Cambridge MA (Harvard University Press).
Prugh, D. G.; Wermer, H.; Lord, J. P. (1954): On the significance of the anal phase in pediatric and child psychiatry. In: Case studies in childhood and emotional disabilities. Hg.: G. S. Gardner. New York (American Orthopsychiatric Association).
Psychoanalyse in Europa (1997) (Hg.): Europäische Psychoanalytische Föderation, Bulletin, 48.
Psychoanalyse in Europa (2002) (Hg.): Europäische Psychoanalytische Föderation, Bulletin, 56.
Psychoanalytic Inquiry (2001), Bd. 21, Nr. 1: Unconscious communication in Psychoanalysis. New Jersey (The Analytic Press).
Quinodoz, J. M. (2004): Die gezähmte Einsamkeit. Tübingen (Edition Diskord).
Racker, H. (1968): Transference and Countertransference. New York (International Universities Press).
Rangell, L. (1968): The psychoanalytic process. Int J Psa, 49, 19–26.
Rangell, L. (1969a): The intrapsychic process and its analysis – a recent line of thought and its current implications. Int J Psa, 50, 65–77.
Rangell, L. (1969b): Choice-conflict and the decision-making function of the ego: A psychoanalytic contribution to decision theory. Int J Psa, 50, 599–602.

Rangell, L. (1981a): From insight to change. J Amer Psa Assn, 29, 119–141.
Rangell, L. (1981b): Psychoanalysis and dynamic psychotherapy, similarities and differences twenty-five years later. Psa Q 50, 665–693.
Rangell, L. (1997): International Psychoanalysis. Newsletter IPA, 6, 1, 54.
Rangell, L. (1998): International Psychoanalysis. Newsletter IPA, 7, 1, 39f.
Rapaport, D.; Gill, M. M. (1959): Introduction: A historical study of psychoanalytic ego psychology. Psychoanalytic Issues, 1, 1–17.
Rapaport, D. (1960): The structure of psychoanalytic theory: A systematizing attempt. Psychological Issues, Monogr. 6, New York (International Universities Press). [Dt. 1960: Die Struktur der psychoanalytischen Theorie. Versuch einer Systematik. Beiheft zur »Psyche«, Stuttgart (Klett).]
Reed, G. S. (1996): Clinical Understanding. Northvale NJ/London (Aronson).
Reeder, J. (2004): Hate and love in psychoanalytical institutions: The dilemma of a profession. New York (Other Press).
Reich, G. (1995): Kritik des Konzepts der primitiven Abwehr. Forum der Psychoanalyse, XI, 99–118.
Reiss, B. (1980): Psychological tests in homosexuality. In: Homosexual behavior, a modern reappraisal. Hg.: J. Marmor. New York (Basic Books), S. 296–311.
Renik, O. (1991): The biblical book of Job. Advice to clinicians. Psa Q, 60, 596–606.
Renik, O. (1992): Use of the analyst as a fetish. Psa Q, 61, 542–563.
Renik, O. (1993): Analytic Interaction: Conceptualizing technique in light of the analyst's irreducible subjectivity. Psa Q, 62, 553–571.
Renik, O. (1995): The ideal of the anonymous analyst and the problem of self-disclosure. Psa Q, 64, 466–495.
Renik, O. (1998): Getting real in analysis. Psa Q, 67, 566–593.
Renik, O. (1999a): Mündliche Mitteilung am 19.1.1999 in Frankfurt a.M.
Renik, O. (1999b): Playing one's card face up in analysis: An approach to the problem of self-disclosure. Psa Q, LXVIII, 4, 521–540.
Renik, O. (2001): The patient's experience of therapeutic benefit. Psa Q, LXX, 1, 231–242.
Renik, O. (2002): Defining the goals of a clinical psychoanalysis. Psa Q, LXXI, 1, 117–124.
Richter, H. E. (1963): Eltern, Kind, Neurose. Stuttgart (Klett), Neuaufl. Reinbek 1999 (Rowohlt).
Rhode-Dachser, Ch. (1986): Borderlinestörungen. In: Psychiatrie der Gegenwart. Bd. 1: Neurosen, Psychosomatische Erkrankungen, Psychotherapie. Hg.: K. P. Kisker, H. Lauter, J. E. Meyer, C. Müller, E. Strömgren. Berlin (Springer) S. 125–150.
Ritvo, S. (1971): Late adolescence, developmental and clinical considerations. Psa Study Child, 26, 214–263.
Robbins, M. O. (1976): Borderline personality organizations: The need for a new theory. J Am Psa Assn, 24, 831–853.
Rodman, R. (2003): Winnicott: Life and work. Cambridge MA (Perseus Publishing).
Roiphe, J. (2005): Book review: Constructing and deconstructing woman's power. By Seelig, B. J., Paul, R. A., Levy, C. B. (2002), London/New York (Karnac).
Rose, G. J. (1974): Some misuses of analysis as a way of life. Int Rev Psa, 1, 509–515.
Rossi, A. S.; Rossi, P. H. (1990): Of human bonding: Parent-child-relations across the life course. New York (Aldine de Gruyter).
Rotenberg, C. T. (2006): Self and talent-treatment considerations. Psa Inq, 26, 3, 442–461.
Rothenhäusler, H. B.; Kapfhammer, H. P. (1999): Der Verlauf von Borderline-Störungen. Fortschr Neurol Psychiat, 67, 200–217.

Rothstein, A. (1977): The ego attitude of entitlement. Int Rev Psa, 4, 409–417.
Rothstein, A. (Hg.) (1986): The reconstruction of trauma. Its significance in clinical work. Madison CT (International Universities Press).
Rothstein, A. et al. (1988): Learning Disorders. New York (International Universities Press).
Rothstein, A. (1998): Neurological dysfunction and conflict. Psa Q, LXVII, 2, 218–239.
Rothstein, A. (2001): Diskussion of Jill Scharff's case presentation. Psa Inq, 21, 4, 483–488.
Rothstein, A. (2002): Reflection on creative aspects of psychoanalytic diagnosing. Psa Q, LXXI, 2, 301–326.
Roughton, F. (2001): Contemporary views of bisexuality in clinical work. Panel (2001), G. Grosman (Berichterstatter), J Am Psa Assn, 49, 1361–1377.
Rubin, J. B. (1998): A psychoanalysis for our time: Exploring the blindness of the seeing I. New York (University Press).
Russel, D. (1986): The secret trauma: Incest in the lives of girls and woman. New York (Basic books).
Safran, J. D.; Muran, Chr. (2001): Negotiating the therapeutic alliance: A relational treatment guide. New York (Guilford).
Sampson, H.; Weiss, J. (1977): Research on the psychoanalytic process. Bulletin, 5.
Sampson, H.; Weiss, J.; Gassner, S. (1977): Research on the psychoanalytic process. Bulletin, 3.
Sampson, H. (1982): Psychotherapy Research, Bulletin, 5.
Sandell, R. et al. (2000): Varieties of long-term outcome among patients in psychoanalysis and long-term psychotherapy: A review of findings in the Stockholm Outcome of Psychoanalysis and Psychotherapy Project (STOPPP). Int J Psa, 81; 921–942.
Sandler, J.; Sandler, A. M. (1978): On the development of object relationships and affects. Int J Psa, 59, 285–296.
Sandler, J.; Joffe, W. G. (1969): Toward a basic psychoanalytic model. Int J Psa, 50, 79–90.
Sandler, J. (1976): Countertransference and role responsiveness. Int Rev Psa, 3, 43–47.
Sandler, J.; Sandler, A. M. (1998): Internal Objects Revisited. Madison, CT (International Universities Press).
Sandler, J. (2003): On attachment to internal objects. Psa Inq, 23, 1, 12–26.
Schafer, R. (1976): A New Language for Psychoanalysis. New Haven/Lomdon (Yale University Press).
Schafer, R. (1982): The relevance of the »Here and Now« transference interpretation to the reconstruction of early development. Int J Psa, 63, 77– 82.
Schafer, R. (1983): The Analytic Attitude. New York (Basic Books).
Schafer, R. (1991): Narrative Actions in Psychoanalysis. Worcester MA (Clark University Press).
Schafer, R. (1992): Retelling a life. Narration and dialogue in psychoanalysis. New York (Basic books).
Schafer, R. (1994): The contemporary Kleinians of London. Psa Q, LXIII, 3, 409–432.
Schafer, R. (1997): Tradition and change in Psychoanalysis. Madison CT (International Universities Press).
Schafer, R. (2005): Conflict: conceptualization, practice, problerms. Psa Q, LXXIV, 1, 47–64.
Scharff, D. E.; Scharff, J. S. (1992): Scharff Notes. Northvale NJ (Aronson).
Scharff, J. S. (2001): Case presentation: The object relations approach, in Perspectives on an object relations clinical presentation: The process of change, Psa Inq, 21, 4, 469–482.
Scharff, J. S. (1998): Der Erfahrungsraum der Psychoanalyse und der »Erfahrungsraum« bei inszenierender Interaktion. Psychosozial, 21, Nr. 74, Heft IV, 45–58.
Scharff, J. M. (1996): Die psychoanalytisch orientierte Beratung im Spannungsfeld zwischen

Pragmatismus und Methodik. In: Plänkers, Th.; Laier, M.; Otto, H.-H.; Rothe, H. J.; Siefert, H.: Psychoanalyse in Frankfurt am Main. Tübingen (edition diskord), S. 710–732.
Schepank, H. (1996): Zwillingsschicksale. Gesundheit und psychische Erkrankung bei 100 Zwillingen im Verlauf von 3 Jahren. Stuttgart (Enke).
Schlesinger, H. J. (2003): The texture of treatment: On the matter of psychoanalytic technique. Hillsdale NJ (Analytic Press).
Schlessinger, N.; Robbins, F. P. (1983): A development view of the psychoanalytic process. Follow-up studies and their consequences. New York (International Universities Press).
Schlierf, Ch. (1998): Nachlese zu Owen Renik. In: FPI-Forum, Zeitschrift der Mitglieder des Frankfurter Psychoanalytischen Instituts e. V., Heft 7 (4.5.1998).
Schmidt-Hellerau, C. (2005): The other side of Oedipus. Psa Q, LXXIV, 1, 187–218.
Schneider, K. (1939): Psychopathologie der Gefühle und Triebe. Leipzig (Thieme).
Schneider, K. (1950): Klinische Psychopathologie. Stuttgart (Thieme).
Schrut, A. (1993): Is castration anxiety and the Oedipus complex a viable concept? Meeting of the American academy of psychoanalysis, San Francisco, 22. Mai 1993, zit. n. Friedman, R. C.; Downey, J. I. (1995): Biology and the Oedipus complex. Psa Q, LXIV, 2, 234–264.
Schubart, W. (1985): Die psychoanalytische Konsultation am Beispiel des unmotivierten (z. B. psychosomatischen) Patienten. Psyche, 39, 519–537.
Schubart, W. (1990): Der »geschickte« Patient in der psychoanalytischen Sprechstunde. – Theoretische und technische Aspekte der ersten Begegnung. Zeitschrift für psychoanalytische Theorie und Praxis, V, 1, 24–37.
Schur, M. (1966): The Id and the Regulatory Principles of Mental Functioning. New York (International Universities Press).
Schuster, M. A. et al. (2002): A national survey of stress reactions after the september 11, 2001, terrorist attacks. New Engl J Med, 345, 1507–1512.
Searl, M. N. (1936): Some queries on principles of technique. Int J Psa, 17, 471–493.
Searle, J. R. (1969): Speech acts: An essay in the philosophy of language. New York (Cambridge University Press).
Segal, H. (1983): Some clinical implications of Melanie Klein's work. Int J of Psa, 64, 269–276.
Segal, H. (1986): The work of Hanna Segal, a clinical approach to clinical practice. London (Free Association).
Seinfield, J. (2001): Discussion of Jill Scharff's case presentation. Psa Inq, 21, 4, 508–512.
Shapiro, T. (1981): On the quest for the origins of conflict. Psa Q, 50, 1–21.
Shapiro, T. (2001): OCD or obsessive-compulsive character? Psa Inq, 21, 2, 242–252.
Shengold, L. (1985): Defensive analitiy and anal narcissism. Int J Psa, 66, 47–73.
Shengold, L. (1999): Soul murder revisited: Thoughts about therapy, hate, love and memory. New Haven (Yale University Press).
Shengold, L. (2000): Is there life without mother? Psa Q, LXIX, 3, 445–464.
Shengold, L. (2006): As august approaches. Psa Q, LXXV, 3, 879–886.
Silberschatz, G.; Curtis, J. T. (1986): Clinical implications of research on brief dynamic psychotherapy II. How the therapists help or hinders therapeutic process. Psa Psychol, 3, 27–37.
Silverman, D. K. (2001): Sexuality and attachment: A passionate relationship or a marriage of convenience. Psa Q, LXX, 2, 325–358.
Silverman, M. A. (2003): Book reviews: Rethinking clinical technique. By Fred Busch. Psa Q, LXXII, 3, 807–817.
Sinason, V. (1997) in: Sandler, J., Fonagy, P.: Recovered memories of abuse: True or false? Madison CT (International Universities Press).
Singer, W. (2000): Wahrnehmen, Erinnern, Vergessen. FAZ 28. 9. 2000, S. 10.

Sklar, A. D.; Harris, R. F. (1985): Effects of parent loss: Interaction with familiy size and sibling order. Am J Psychiat, 142, 708–714.
Skorczewski, D. (2004): Questioning authority in the psychoanalytic classroom. Psa Q, LXXIII, 485–510.
Slade, A. et al. (1996): Longitudinal studies and clinical psychoanalysis: A view from attachment theory and research. J Clin Psychoanal, 6, 112–123.
Slade, A. (1999): Representation, symbolization and affect regulation in the concomitant treatment of a mother and child: Attachment theory and child psychotherapy. Psa Inq, 19, 5, 797–830.
Slap, J. W.; Levine, F. J. (1978): On hybrid concepts in psychoanalysis. Psa Q, 47, 499–523.
Slavin, M.; Kriegman, D. (1991): The adaptive design of human psyche. New York (Guilford).
Smith, H. F. (2003): Can we integrate the diverse theories and practices of psychoanalysis? J Am Psa Assn, 51, 127–144.
Smith, H. F. (2005): Dialogues on conflict: Toward an integration of methods. Psa Q, LXX, 1, 327–363.
Solomon, J.; George, C. (1996): Defining the caregiving system: Toward a theory of caregiving. Inf Mental Health J, 17, 183–198.
Spence, D. P. (1982): Narrative truth and historical truth: Meaning and interpretation in Psychoanalysis. New York/London (Norton).
Spezzano, Ch. (1993): Affect in Psychoanalysis. Hillsdale NJ/London (The Analytic Press).
Spitzer, M. (1996): Geist im Netz, Modelle für Lernen, Denken und Handeln. Heidelberg/Berlin/Oxford (Spektrum).
Stein, M. H. (1981): The unobjectionable part of the transference. J Am Psa Assn, 29, 869–892.
Steiner, J. (1989): The aim of psychoanalysis. Psychoanal Psychoth, 4, 109–120.
Steiner, J. (2005): The conflict between mourning and melancholia. Psa Q, LXXIV, 1, 83–104.
Stern, A. (1938): Psychoanalytic investigation of and therapy in the borderline group of neuroses. Psa Q, 7, 467–489.
Stern, D. B. (1983): Unformulated experience. Contemp Psa, 19, 71–99.
Stern, D. N. (1980): The early development of schemas of self, of other and of various experiences of self with other. Psa Q, LXXIV, 1, 106–118.
Stern, D. N. (1985): The interpersonal world of the infant. A view from psychoanalysis and developmental psychology. New York (Basic Books).
Stern, D. N. (1995): The motherhood constellation. New York (Basic Books).
Stern, D. N. (1997): Unformulated experience. From dissoziation to imagination in psychoanalysis. Hillsdale NJ/London (The Analytic Press).
Stern, D. N. (2001a): Comments on the clinical material presented by Jill Scharff. Psa Inq, 21, 4, 499–507.
Stern, D. N. (2001b): Handeln und Erinnern in der Übertragungsliebe und der Liebe des kleinen Kindes. In: Freud heute. Wendepunkte in Streitfragen, Bd. 3: Über Freuds Bemerkungen über die Übertragungsliebe. Stuttgart/Bad-Cannstadt (fromm-holzboog), S. 213–230.
Stoller, R. J. (1979): Sexual excitement. Dynamics of erotic life. New York (Pantheon).
Stoller, R. J. (1991): Pain & Passion. A psychoanalyst explores the world of S & M. New York/London (Plenum Press).
Stolorow, R.; Lachman, F. (1980): Psychoanalysis of development arrests: Theory and treatment. New York (International Universities Press).
Stone, M. H. (1980): The borderline syndromes: Constitution, adaption, and personality. New York (McGraw-Hill Books Co.).
Strenger, C. (1991): Between hermeneutics and science. An essay on the epistemology of psychoanalysis. New York (International Universities Press).

Strindberg, A. (1887): Fadren. Dt.: Der Vater.
Süllwold, L.; Huber, G. (1986): Schizophrene Basisstörungen. Berlin (Springer).
Sulloway, F. J. (1997): Born to rebel: Birth order, family dynamics and creative lives. New York (Vintage books).
Symington, N. (1990): The possibility of human freedom and its transmission (with particular reference to the thought of Bion). Int J Psa, 71, 95–106.
Teicholz, J. G. (1999): Modernism and postmodernism in psychoanalysis. Hillsdale NJ/London (Analytic Press).
Tellenbach, H. (1961): Melancholie. Heidelberg (Springer).
Thiele, V.; König, A.; Kordon, A.; Hohagen, F. (1999): Diagnostik, Behandlung, Komorbidität bei Zwangsstörungen in der psychiatrischen Praxis, Konsequenzen für die Behandlung. Fortschr Neurol Psychiat, Sonderheft Sept. 1999 (III. Psychotherapiekongress der DGPPN), S. 13.
Thomä, H.; Kächele, H. et al. (1988/1989): Lehrbuch der psychoanalytischen Therapie. 2 Bd. Berlin/Heidelberg/New York (Springer).
Thomä, H. (1994): Mündliche Mitteilung auf dem Symposion über Angstneurosen und Phobie, Frankfurt a. M.
Thomas, H.; Sewickley (1997): The shame response to rejection. Pasadena (Albanel Publishers).
Todorov, T. (1977): The Poetics of Prose. Ithaca NY (Cornell University Press).
Trop, J. (1994): Conjoint therapy: An intersubjective approach. In: Progress in Self Psychology. Bd. X. Hg.: A. Goldberg. Hillsdale NJ (Analytic Press).
Trop, J. (1997): An intersubjective perspective of countertransference in couples therapy. In: Countertransference in couples therapy. Hg.: M. Solomon, J. Siegel. New York (Norton), S. 99–109.
Twemlow, S. W. (1995a): The psychoanalytical foundations of a dialectical approach to the victim/victimizer relationship. J Amer Acad Psychoanal, 23, 4, 543–558.
Twemlow, S. W. (1995b): Traumatic object relations configurations seen in victim/victimizer relationships. J Amer Acad Psychoanal, 23, 4, 563–580.
Twemlow, S. W. (2003): A crucible for murder: The social context of violent children and adolescents. Psa Q, LXXII, 3, 659–698.
Tyson, Ph. (1986): Male gender identity: Early development roots. Psa Rev, 73, S. 405–425.
Tyson, Ph. (1988): Psychic structure formation: The complementary roles of affects, drives, object relations and conflict. J Am Psa Assn, 36, 73–98.
Tyson, Ph. (1989): Infantile sexuality, gender identity and obstacles to oedipal progression. J Am Psa Ass, 37, 1051–1069.
Tyson, Ph.; Tyson, R. L. (1990): Psychoanalytic theories of development. An integration. New Haven/London (Yale University Press).
van der Kolk, B. A.; Greenberg, M. S. (1987): The psychobiology of the trauma response: Hyperarousal, constriction, and addiction to traumatic reexposure. In: Psychological trauma, Hg.: B. A. van der Kolk. Washington DC (American Psychiatric Press), S. 63–88.
Vermetten, E.; Charney, D. S.; Bremner, J. D. (2000): Posttraumatische Belastungsstörung. In: Helmchen, H., Henn, F., Lauter, H., Sartorius, N.: Psychiatrie der Gegenwart. 4. Aufl. Berlin/Heidelberg/New York (Springer), S. 59–136.
Veuriot, J. P. (1997): Rev franc de psa, 61, 3, 955–963.
Vives, J. (2005): Some thoughts on my own training analysis. Psa Inq, 25, 5, 708–714.
Volkan, V. D. (1976): Primitive internalized object relations. New York (International Universities Press).

Volkan, V. D.; Akhtar, S. (1997): The seed of madness, constitution, environment, and fantasy in the organization of the psychotic core. Madison CT (International Universities Press).
Waelder, R. (1937): The problem of the genesis of psychical conflict in earliest infancy. Int J Psa, 18, 4, 406–473.
Wallerstein, R. S. (1989): Psychoanalysis and psychotherapy: A historical perspective. Int J Psa, 70, 563–591.
Wallerstein. R. S. (1990): Psychoanalysis: The common ground. Int J Psa, 71, 3–20.
Wallerstein, R. S. (1998): International psychoanalysis. Newsletter IPA, 7, 1, 44.
Wallerstein, R. S. (2003): Psychoanalytic therapy research: Its coming age. Psa Inq, 23, 2, 375–404.
Waugaman, R. M. (2003): The analyst's caseload as a family: Tranferences to fellow patients. Psa Q, LXXII, 3, 575–614.
Weil, A. P. (1978): Maturational variations and genetic-dynamic issues. J Amer Psa Assn, 26, 461–491.
Weinshel, E. M. (1979): Some observations of not telling the truth. In: J Am Psa Assn, 27, 503–532.
Weinshel, E. M. (1984): Some observations of the psychoanalytical process. Psa Q, LIII, 63–92.
Weinshel, E. M.; Renik, O. (1991): The past ten years: Psychoanalysis in the U.S. Psa Inq, 11, 13–29.
Weiss, J. (1952): Crying at the happy ending. Psa Rev, 39, 338.
Weiss, J.; Sampson, H.; The Mount Zion Psychotherapy Research Group (1986): The psychoanalytical process. Theory, clinical observation and empirical research. New York (Guilford).
Weiss, J. (1995): Bernfeld's »The facts of observation in psychoanalysis«: A response from psychoanalytic research. Psa Q, LXIV, 699–716.
Weiss, J. (1998): Bondage fantasies and beating fantasies. Psa Q, LXVII, 4, 626–644.
Weiss, J. (2003): Development of a research program. In: Psa Inq, 23, 2, 350–366.
Welker, R. L. (2005): The fundamental importance of simple operational definitions of introspection and empathy. Psa Q, LXXIV, 3, 767–800.
Werman, D. S. (1980): Effects of family constellation and dynamics on the form of the Oedipus complex. Int J Psa, 61, 4, 505–512.
Werner, H. (1940): Comparative psychology of mental development. New York (International Universities Press).
Werthmann, A. (1995): Beeinflusst das Psychotherapeutengesetz die Ausbildung einer psychoanalytischen Identität? In: DPV-Informationen Nr. 26, S. 1–5. Geschäftsstelle der Deutschen Psychoanalytischen Vereinigung (DPV), Körnerstraße 11, 10785 Berlin.
Widlöcher, D. (2001): The treatment of affects: An interdisciplinary issue. Psa Q, LXX, 1, 243–264.
Wilkinson, S.; Hough, G. (1996): Lie as narrative truth in abused adopted adolescents. Psa Study Child, 51, 580–596.
Willick, M. S. (1991): Working with conflict and deficit in borderline and narcicistic patients. In: Conflict and compromise: Therapeutic implications. Hg.: S. Dowling. New York (International Universities Press), S. 77–94.
Wilson, E. O. (1978): On human nature. Cambridge MA (Harvard University Press).
Wilson, M. (1998): Otherness within: Insight in psychoanalysis. Psa Q, LXVII, 1, 54–77.
Winer, J. A.; Anderson, J. W. (2002): Rethinking psychoanalysis and the homosexualities. Hillsdale NY (The Analytic Press).
Winnicott, D. W. (1959): Classification: Is there psychoanalytic contribution to psychiatric classification? In: Winnicott, D. W. (1972): Playing and reality. London (Tavistock/Routledge).

Winnicott, D. W. (1960): Ego distortion in terms of true and false self. In the maturational processes and the facilitating environment. New York (International Universities Press), S. 140–152.
Winnicott, D. W. (1963): From dependence toward independence in the development of the individual. In: Winnicott, D. W. (1972): Playing and reality. London (Tavistock/Routledge).
Winnicott, D. W. (1965): Reifungsprozeß und fördernde Umwelt. München 1974 (Kindler).
Winnicott, D. W. (1972): Playing and reality. London (Tavistock/Routledge).
Winnicott, D. W. (1985): Collected papers: Through pediatrics to psychoanalysis. New York (Basic books).
Wurmser, L. (1995) in: Scott Dowling, M. D. Madison: The Psychology and Treatment of Addictive Behaviour. New York (International Universities Press).
Young-Eisendraht, P. (2001): When the fruits ripens: Alleviating suffering and increasing compassion of goals of clinical psychoanalysis. Psa Q, LXX, 1, 265–286.
Zeanah, C.; Anders, T. F.; Seifer, R.; Stern, D. N. (1989): Implications of research on infant development for psychodynamic theory and practice. J Am Acad Child & Adolescent Psychiat, XXVIII, 5, 657–668.
Zetzel, E. R. (1956): Current concepts of transference. Int J Psa, 37, 369–375.
Zimerman, D. (2005): Second thoughts about the practice of psychoanalysis, based on my personal experience. Psa Inq, 25, 5, 689–707.
Zwiebel, R. (2002): Die Grenzen des Analytikers. Vortrag auf der DPV-Tagung in Leipzig am 10. 5. 2002.

Christine Ann Lawson
Borderline-Mütter und ihre Kinder
Wege zur Bewältigung einer schwierigen Beziehung

edition psychosozial

2006 · 274 Seiten · broschiert
ISBN 978-3-89806-256-5

Die erste Liebe in unserem Leben ist unsere Mutter. Es ist für uns überlebenswichtig, ihr Gesicht, ihre Stimme, die Bedeutung ihrer Stimmungen und ihre Mimik zu erkennen. Christine Ann Lawson beschreibt einfühlsam und verständlich, wie Kinder von Borderline-Müttern unter den Stimmungsschwankungen und psychotischen Anfällen leiden und verzweifelt nach Strategien der Bewältigung dieser Erlebnisse suchen. Borderline-Mütter treten dabei ihren Kindern in vier verschiedenen Figuren gegenüber: als verwahrloste Mutter, die Einsiedlerin, die Königin und die Hexe. Lawson zeigt, wie man sich um die Verwahrloste kümmern kann, ohne sie retten zu müssen, und um die Einsiedlerin, ohne ihre Angst zu verstärken; wie man die Königin liebt, ohne ihr Untertan, und wie man mit der Hexe lebt, ohne ihr Opfer zu werden.

ANTHONY W. BATEMAN, PETER FONAGY
PSYCHOTHERAPIE DER BORDERLINE-PERSÖNLICHKEITSSTÖRUNG
Ein mentalisierungsgestütztes Behandlungskonzept

BIBLIOTHEK DER PSYCHOANALYSE
PSYCHOSOZIAL-VERLAG

2008 · 509 Seiten · gebunden
ISBN 978-3-89806-473-6

Anthony W. Bateman und Peter Fonagy dokumentieren in ihrem ersten gemeinsamen Buch die aktuelle interdisziplinäre Erforschung der sogenannten Borderline-Persönlichkeitsstörung und beschreiben ein therapeutisches Verfahren, das sie in den vergangenen Jahren entwickelt haben. Das Krankheitsbild, das (mit steigender Tendenz) ca. 2% der Bevölkerung aufweist, ist durch Impulsivität, Identitätsstörungen, Suizidalität, Selbstverletzungen, Gefühle innerer Leere sowie durch Beziehungen charakterisiert, die extrem affektintensiv und gleichermaßen instabil sind. Die Autoren haben eine psychoanalytisch orientierte Behandlung entwickelt, die sie als »mentalisierungsgestützte Therapie« bezeichnen, und in randomisierten kontrollierten Studien nachgewiesen, dass diese Methode anderen therapeutischen Verfahren deutlich überlegen ist.

P☒V
Psychosozial-Verlag

Goethestr. 29 · 35390 Gießen · Tel. 0641/9716903 · Fax 77742
bestellung@psychosozial-verlag.de
www.psychosozial-verlag.de

**Andreas Hinz,
Oliver Decker (Hg.)
Gesundheit im
gesellschaftlichen
Wandel**
Altersspezifik und
Geschlechterrollen

Psychosozial-Verlag

2006 · 246 Seiten · Broschur
ISBN 978-3-89806-446-0

Der gesellschaftliche Wandel hat gravierende Auswirkungen auf psychoziale Prozesse sowie auf das Gesundheitssystem. Diese werden im vorliegenden Band unter dem Fokus der Alters- und Geschlechtsabhängigkeit von Gesundheit und Krankheit analysiert.

**Peter Diederichs (Hg.)
Die Beendigung von
Psychoanalysen und
Psychotherapien**
Die Achillesverse der psychoanalytischen Behandlungstechnik?

Bibliothek der Psychoanalyse
Psychosozial-Verlag

2006 · 214 Seiten · Broschur
ISBN 978-3-89806-503-0

Obwohl Therapieabschlüsse zu der alltäglichen psychotherapeutischen Praxis gehören, ist die Bedeutung der Beendigung von Behandlungen bisher in theoretischer und behandlungstechnischer Sicht weder für den Analytiker selbst noch für seine Patienten oder Analysanden ausreichend metapsychologisch reflektiert worden. Dieser Band versucht diese Lücke zu füllen. Psychoanalytiker verschiedener Fachgesellschaften und Therapierichtungen diskutieren eigene Erfahrungen mit der Abschlussphase ihrer Therapien. Dabei wird auch der jeweilige implizite fachgesellschaftliche Konsens berücksichtigt. Peter Diederichs führt kenntnisreich in die Thematik ein und liefert abschließend einen Überblick über die zentralen Fragen.

P☒V
Psychosozial-Verlag

Goethestr. 29 · 35390 Gießen · Tel. 0641/9716903 · Fax 77742
bestellung@psychosozial-verlag.de
www.psychosozial-verlag.de

Malcolm Bowie
Lacan

Bibliothek der Psychoanalyse
Psychosozial-Verlag

2007 · 228 Seiten · broschiert
ISBN 978-3-89806-815-4

In seiner Einführung in das komplexe, oft verschlüsselte Werk des französischen Psychoanalytikers Jaques Lacan zeichnet Malcolm Bowie die »unausgesetzte Zwiesprache« Lacans mit Freud nach. Dies ist nicht nur ein unübersehbarer Beitrag zur Lacan-Rezeption: Sein prägnanter und geistreicher Stil macht das Buch zu einer überaus anregenden Lektüre.

Malcolm Bowie
Eine psychoanalytische Theorie der Zukunft und die Zukunft der psychoanalytischen Theorie

Bibliothek der Psychoanalyse
Psychosozial-Verlag

2007 · 178 Seiten · broschiert
ISBN 978-3-89806-359-3

Malcolm Bowie untersucht den Begriff der Zeitlichkeit des Menschen in der Psychoanalyse. Er kommt dabei zu dem Schluss, dass – insbesondere in Freuds eigenen Ausführungen – die Bedeutung des Zukünftigen in unangebrachter Weise zu kurz kommt und greift deshalb auf das Spätwerk Jaques Lacans zurück, der ein Modell der Zukünftigkeit entwarf, und damit Freuds Überlegungen wesentlich komplexer gestaltet und vervollständigt hat.

P☉V
Psychosozial-Verlag

Goethestr. 29 · 35390 Gießen · Tel. 0641/9716903 · Fax 77742
bestellung@psychosozial-verlag.de
www.psychosozial-verlag.de

Peter Kutter, Janos Paal, Christel Schöttler, Hans-Peter Hartmann, Wolfgang E. Milch (Hg.)

Der therapeutische Prozess

Psychoanalytische Theorie und Methode in der Sicht der Selbstpsychologie

Bibliothek der Psychoanalyse
Psychosozial-Verlag

2006 · 202 Seiten · Broschur
ISBN 978-89806-518-4

Die psychoanalytische Selbstpsychologie bietet einen unmittelbaren Zugang zu einem praxisnahen Verständnis dessen, was sich im therapeutischen Prozess zwischen Patient und Analytiker abspielt, und zwar jenseits von theoretischen Überzeugungen, gleich welcher Schule. Nicht Freud, Klein, Bion oder Kohut sind entscheidend für Verstehen und Deuten, sondern einzig und allein der leidende Mensch.

Brigitte Boothe

Der Patient als Erzähler in der Psychotherapie

IMAGO
Psychosozial-Verlag

2004 · 228 Seiten · Broschur
ISBN 978-3-89806-336-4

Erzählen schafft Spannung – Erzählen löst Spannung. Wie das geschieht, lehrt die klinische Erzählanalyse. Sie erschließt das kommunikative und das psychodynamische Potential der mündlichen Alltagserzählung in der Psychotherapie.

P⊕V
Psychosozial-Verlag

Goethestr. 29 · 35390 Gießen · Tel. 0641/9716903 · Fax 77742
bestellung@psychosozial-verlag.de
www.psychosozial-verlag.de